COLLECTION
FOLIO CLASSIQUE

Dans la même collection

ABÉLARD ET HÉLOÏSE. *Correspondance*. Préface d'Étienne Gilson. Édition établie et annotée par Édouard Bouyé. Traduction d'Octave Gréard.

BAUDELAIRE. *Correspondance*. Préface de Jérôme Thélot. Choix et édition de Claude Pichois et Jérôme Thélot.

DIDEROT. *Lettres à Sophie Volland*. Choix et présentation de Jean Varloot.

FLAUBERT. *Correspondance*. Choix et présentation de Bernard Masson. Texte établi par Jean Bruneau.

MALLARMÉ. *Correspondance complète (1862-1871)* suivi de *Lettres sur la poésie (1872-1898)*, avec des lettres inédites. Préface d'Yves Bonnefoy. Édition de Bertrand Marchal.

Madame de Sévigné

Lettres choisies

Édition présentée,
établie et annotée
par Roger Duchêne
Professeur émérite
à l'Université de Provence

Gallimard

PRÉFACE

« Le brillant de votre esprit donne un si grand éclat à votre teint et à vos yeux que, quoiqu'il semble que l'esprit ne dût toucher que les oreilles, il est pourtant certain que le vôtre éblouit les yeux. » Selon Mme de La Fayette qui a fait son portrait à trente-trois ans, en 1659, même le charme physique de Mme de Sévigné venait du rayonnement de son intelligence. Son attrait dépendait de ses façons de dire et de faire. Elle n'est pas, écrit dans le même temps une autre de ses amies, Mlle de Scudéry, « de ces belles immobiles qui n'ont point d'action », femmes sans âme qui n'osent bouger de peur d'abîmer la régularité de leurs traits. « Toutes les petites façons qu'elle a n'ont aucune affectation et ne sont qu'un pur effet de la vivacité de son esprit, de l'enjouement de son humeur et de l'heureuse habitude qu'elle a prise d'avoir toujours bonne grâce. » La séduction de la marquise vient de la manière dont elle assume naturellement une originalité surprenante.

Ses propos n'étonnent pas moins que son comportement. « Sa conversation est aisée, divertissante et naturelle, affirme encore Mlle de Scudéry. Elle parle juste, elle parle bien, elle a même quelquefois certaines expressions naïves et spirituelles qui plaisent infiniment. » Au commencement était le Verbe, origine du pouvoir sévignéen. « Lorsque vous êtes animée dans une conversa-

*tion dont la contrainte est bannie, écrit Mme de La
Fayette, tout ce que vous dites a un tel charme, et vous
sied si bien, que vos paroles attirent les ris et les grâces
autour de vous. »* Mme de Sévigné s'épanouit dans la
liberté quand elle sent que ses dons verbaux donnent du
plaisir autour d'elle.

*« Qui voudrait ramasser toutes les choses que Marie
de Rabutin a dites en sa vie d'un tour fin et agréable,
naturellement et sans affecter de les dire,* écrira son
cousin Bussy vers 1685, *il n'aurait jamais fait. »* La
réputation de la marquise lui est venue de son inépuisable capacité de surprendre par des trouvailles inatten-
dues et pourtant naturelles. Elle leur dut son succès chez
le surintendant Foucquet ou dans les salons parisiens à
la mode, notamment chez Mme du Plessis-Guénégaud.
« On ne s'ennuyait jamais avec elle », dit Bussy, qui
célèbre sa *« vivacité »* et son *« enjouement ».* Mme de
Sévigné est une animatrice que reçoivent volontiers ceux
qui détestent le conformisme et l'esprit guindé.

Elle n'était pas insensible aux mirages des grandeurs
d'établissement. *« Pour avoir de l'esprit et de la qualité,*
regrette son cousin, *elle se laisse un peu trop éblouir aux
grandeurs de la cour. Le jour que la Reine lui aura parlé
et peut-être demandé avec qui elle sera venue, elle sera
transportée de joie... Un soir que le Roi venait de la faire
danser, s'étant remise à sa place, qui était auprès de
moi : Il faut avouer, me dit-elle, que le Roi a de grandes
qualités ; je crois qu'il obscurcira la gloire de ses prédé-
cesseurs... Elle était si satisfaite de Sa Majesté que je la
vis sur le point de crier : Vive le Roi. »* C'est qu'elle vit
dans l'instant, se laissant tout entière emporter par les
émotions du moment.

Les circonstances l'empêchèrent de vivre à la cour, où
elle ne fit que de rares visites. En mars 1680, revenant de
Saint-Germain où elle est allée voir la nouvelle Dauphine, elle confie aux amies qui l'ont accompagnée qu'à
son *« âge et sans affaires »,* elle est *« bien servante de ce*

bon pays-là », autrement dit qu'elle en prend très volontiers congé. Malgré les amabilités de ceux qu'elle a rencontrés, elle ne s'est pas sentie à sa place dans le « tourbillon » qui lui a ôté Mme de Maintenon aussi vite qu'il la lui avait amenée.

Mais elle a éprouvé après coup une sorte de nostalgie. Quinze jours plus tard, elle l'avoue en réponse à la réaction de sa fille à son premier récit. Elle dépeint la dauphine de plus près. « Elle nous fit un air honnête, explique-t-elle, et l'on voit bien que si on trouvait une occasion de dire un mot à propos, elle entrerait bien aisément en conversation. Elle aime l'italien, les vers, les livres nouveaux, la musique, la danse ; vous voyez bien qu'on ne serait pas longtemps muette avec tant de choses dont il est aisé de parler, mais il faudrait du temps. » La marquise garde dans l'esprit l'idée d'une cour idéale, où elle pourrait séduire par sa présence grâce à ses dons verbaux. Si elle rejette la cour actuelle, c'est parce qu'elle doit y passer rapidement, n'ayant pas de charge officielle qui l'y attache.

Pour se masquer sa déception, elle fait contre mauvaise fortune bon cœur. « C'est un pays qui n'est point pour moi, dit-elle ; je ne suis point d'un âge à vouloir m'y établir ni à souhaiter d'y être soufferte. Si j'étais jeune, j'aimerais à plaire à cette princesse, mais, bon Dieu !, de quel droit voudrais-je y retourner jamais ? » L'âge de Mme de Sévigné (cinquante-quatre ans) n'est qu'un mauvais prétexte qu'elle avance pour masquer son échec. Elle aurait pu réussir, et elle s'est plu, un bref instant, à imaginer ce qu'elle aurait pu devenir grâce à ses talents de mondaine, ce qu'elle serait peut-être si la reine Marie-Thérèse avait été moins sotte. Elle était faite pour la cour. Elle y aurait été à son aise. Elle n'a pas eu de chance de ne pas y avoir d'établissement.

Elle le dit plus clairement encore, un mois et demi plus tard, de Nantes, après y avoir revu le château d'où le cardinal de Retz s'était évadé après la Fronde. « Pour *moi, j'ai vu des moments où il ne s'en fallait rien que la fortune ne me mît dans la plus agréable situation du monde, et puis tout d'un coup, c'étaient des prisons et des exils. Trouvez-vous que ma fortune ait été fort heureuse ? »* La marquise ressent à nouveau son échec, l'attribuant cette fois à sa vraie cause, la disgrâce de ceux qui auraient pu la soutenir à la cour : Retz, parent et protecteur des Sévigné, son ami Foucquet, son cousin Bussy, tous emprisonnés et exilés entre 1653 et 1665, au moment où elle aurait pu s'établir près du Roi.

Elle reconnaît ses désirs refoulés et sa déception de ne pas avoir mené la vie qu'elle aurait tant aimé avoir : *« Je mande à mon fils que c'est un grand plaisir que d'être obligé d'être là, d'y avoir un maître, une place, une contenance, que pour moi, si j'en avais eu une, j'aurais fort aimé ce pays-là, que ce n'était que par n'en point avoir que je m'en étais éloignée, que cette espèce de mépris était un chagrin, que je m'en vengeais à en médire. »* Dans cette ville qui lui rappelle sa jeunesse, elle s'est souvenue de ses élans et de ses désirs d'autrefois. Elle n'a pu se retenir d'exprimer sa désillusion et son regret. Au moment de renoncer pour toujours à la cour, elle avoue son dépit de ne pas en avoir durablement fait partie, comme sa naissance et sa sociabilité auraient dû logiquement le lui permettre.

Elle s'est donc réfugiée à la ville, où elle est favorablement reçue dans les milieux les plus choisis. C'est de là qu'elle observe le monde, à moins qu'elle se contente d'en entendre les échos assourdis depuis la solitude des Rochers, en Bretagne, où elle fait de longs séjours pour le besoin de ses affaires. Cette femme qui s'épanouit dans les compagnies où elle fait briller son esprit est cependant capable de longs séjours à la campagne où elle s'enrichit de lectures et de réflexions solitaires. *« Ce qu'il y a encore de merveilleux en cette personne, disait d'elle Mlle de Scudéry en 1657, c'est qu'en l'âge où elle est, elle songe aux affaires de sa maison aussi prudemment que si elle* avait toute l'expérience que l'âge peut donner à un esprit fort éclairé, et ce que j'admire encore plus, c'est que, quand il le faut, elle se passe du monde et de la cour, et se divertit à la campagne avec autant de tranquillité que si elle était née dans les bois. »

Mme de Sévigné sait s'adapter aux circonstances comme elle sait s'adapter à autrui. C'est la base de son charme dans la vie en société. C'est aussi le fondement de son art épistolaire. Parce qu'elle a l'imagination vive et qu'elle se comporte avec les absents comme s'ils étaient à ses côtés, son don verbal s'est aisément prolongé en don d'écrire. « J'oubliais de vous dire, affirme encore Mlle de Scudéry, qu'elle écrit comme elle parle, c'est-à-dire le plus agréablement et le plus galamment qu'il est possible. » Somaize, autre contemporain, met pareillement en parallèle sa verve orale et son talent d'écriture : « Son esprit charme les oreilles et engage tous ceux qui l'entendent ou qui lisent ce qu'elle écrit. » Si la marquise a eu de son vivant une (petite) réputation épistolaire, c'est vers ses trente ans, alors qu'elle est en vue comme mondaine femme d'esprit, et non quand elle aura commencé, dix à quinze années plus tard, sa longue correspondance avec sa fille.

Point de Mme de Sévigné en effet pour le lecteur d'aujourd'hui si la mondaine enjouée et brillante n'avait subi une sorte de mutation. Elle serait une femme d'esprit parmi beaucoup d'autres. Mais tout en conservant le brillant de ses qualités d'esprit et de plume, la guillerette Sévigné est devenue la mère passionnée et douloureuse d'une fille dont elle aurait voulu faire son double et qui aurait eu les succès qu'elle n'avait pas réussi à obtenir à la cour. Tout avait, semble-t-il, bien commencé. En 1663-1665, Françoise-Marguerite dansa dans les ballets du Roi avec Henriette de France, La Vallière et la future Montespan. Sa mère s'enorgueillissait des succès de celle que Bussy appelait « la plus jolie fille de France ». Louis XIV l'aurait même regardée comme une possible maîtresse.

Mais la demoiselle était une « insensible » et sa mère, petite-fille de sainte Chantal, avait de solides principes moraux. Les deux femmes s'accordèrent pour résister aux tentations du monde. La disgrâce de Bussy fit le reste. Françoise-Marguerite cessa brusquement d'apparaître dans les ballets. Malgré l'attrait d'une belle dot, on eut du mal à lui trouver un mari. Elle avait vingt-deux ans quand on parvint enfin, au début de 1669, à la marier au comte de Grignan, un Provençal d'excellente famille. Tout s'arrangeait. Mais le Roi décida, en novembre suivant, de nommer Grignan lieutenant général en Provence où il devrait résider pour les nécessités de son service. La comtesse suivrait son mari. On eut beau retarder la séparation, elle était devenue inévitable pour les deux femmes. Ce fut un arrachement pour Mme de Sévigné, qui obtint de sa fille qu'elles s'écriraient à chaque courrier, deux fois par semaine.

« J'ai une extrême envie de savoir de vos nouvelles. » Malgré les six lettres reçues, Mme de Sévigné est en retard sur l'itinéraire de sa fille, partie le 4 février 1671. On est le 20. La dernière lettre de Mme de Grignan était du 12, de La Palisse. « Je ne sais rien du reste de votre voyage jusqu'à Lyon, ni de votre route jusqu'en Provence. Je me dévore en un mot ; j'ai une impatience qui trouble mon repos. » On comble aujourd'hui ces décalages. La comtesse aurait téléphoné de Lyon et de son bateau sur le Rhône. Mais on ne comble pas la distance. La marquise serait restée sur sa faim. Le rythme des impatiences aurait changé, non les sentiments. Elle attendrait la prochaine sonnerie du téléphone, comme elle attend la prochaine lettre.

« Je suis bien assurée qu'il me viendra des lettres, mais je les attends et je ne les ai pas. » Les lettres qui sont en chemin symbolisent la séparation des deux femmes et leur besoin de la compenser. Elles matérialisent la distance, puisqu'il faut tant de moyens techniques et de temps pour la surmonter : de l'encre, du papier, mais

aussi des chevaux et un postillon, sans parler des relais et des maisons de poste. Elles matérialisent aussi le désir de garder le contact. Au bout du compte, elles vont de main en main. Mme de Sévigné touche le papier qu'a touché sa fille et lit les mots qu'elle a sans doute relus après les lui avoir écrits. Elles sont présence de l'absente. La marquise emporte avec elle les dernières reçues. Elle les sent dans sa poche. Elle les touche. Elle les montre. Elles sont là.

Elles sont là, mais elles sont le passé. L'esprit ne s'en satisfait pas. Il est toujours au-delà et ailleurs. Il anticipe sur le temps et s'élance dans l'espace. D'autres lettres sont déjà écrites et courent les chemins, réelles pour celle qui les a écrites, virtuelles pour celle qui les attend et qui ne les a pas. Avant de devenir une sorte de présence, elles marquent la cruelle réalité de l'absence. Comme la correspondante, elles existent ailleurs. Existence rassurante, car il ne s'agit pas d'une séparation éternelle. Celle qui est partie reviendra et sa lettre arrivera. Existence frustrante, qui n'a lieu que dans la pensée. Ni Mme de Grignan ni ce qu'elle a écrit ne sont là. Jusqu'à leur arrivée, au prochain courrier, au prochain retour, la marquise est condamnée à l'impatience et au manque.

Heureusement, elle peut écrire elle aussi. « Il faut, dit-elle, se consoler, et s'amuser en vous écrivant » S'amuser, c'est passer le temps. « La poésie, explique Furetière, est un agréable amusement. » Le jeu aussi, si on ne le pratique pas par avarice, mais « pour passer le temps en compagnie ». Le mot est facilement péjoratif. Amuser, c'est d'abord « arrêter quelqu'un, lui faire perdre le temps inutilement ». C'est aussi « repaître les gens de vaines espérances », comme ce jeune homme qui « amuse cette fille de l'espérance de l'épouser ». En troisième lieu seulement, amuser « se prend quelquefois en bonne part et signifie simplement : s'occuper, passer sa vie à quelque chose. C'est un homme qui s'amuse à l'étude ». Les lettres à Mme de Grignan (celles qui placent leur auteur

*parmi les plus grands écrivains) n'ont été que des
« amusements » dans les trois sens du mot. Mme de
Sévigné passe le temps pour tromper son attente. Elle le
perd dans l'espérance, qu'elle sait vaine, de compenser
l'absence. Elle en fait l'occupation de sa vie, quand sa
fille n'est pas avec elle.*

*« Voilà bien des lanternes, écrit-elle à la fin de la
même lettre, juste avant de regretter de n'avoir toujours
rien reçu de sa fille. Mais toujours vous dire que je vous
aime, que je ne songe qu'à vous, que je ne suis occupée
que de ce qui vous touche, que vous êtes le charme de ma
vie, que jamais personne n'a été si chèrement aimée que
vous, cette répétition vous ennuierait. » Il y a mille
façons de dire qu'on aime. Mme de Sévigné les emploie
toutes. « Il y a des gens qui n'ont point approuvé ces
répétitions de tendresse tournées en cent manières »,
remarque le Journal de Trévoux en 1726, après la
publication du premier choix de lettres à Mme de
Grignan. Perrin, en 1734, les conserve parce qu'elles sont
la trame de la correspondance : « Je n'ai rien cru
pouvoir retrancher des sentiments de l'amour maternel,
qui reparaissent si souvent, parce que c'est là ce qui
détermine le fond du caractère de Mme de Sévigné. »
Mathieu Marais, un de ses premiers lecteurs, s'en
réjouit : « Ce sont des lettres à sa fille, où il y a plus de
passion que les amants n'en ont dit depuis que l'on a
commencé d'aimer. » Les lettres à Mme de Grignan
développent d'infinies variations autour d'un banal « je
vous aime ».*

*Une mère aime passionnément sa fille et prend sa
plume pour le lui dire, le lui répéter, le lui imposer, le lui
faire partager. Non sans mal. Non sans crise. Non sans
craintes et jalousies réciproques. Non sans renonce-
ments et résignations. Car malheureusement pour elle et
heureusement pour le lecteur, Mme de Sévigné n'est pas
sûre d'être aimée en retour, du moins autant et comme
elle le voudrait. Les « répétitions de tendresse » s'inscri-*

vent dans une histoire vécue au fil du temps, et pour nous au fil des lettres. Les hasards des séparations ont choisi dans la vie des deux femmes les tranches qui en sont racontées. Ils ont rejeté tout le reste dans l'ombre. C'est seulement quand sa fille est absente (ou exceptionnellement quand il y a entre elles une insupportable distance morale) que l'épistolière a besoin de « s'amuser » en lui écrivant.

Rien de littéraire dans cette entreprise de compensation désabusée. Il faut prendre les lettres au pied de la lettre. Difficile exercice. Nous avons appris à nous défier des mots. Ils ne disent pas. Ils signifient. Il n'y a pas de religieuse portugaise. Il n'y a pas d'amant infidèle. Il y a un auteur qui nous abuse en nous racontant une histoire. Son jeu est de nous faire prendre pour vraie une pure invention. Le nôtre est d'y prendre plaisir et de ne pas être dupe, d'apprécier son habileté à recréer un autre monde. En ouvrant le livre, nous savons que nous allons plonger dans l'imaginaire. En le refermant, nous revenons sur terre. Avec nostalgie... Nous aimerions que Mariana Alcoforada ait vraiment existé, que ce beau chant d'amour ait été vraiment prononcé et qu'il ait eu un vrai destinataire. On nous console en nous demandant d'admirer la parfaite culture et la rhétorique exemplaire de Guilleragues.

Singulier paradoxe. Pour nous intéresser à ce qu'on raconte, nous avons besoin de croire qu'on nous dit la vérité. Barbin le savait bien, qui affirmait à son lecteur : « J'ai trouvé les moyens, avec beaucoup de soin et de peine de recouvrer une copie correcte de la traduction de cinq lettres portugaises qui sont écrites à un gentilhomme de qualité qui servait en Portugal. » Rousseau en tête de **La Nouvelle Héloïse** comme Laclos en préface aux **Liaisons dangereuses** jureront pareillement qu'ils publient des lettres authentiques. Mais on croit savoir aujourd'hui que la vérité toute nue n'a pas d'intérêt, qu'elle n'est rien sans la médiation d'une mise en forme *qui la déforme, qu'elle n'est lisible qu'une fois devenue fiction. Seul un auteur saurait non dire les choses, mais les représenter de façon crédible. L'œuvre d'art ne peut être en prise directe sur le réel.*

Elle l'est pourtant dans le cas des lettres à Mme de Grignan. Mme de Sévigné n'est pas personnage inventé, ni sa fille, ni le voyage, ni la lettre reçue de La Palisse. Pour les deux correspondantes, les mots renvoient aux choses et non à la représentation des choses. Quand la marquise écrit qu'elle se dévore d'impatience, elle ne le dit pas pour que d'éventuels lecteurs s'imaginent une mère qui aurait de tels sentiments. Elle l'affirme à sa correspondante pour que celle-ci le sache, le croie, la plaigne, lui réponde. Chaque mot d'une vraie lettre, adressée à un vrai destinataire, est une action opérée sur ce destinataire, une invite à penser, à sentir, à écrire, à agir. Celles de Mme de Sévigné ont quelquefois mis sa fille en colère. Elles l'ont rendue malade. Elles l'ont conduite à modifier ses projets. Celles de Mme de Grignan ont fait trembler ou pleurer de joie sa mère : « Je reçois vos lettres, ma bonne, comme vous avez reçu ma bague. Je fonds en larmes en les lisant. » Les mots d'une lettre ont pour sa destinataire autant d'existence qu'un anneau donné la veille d'un départ en gage d'indestructible fidélité. Ils produisent des larmes aussi réelles que la lettre qui les contient.

Mme de Sévigné a pu mentir. Son mensonge, en ce cas, ne serait pas de l'ordre de la fiction. Il n'aurait pas été inventé pour la beauté et la cohérence d'une histoire inventée, mais pour agir sur la sensibilité de la destinataire. Exactement comme s'il avait été proféré oralement. Il relèverait du comportement vécu des deux femmes, non d'une construction littéraire. Ce qui nous garantit la vérité des larmes de l'épistolière, c'est qu'elle parle à quelqu'un qui la connaît mieux que personne. Les mots que la marquise inscrit dans la correspondance ne sont pas ordonnés en fonction de la cohérence d'une inven-

tion à laquelle peut adhérer un lecteur quelconque, mais en vertu de ce qu'elle est ou veut être à ses yeux et à ceux de sa fille. Cela n'exclut pas les mutuelles tromperies, mais elles sont calculées, comme dans la vie, sur ce que chacun sait ou devine de l'autre, non sur des vraisemblances et des invraisemblances extérieures.

Mme de Sévigné pleure facilement. Elle pleure en recevant la lettre de sa fille. Rien de plus naturel. Mme de Grignan n'aimait pas à dire sa tendresse. Elle l'écrit. Voilà un changement qui pose problème. Mme de Sévigné doit choisir. Elle parie pour la sincérité. Elle trouve les lettres de sa fille « si tendres et si naturelles » que la « défiance même en serait convaincue »'. Elles ont l'air vrai. Elle se persuade qu'elles le sont. Son besoin de croire ce qu'elle lit est sa meilleure raison de passer de l'apparence des mots à la réalité des sentiments. « Vos paroles, répond-elle, ne servent tout au plus qu'à vous expliquer et, dans cette noble simplicité, elles ont une force à quoi l'on ne peut résister... » Les mots des lettres ont une redoutable efficacité directe, liée à ce que chacune des deux femmes connaît de l'autre, à ce qu'elle en attend, à ce qu'elle en craint. « Si mes paroles ont la même puissance que les vôtres, continue la marquise, il ne faut pas vous en dire davantage ; je suis assurée que mes vérités ont fait en vous leur effet ordinaire. » L'écriture prolonge la parole pour continuer de persuader Mme de Grignan des vérités de sa mère.

Mme de Sévigné peut les dire aussi en parlant d'autre chose. Elle ne s'en prive point. Mais ce sont des lanternes, « des choses de néant », explique Furetière, des discours dont il ne faut pas tenir compte. Il y a l'amour maternel, sans lequel il n'y aurait pas de lettres, et il y a les riens qui permettent à l'épistolière de tromper l'absence en passant des heures à son écritoire. Ces riens nous intéressent aussi. Ils ont fait que les historiens consultent volontiers les lettres pour évoquer les fastes du Grand Siècle. La marquise a traité de la guerre et de la *paix, du supplice de la Brinvilliers et de l'affaire des poisons. Elle a raconté ses visites à la cour, les jeux de Versailles, la représentation d'*Esther *à Saint-Cyr. Dès 1725, pour présenter quelques lettres à Mme de Grignan, les premières parues, on mettait dans le titre qu'elles contenaient « beaucoup de particularités de l'histoire de Louis XIV ». Les « lanternes » de la gazetière ont souvent éclipsé pour les lecteurs pressés « les répétitions de tendresse » qui sont le fond de la correspondance.*

En induisant à la classer parmi les écrivains de profession, les morceaux de bravoure ont pareillement masqué le caractère spontané d'une écriture qui ne cherchait pas à susciter l'admiration de lecteurs anonymes, mais à produire un résultat sur le destinataire de la lettre, considéré comme son lecteur unique. « Vous savez, dit-elle à sa fille, que je n'ai qu'un trait de plume; ainsi mes lettres sont fort négligées, mais c'est mon style, et peut-être qu'il fera autant d'effet qu'un autre plus ajusté. » Cet effet n'a rien de littéraire. Mme de Sévigné a écrit à l'évêque de Marseille pour le convaincre de ne plus s'opposer à une gratification de 5 000 livres demandée par son gendre... Point n'est besoin, pense-t-elle, d'une rhétorique élaborée pour y parvenir. Il suffit de se montrer soi-même et d'écrire à son habitude.

« Mon style, dit-elle encore, est si négligé qu'il faut avoir un esprit naturel et du monde pour pouvoir s'en accommoder. » Monde et esprit, l'alliance paraît surprenante. Mais ils ont en commun la haine de la pédanterie, du travail rigoureux, des techniques précises auxquelles il faut impérativement se soumettre. A la différence des doctes, les gens de qualité apprécient les saillies d'un beau naturel, les irrégularités et les improvisations réussies. Le ministre Pomponne aime, dit la marquise, son « style naturel et dérangé quoique le sien soit comme celui de l'éloquence même ». Elle sait que sa façon d'écrire n'est pas « rangée », c'est-à-dire ordonnée selon les règles, comme celui de son ami qui écrit à la Balzac.

Cela ne la trouble pas, car elle ne vise pas à la gloire de bien écrire, encore moins à celle d'élaborer une œuvre d'écrivain. Elle veut agir sur son correspondant par les moyens qui lui sont propres : facilité, rapidité, vivacité, surprise.

Parce qu'elle est toujours entre deux postes, elle finit toujours par improviser. Bien loin d'être écrite à loisir, recopiée, lue dans les salons (légende qui a la vie dure), sa lettre part à peine finie. Mme de Sévigné connaît son inachèvement. « *Quelquefois même, explique-t-elle, il m'arrive une singulière chose, c'est qu'oubliant ce que je vous ai mandé au commencement de ma lettre, j'y reviens encore à la fin, parce que je ne relis ma lettre qu'après qu'elle est faite, et quand je m'aperçois de ces répétitions, je fais une grimace épouvantable. Mais il n'en est autre chose, car il est tard ; je ne sais point raccommoder et je fais mon paquet.* » *La grimace, c'est la conscience critique devant les négligences consécutives à l'improvisation. La fermeture du paquet, c'est l'acceptation de ce qui est, le refus de reprendre le texte et de le corriger. L'important est que la lettre parte et que la communication soit maintenue.*

Mme de Sévigné écrit vite, souvent dans la bousculade et toujours sans brouillon. C'est un premier jet qu'elle envoie à sa fille, un texte qui saisit rapidement par l'écriture le mouvement même de la pensée, bien différent de la lente et minutieuse élaboration de l'expression qu'on recommandait alors aux auteurs de profession. Cette façon d'écrire n'est pas le résultat d'un choix esthétique délibéré, mais la conséquence de sa situation : elle ne peut écrire souvent et beaucoup qu'à condition d'improviser. Parce qu'elle ne donne pas la priorité au langage sur le message, elle ne travaille pas son style et s'exprime comme elle peut, avec les mots et les tournures qui lui viennent sous la plume, ne voyant dans la correction que la servante de l'intelligibilité du texte. Même dans les morceaux les plus écrits, il y a beaucoup de traces de cette négligence-là.

Ou plutôt de ces négligences. Car l'improvisation a ses degrés. Plus d'une fois Mme de Sévigné prend la plume après avoir parlé à ses amis, à son fils, à son cousin Coulanges. À la base du talent de la marquise, il y a son talent de dire les choses autrement qu'on s'y attend. Elle déteste les conventions et la platitude. Elle méprise les « selles à tous chevaux », ce que chacun peut dire à tout le monde.

Il arrive également qu'elle développe à plaisir une idée ou une tournure à laquelle elle a pensé avant d'écrire et dont elle joue à découvrir les possibilités sur le papier, ou qu'elle revienne d'une lettre à l'autre sur un même thème, les variations du vendredi étant inconsciemment préparées par celles du mercredi qui engendrent à leur tour celles du vendredi suivant. On trouve chez elle une grande quantité d'auto-imitations involontaires. Chaque lettre est préparée par toutes celles qui l'ont précédée et prépare elle-même celles qui suivent. Mais cette préparation n'est jamais telle qu'on puisse parler d'un schéma prédéterminé ou d'une réflexion préalable sur les moyens d'expression. L'improvisation est seulement infléchie et modulée par le degré d'attention que Mme de Sévigné a déjà portée à ce qui lui vient ou revient sous la plume, et selon la nature des sujets qu'elle aborde.

Aux répétitions de la tendresse s'ajoutent donc les répétitions dues à la négligence du style, à la régularité des rythmes épistolaires, au retour des mêmes situations (séparation, plaintes, espoir du retour), à la découverte progressive des « facettes » d'un grand événement (passage du Rhin, mort de Turenne, exil en France du roi d'Angleterre). Nul effort de composition. La suite des « articles » est le résultat d'un grand nombre de hasards aussi disparates que l'humeur de l'épistolière, le contenu de la lettre à laquelle elle répond, les visites qu'elle a faites ou reçues, les événements qui se sont produits, le moment où on en parle dans les lieux où elle se trouve.

Non seulement chaque lettre est un ensemble clos (comme le montre la façon dont elle est pliée et cachetée), mais chaque partie (elle est souvent rédigée en plusieurs jours), chaque passage ou article a une sorte d'autonomie. La correspondance a été écrite comme une succession de fragments.

Mais elle a été écrite d'une même plume et d'un même élan. C'est partout la même invention verbale qui surprend par sa modernité. C'est toujours la même passion qui transforme jusqu'aux moindres détails. Déclarations enflammées ou « lanternes », gronderies sur la dépense ou brillante description d'une coiffure à la mode, Mme de Sévigné n'oublie jamais son but : séduire sa fille. Trois siècles après, le charme continue d'opérer.

Roger Duchêne

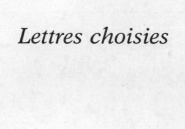

Lettres choisies

1. À BUSSY-RABUTIN

Des Rochers, le [dimanche] 15e mars [1648].

Je vous trouve un plaisant mignon de ne m'avoir
pas écrit depuis deux mois. Avez-vous oublié qui je
suis, et le rang que je tiens dans la famille ? Ah !
vraiment, petit cadet, je vous en ferai bien ressouve-
nir ; si vous me fâchez, je vous réduirai au lambel [1].
Vous savez que je suis sur la fin d'une grossesse, et je
ne trouve en vous non plus d'inquiétude de ma santé
que si j'étais encore fille. Eh bien, je vous apprends,
quand vous en devriez enrager, que je suis accouchée
d'un garçon [2], à qui je vais faire sucer la haine contre
vous avec le lait, et que j'en ferai encore bien d'autres,
seulement pour vous faire des ennemis. Vous n'avez
pas eu l'esprit d'en faire autant, le beau faiseur de
filles.

Mais c'est assez vous cacher ma tendresse, mon cher
cousin ; le naturel l'emporte sur la politique. J'avais
envie de vous gronder de votre paresse depuis le
commencement de ma lettre jusqu'à la fin ; mais je me
fais trop de violence, et il en faut revenir à vous dire que
M. de Sévigné [3] et moi vous aimons fort, et que nous
parlons souvent du plaisir qu'il y a d'être avec vous.

2. À MÉNAGE[1]

[À Paris, juin-juillet 1652 ?]

Je vous dis encore une fois que nous ne nous entendons point, et vous êtes bien heureux d'être éloquent, car sans cela tout ce que vous m'avez mandé ne vaudrait guère. Quoique cela soit merveilleusement bien arrangé, je n'en suis pourtant pas effrayée, et je sens ma conscience si nette de ce que vous me dites que je ne perds pas espérance de vous faire connaître sa pureté. C'est pourtant une chose impossible, si vous ne m'accordez une visite d'une demi-heure ; et je ne comprends pas par quel motif vous me la refusez si opiniâtrement. Je vous conjure encore une fois de venir ici, et puisque vous ne voulez pas que ce soit aujourd'hui, je vous supplie que ce soit demain. Si vous n'y venez, peut-être ne me fermerez-vous pas votre porte, et je vous poursuivrai de si près que vous serez contraint d'avouer que vous avez un peu de tort. Vous me voulez cependant faire passer pour ridicule, en me disant que vous n'êtes brouillé avec moi qu'à cause que vous êtes fâché de mon départ. Si cela était ainsi, je mériterais les Petites-Maisons[2] et non pas votre haine. Mais il y a toute différence, et j'ai seulement peine à comprendre que, quand on aime une personne et qu'on la regrette, il faille, à cause de cela, lui faire froid au dernier point, les dernières fois que l'on la voit. Cela est une façon d'agir tout extraordinaire, et comme je n'y étais pas accoutumée, vous devez excuser ma surprise. Cependant je vous conjure de croire qu'il n'y a pas un de ces anciens et nouveaux amis, dont vous me parlez, que j'estime ni que j'aime tant que vous. C'est pourquoi, devant que de vous perdre, donnez-moi la consolation de vous

mettre dans votre tort, et de dire que c'est vous qui ne
m'aimez plus.

CHANTAL.

Monsieur, Monsieur Ménage.

3. À POMPONNE[1]

[À Paris,] lundi 1ᵉʳ décembre [1664].

Il y a deux jours que tout le monde croyait que l'on
voulait tirer l'affaire de M. Foucquet en longueur;
présentement, ce n'est plus la même chose. C'est tout
le contraire : on presse extraordinairement les interrogations. Ce matin Monsieur le Chancelier a pris son
papier, et a lu, comme une liste, dix chefs d'accusa-
tion, sur quoi il ne donnait pas le loisir de répondre.
M. Foucquet a dit : « Monsieur, je ne prétends point
tirer les choses en longueur, mais je vous supplie de
me donner loisir de répondre. Vous m'interrogez, et il
semble que vous ne vouliez pas écouter ma réponse; il
m'est important que je parle. Il y a plusieurs articles
qu'il faut que j'éclaircisse, et il est juste que je réponde
sur tous ceux qui sont dans mon procès. » Il a donc
fallu l'entendre, contre le gré des malintentionnés;
car il est certain qu'ils ne sauraient souffrir qu'il se
défende si bien. Il a fort bien répondu sur tous les
chefs. On continuera de suite, et la chose ira si vite que
je crois que les interrogations finiront cette semaine.
Je viens de souper à l'hôtel de Nevers; nous avons
bien causé, la maîtresse du logis[2] et moi, sur ce
chapitre. Nous sommes dans des inquiétudes qu'il n'y
a que vous qui puissiez comprendre, car pour toute la
famille du malheureux, la tranquillité et l'espérance y
règnent. On dit que M. de Nesmond a témoigné en
mourant que son plus grand déplaisir était de n'avoir

pas été d'avis de la récusation de ces deux juges, que
s'il eût été à la fin du procès, il aurait réparé cette
faute, qu'il priait Dieu qu'il lui pardonnât celle qu'il
avait faite[3].

Je viens de recevoir votre lettre ; elle vaut mieux que
tout ce que je puis jamais écrire. Vous mettez ma
modestie à une trop grande épreuve en me mandant
de quelle manière je suis avec vous et avec notre cher
solitaire[4]. Il me semble que je le vois et que je
l'entends dire ce que vous me mandez. Je suis au
désespoir que ce ne soit pas moi qui ai dit *la métamorphose de Pierrot*[5] *en Tartuffe*. Cela est si naturellement
dit que, si j'avais autant d'esprit que vous m'en
croyez, je l'aurais trouvé au bout de ma plume.

Il faut que je vous conte une petite historiette, qui
est très vraie et qui vous divertira. Le Roi se mêle
depuis peu de faire des vers ; MM. de Saint-Aignan et
Dangeau lui apprennent comme il s'y faut prendre. Il
fit l'autre jour un petit madrigal, que lui-même ne
trouva pas trop joli. Un matin, il dit au maréchal de
Gramont : « Monsieur le maréchal, je vous prie, lisez
ce petit madrigal, et voyez si vous en avez jamais vu
un si impertinent. Parce qu'on sait que depuis peu
j'aime les vers, on m'en apporte de toutes les façons. »
Le maréchal, après avoir lu, dit au Roi : « Sire, Votre
Majesté juge divinement bien de toutes choses ; il est
vrai que voilà le plus sot et le plus ridicule madrigal
que j'aie jamais lu. » Le Roi se mit à rire, et lui dit :
« N'est-il pas vrai que celui qui l'a fait est bien fat ? —
Sire, il n'y a pas moyen de lui donner un autre nom.
— Oh bien ! dit le Roi, je suis ravi que vous m'en ayez
parlé si bonnement ; c'est moi qui l'ai fait. — Ah ! Sire,
quelle trahison ! Que Votre Majesté me le rende ; je l'ai
lu brusquement. — Non, monsieur le maréchal ; les
premiers sentiments sont toujours les plus naturels. »
Le Roi a fort ri de cette folie, et tout le monde trouve
que voilà la plus cruelle petite chose que l'on puisse

faire à un vieux courtisan. Pour moi, qui aime toujours à faire des réflexions, je voudrais que le Roi en fît
là-dessus, et qu'il jugeât par là combien il est loin de
connaître jamais la vérité.

Nous sommes sur le point d'en voir une bien cruelle,
qui est le rachat de nos rentes sur un pied qui nous
envoie droit à l'hôpital. L'émotion est grande, mais la
dureté l'est encore plus. Ne trouvez-vous point que
c'est entreprendre bien des choses à la fois ? Celle qui
me touche le plus n'est pas celle qui me fait perdre une
partie de mon bien[6].

<Mardi 2 décembre.>

M. Foucquet a parlé aujourd'hui deux heures
entières sur les six millions ; il s'est fait donner
audience. Il a dit des merveilles ; tout le monde en
était touché, chacun selon son sentiment. Pussort
faisait des mines d'improbation et de négative, qui
scandalisaient les gens de bien. Quand M. Foucquet a
eu cessé de parler, Pussort s'est levé impétueusement,
et a dit : « Dieu merci, on ne se plaindra pas qu'on ne
l'ait laissé parler tout son soûl. » Que dites-vous de ces
belles paroles ? Ne sont-elles pas d'un fort bon juge ?

On dit que le Chancelier est fort effrayé de l'érysipèle de M. de Nesmond, qui l'a fait mourir ; il craint
que ce ne soit une répétition pour lui. Si cela pouvait
lui donner les sentiments d'un homme qui va paraître
devant Dieu, encore serait-ce quelque chose, mais il
faut craindre qu'on ne dise de lui comme d'Argant : *E
morì come visse*[7].

[Mercredi 3 décembre.]

Notre cher et malheureux ami a parlé deux heures
ce matin, mais si admirablement bien, que plusieurs
n'ont pu s'empêcher de l'admirer. M. Renard entre

autres a dit : « Il faut avouer que cet homme est incomparable. Il n'a jamais si bien parlé dans le Parlement[8] ; il se possède mieux qu'il n'a jamais fait. » C'était encore sur les six millions et sur ses dépenses. Il n'y a rien d'admirable comme tout ce qu'il a dit là-dessus. Je vous écrirai jeudi et vendredi, qui seront les deux derniers jours de l'interrogation, et je continuerai encore jusqu'au bout.

Dieu veuille que ma dernière lettre vous apprenne la chose du monde que je souhaite le plus ardemment ! Adieu, mon cher Monsieur ; priez notre solitaire de prier Dieu pour notre pauvre ami. Je vous embrasse tous deux de tout mon cœur, et par modestie, j'y joins madame votre femme.

4. À BUSSY-RABUTIN

À Paris, ce [jeudi] 26ᵉ juillet 1668[1].

Je veux commencer à répondre en deux mots à votre lettre du 9ᵉ de ce mois[2], et puis notre procès sera fini. Vous m'attaquez doucement, Monsieur le Comte, et me reprochez finement que je ne fais pas grand cas des malheureux, mais qu'en récompense je battrai des mains pour votre retour ; en un mot, que je hurle avec les loups, et que je suis d'assez bonne compagnie pour ne pas dédire ceux qui blâment les absents.

Je vois bien que vous êtes mal instruit des nouvelles de ce pays-ci. Mon cousin, apprenez donc de moi que ce n'est pas la mode de m'accuser de faiblesse pour mes amis. J'en ai beaucoup d'autres, comme dit Mme de Bouillon, mais je n'ai pas celle-là. Cette pensée n'est que dans votre tête, et j'ai fait ici mes preuves de générosité sur le sujet des disgraciés[3], qui m'ont mise en honneur dans beaucoup de bons lieux,

que je vous dirais bien si je voulais. Je ne crois donc
pas mériter ce reproche, et il faut que vous rayiez cet
article sur le mémoire de mes défauts. Mais venons à
vous.

Nous sommes proches, et de même sang. Nous nous
plaisons ; nous nous aimons, nous prenons intérêt
dans nos fortunes. Vous me parlez de vous avancer de
l'argent sur les dix mille écus que vous aviez à toucher
dans la succession de Monsieur de Chalon[4]. Vous dites
que je vous l'ai refusé, et moi, je dis que je vous l'ai
prêté. Car vous savez fort bien, et notre ami Corbinelli
en est témoin, que mon cœur le voulut d'abord, et que
lorsque nous cherchions quelques formalités pour
avoir le consentement de Neuchèze, afin d'entrer en
votre place pour être payé, l'impatience vous prit ; et
m'étant trouvée par malheur assez imparfaite de
corps et d'esprit pour vous donner sujet de faire un
fort joli portrait de moi, vous le fîtes, et vous préfé-
râtes à notre ancienne amitié, à votre nom, et à la
justice même, le plaisir d'être loué de votre ouvrage[5].
Vous savez qu'une dame de vos amies[6] vous obligea
généreusement de le brûler. Elle crut que vous l'aviez
fait ; je le crus aussi. Et quelque temps après, ayant su
que vous aviez fait des merveilles sur le sujet de
M. Foucquet et le mien[7], cette conduite acheva de me
faire revenir. Je me raccommodai avec vous à mon
retour de Bretagne. Mais avec quelle sincérité ? vous
le savez. Vous savez encore notre voyage de Bourgogne, et avec quelle franchise je vous redonnai toute
la part que vous aviez jamais eue dans mon amitié. Je
reviens entêtée de votre société.

Il y eut des gens qui me dirent en ce temps-là : « J'ai
vu votre portrait entre les mains de Mme de La
Baume[8], je l'ai vu. » Je ne réponds que par un sourire
dédaigneux, ayant pitié de ceux qui s'amusaient à
croire à leurs yeux. « Je l'ai vu », me dit-on encore au
bout de huit jours, et moi de sourire encore. Je le redis

en riant à Corbinelli; il reprit le même sourire
moqueur qui m'avait déjà servi en deux occasions, et
je demeurai cinq ou six mois de cette sorte, faisant
pitié à ceux dont je m'étais moquée. Enfin le jour
malheureux arriva, où je vis moi-même, et de mes
propres yeux *bigarrés*[9], ce que je n'avais pas voulu
croire. Si les cornes me fussent venues à la tête,
j'aurais été bien moins étonnée. Je le lus, et je le relus,
ce cruel portrait; je l'aurais trouvé très joli s'il eût été
d'une autre que de moi, et d'un autre que de vous. Je le
trouvai même si bien enchâssé, et tenant si bien sa
place dans le livre, que je n'eus pas la consolation de
me pouvoir flatter qu'il fût d'un autre que de vous. Je
le reconnus à plusieurs choses que j'en avais ouï dire
plutôt qu'à la peinture de mes sentiments, que je
méconnus entièrement. Enfin je vous vis au Palais-
Royal, où je vous dis que ce livre courait. Vous
voulûtes me conter qu'il fallait qu'on eût fait ce
portrait de mémoire, et qu'on l'avait mis là. Je ne vous
crus point du tout. Je me ressouvins alors des avis
qu'on m'avait donnés, et dont je m'étais moquée. Je
trouvai que la place où était ce portrait était si juste
que l'amour paternel vous avait empêché de vouloir
défigurer cet ouvrage, en l'ôtant d'un lieu où il tenait
si bien son coin. Je vis que vous vous étiez moqué et de
Mme de Montglas et de moi, que j'avais été votre
dupe, que vous aviez abusé de ma simplicité, et que
vous aviez eu sujet de me trouver bien innocente, en
voyant le retour de mon cœur pour vous et sachant
que le vôtre me trahissait; vous savez la suite.

Être dans les mains de tout le monde, se trouver
imprimée, être le livre de divertissement de toutes les
provinces, où ces choses-là font un tort irréparable, se
rencontrer dans les bibliothèques, et recevoir cette
douleur, par qui? Je ne veux point vous étaler davantage toutes mes raisons. Vous avez bien de l'esprit; je
suis assurée que si vous voulez faire un quart d'heure

de réflexions, vous les verrez, et vous les sentirez comme moi. Cependant que fais-je quand vous êtes arrêté ? Avec la douleur dans l'âme, je vous fais faire des compliments [10], je plains votre maheur, j'en parle même dans le monde, et je dis assez librement mon avis sur le procédé de Mme de La Baume pour en être brouillée avec elle. Vous sortez de prison ; je vous vais voir plusieurs fois. Je vous dis adieu quand je partis pour Bretagne. Je vous ai écrit, depuis que vous êtes chez vous, d'un style assez libre et sans rancune. Et enfin je vous écris encore quand Mme d'Époisses me dit que vous vous êtes cassé la tête [11].

Voilà ce que je voulais vous dire une fois en ma vie, en vous conjurant d'ôter de votre esprit que ce soit moi qui aie tort. Gardez ma lettre, et la relisez, si jamais la fantaisie vous prenait de le croire, et soyez juste là-dessus, comme si vous jugiez d'une chose qui se fût passée entre deux autres personnes. Que votre intérêt ne vous fasse point voir ce qui n'est pas ; avouez que vous avez cruellement offensé l'amitié qui était entre nous, et je suis désarmée. Mais de croire que si vous répondez, je puisse jamais me taire, vous auriez tort, car ce m'est une chose impossible. Je verbaliserai toujours. Au lieu d'écrire en deux mots, comme je vous l'avais promis, j'écrirai en deux mille, et enfin j'en ferai tant, par des lettres d'une longueur cruelle et d'un ennui mortel, que je vous obligerai malgré vous à me demander pardon, c'est-à-dire à me demander la vie [12]. Faites-le donc de bonne grâce.

Au reste, j'ai senti votre saignée. N'était-ce pas le 17e de ce mois justement ? elle me fit tous les biens du monde, et je vous en remercie. Je suis si difficile à saigner que c'est charité à vous de donner votre bras au lieu du mien.

Pour cette sollicitation, envoyez-moi votre homme d'affaires avec un placet, et je le ferai donner par une amie de ce M. Bidé (car pour moi, je ne le connais point), et j'irai même avec cette amie. Vous pouvez vous assurer que si je pouvais vous rendre service, je le ferais, et de bon cœur et de bonne grâce. Je ne vous dis point l'intérêt extrême que j'ai toujours pris à votre fortune ; vous croiriez que ce serait le *rabutinage*[13] qui en serait la cause, mais non, c'était vous. C'est vous encore qui m'avez causé des afflictions tristes et amères en voyant ces trois nouveaux maréchaux de France[14]. Mme de Villars, qu'on allait voir, me mettait devant les yeux les visites qu'on m'aurait rendues en pareille occasion, si vous aviez voulu.

La plus jolie fille de France[15] vous fait des compliments. Ce nom me paraît assez agréable ; je suis pourtant lasse d'en faire les honneurs.

5. À BUSSY-RABUTIN

À Paris, ce [mardi] 4e décembre 1668.

N'avez-vous pas reçu ma lettre où je vous donnais la vie, et ne voulais pas vous tuer à terre ? J'attendais une réponse sur cette belle action, mais vous n'y avez pas pensé ; vous vous êtes contenté de vous relever et de reprendre votre épée comme je vous l'ordonnais. J'espère que ce ne sera pas pour vous en servir jamais contre moi.

Il faut que je vous apprenne une nouvelle qui, sans doute, vous donnera de la joie. C'est qu'enfin la plus jolie fille de France épouse, non pas le plus joli garçon, mais un des plus honnêtes hommes du royaume ; c'est M. de Grignan, que vous connaissez il y a longtemps. Toutes ses femmes sont mortes pour faire place à votre cousine, et même son père et son fils, par une bonté extraordinaire[1], de sorte qu'étant plus riche qu'il n'a jamais été[2], et se trouvant d'ailleurs, et par sa naissance, et par ses établissements, et par ses bonnes qualités, tel que nous le pouvons souhaiter, nous ne le marchandons point comme on a accoutumé de faire ; nous nous en fions bien aux deux familles qui ont passé devant nous. Il paraît fort content de notre alliance ; et aussitôt que nous aurons des nouvelles de l'archevêque d'Arles son oncle, son autre oncle l'évêque d'Uzès étant ici, ce sera une affaire qui s'achèvera avant la fin de l'année[3]. Comme je suis une dame assez régulière, je n'ai pas voulu manquer à vous en demander votre avis, et votre approbation. Le public paraît content, c'est beaucoup ; car on est si sot que c'est quasi sur cela qu'on se règle.

Mais voici encore un autre article sur quoi je veux que vous me contentiez, s'il vous reste un brin d'amitié pour moi. Je sais que vous avez mis au bas du portrait que vous avez de moi[4], que j'ai été mariée à un gentilhomme breton, honoré des alliances de Vassé et de Rabutin. Cela n'est pas juste, mon cher cousin. Je suis depuis peu si bien instruite de la maison de Sévigné, que j'aurais sur ma conscience de vous laisser dans cette erreur. Il a fallu montrer notre noblesse en Bretagne[5], et ceux qui en ont le plus ont pris plaisir de se servir de cette occasion pour étaler leur marchandise. Voici la nôtre :

Quatorze contrats de mariage de père en fils ; trois cent cinquante ans de chevalerie ; les pères quelquefois considérables dans les guerres de Bretagne, et bien marqués dans l'histoire ; quelquefois retirés chez eux comme des Bretons ; quelquefois de grands biens, quelquefois de médiocres ; mais toujours de bonnes et de grandes alliances. Celles de trois cent cinquante ans, au bout desquels on ne voit que des noms de baptême, sont du Quelnec, Montmorency, Baraton et Châteaugiron. Ces noms sont grands ; ces femmes avaient pour maris des Rohan et des Clisson. Depuis ces quatre, ce sont des Guesclin, des Coëtquen, des

Rosmadec, des Clindon, des Sévigné de leur même
maison, des du Bellay, des Rieux, des Bodégat, des
Plessis-Tréal, et d'autres qui ne me reviennent pas
présentement, jusqu'à Vassé et jusqu'à Rabutin. Tout
cela est vrai, il faut m'en croire... Je vous conjure
donc, mon cousin, si vous me voulez obliger, de
changer votre écriteau, et si vous n'y voulez point
mettre de bien, n'y mettez point de rabaissement.
J'attends cette marque de votre justice, et du reste
d'amitié que vous avez pour moi.

Adieu, mon cher cousin. Donnez-moi promptement
de vos nouvelles, et que notre amitié soit désormais
sans nuages.

6. À MADAME DE GRIGNAN

[À Paris,] lundi [2 février 1671].

Puisque vous voulez absolument qu'on vous rende
votre petite boîte, la voilà. Je vous conjure de conserver et de recevoir, aussi tendrement que je vous le
donne, un petit présent qu'il y a longtemps que je vous
destine. J'ai fait retailler le diamant avec plaisir, dans
la pensée que vous le garderez toute votre vie. Je vous
en conjure, ma chère bonne, et que jamais je ne le voie
en d'autres mains que les vôtres. Qu'il vous fasse
souvenir de moi et de l'excessive tendresse que j'ai
pour vous, et par combien de choses je voudrais la
pouvoir témoigner en toutes occasions, quoi que vous
puissiez croire là-dessus [1].

7. À MADAME DE GRIGNAN

À Paris, le <mercredi 11> février 1671.

Je n'en ai reçu que trois, de ces aimables lettres qui me pénètrent le cœur ; il y en a une qui me manque. Sans que je les aime toutes, et que je n'aime point à perdre ce qui me vient de vous, je croirais n'avoir rien perdu [1]. Je trouve qu'on ne peut rien souhaiter qui ne soit dans celles que j'ai reçues. Elles sont première-ment très bien écrites, et de plus si tendres et si naturelles qu'il est impossible de ne les pas croire. La défiance même en serait convaincue. Elles ont ce caractère de vérité que je maintiens toujours, qui se fait voir avec autorité, pendant que le mensonge demeure accablé sous les paroles sans pouvoir persua-der ; plus elles s'efforcent de paraître, plus elles sont enveloppées. Les vôtres sont vraies et le paraissent. Vos paroles ne servent tout au plus qu'à vous expli-quer et, dans cette noble simplicité, elles ont une force à quoi l'on ne peut résister. Voilà, ma bonne, comme vos lettres m'ont paru. Mais quel effet elles me font, et quelle sorte de larmes je répands, en me trouvant persuadée de la vérité de toutes les vérités que je souhaite le plus sans exception ! Vous pourrez juger par là de ce que m'ont fait les choses qui m'ont donné autrefois des sentiments contraires [2]. Si mes paroles ont la même puissance que les vôtres, il ne faut pas vous en dire davantage ; je suis assurée que mes vérités ont fait en vous leur effet ordinaire.

Mais je ne veux point que vous disiez que j'étais un rideau qui vous cachait [3]. Tant pis si je vous cachais ; vous êtes encore plus aimable quand on a tiré le rideau. Il faut que vous soyez à découvert pour être dans votre perfection ; nous l'avons dit mille fois. Pour

moi, il me semble que je suis toute nue, qu'on m'a
dépouillée de tout ce qui me rendait aimable. Je n'ose
plus voir le monde, et quoi qu'on ait fait pour m'y
remettre, j'ai passé tous ces jours-ci comme un loup-
garou, ne pouvant faire autrement. Peu de gens sont
dignes de comprendre ce que je sens. J'ai cherché ceux
qui sont de ce petit nombre, et j'ai évité les autres. J'ai
vu Guitaut et sa femme[4] ; ils vous aiment. Mandez-
moi un petit mot pour eux. Deux ou trois Grignan me
vinrent voir hier matin. J'ai remercié mille fois Adhé
mar[5] de vous avoir prêté son lit. Nous ne voulûmes
point examiner s'il n'eût pas été meilleur pour lui de
troubler votre repos que d'en être cause ; nous
n'eûmes pas la force de pousser cette folie, et nous
fûmes ravis de ce que le lit était bon.

Il nous semble que vous êtes à Moulins aujourd'hui ;
vous y recevrez une de mes lettres. Je ne vous ai point
écrit à Briare. C'était ce cruel mercredi qu'il fallait
écrire ; c'était le propre jour de votre départ. J'étais si
affligée et si accablée que j'étais même incapable de
chercher de la consolation en vous écrivant. Voici
donc ma troisième, et ma seconde à Lyon ; ayez soin
de me mander si vous les avez reçues. Quand on est
fort éloignés, on ne se moque plus des lettres qui
commencent par *J'ai reçu la vôtre, etc.* La pensée que
vous aviez de vous éloigner toujours, et de voir que ce
carrosse allait toujours en delà, est une de celles qui
me tourmentent le plus. Vous allez toujours, et
comme vous dites, vous vous trouverez à deux cents
lieues de moi. Alors, ne pouvant plus souffrir les
injustices sans en faire à mon tour, je me mettrai à
m'éloigner aussi de mon côté[6], et j'en ferai tant que je
me trouverai à trois cents. Ce sera une belle distance,
et ce sera une chose digne de mon amitié que d'entreprendre de traverser la France pour vous aller voir.

Je suis touchée du retour de vos cœurs entre le
Coadjuteur[7] et vous. Vous savez combien j'ai toujours

trouvé que cela était nécessaire au bonheur de votre vie. Conservez bien ce trésor, ma pauvre bonne. Vous êtes vous-même charmée de sa bonté ; faites-lui voir que vous n'êtes pas ingrate.

Je finirai tantôt ma lettre. Peut-être qu'à Lyon vous serez si étourdie de tous les honneurs qu'on vous y fera que vous n'aurez pas le temps de lire tout ceci. Ayez au moins celui de mander toujours de vos nouvelles, et comme vous vous portez, et votre aimable visage que j'aime tant, et si vous vous mettez sur ce diable de Rhône. Vous aurez à Lyon Monsieur de Marseille [8].

Mercredi au soir.

Je viens de recevoir tout présentement votre lettre de Nogent [9]. Elle m'a été donnée par un fort honnête homme, que j'ai questionné tant que j'ai pu. Mais votre lettre vaut mieux que tout ce qui se peut dire. Il était bien juste, ma bonne, que ce fût vous la première qui me fissiez rire, après m'avoir tant fait pleurer. Ce que vous mandez de M. Busche est original ; cela s'appelle des traits dans le style de l'éloquence. J'en ai donc ri, je vous l'avoue, et j'en serais honteuse, si depuis huit jours j'avais fait autre chose que pleurer. Hélas ! je le rencontrai dans la rue, ce M. Busche, qui amenait vos chevaux. Je l'arrêtai, et tout en pleurs je lui demandai son nom ; il me le dit Je lui dis en sanglotant : « Monsieur Busche, je vous recommande ma fille, ne la versez point ; et quand vous l'aurez menée heureusement à Lyon, venez me voir et me dire de ses nouvelles. Je vous donnerai de quoi boire. » Je le ferai assurément, et ce que vous m'en mandez augmente beaucoup le respect que j'avais déjà pour lui. Mais vous ne vous portez point bien, vous n'avez point dormi ? Le chocolat vous remettra. Mais vous n'avez point de chocolatière ; j'y ai pensé mille fois. Comment ferez-vous ?

Hélas! ma bonne, vous ne vous trompez pas, quand vous pensez que je suis occupée de vous encore plus que vous ne l'êtes de moi, quoique vous me le paraissiez beaucoup. Si vous me voyiez, vous me verriez chercher ceux qui m'en veulent parler; si vous m'écoutiez, vous entendriez bien que j'en parle. C'est assez vous dire que j'ai fait une visite d'une heure à l'abbé Guéton[10], pour parler seulement des chemins et de la route de Lyon. Je n'ai encore vu aucun de ceux qui veulent, disent-ils, me divertir, parce qu'en paroles couvertes, c'est vouloir m'empêcher de penser à vous, et cela m'offense. Adieu, ma très aimable bonne, continuez à m'écrire et à m'aimer; pour moi, mon ange, je suis tout entière à vous.

Ma petite Deville, ma pauvre Golier, bonjour[11]. J'ai un soin extrême de votre enfant[12]. Je n'ai point de lettres de M. de Grignan; je ne laisse pas de lui écrire

8. À BUSSY-RABUTIN

À Paris, ce [lundi] 16e février 1671.

Mon Dieu, mon cousin, que votre lettre est raisonnable, et que je suis impertinente de vous attaquer toujours! Vous me faites voir si clairement que j'ai tort que je n'ai pas le mot à dire, mais je suis tellement résolue de m'en corriger que, quand vos lettres désormais devraient être aussi froides qu'elles sont vives, il est certain que je ne vous donnerai jamais sujet de m'écrire sur ce ton-là. Au milieu de mon repentir, à l'heure que je vous parle, il vient encore des aigreurs au bout de ma plume; ce sont des tentations du diable que je renvoie d'où elles viennent. Le départ de ma fille m'a causé des vapeurs noires; je prendrai mieux mon temps quand je vous écrirai une autre fois, et de bonne foi je ne vous fâcherai de ma vie.

Encore une fois, j'aime fort que vous vous amusiez à notre belle et ancienne chevalerie ; cela me fait un plaisir extrême. L'Abbé vous prie de lui faire part de votre dessein. Il a fait une litanie des Sévigné ; il veut travailler à nos Rabutin. Écrivez-lui quelque chose qui puisse embellir son histoire. Je ne trouve rien de si proche que d'être d'une même maison ; il ne faut pas s'étonner si l'on s'y intéresse, cela tient dans la moelle des os, au moins à moi. C'est fort bien fait à vous d'avoir tous nos titres ; je suis hors de la famille, et c'est vous qui devez tout soutenir.

Adieu, mon cher cousin ; écrivons-nous un peu sans nous gronder, pour voir comment nous nous en trouverons. Si cela vous ennuie, nous serons toujours sur nos pieds pour nous faire quelque petite querelle d'Allemand [1], sur d'autres sujets, cela s'entend. Ce qui me plaît de tout ceci, c'est que nous éprouvons la bonté de nos cœurs, qui est inépuisable.

9. À MADAME DE GRIGNAN

[À Paris], 15e mars [1671].

M. de La Brosse veut que ma lettre l'introduise auprès de vous ; n'est-ce pas se moquer des gens ? Vous savez l'estime et l'amitié que j'ai pour lui. Vous savez que son père est l'un de mes plus anciens amis. Vous savez vous-même le mérite de l'un et de l'autre, et vous avez pour eux tous les sentiments que je voudrais vous inspirer. Vous voyez donc bien que ma lettre ne peut lui être utile. C'est à moi qu'elle est très bonne, car en vérité j'aime à vous écrire. C'est une chose plaisante à observer que le plaisir qu'on prend à parler, quoique de loin, à une personne que l'on aime, et l'étrange pesanteur qu'on trouve à écrire aux

autres. Je me trouve heureuse d'avoir commencé ma
journée par vous. Le petit Pecquet[1] était au chevet de
mon lit pour un épouvantable rhume, qui sera passé
quand vous recevrez cette lettre ; nous parlions de
vous, et de là je passe à vous écrire. Je dois passer cette
journée avec moins de chagrin que les autres.

Pour hier au soir, j'avais ici assez de gens, et j'étais
comme Benserade[2] ; je me faisais un plaisir de ne
point coucher avec M. de Ventadour, comme cette
pauvre fille qui a eu cet honneur[3]. Vous savez que
Benserade ne se consolait de n'être pas M. d'Arma-
gnac, que parce qu'il n'était pas M. de Saint-Hérem.
Mais qui me consolera de ne point recevoir de vos
lettres ? Je ne comprends rien aux postes ; elles sont
déréglées, et ces gens si obligeants, qui partent à
minuit pour porter mes lettres, n'ont point assez de
soin de me rapporter vos réponses. Nous parlons sans
cesse de vos affaires, l'Abbé et moi. Il vous rend
compte de tout ; c'est pourquoi je ne vous dis rien.
Votre santé, votre repos, vos affaires, ce sont les trois
points de mon esprit, d'où je tire une conclusion que je
vous laisse méditer.

Pour Mme la comtesse de Grignan

10. À MADAME DE GRIGNAN

À Livry, Mardi saint 24ᵉ mars [1671].

Voici une terrible causerie[1], ma pauvre bonne. Il y a
trois heures que je suis ici ; je suis partie de Paris avec
l'Abbé, Hélène, Hébert et *Marphise*[2], dans le dessein
de me retirer pour jusqu'à jeudi au soir du monde et
du bruit. Je prétends être en solitude. Je fais de ceci
une petite Trappe ; je veux y prier Dieu, y faire mille
réflexions. J'ai dessein d'y jeûner beaucoup par toutes

sortes de raisons, marcher pour tout le temps que j'ai été dans ma chambre et, sur le tout, m'ennuyer pour l'amour de Dieu. Mais, ma pauvre bonne, ce que je ferai beaucoup mieux que tout cela, c'est de penser à vous[3]. Je n'ai pas encore cessé depuis que je suis arrivée, et ne pouvant tenir tous mes sentiments, je me suis mise à vous écrire au bout de cette petite allée sombre que vous aimez, assise sur ce siège de mousse où je vous ai vue quelquefois couchée. Mais, mon Dieu, où ne vous ai-je point vue ici ? et de quelle façon toutes ces pensées me traversent-elles le cœur ? Il n'y a point d'endroit, point de lieu, ni dans la maison, ni dans l'église, ni dans le pays, ni dans le jardin, où je ne vous aie vue. Il n'y en a point qui ne me fasse souvenir de quelque chose de quelque manière que ce soit. Et de quelque façon que ce soit aussi, cela me perce le cœur. Je vous vois ; vous m'êtes présente. Je pense et repense à tout. Ma tête et mon esprit se creusent, mais j'ai beau tourner, j'ai beau chercher, cette chère enfant que j'aime avec tant de passion est à deux cents lieues de moi ; je ne l'ai plus. Sur cela, je pleure sans pouvoir m'en empêcher ; je n'en puis plus, ma chère bonne. Voilà qui est bien faible, mais pour moi, je ne sais point être forte contre une tendresse si juste et si naturelle. Je ne sais en quelle disposition vous serez en lisant cette lettre. Le hasard peut faire qu'elle viendra mal à propos, et qu'elle ne sera peut-être pas lue de la manière qu'elle est écrite. À cela je ne sais point de remède. Elle sert toujours à me soulager présentement ; c'est tout ce que je lui demande. L'état où ce lieu ici m'a mise est une chose incroyable. Je vous prie de ne point parler de mes faiblesses, mais vous devez les aimer, et respecter mes larmes qui viennent d'un cœur tout à vous.

À Livry, Jeudi saint 26ᵉ mars.

Si j'avais autant pleuré mes péchés que j'ai pleuré pour vous depuis que je suis ici, je serais très bien disposée pour faire mes pâques et mon jubilé[4]. J'ai passé ici le temps que j'avais résolu de la manière dont je l'avais imaginé, à la réserve de votre souvenir, qui m'a plus tourmentée que je ne l'avais prévu. C'est une chose étrange qu'une imagination vive, qui représente toutes choses comme si elles étaient encore ; sur cela on songe au présent, et quand on a le cœur comme je l'ai, on se meurt. Je ne sais où me sauver de vous ; notre maison de Paris m'assomme encore tous les jours, et Livry m'achève. Pour vous, c'est par un effort de mémoire que vous pensez à moi ; la Provence n'est point obligée de me rendre à vous, comme ces lieux-ci doivent vous rendre à moi. J'ai trouvé de la douceur dans la tristesse que j'ai eue ici. Une grande solitude, un grand silence, un office triste, des Ténèbres chantées avec dévotion (je n'avais jamais été à Livry la semaine sainte), un jeûne canonique, et une beauté dans ces jardins, dont vous seriez charmée : tout cela m'a plu. Hélas ! que je vous y ai souhaitée ! Quelque difficile que vous soyez sur les solitudes, vous auriez été contente de celle-ci. Mais je m'en retourne à Paris par nécessité. J'y trouverai de vos lettres, et je veux demain aller à la Passion du P. Bourdaloue ou du P. Mascaron[5] ; j'ai toujours honoré les belles passions. Adieu, ma chère Comtesse. Voilà ce que vous aurez de Livry, j'achèverai cette lettre à Paris. Si j'avais eu la force de ne vous point écrire d'ici, et de faire un sacrifice à Dieu de tout ce que j'y ai senti, cela vaudrait mieux que toutes les pénitences du monde. Mais, au lieu d'en faire un bon usage, j'ai cherché de la consolation à vous en parler. Ah ! ma bonne, que cela est faible et misérable !

Suite. À Paris, ce Vendredi saint, <27 mars>.

J'ai trouvé ici un gros paquet de vos lettres. Je ferai
réponse aux hommes quand je ne serai pas du tout si
dévote. En attendant, embrassez votre cher mari pour
l'amour de moi ; je suis touchée de son amitié et de sa
lettre.

Je suis bien aise de savoir que le pont d'Avignon soit
encore sur le dos du Coadjuteur[6]. C'est donc lui qui
vous y a fait passer, car pour le pauvre Grignan, il se
noyait par dépit contre vous ; il aimait autant mourir
que d'être avec des gens si déraisonnables. Le Coadjuteur est perdu d'avoir encore ce crime avec tant
d'autres.

Je suis très obligée à Bandol de m'avoir fait une si
agréable relation[7]. Mais d'où vient, ma bonne, que
vous craignez qu'une autre lettre efface la vôtre ? Vous
ne l'avez pas relue, car pour moi, qui les lis avec
attention, elle m'a fait un plaisir sensible, un plaisir à
n'être effacé par rien, un plaisir trop agréable pour un
jour comme aujourd'hui. Vous contentez ma curiosité
sur mille choses que je voulais savoir. Je me doutais
bien que les prophéties auraient été entièrement
fausses à l'égard de Vardes[8]. Je me doutais bien aussi
que vous n'auriez fait aucune incivilité. Je me doutais
bien encore de l'ennui que vous avez, et ce qui vous
surprendra, c'est que, quelque aversion que je vous aie
toujours vue pour les narrations, j'ai cru que vous
aviez trop d'esprit pour ne pas voir qu'elles sont
quelquefois agréables et nécessaires. Je crois aussi
qu'il n'y a rien qu'il faille entièrement bannir de la
conversation, et qu'il faut que le jugement et les
occasions y fassent entrer tour à tour ce qui est le plus
à propos. Je ne sais pourquoi vous nous dites que vous
ne contez pas bien ; je ne connais personne qui attache
plus que vous. Ce ne serait pas une sorte de chose à
souhaiter uniquement, mais quand cela est attaché à

l'esprit et à la nécessité de ne rien dire qui ne soit agréable, je pense qu'on doit être bien aise de s'en acquitter comme vous faites.

Je tremble quand je songe que votre affaire pourrait ne pas réussir[9]. Ah ! ma bonne, il faut que Monsieur le Premier Président fasse l'impossible. Je ne sais plus où j'en suis de Monsieur de Marseille. Vous avez très bien fait de soutenir le personnage d'amie ; il faut voir s'il en sera digne. Il me vient une pointe sur le mot de digne[10] mais je suis en dévotion.

Si j'avais présentement un verre d'eau sur la tête, il n'en tomberait pas une goutte. Si vous aviez vu notre homme de Livry le Jeudi saint, c'est bien pis que toute l'année. Il avait hier la tête plus droite qu'un cierge, et ses pas étaient si petits qu'il ne semblait pas qu'il marchât.

J'ai entendu la Passion du Mascaron, qui en vérité a été très belle et très touchante. J'avais grande envie de me jeter dans le Bourdaloue, mais l'impossibilité m'en a ôté le goût ; les laquais y étaient dès mercredi[11], et la presse était à mourir. Je savais qu'il devait redire celle que M. de Grignan et moi entendîmes l'année passée aux Jésuites, et c'était pour cela que j'en avais envie. Elle était parfaitement belle, et je ne m'en souviens que comme d'un songe. Que je vous plains d'avoir eu un méchant prédicateur ! Mais pourquoi cela vous fait-il rire ? J'ai envie de vous dire encore ce que je vous dis une fois : « Ennuyez-vous, cela est si méchant. »

Je n'ai jamais pensé que vous ne fussiez pas très bien avec M. de Grignan ; je ne crois pas avoir témoigné que j'en doutasse. Tout au plus, je souhaitais d'en entendre un mot de lui ou de vous, non point par manière de nouvelle, mais pour me confirmer une chose que je souhaite avec tant de passion. La Provence ne serait pas supportable sans cela, et je comprends bien aisément les craintes qu'il a de vous y voir languir et mourir d'ennui. Nous avons, lui et moi, les mêmes symptômes. Il me mande que vous m'aimez ; je pense que vous ne doutez pas que ce ne me soit une chose agréable au delà de tout ce que je puis souhaiter en ce monde. Et par rapport à vous, jugez de l'intérêt que je prends à votre affaire. Elle est faite présentement, et je tremble d'en apprendre le succès.

Le maréchal d'Albret a gagné un procès de quarante mille livres de rente en fonds de terre. Il rentre dans tout le bien de ses grands-pères, et ruine tout le Béarn. Vingt familles avaient acheté et revendu ; il faut rendre tout cela avec les fruits depuis cent ans. C'est une épouvantable affaire pour les conséquences.

Vous êtes méchante de ne m'avoir point envoyé la réponse de Mme de Vaudémont ; je vous en avais priée, et je lui avais mandé. Que pensera-t-elle ?

Adieu, ma très chère. Je voudrais bien savoir quand je ne penserai plus tant à vous et à vos affaires. Il faut répondre :

> *Comment pourrais-je vous le dire ?*
> *Rien n'est plus incertain que l'heure de la mort* [12].

Je suis fâchée contre votre fille. Elle me reçut mal hier ; elle ne voulut jamais rire. Il me prend quelquefois envie de la mener en Bretagne pour me divertir.

J'envoie aujourd'hui mes lettres de bonne heure [13], mais cela ne fait rien. Ne les envoyiez-vous pas bien tard quand vous écriviez à M. de Grignan ? Comment les recevait-il ? Ce doit être la même chose. Adieu, petit démon qui me détournez ; je devrais être à Ténèbres il y a plus d'une heure.

Mon cher Grignan, je vous embrasse. Je ferai réponse à votre jolie lettre.

Je vous remercie de tous les compliments que vous faites. Je les distribue à propos ; on vous en fait toujours cent mille. Vous êtes encore toute vive partout. Je suis ravie de savoir que vous êtes belle ; je voudrais bien vous baiser. Mais quelle folie de mettre toujours cet habit bleu !

Ne soyez point en peine d'Adhémar. L'Abbé fera ce que vous désirez et n'a pas besoin de votre secours ; il s'en faut beaucoup [14].

Pour Madame la comtesse de Grignan.

11. À MADAME DE GRIGNAN

À Paris, ce [mercredi] 6 mai 1671.

Je vous prie, ma bonne, ne donnons point désormais à l'absence le mérite d'avoir remis entre nous une parfaite intelligence et, de mon côté, la persuasion de votre tendresse pour moi. Quand elle aurait part à cette dernière chose, puisqu'elle l'a établie pour jamais, regrettons un temps où je vous voyais tous les jours, vous qui êtes le charme de ma vie et de mes yeux ; où je vous entendais, vous dont l'esprit touche mon goût plus que tout ce qui m'a jamais plu. N'allons point faire une séparation de votre aimable vue et de votre amitié ; il y aurait trop de cruauté à séparer ces deux choses. Et quoi que M. de Grignan dise, je veux plutôt croire que le temps est venu que ces deux choses marcheront ensemble, que j'aurai le plaisir de vous voir sans mélange d'aucun nuage, et que je réparerai toutes les injustices passées, puisque vous voulez les nommer ainsi. Après tout, combien de bons moments que je ne puis assez regretter, et que je regrette aussi avec des larmes et des tendresses qui ne peuvent jamais finir ! Ce discours même n'est pas bon pour mes yeux, qui sont d'une faiblesse étrange, et je me sens dans une disposition qui m'oblige à finir cet endroit. Il faut pourtant que je vous dise encore que je regarde le temps où je vous verrai comme le seul que je désire à présent et qui peut m'être agréable dans la vie. Dans cette pensée, vous devez croire que, pour mon intérêt et pour diminuer toutes mes inquiétudes, qui vont être augmentées jusqu'à devenir insupportables, je ne trouverais aucun trajet qui ne fût court. Mais j'ai de grandes conversations avec d'Hacqueville ; nous voyons ensemble d'autres intérêts, et les miens le cèdent à ceux-là[1]. Il est témoin de tous mes sentiments. Il voit mon cœur sur votre sujet ; c'est lui qui se charge de vous les faire entendre et de vous mander ce que nous résolvons. Dans cette vue, c'est lui qui veut que j'avale toute l'amertume d'être loin de vous plutôt que de ne pas faire un voyage qui vous soit utile. Je cède à toutes ces raisons, et je crois ne pouvoir m'égarer avec un si bon guide.

Parlons de votre santé. Est-il possible que le carrosse ne vous fasse point de mal ? Du moins, ma bonne, n'y allez point longtemps de suite ; reposez-vous souvent. Je vis hier Mme de Guise ; elle me chargea de vous faire mille amitiés, et de vous dire comme elle a été trois jours à l'extrémité, Mme Robinet[2] n'y voyant plus goutte, et tout cela pour s'être agitée, sur la foi de sa première couche, sans se donner aucun repos. L'agitation continuelle, qui ne donne pas le temps à un enfant de se pouvoir remettre à sa place, quand il a été ébranlé, fait une couche avancée, qui est très souvent mortelle. Je lui promis de vous donner toutes ces instructions pour quand vous en auriez besoin, et de vous dire tous les repentirs qu'elle avait d'avoir perdu l'âme et le corps de son enfant. Je m'acquitte exactement de cette commission, dans l'espérance qu'elle vous sera utile. Je vous conjure, ma bonne, d'avoir un soin extrême de votre santé ; vous n'avez que cela à faire.

Votre monsieur, qui dépeint mon esprit juste et carré, « composé », « étudié », l'a très bien *dévidé*, comme disait cette diablesse. J'ai fort ri de ce que

vous m'en écrivez et vous ai plainte de n'avoir personne à regarder pendant qu'il me louait si bien; je
voudrais au moins avoir été derrière la tapisserie. Je
vous remercie, ma bonne, de toutes les honnêtetés que
vous avez faites à La Brosse. C'est une belle chose
qu'une vieille lettre! Il y a longtemps que je les trouve
encore pires que les vieilles gens; tout ce qui est
dedans est une vraie radoterie. Vous êtes bien en peine
de ce rhume. Ce fut aussi dans cette lettre-là que je
voulus vous en parler[3].

Il est vrai que j'aime votre fille, mais vous êtes une
friponne de me parler de jalousie. Il n'y a ni en vous ni
en moi de quoi la pouvoir composer. C'est une imper-
fection dont vous n'êtes point capable, et je ne vous en
donne non plus de sujet que M. de Grignan. Hélas!
quand on trouve en son cœur toutes préférences et que
rien n'est en comparaison, de quoi pourrait-on donner
de la jalousie à la jalousie même? Ne parlons point de
cette passion; je la déteste. Quoiqu'elle vienne d'un
fonds adorable, les effets en sont trop cruels et trop
haïssables.

Je vous prie, ma bonne, de ne point faire des songes
si tristes de moi; cela vous émeut et vous trouble.
Hélas! ma bonne, je suis persuadée que vous n'êtes
que trop vive et trop sensible sur ma vie et sur ma
santé (vous l'avez toujours été), et je vous conjure
aussi, comme j'ai toujours fait, de n'en être point en
peine. J'ai une santé au-dessus de toutes les craintes
ordinaires; je vivrai pour vous aimer, et j'abandonne
ma vie à cette occupation, et à toute la joie et à toute
la douleur, à tous les agréments et à toutes les
mortelles inquiétudes, et enfin à tous les sentiments
que cette passion me pourra donner.

Je vous enverrai des mémoires pour la fondation;
vous avez raison de ne la point encore prendre
légèrement. Je vous remercie du soin que vous aurez
de cela[4].

Mme de Verneuil a été très mal à Verneuil de sa néphrétique. Elle est accouchée d'un enfant que l'on a nommé Pierre, car ce n'est pas *Pierrot*, tant il était gros[5]. Faites-lui des compliments par l'abbé.

Mon royaume commence à n'être plus de ce monde[6]. Nous trouvâmes l'autre jour aux Tuileries Mme d'Aumont et Mme de Ventadour[7]. La première nous parut d'une incivilité parfaite en répondant comme une reine aux compliments que nous lui faisions sur sa couche et lui disant que nous avions été à sa porte. Pour l'autre, elle nous parut d'une sottise si complète que je plaignis M. de Ventadour, et je trouvai que c'était lui qui était mal marié. Que toutes les jeunes femmes sont sottes, plus ou moins ! Je n'en connais qu'une au monde, et bon Dieu ! qu'elle est loin ! Je me jette à corps perdu dans les bagatelles pour me dissiper. Quand je m'abandonne à parler tendrement, je ne finis point, et je m'en trouve mal.

J'ai vu Gacé[8] ; j'ai dîné avec lui chez Mme d'Arpajon. J'ai pris un plaisir extrême à le faire parler de vous. Il m'a dit que M. de Grignan lui avait parlé d'une espèce de grossesse qui commençait à se faire espérer ; il m'a dit que vous étiez belle, gaie, aimable, que vous m'aimiez, enfin jusqu'à vos moindres actions. Je me suis tout fait expliquer. Au reste, ma bonne, vous n'êtes pas seule qui aimez votre mère. Mme de Soubise écrit ici des lettres qui surpassent sa capacité ordinaire. Elle sait que Mme de La Troche a eu soin de divertir et de consoler sa mère ; elle l'en a remerciée par une lettre d'une manière qui m'a surprise. Mme de Rohan m'a bien fait souvenir d'une partie de mes douleurs dans la séparation de sa fille. Elle croit qu'elle est grosse ; c'est un paquet bien commode dans un voyage de la cour.

Mais, ma bonne, pourquoi avez-vous été à Marseille ? Monsieur de Marseille mande ici qu'il y a de la petite vérole. Puis-je avoir un moment de repos que je

ne sache comme vous vous en portez ? De plus on vous
aura tiré du canon [9] qui vous aura émue ; cela est très
dangereux. On dit que de Biais accoucha l'autre jour
d'un coup de pistolet, qu'on tira dans la rue. Vous
aurez été dans des galères [10], vous aurez passé sur des
petits ponts, le pied peut vous avoir glissé, vous serez
tombée. Voilà les horreurs de la séparation. On est à la
merci de toutes ces pensées. On peut croire sans folie
que tout ce qui est possible peut arriver. Toutes les
tristesses des tempéraments sont des pressentiments,
tous les songes sont des présages, toutes les prévoyances sont des avertissements. Enfin, c'est une
douleur sans fin.

Je ne suis point encore partie. Hélas ! ma chère, vous
vous moquez ; je ne suis qu'à deux cents lieues de
vous. Je partirai entre ci et la Pentecôte. Je la passerai,
ou à Chartres, ou à Malicorne, mais sûrement point à
Paris. Je serais partie plus tôt, mais mon fils m'a
arrêtée pour savoir s'il viendrait avec moi. Enfin il y
vient, et nous attendons les chevaux qu'il fait venir de
Lorraine. Ils arriveront aujourd'hui, et je pars la
semaine qui vient. Vous êtes aimable d'entrer comme
vous faites dans la tristesse de mon voyage ; elle ne
sera pas médiocre, de l'esprit dont je suis. Vous
voudriez quitter votre splendeur pour être une simple
bergère auprès de moi dans mes grandes allées.
Hélas ! je le crois, pour quelques heures seulement.
Vous pouvez penser combien de souvenirs de vous
entre La Mousse [11] et moi, et combien de millions de
choses nous en feront souvenir, sans compter cette
pensée habituelle qui ne me quitte jamais.

Il est vrai que je n'aurai point Hébert ; j'en suis
fâchée, mais il faut se résoudre à tout. Il est revenu de
Chantilly. Il est désespéré de la mort de Vatel ; il y
perd beaucoup. Gourville l'a mis à l'hôtel de Condé
pour faire cette petite charge dont je vous ai parlé.
M. de La Rochefoucauld dit qu'il prend des liaisons

avec Hébert, dans la pensée que c'est un homme qui commence une grande fortune. À cela, je lui réponds que mes laquais ne sont pas si heureux que les siens[12]. Ce duc vous aime, et m'a assurée qu'il ne vous renverrait point votre lettre toute cachetée. Mme de La Fayette me prie toujours de vous dire mille choses pour elle. Je ne sais si je m'en acquitte bien.

Ne m'écrivez qu'autant que cela ne fera point de mal à votre santé, et que cela soit toujours de l'état où vous êtes. Répondez moins à mes lettres et me parlez de vous. Plus je serai en Bretagne, plus j'aurai besoin de cette consolation. Ne m'expédiez point là-dessus, et si vous ne le pouvez, faites écrire la petite Deville et empêchez-la de donner dans la *justice de croire* et dans les *respectueux attachements*[13]. Qu'elle me parle de vous, et quoi encore ? de vous et toujours de vous.

Vous êtes plaisante avec vos remerciements. Enfin vous êtes au point de faire des présents des *Gazettes de Hollande* et des lettres que je vous écris. C'est être avide de reconnaissances, comme vous l'étiez, il y a un an, de désespoirs.

Ne jetez pas si loin les livres de La Fontaine. Il y a des fables qui vous raviront, et des contes qui vous charmeront. La fin des *Oies de frère Philippe*, *Les Rémois*, *Le Petit Chien*, tout cela est très joli ; il n'y a que ce qui n'est point de ce style qui est plat. Je voudrais faire une fable qui lui fît entendre combien cela est misérable de forcer son esprit à sortir de son genre, et combien la folie de vouloir chanter sur tous les tons fait une mauvaise musique. Il ne faut point qu'il sorte du talent qu'il a de conter[14].

Brancas[15] est triste à mourir. Sa fille partit hier avec son mari pour le Languedoc, sa femme pour Bourbon. Il est seul, et tellement extravagué que nous ne cessons d'en rire, Mme de Coulanges et moi.

Monsieur de Marseille a mandé à l'abbé de Pont-carré que vous étiez grosse. J'ai fait assez longtemps mon devoir de cacher ce malheur, mais enfin l'on se moque de moi.

Pour votre coiffure[16], elle doit ressembler à celle d'un petit garçon. La raie qui est poussée jusqu'au milieu de la tête est tournée jusqu'au-dessus des oreilles. Tout cela est coupé et tourné en grosses boucles qui viennent au-dessous des oreilles. On met un nœud entre le rond et ce coin qui est de chaque côté ; il y a des boucles sur la tête. Cela est jeune et joli ; cela est peigné, quelquefois un peu tapé, bouclé, chiffonné, taponné, et toujours selon que cela sied au visage. Mme de Brissac et Mme de Saint-Géran, qui n'ont pas encore voulu faire couper leurs cheveux, me paraissent mal, tant la mode m'a corrompue. Quand on est bien coiffée de cette manière, on est fort bien. Quoique ce ne soit pas une coiffure réglée, elle l'est pourtant assez pour qu'il n'y en ait point d'autre pour les jours de la plus grande cérémonie. Écrivez à Mlle du Gué qu'elle vous envoie une poupée que Mme de Coulanges lui a envoyée. Vous verrez par là comme cela se fait.

Votre fille embellit tous les jours. Je vous manderai vendredi sa destinée pour cet été et, s'il se peut, celle de votre appartement, que jusqu'ici tout le monde admire et que personne ne loue.

J'embrasse mille fois M. de Grignan, malgré toutes ses iniquités. Je le conjure au moins que, *puisqu'il fait les maux, il fasse les médecines*[17], c'est-à-dire qu'il ait un soin extrême de votre santé, qu'il soit le maître là-dessus, comme vous devez être la maîtresse sur tout le reste.

Je crains votre voyage de Marseille. Si Bandol est avec vous, faites-lui mes compliments. Guitaut m'a montré votre lettre. Vous écrivez délicieusement ; on se plaît à les lire comme à se promener dans un beau jardin. M. d'Harouys[18] vous adore. Il est plus loin d'être fâché contre vous que cette épingle qui était à

Marseille n'était loin de celle qui était à Vitré. Jugez
par là combien il vous aime. Car, je m'en souviens, cet
éloignement nous faisait trembler. Hélas! nous y
voilà; je ne suis point trompée dans ce qu'il me fait
souffrir. Mon oncle l'Abbé a vu ce matin ce d'Harouys.
Vous pouvez disposer de tout son bien, et c'est pour
cela que vous avez très bien fait de lui renvoyer
honnêtement sa lettre de crédit. Ma bonne, je vous
baise et vous embrasse.

Pour ma très chère Comtesse.

12. À D'HACQUEVILLE

[Aux Rochers,] mercredi 17e juin [1671].

Je vous écris avec un serrement de cœur qui me tue;
je suis incapable d'écrire à d'autres qu'à vous, parce
qu'il n'y a que vous qui ayez la bonté d'entrer dans
mes extrêmes tendresses. Enfin, voilà le second ordinaire que je ne reçois point de nouvelles de ma fille [1].
Je tremble depuis la tête jusqu'aux pieds, je n'ai pas
l'usage de raison, je ne dors point; et si je dors, je me
réveille avec des sursauts qui sont pires que de ne pas
dormir. Je ne puis comprendre ce qui empêche que je
n'aie des lettres comme j'ai accoutumé. Dubois [2] me
parle de mes lettres qu'il envoie très fidèlement, mais
il ne m'envoie rien, et ne me donne point de raison de
celles de Provence. Mais, mon cher Monsieur, d'où
cela vient-il? Ma fille ne m'écrit-elle plus? Est-elle
malade? Me prend-on mes lettres? car, pour les
retardements de la poste, cela ne pourrait pas faire un
tel désordre. Ah! mon Dieu, que je suis malheureuse
de n'avoir personne avec qui pleurer! J'aurais cette
consolation avec vous, et toute votre sagesse ne
m'empêcherait pas de vous faire voir toute ma folie.

Mais n'ai-je pas raison d'être en peine ? Soulagez donc
mon inquiétude, et courez dans les lieux où ma fille
écrit, afin que je sache au moins comme elle se porte.
Je m'accommoderai mieux de voir qu'elle écrit à
d'autres que de l'inquiétude où je suis de sa santé.
Enfin, je n'ai pas reçu de ses lettres depuis le 5e de ce
mois, elles étaient du 23 et 26e mai. Voilà donc douze
jours et deux ordinaires de poste. Mon cher Monsieur,
faites-moi promptement réponse. L'état où je suis
vous ferait pitié. Écrivez un peu mieux ; j'ai peine à
lire vos lettres[3], et j'en meurs d'envie. Je ne réponds
point à toutes vos nouvelles ; je suis incapable de tout.
Mon fils est revenu de Rennes ; il y a dépensé quatre
cents francs en trois jours. La pluie est continuelle.
Mais tous ces chagrins seraient légers, si j'avais des
lettres de Provence. Ayez pitié de moi ; courez à la
poste, apprenez ce qui m'empêche d'en avoir comme à
l'ordinaire. Je n'écris à personne, et je serais honteuse
de vous faire voir tant de faiblesses si je ne connaissais
vos extrêmes bontés.

Le gros abbé[4] se plaint de moi ; il dit qu'il n'a reçu
qu'une de mes lettres. Je lui ai écrit deux fois ; dites-
lui, et que je l'aime toujours.

13. À MADAME DE GRIGNAN

Aux Rochers, dimanche 21e juin [1671].
Réponse au 30e mai et au 2e juin[1].

Enfin, ma bonne, je respire à mon aise. Je fais un
soupir comme M. de La Souche[2] ; mon cœur est
soulagé d'une presse et d'un saisissement qui en vérité
ne me donnaient aucun repos. Bon Dieu ! que n'ai-je
point souffert pendant deux ordinaires que je n'ai
point eu de vos lettres ! Elles sont nécessaires à ma

vie ; ce n'est point une façon de parler, c'est une très grande vérité. Enfin, ma chère enfant, je vous avoue que je n'en pouvais plus, et j'étais si fort en peine de votre santé que j'étais réduite à souhaiter que vous eussiez écrit à tout le monde hormis à moi. Je m'accommodais mieux d'avoir été un peu retardée dans votre souvenir que de porter l'épouvantable inquiétude que j'avais pour votre santé. Je ne trouvais de consolation qu'à me plaindre à notre cher d'Hacqueville, qui, avec toute sa bonne tête, entre plus que personne dans la tendresse infinie que j'ai pour vous. Je ne sais si c'est par celle qu'il a pour vous, ou par celle qu'il a pour moi, ou par toutes les deux, mais enfin il comprend très bien tous mes sentiments ; cela me donne un grand attachement pour lui. Je me repens de vous avoir écrit mes douleurs ; elles vous donneront de la peine quand je n'en aurai plus. Voilà le malheur d'être éloignées. Hélas ! il n'est pas seul.

Mais savez-vous bien ce qu'elles étaient devenues ces chères lettres que j'attends et que je reçois avec tant de joie ? On avait pris la peine de les envoyer à Rennes, parce que mon fils y a été. Ces faussetés qu'on dit toujours ici sur toutes choses s'étaient répandues jusque-là ; vous pouvez penser si j'ai fait un beau sabbat à la poste.

Vous me mandez des choses admirables de vos cérémonies de la Fête-Dieu[3]. Elles sont tellement profanes que je ne comprends pas comme votre saint archevêque les veut souffrir ; il est vrai qu'il est Italien, et cette mode vient de son pays. J'en réjouirai ce soir le bonhomme Coëtquen, qui vient souper avec moi.

Je suis encore plus contente du reste de vos lettres. Enfin, ma pauvre bonne, vous êtes belle ! Comment ! je vous reconnaîtrais donc entre huit ou dix femmes sans m'y tromper ? Quoi ! vous n'êtes point pâle, maigre, abattue comme la princesse Olympie[4] ! Quoi !

vous n'êtes point malade à mourir comme je vous ai vue ! Ah ! ma bonne, je suis trop heureuse. Au nom de Dieu, amusez-vous, appliquez-vous à vous bien conserver ; songez que vous ne pouvez rien faire dont je vous sois si sensiblement obligée. C'est à M. de Grignan à vous dire la même chose et à vous aider dans cette occupation. C'est d'un garçon que vous êtes grosse, je vous en réponds ; cela doit augmenter ses soins. Je vous remercie de vous habiller ; vous souvient-il combien vous nous avez fatigués avec ce méchant manteau noir ? Cette négligence était d'une honnête femme ; M. de Grignan vous en peut remercier, mais elle était bien ennuyeuse pour les spectateurs.

C'est une belle chose, ce me semble, que d'avoir fait brûler les tours blonds et retailler les mouchoirs. Pour les jupes courtes, vous aurez quelque peine à les rallonger. Cette mode vient jusqu'à nous ; nos demoiselles de Vitré, dont l'une s'appelle, de bonne foi, Mlle de Croque-Oison, et l'autre Mlle de Kerborgne, les portent au-dessus de la cheville du pied. Ces noms me réjouissent[5] ; j'appelle la Plessis[6] Mlle de Kerlouche. Pour vous qui êtes une reine, vous donnerez assurément le bon air à votre Provence ; pour moi, je ne puis rien faire que de m'en réjouir ici. Ce que vous me mandez sur ce que vous êtes pour les honneurs est extrêmement plaisant.

J'ai vu avec beaucoup de plaisir ce que vous écrivez à notre Abbé ; nous ne pouvons, avec de telles nouvelles, nous ôter tout à fait l'espérance de votre retour. Quand j'irai en Provence, je vous tenterai de revenir avec moi et chez moi. Vous serez lasse d'être honorée ; vous reprendrez goût à d'autres sortes d'honneurs et de louanges et d'admiration. Vous n'y perdrez rien, il ne faudra seulement que changer de ton. Enfin, nous verrons en ce temps-là. En attendant, je trouve que les moindres ressources des maisons comme la vôtre sont

considérables. Si vous vendez votre terre, songez bien
comme vous en emploierez l'argent ; ce sont des coups
de partie. Nous en avons vendu une petite où *il ne
venait que du blé*, dont la vente me fait un fort grand
plaisir et m'augmente mon revenu[7]. Si vous rendez
M. de Grignan capable d'entrer dans vos bons sentiments, vous pourrez vous vanter d'avoir fait un
miracle qui n'était réservé qu'à vous. Mon fils est
encore un peu loin d'entrer sur cela dans mes pensées.
Il est vrai qu'il est jeune, mais ce qui est fâcheux, c'est
que, quand on gâte ses affaires, on passe le reste de
sa vie à les rapsoder, et l'on n'a jamais ni de repos, ni
d'abondance.

J'avais fort envie de savoir quel temps vous aviez en
votre Provence, et comme vous vous accommodiez des
punaises. Vous m'apprenez ce que j'avais dessein de
vous demander. Pour nous, depuis trois semaines,
nous avons eu des pluies continuelles ; au lieu de dire,
après la pluie vient le beau temps, nous disons, après
la pluie vient la pluie. Tous nos ouvriers en ont été
dispersés ; Pilois[8] en était retiré chez lui, et au lieu de
m'adresser votre lettre au pied d'un arbre, vous auriez
pu me l'adresser au coin du feu, ou dans le cabinet de
notre Abbé, à qui j'ai plus que jamais des obligations
infinies. Nous avons ici beaucoup d'affaires ; nous ne
savons encore si nous fuirons les États[9], ou si nous les
affronterons. Ce qui est certain, ma bonne, et dont je
crois que vous ne douterez pas, c'est que nous sommes
bien loin d'oublier cette pauvre exilée. Hélas ! qu'elle
nous est chère et précieuse ! Nous en parlons très
souvent ; mais quoique j'en parle beaucoup, j'y pense
encore mille fois davantage, et jour et nuit, et en me
promenant (car on a toujours quelques heures), et
quand il semble que je n'y pense plus, et toujours, et à
toute heure, et à tous propos, et en parlant d'autres
choses, et enfin comme on devrait penser à Dieu, si
l'on était véritablement touché de son amour. J'y

pense d'autant plus que, très souvent, je ne veux pas
parler de vous ; il y a des excès qu'il faut corriger, et
pour être polie, et pour être politique. Il me souvient
encore comme il faut vivre pour n'être pas pesante ; je
me sers de mes vieilles leçons.

Nous lisons fort ici. La Mousse m'a priée qu'il pût
lire Le Tasse avec moi. Je le sais fort bien parce que je
l'ai très bien appris ; cela me divertit. Son latin et son
bon sens le rendent un bon écolier [10], et ma routine et
les bons maîtres que j'ai eus me rendent une bonne
maîtresse. Mon fils nous lit des bagatelles, des comédies, qu'il joue comme Molière, des vers, des romans,
des histoires. Il est fort amusant ; il a de l'esprit, il
entend bien, il nous entraîne, et nous a empêchés de
prendre aucune lecture sérieuse, comme nous en
avions le dessein. Quand il sera parti, nous reprendrons quelque belle *Morale* de ce M. Nicole [11]. Il s'en
va dans quinze jours à son devoir. Je vous assure que
la Bretagne ne lui a point déplu.

J'ai écrit à la petite Deville pour savoir comme vous
ferez pour vous faire saigner. Parlez-moi au long de
votre santé et de tout ce que vous voudrez. Vos lettres
me plaisent au dernier point. Pourtant, ma petite, ne
vous incommodez point pour m'écrire, car votre santé
va toujours devant toutes choses.

Nous admirons, l'Abbé et moi, la bonté de votre tête
sur les affaires. Nous croyons voir que vous serez la
restauratrice de cette maison de Grignan ; les uns
gâtent, les autres raccommodent. Mais surtout, il faut
tâcher de passer sa vie avec un peu de joie et de repos.
Mais le moyen, ma bonne, quand on est à cent mille
lieues de vous ? Vous dites fort bien : on se parle et on
se voit au travers d'un gros crêpe. Vous connaissez les
Rochers, et votre imagination sait un peu où me
prendre ; pour moi, je ne sais où j'en suis. Je me suis
fait une Provence, une maison à Aix, peut-être plus
belle que celle que vous avez ; je vous y vois, je vous y

trouve. Pour Grignan, je le vois aussi, mais vous n'avez point d'arbres (cela me fâche), ni de grottes pour vous mouiller. Je ne vois pas bien où vous vous promenez. J'ai peur que le vent ne vous emporte sur votre terrasse [12]; si je croyais qu'il vous pût apporter ici par un tourbillon, je tiendrais toujours mes fenêtres ouvertes, et je vous recevrais, Dieu sait! Voilà une folie que je pousserais loin. Mais je reviens, et je trouve que le château de Grignan est parfaitement beau; il sent bien les anciens Adhémar [13]. Je ne vois pas bien où vous avez mis vos miroirs. L'Abbé, qui est exact et scrupuleux, n'aura point reçu tant de remerciements pour rien. Je suis ravie de voir comme il vous aime, et c'est une des choses dont je veux vous remercier que de faire tous les jours augmenter cette amitié par la manière dont vous vivez avec moi et avec lui. Jugez quel tourment j'aurais s'il avait d'autres sentiments pour vous; mais il vous adore.

Dieu merci! voilà mon caquet bien revenu. Je vous écris deux fois la semaine, et mon ami Dubois prend un soin extrême de notre commerce, c'est-à-dire de ma vie. Je n'en ai point reçu par le dernier ordinaire, mais je n'en suis point en peine, à cause de ce que vous me mandez [14].

Voilà une lettre que j'ai reçue de ma tante [15]. Votre fille est plaisante. Elle n'a pas osé aspirer à la perfection du nez de sa mère. Elle n'a pas voulu aussi [16].. Je n'en dirai pas davantage. Elle a pris un troisième parti, et s'avise d'avoir un petit nez carré; ma bonne, n'en êtes-vous point fâchée? Hélas! pour cette fois, vous ne devez pas avoir cette idée; mirez-vous, c'est tout ce que vous devez faire pour finir heureusement ce que vous commencez si bien.

Adieu, ma très aimable bonne, embrassez M. de Grignan pour moi. Vous lui pouvez dire les bontés de notre Abbé [17]. Il vous embrasse cet Abbé, et votre fripon de frère. La Mousse est bien content de votre lettre. Il a raison ; elle est aimable.

Pour ma très bonne et très belle, dans son château d'Apol-lidon[18].

14. À MADAME DE GRIGNAN

Aux Rochers, ce [mercredi] 5ᵉ août [1671].

Enfin, je suis bien aise que M. de Coulanges vous ait mandé des nouvelles. Vous apprendrez encore celle de M. de Guise[1], dont je suis accablée quand je pense à la douleur de Mlle de Guise. Vous jugez bien, ma bonne, que ce ne peut être que par la force de mon imagination que cette mort me puisse faire mal ; car du reste, rien ne troublera moins le repos de ma vie. Vous savez comme je crains les reproches qu'on se peut faire à soi-même ; Mlle de Guise n'a rien à se reprocher que la mort de son neveu. Elle n'a jamais voulu qu'il ait été saigné. La quantité de sang a causé le transport au cerveau[2] ; voilà une petite circonstance bien agréable. Je trouve que, dès qu'on tombe malade à Paris, on tombe mort ; je n'ai jamais vu une telle mortalité. Je vous conjure, ma chère bonne, de vous bien conserver. Et s'il y avait quelque enfant à Grignan qui eût la petite vérole, envoyez-le à Montélimar. Votre santé est le but de mes désirs.

Il faut un peu que je vous dise des nouvelles de nos États pour votre peine d'être Bretonne[3]. M. de Chaulnes arriva dimanche au soir, au bruit de tout ce qu'on en peut faire à Vitré[4]. Le lundi matin, il m'écrivit une lettre et me l'envoya par un gentil-homme. J'y fis réponse par aller dîner avec lui. On mangea à deux tables dans le même lieu ; cela fait une assez grande mangerie : il y a quatorze couverts à chaque table. Monsieur en tient une, Madame l'autre. La bonne chère est excessive ; on reporte les plats de rôti comme si on n'y avait pas touché. Mais pour les pyramides du fruit, il faut faire hausser les portes. Nos pères ne prévoyaient pas ces sortes de machines, puisque même ils n'imaginaient pas qu'il fallût qu'une porte fût plus haute qu'eux. Une pyramide veut entrer, ces pyramides qui font qu'on est obligé de s'écrire d'un côté de la table à l'autre, mais ce n'est pas ici qu'on en a du chagrin ; au contraire, on est fort aise de ne plus voir ce qu'elles cachent. Cette pyramide, avec vingt porcelaines, fut si parfaitement renversée à la porte que le bruit en fit taire les violons, les hautbois, les trompettes.

Après le dîner, MM. de Locmaria et de Coëtlogon, avec deux Bretonnes, dansèrent des passe-pieds merveilleux, et des menuets, d'un air que nos bons danseurs n'ont pas à beaucoup près ; ils y font des pas de bohémiens et de bas Bretons, avec une délicatesse et une justesse qui charment. Je pense toujours à vous, et j'avais un souvenir si tendre de votre danse, et de ce que je vous avais vu danser, que ce plaisir me devint une douleur[5]. On parla fort de vous. Je suis assurée que vous auriez été ravie de voir danser Locmaria. Les violons et les passe-pieds de la cour font mal au cœur au prix de ceux-là. C'est quelque chose d'extraordinaire ; ils font cent pas différents, mais toujours cette cadence courte et juste. Je n'ai point vu d'homme danser comme lui cette sorte de danse.

Après ce petit bal, on vit entrer tous ceux qui arrivaient en foule pour ouvrir les États le lendemain : Monsieur le Premier Président, MM. les procureur et avocats généraux du Parlement, huit évêques, MM. de Molac, La Coste et Coëtlogon le père, M. Boucherat[6], qui vient de Paris, cinquante bas Bretons dorés jusqu'aux yeux, cent communautés. Le soir devaient venir Mme de Rohan d'un côté, et son fils de l'autre[7], et M. de Lavardin, dont je suis étonnée[8]. Je ne vis point ces derniers car je voulus venir coucher ici, après avoir été à la Tour de Sévigné[9] voir M. d'Harouys et MM. Fourché et Chésières, qui arrivaient. M. d'Harouys vous écrira. Il est comblé de vos honnêtetés ; il a reçu deux de vos lettres à Nantes, dont je vous suis encore plus obligée que lui. Sa maison va être le Louvre des États ; c'est un jeu, une chère, une liberté jour et nuit qui attire tout le monde. Je n'avais jamais vu les États ; c'est une assez belle chose. Je ne crois pas qu'il y en ait qui aient un plus grand air que ceux-ci. Cette province est pleine de noblesse. Il n'y en a pas un à la guerre ni à la cour ; il n'y a que votre frère, qui peut-être y reviendra un jour comme les autres. J'irai tantôt voir Mme de Rohan. Il viendrait bien du monde ici, si je n'allais à Vitré. C'était une grande joie de me voir aux États. Je n'ai pas voulu en voir l'ouverture, c'était trop matin. Les États ne doivent pas être longs. Il n'y a qu'à demander ce que veut le Roi. On ne dit pas un mot ; voilà qui est fait. Pour le Gouverneur, il y trouve, je ne sais comment, plus de quarante mille écus qui lui reviennent. Une infinité d'autres présents, de pensions, de réparations de chemins et de villes, quinze ou vingt grandes tables, un jeu continuel, des bals éternels, des comédies trois fois la semaine, une grande braverie : voilà les États. J'oublie quatre cents pipes de vin qu'on y boit, mais si j'oubliais ce petit article, les autres ne l'oublieraient pas, et c'est le premier. Voilà ce qui s'appelle, ma bonne, des contes à dormir debout. Mais ils viennent au bout de la plume, quand on est en Bretagne et qu'on n'a pas autre chose à dire. J'ai mille baisemains à vous faire de M. et de Mme de Chaulnes. Je suis toujours tout à vous, et j'attends le vendredi, où je reçois vos lettres, avec une impatience digne de l'extrême amitié que j'ai pour vous. Notre Abbé vous embrasse, et moi mon cher Grignan, et ce que vous voudrez.

15. À MADAME DE GRIGNAN

Aux Rochers, ce <mercredi> 21 octobre [1671].

Mon Dieu, ma bonne, que votre ventre me pèse! et que vous n'êtes pas seule qu'il fait étouffer! Le grand intérêt que je prends à votre santé me ferait devenir habile, si j'étais auprès de vous. Je donne des avis à la petite Deville qui feraient croire à Mme Moreau[1] que j'ai eu des enfants. En vérité, j'en ai beaucoup appris depuis trois ans. Mais j'avoue qu'auparavant cela l'honnêteté et la préciosité d'un long veuvage[2] m'avaient laissée dans une profonde ignorance; je deviens matrone à vue d'œil.

Vous avez M. de Coulanges[3] présentement, qui vous aura bien réjoui le cœur; mais vous ne l'aurez plus quand vous recevrez cette lettre. Je l'aimerai toute ma vie du courage qu'il a eu de vous aller trouver jusqu'à Lambesc[4]; j'ai fort envie de savoir des nouvelles de ce pays-là. Je suis accablée de celles de Paris; surtout la répétition du mariage de Monsieur[5] me fait sécher sur le pied. Je suis en butte à tout le monde, et tel qui ne m'a jamais écrit s'en avise, pour mon malheur, afin de me l'apprendre. Je viens d'écrire à l'abbé de Pontcarré que je le conjure de ne m'en plus rompre la tête, et de la Palatine qui va quérir la princesse, et du maréchal du Plessis qui va l'épouser à Metz, et de Monsieur qui va consommer à Châlons, et du Roi qui les va voir à Villers-Cotterets; qu'en un mot, je n'en veux plus entendre parler qu'ils n'aient couché et recouché ensemble; que je voudrais être à Paris pour n'entendre plus de nouvelles; qu'encore, si je me pouvais venger sur les Bretons de la cruauté de mes amis, je prendrais patience, mais qu'ils sont six mois à raisonner sans ennui sur une nouvelle de la cour, et à la regarder de tous les côtés; que pour moi, il me reste encore quelque petit air du monde, qui fait que je me lasse aisément de tous ces dits et redits. En effet, je me détourne des lettres où je crois qu'on m'en pourrait parler encore, et je me jette avidement et par préférence sur les lettres d'affaires. Je lus hier avec un plaisir extrême une lettre du bonhomme La Maison[6]; j'étais bien assurée qu'il ne m'en dirait rien. En effet, il ne m'en dit pas un mot, et salue toujours humblement Madame la Comtesse, comme si elle était encore à mes côtés. Hélas! il ne m'en faudrait guère prier pour me faire pleurer présentement; un tour de mail sur le soir en ferait l'office.

À propos, il y a des loups dans mon bois; j'ai deux ou trois gardes qui me suivent les soirs, le fusil sur l'épaule; Beaulieu[7] est le capitaine. Nous avons honoré depuis deux jours le clair de la lune de notre présence, entre onze heures et minuit. Nous vîmes d'abord un homme noir; je songeai à celui d'Auger, et me préparais déjà à refuser la jarretière[8]. Il s'approcha, et il se trouva que c'était La Mousse. Un peu plus loin nous vîmes un corps blanc tout étendu. Nous approchâmes assez hardiment de celui-là; c'était un arbre que j'avais fait abattre la semaine passée. Voilà des aventures bien extraordinaires; je crains que vous n'en soyez effrayée en l'état où vous êtes. Buvez un verre d'eau, ma bonne. Si nous avions des sylphes à notre commandement, nous pourrions vous conter quelque histoire digne de vous divertir, mais il n'appartient qu'à vous de voir une pareille diablerie sans en pouvoir douter. Quand ce ne serait que pour parler à Auger, il faut que j'aille en Provence. Cette histoire m'a bien occupée et bien divertie; j'en ai envoyé la copie à ma tante, dans la pensée que vous n'auriez pas eu le courage de l'écrire deux fois si bien et si exactement. Dieu sait quel goût je trouve à ces sortes de choses en comparaison des *Renaudots*[9], qui égayent leurs plumes à mes dépens. Il y a de certaines choses qu'on aimerait tant à savoir ! Mais de celles-là, pas un mot. Quand quelque chose me plaît, je vous le mande, sans songer que peut-être je suis un écho moi-même ; si cela était, ma bonne, il faudrait m'en avertir par amitié.

J'écrivis l'autre jour à *Figuriborum*[10] sur son ambassade. Il ne m'a point fait réponse ; je m'en prends à vous. Adieu, ma très aimable Comtesse. Je vous vois, je pense à vous sans cesse ; je vous aime de toute la tendresse de mon cœur et je ne pense point qu'on puisse aimer davantage. Mille amitiés aux Grignan, à proportion de ce que vous croyez qu'ils m'aiment. Cette règle est bonne, je m'en fie à vous. Mon Abbé est tout à vous et la belle Mousse.

16. À MADAME DE GRIGNAN

Aux Rochers, ce <mercredi> 2ᵉ décembre [1671].

Enfin, ma bonne, après les premiers transports de ma joie[1], j'ai trouvé qu'il me faut encore vendredi des lettres de Provence, pour me donner une entière satisfaction. Il arrive tant d'accidents aux femmes en couches, et vous avez la langue si bien pendue, à ce que me dit M. de Grignan, qu'il me faut pour le moins neuf jours de bonne santé pour me faire partir joyeusement. J'aurai donc mes lettres de vendredi, et puis je partirai, et je recevrai celles de l'autre vendredi à Malicorne. Je suis tout étonnée de ne plus trouver sur mon cœur, ni le jour, ni la nuit, ce caillou que vous y aviez mis par l'inquiétude de votre accouchement. Je me trouve si heureuse que je ne cesse d'en remercier Dieu ; je n'espérais point d'en être si tôt quitte. J'ai reçu des compliments sans nombre et sans mesure, et du côté de Paris par mille lettres, et du côté de la Bretagne. On a bu la santé du petit bambin à plus d'une lieue autour d'ici. J'ai donné de quoi boire ; j'ai donné à souper à mes gens, ni plus ni moins que la veille des Rois. Mais rien ne m'a été plus agréable que le compliment de Pilois, qui vint le matin, avec sa pelle sur le dos, et me dit : « Madame, je viens me réjouir, parce qu'on m'a dit que Madame la Comtesse était accouchée d'un petit gars. » Cela vaut mieux que toutes les phrases du monde. M. de Montmoron est couru ici[2]. Entre plusieurs propos, on a parlé de devises ; il y est très habile. Il dit qu'il n'a jamais vu en aucun lieu celle que je conseille à Adhémar. Il connaît celle de la fusée avec le mot : *da l'ardore l'ardire*[3], mais ce n'est pas cela. L'autre est plus parfaite, à ce qu'il dit :

Che pera, pur che s'inalzi[4].

Soit qu'elle vienne de chez moi, ou d'ailleurs, il la trouve admirable

Mais que dites-vous de M. de Lauzun[5] ? Vous souvient-il quelle sorte de bruit il faisait il y a un an ? Qui nous eût dit : « Dans un an il sera prisonnier », l'eussions-nous cru ? *Vanité des vanités ! et tout est vanité*[6].

On dit que la nouvelle Madame n'est point du tout embarrassée de la grandeur de son rang. On dit qu'elle ne fait pas cas des médecins et encore moins des médecines. On vous mandera comme elle est faite. Quand on lui présenta son médecin, elle dit qu'elle n'en avait que faire, qu'elle n'avait jamais été ni saignée, ni purgée ; quand elle a quelque incommodité, elle se promène et s'en guérit par l'exercice : *Lasciamo la andar, che fara buon viaggio*[7].

Vous voyez bien, ma bonne, que je vous écris comme à une femme qui sera dans son vingt-deux ou vingt-troisième jour de couche. Je commence même à

croire qu'il est temps de faire souvenir M. de Grignan
de la parole qu'il m'a donnée[8]. Enfin songez que voici
la troisième fois que vous accouchez au mois de
novembre[9] ; ce sera au mois de septembre cette fois si
vous ne le gouvernez. Demandez-lui cette grâce en
faveur du joli présent que vous lui avez fait. Voici
encore un autre raisonnement. Vous avez beaucoup
plus souffert que si on vous avait rouée ; cela est
certain. Ne serait-il point au désespoir, s'il vous aime,
d'être cause que tous les ans vous souffrissiez un
pareil supplice ? Ne craint-il point, à la fin, de vous
perdre ? Après toutes ces bonnes raisons, je n'ai plus
rien à dire, sinon que, par ma foi, je n'irai pas en
Provence si vous êtes grosse ; je souhaite que ce lui soit
une menace. Pour moi, j'en serais désespérée, mais je
soutiendrai la gageure ; ce ne sera pas la première fois
que je l'aurai soutenue.

Adieu, divine Comtesse. Je baise le petit enfant, je
l'aime tendrement, mais j'aime bien madame sa mère
et, de longtemps, ce degré ne lui passera par-dessus la
tête. J'ai fort envie de savoir de vos nouvelles, de celles
de l'Assemblée, de l'effet de votre baptême. Un peu de
patience et je saurai tout, mais vous savez, ma bonne,
que c'est une vertu qui n'est guère à mon usage.
J'embrasse M. de Grignan et les autres Grignan. Mon
Abbé vous honore, et La Mousse.

17. À MADAME DE GRIGNAN

<À Paris[1],> du <mercredi> 23ᵉ décembre [1671].

Je vous écris par provision[2], ma bonne, parce que je
veux causer avec vous. Un moment après que j'eus
envoyé mon paquet le jour que j'arrivai, le petit
Dubois m'apporta celui que je croyais égaré ; vous

pouvez penser avec quelle joie je le reçus. Je n'y pus faire réponse, parce que Mme de La Fayette, Mme de Saint-Géran, Mme de Villars, me vinrent embrasser.

Vous avez tous les étonnements que doit donner un malheur comme celui de M. de Lauzun. Toutes vos réflexions sont justes et naturelles ; tous ceux qui ont de l'esprit les ont faites. Mais on commence à n'y plus penser ; voici un bon pays pour oublier les malheureux. On a su qu'il avait fait son voyage dans un si grand désespoir qu'on ne le quittait pas d'un moment. On le voulut faire descendre dans un endroit dangereux ; il répondit : « Ces malheurs-là ne sont pas faits pour moi. » Il dit qu'il est très innocent à l'égard du Roi, mais que son crime est d'avoir des ennemis trop puissants. Le Roi n'a rien dit, et ce silence déclare assez la qualité de son crime. Il crut que l'on le laisserait à Pierre-Encise, et commençait à Lyon à faire ses compliments à M. d'Artagnan[3]. Mais quand il sut qu'on le menait à Pignerol, il soupira, et dit : « Je suis perdu. » On avait grand'pitié de sa disgrâce dans les villes où il passait. Pour vous dire le vrai, elle est extrême.

Le Roi envoya quérir le lendemain M. de Marsillac[4], et lui dit : « Je vous donne le gouvernement de Berry qu'avait Lauzun. » Marsillac répondit : « Sire, Votre Majesté, qui sait mieux les règles de l'honneur que personne du monde, se souvienne, s'il lui plaît, que je n'étais pas ami de M. de Lauzun, qu'elle ait la bonté de se mettre un moment en ma place, et qu'elle juge si je dois accepter la grâce qu'elle me fait. » Le Roi lui dit : « Vous êtes trop scrupuleux, monsieur le prince. J'en sais autant qu'un autre là-dessus, mais vous n'en devez faire aucune difficulté. — Sire, puisque Votre Majesté l'approuve, je me jette à ses pieds pour la remercier. — Mais, dit le Roi, je vous ai donné une pension de douze mille francs, en attendant que vous eussiez quelque chose de mieux. — Oui, Sire, je la remets entre vos mains. — Et moi, dit le Roi, je vous la redonne encore une fois, et je m'en vais vous faire honneur de vos beaux sentiments. » En disant cela, il se tourna vers les ministres, leur conta les scrupules de M. de Marsillac, et dit : « J'admire la différence. Jamais Lauzun n'avait daigné me remercier du gouvernement de Berry et n'en avait pas pris les provisions, et voilà un homme comblé de reconnaissance. » Tout ceci est extrêmement vrai ; M. de La Rochefoucauld me le vient de conter. J'ai cru que vous ne haïriez pas ces détails ; si je me trompais, ma bonne, mandez-le-moi. Le pauvre homme est très mal de la goutte, et bien pis que les autres années. Il m'a bien parlé de vous, et vous aime toujours comme sa fille. Le duc de Marsillac m'est venu voir, et l'on me parle toujours de ma chère enfant.

J'ai enfin pris courage ; j'ai causé deux heures avec M. de Coulanges [5]. Je ne le puis quitter. C'est un grand bonheur que le hasard m'ait fait loger chez lui.

Je ne sais si vous aurez su que Villarceaux [6], parlant au Roi d'une charge pour son fils, prit habilement l'occasion de lui dire qu'il y avait des gens qui se mêlaient de dire à sa nièce que Sa Majesté avait quelque dessein pour elle, que si cela était, il le suppliait de se servir de lui, que l'affaire serait mieux entre ses mains que dans celles des autres, et qu'il s'y emploierait avec succès. Le Roi se mit à rire, et dit : « Villarceaux, nous sommes trop vieux, vous et moi, pour attaquer des demoiselles de quinze ans », et comme un galant homme, se moqua de lui et conta ce discours chez les dames. Ce sont des vérités que tout ceci. Les *Anges* [7] sont enragées, et ne veulent plus voir leur oncle, qui, de son côté, est fort honteux. Et n'y a nul chiffre à tout ceci, mais je trouve que le Roi fait partout un si bon personnage qu'il n'est point besoin de mystère quand on en parle.

On a trouvé, dit-on, mille belles merveilles dans les

cassettes de M. de Lauzun : des portraits sans compte
et sans nombre, des nudités, une sans tête, une autre
les yeux crevés (c'est votre voisine), des cheveux
grands et petits, des étiquettes pour éviter la confusion. À l'un : *grison* d'une telle ; à l'autre : *mousson* de
la mère ; à l'autre : *blondin pris en bon lieu.* Ainsi mille
gentillesses, mais je n'en voudrais pas jurer, car vous
savez comme on invente dans ces occasions.

J'ai vu M. de Mesmes, qui enfin a perdu sa chère
femme[8]. Il a pleuré et sangloté en me voyant, et moi,
je n'ai jamais pu retenir mes larmes. Toute la France a
visité cette maison. Je vous conseille, ma chère bonne,
d'y faire des compliments ; vous le devez par le
souvenir de Livry que vous aimez encore.

J'ai reçu, ma bonne, votre lettre du 13 ; c'est au bout
de sept jours présentement. En vérité, je tremble de
penser qu'un enfant de trois semaines ait eu la fièvre
et la petite vérole. C'est la chose du monde la plus
extraordinaire. Mon Dieu ! ma bonne, d'où vient cette
chaleur extrême dans ce petit corps ? Ne vous a-t-on
rien dit du chocolat[9] ? Je n'ai point le cœur content là-
dessus. Je suis en peine de ce petit dauphin ; je l'aime,
et comme je sais que vous l'aimez, j'y suis fortement
attachée. Vous sentez donc l'amour maternel ; j'en
suis fort aise. Eh bien ! moquez-vous présentement des
craintes, des inquiétudes, des prévoyances, des tendresses, qui mettent le cœur en presse, du trouble que
cela jette sur toute la vie ; vous ne serez plus étonnée
de tous mes sentiments. J'ai cette obligation à cette
petite créature. Je fais bien prier Dieu pour lui, et n'en
suis pas moins en peine que vous. J'attends de ses
nouvelles avec impatience ; je n'ai pas huit jours à
attendre ici comme aux Rochers. Voilà le plus grand
agrément que je trouve ici ; car enfin, ma bonne, de
bonne foi, vous m'êtes toutes choses, et vos lettres que
je reçois deux fois la semaine font mon unique et

sensible consolation en votre absence. Elles sont
agréables, elles me sont chères, elles me plaisent. Je
les relis aussi bien que vous faites les miennes ; mais
comme je suis une pleureuse, je ne puis pas seulement
approcher des premières [10] sans pleurer du fond de
mon cœur.

Est-il possible que les miennes vous soient agréables au point que vous me le dites ? Je ne les trouve
point telles au sortir de mes mains ; je crois qu'elles
deviennent ainsi quand elles ont passé par les vôtres.
Enfin, ma bonne, c'est un grand bonheur que vous les
aimiez, car, de la manière dont vous en êtes accablée,
vous seriez fort à plaindre si cela était autrement.
M. de Coulanges est bien en peine de savoir laquelle
de vos *Madames* y prend goût [11]. Nous trouvons que
c'est un bon signe pour elle, car mon style est si
négligé qu'il faut avoir un esprit naturel et du monde
pour s'en pouvoir accommoder.

Je vous prie, ma bonne, ne vous fiez point aux deux
lits ; c'est un sujet de tentation. Faites coucher quelqu'un dans votre chambre ; sérieusement, ayez pitié
de vous, de votre santé, et de la mienne.

Et vous, Monsieur le Comte, je verrai bien si vous
me voulez en Provence ; ne faites point de méchantes
plaisanteries là-dessus. Ma fille n'est point éveillée ; je
vous réponds d'elle. Et pour vous, ne cherchez point
noise. Songez aux affaires de votre province, ou bien je
serai persuadée que je ne suis point *votre bonne*, et que
vous voulez voir la fin de la mère et de la fille.

Je reviens à vos affaires. C'est une cruelle chose que
l'affaire du Roi soit si difficile à conclure [12]. N'avez-
vous point envoyé ici ? Si l'on voulait vous remettre
cinquante mille francs, comme à nous cent mille écus,
vous auriez bientôt fini. Ce serait un grand chagrin
pour vous, si vous étiez obligé de finir l'Assemblée
sans rien conclure. Et vos propres affaires ? je ne vois

pas qu'il en soit nulle question. J'ai envoyé prier
l'abbé de Grignan de me venir voir, parce que Monsieur d'Uzès[13] est un peu malade. Je voulais lui dire
les dispositions où l'on est ici touchant la Provence et
les Provençaux. On ne peut écrire tout ce que nous
avons dit. Nous tâchons de ne pas laisser ignorer de
quelle manière vous vous appliquez à servir le Roi
dans la place où vous êtes; je voudrais bien vous
pouvoir servir dans celle où je suis. Donnez-m'en les
moyens, ou pour mieux dire, souhaitez que j'aie
autant de pouvoir que de bonne volonté. Adieu,
Monsieur le Comte.

Je reviens à vous, Madame la Comtesse, pour vous
dire que j'ai envoyé quérir Pecquet pour discourir de
la petite vérole de ce petit enfant. Il en est épouvanté,
mais il admire sa force d'avoir pu chasser ce venin, et
croit qu'il vivra cent ans après avoir si bien
commencé.

Enfin j'ai parlé quinze ou seize heures à M. de
Coulanges! Je ne crois pas qu'on puisse parler à
d'autres qu'à lui :

Çà, courage! mon cœur, point de faiblesse humaine[14] ;

et en me fortifiant ainsi, j'ai passé par-dessus mes premières faiblesses. Mais Catau[15] m'a mise encore une
fois en déroute. Elle entra; il me sembla qu'elle me
devait dire : « Madame, Madame vous donne le bonjour, elle vous prie de la venir voir. » Elle me reparla
de tout votre voyage, et que quelquefois vous vous
souveniez de moi. Je fus une heure assez impertinente.

Je m'amuse à votre fille. Vous n'en faites pas grand
cas, mais croyez-moi, que nous vous le rendrons bien.
On m'embrasse, on me connaît, on me rit, on m'appelle. Je suis *Maman* tout court, et de celle de
Provence, pas un mot.

J'ai reçu mille visites de tous vos amis et les miens ; cela fait une assez grande troupe. L'abbé Têtu a du temps de reste, à cause de l'hôtel de Richelieu qu'il n'a plus[16] ; de sorte que nous en profitons. Mme de Soubise est grosse de quatre enfants, à voir son ventre.

Je reçois votre lettre du 16. Je ne me tairai pas des merveilles que fait M. de Grignan pour le service de Sa Majesté ; je l'avais déjà fait aux occasions, et le ferai encore. Je verrai demain M. Le Camus ; il m'est venu chercher, le seul moment que je fus chez M. de Mesmes. À propos, ma bonne, il ne faut pas seulement lui écrire, mais à Mme d'Avaux pour elle et son mari, et à d'Irval, sur peine de la vie[17] ; les compliments ne suffisent pas en ces occasions. J'ai vu ce matin le Chevalier[18] ; Dieu sait de quoi nous avons parlé. J'attends Rippert[19] avec impatience. Je serai ravie que les affaires de votre Assemblée soient finies. Mais où irez-vous achever l'hiver ? On dit que la petite vérole est partout ; voilà de quoi me troubler. Vous faites un beau compliment à votre fille.

Au reste, le Roi part le 5 de janvier pour Châlons, et plusieurs autres tours, quelques revues en chemin faisant. Le voyage sera de douze jours ; mais les officiers et les troupes iront plus loin. Pour moi, je soupçonne encore quelques expéditions comme celle de la Franche-Comté. Vous savez que le Roi *est un héros de toutes les saisons*[20]. Les pauvres courtisans sont désolés ; ils n'ont pas un sou. Brancas me demandait hier sérieusement si je ne voudrais point prêter sur gages, et m'assura qu'il n'en parlerait point, et qu'il aimait mieux avoir affaire à moi qu'à un autre. La Trousse me prie de lui apprendre quelques-uns des secrets de Pomenars[21] pour subsister honnêtement. Enfin, ils sont abîmés. Je la suis de la nouvelle que vous me mandez de M. Deville. Quoi ? Deville ! quoi ? sa femme[22] ! Les cornes me viennent à la tête, et pourtant je crois que vous avez raison. Voilà une lettre de *Trochanire*[23], songez à la réponse.

Voilà Châtillon que j'exhorte de vous faire un impromptu sur-le-champ. Il me demande huit jours, et je l'assure déjà qu'il ne sera que réchauffé, et qu'il le tirera du fond de cette gibecière que vous connaissez. Adieu, ma divine bonne. Il y a raison partout ; cette lettre est devenue un juste volume. J'embrasse le laborieux Grignan, le *seigneur Corbeau*[24], le présomptueux Adhémar, et le fortuné Louis de Provence, sur qui tous les astrologues disent que les fées ont soufflé. *E con questo mi raccomando*[25].

Et pour inscription : *Livre dédié à Madame la comtesse de Grignan, mère de mon petit-fils.*

18. À MADAME DE GRIGNAN

À Sainte-Marie du faubourg[1], vendredi 29ᵉ janvier 1672, jour de saint François de Sales, et jour que vous fûtes mariée[2].
Voilà ma première radoterie ; c'est que je fais des bouts de l'an de tout.

Me voici dans un lieu, ma bonne, qui est le lieu du monde où j'ai pleuré, le jour de votre départ, le plus abondamment et le plus amèrement ; la pensée m'en fait tressaillir. Il y a une bonne heure que je me promène toute seule dans le jardin. Toutes nos sœurs sont à vêpres, embarrassées d'une méchante musique, et moi, j'ai eu l'esprit de m'en dispenser. Ma bonne, je n'en puis plus. Votre souvenir me tue en mille occasions ; j'ai pensé mourir dans ce jardin, où je vous ai vue mille fois[3]. Je ne veux point vous dire en quel état je suis ; vous avez une vertu sincère, qui n'entre point dans la faiblesse humaine. Il y a des jours, des heures, des moments où je ne suis pas la maîtresse; je suis faible et ne me pique point de ne l'être pas. Tant y a, je n'en puis plus, et pour m'achever, voilà un homme que j'avais envoyé chez le chevalier de Grignan, qui me dit qu'il est extraordinairement mal. Cette pitoyable nouvelle n'a pas séché mes yeux. Je crois qu'il dispose de ce qu'il a en votre faveur[4]. Gardez-le, quoique ce soit peu, pour une marque de sa tendresse, et ne le donnez point comme votre cœur le voudrait; il n'y a pas un de vos beaux-frères qui, à proportion, ne soit plus riche que vous. Je ne vous puis dire le déplaisir que j'ai dans la crainte de cette perte. Hélas! un petit aspic, comme M. de Rohan, revient de la mort, et cet aimable garçon, bien né, bien fait, de bon naturel, d'un bon cœur, dont la perte ne fait de bien à personne, nous va périr entre les mains! Si j'étais libre, je ne l'aurais pas abandonné; je ne crains point son mal. Mais je ne fais pas sur cela ma volonté. Vous recevrez cet ordinaire des lettres écrites plus tard, qui vous parleront plus précisément de ce malheur. Pour moi, je me contente de le sentir.

Voilà une permission de vendre et de transporter vos blés. M. Le Camus l'a obtenue, et y a joint une lettre de lui. Je n'ai jamais vu un si bon homme, ni plus vif sur tout ce qui vous regarde. Écrivez-moi quelque chose de lui, que je lui puisse lire.

Hier au soir, Mme du Fresnoy[5] soupa chez nous. C'est une nymphe, c'est une divinité, mais Mme Scarron, Mme de La Fayette et moi, nous voulûmes la comparer à Mme de Grignan. Et nous la trouvâmes cent piques au-dessous, non pas pour l'air et pour le teint, mais ses yeux sont étranges, son nez n'est pas comparable au vôtre, sa bouche n'est point finie; la vôtre est parfaite. Et elle est tellement recueillie dans sa beauté, que je trouvai qu'elle ne dit précisément que les paroles qui lui siéent bien; il est impossible de se la représenter parlant communément et d'affection

sur quelque chose. C'est la résidence de l'abbé Têtu
auprès de la plus belle ; il ne la quitta pas. Et pour
votre esprit, ces dames ne mirent aucun degré au-
dessus du vôtre, et votre conduite, votre sagesse, votre
raison, tout fut célébré. Je n'ai jamais vu une personne
si bien louée ; je n'eus pas le courage de faire les
honneurs de vous, ni de parler contre ma conscience.

On dit que le Chancelier est mort[6]. Je ne sais si on
donnera les sceaux avant que cette poste parte. La
Comtesse est très affligée de sa fille[7] ; elle est à Sainte-
Marie de Saint-Denis. Ma bonne, on ne peut assez se
conserver, et grosse, et en couche, et on ne peut assez
éviter d'être dans ces deux états ; je ne parle pour
personne.

Adieu, ma très chère, cette lettre sera courte. Je ne
puis rien écrire dans l'état où je suis ; vous n'avez pas
besoin de ma tristesse. Mais si, quelquefois, vous en
recevez d'infinies, ne vous en prenez qu'à vous, et aux
flatteries que vous me dites sur le plaisir que vous
donne leur longueur ; vous n'oseriez plus vous en
plaindre.

Je vous embrasse mille fois, et m'en retourne à mon
jardin, et puis à un bout de salut, et puis chez des
malades qui sont aussi chagrins que moi.

Voilà Madeleine-Agnès qui entre, et qui vous salue
en Notre-Seigneur.

19. À MADAME DE GRIGNAN

À Paris, ce <mercredi 27> avril [1672].

Je m'en vais, ma bonne, faire réponse à vos deux
lettres[1], et puis je vous parlerai de ce pays-ci. M. de
Pomponne[2] a vu la première, et verra assurément une
grande partie de la seconde. Il est parti ; ce fut en lui

disant adieu que je lui montrai, ne pouvant jamais
mieux dire que ce que vous écrivez sur vos affaires. Il
vous trouve admirable; je n'ose vous dire à qui il
compare votre style, ni les louanges qu'il lui donne.
Enfin il m'a fort priée de vous assurer de son estime et
du soin qu'il aura toujours de faire tout ce qui vous le
pourra témoigner. Il a été ravi de votre description de
la Sainte-Baume; il le sera encore de votre seconde
lettre. On ne peut pas mieux écrire sur une affaire, ni
plus nettement. Je suis très assurée que votre lettre
obtiendra tout ce que vous souhaitez; vous en verrez
la réponse. Je n'écrirai qu'un mot, car en vérité, ma
bonne, vous n'avez pas besoin d'être secourue dans
cette occasion; je trouve toute la raison de votre côté.
Je n'ai jamais su cette affaire par vous; ce fut M. de
Pomponne qui me l'apprit comme on lui avait
apprise. Mais il n'y a rien à répondre à ce que vous
m'en écrivez, il aura le plaisir de le lire. L'Évêque[3]
témoigne en toute rencontre qu'il a fort envie de se
raccommoder avec vous. Il a trouvé ici toutes choses si
bien disposées en votre faveur que cela lui fait souhaiter une réconciliation, dont il se fait honneur, comme
d'un sentiment convenable à sa profession. On croit
que nous aurons, entre ci et demain, un premier
président de Provence[4].

Je vous remercie de votre relation de la Sainte-
Baume et de votre jolie bague. Je vois bien que le sang
n'a pas bien bouilli à votre gré[5]. Madame la Palatine
eut une fois la même curiosité que vous; elle n'en fut
pas plus satisfaite. Vous ne m'ôterez pas l'envie de
voir cette affreuse grotte; plus on y a de peine, et plus
il y faut aller. Au bout du compte, je ne m'en soucie
point du tout; je ne cherche que vous en Provence. Ma
pauvre bonne, quand je vous aurai, j'aurai tout ce que
je cherche.

Je suis en peine de votre fils. Je voudrais que vous
eussiez une nourrice comme celle que j'ai[6]. C'est une

créature achevée ; Rippert vous le dira. Il m'a parlé d'un justaucorps en broderie que veut M. de Grignan. C'est une affaire de mille francs qui ne me paraît pas bien nécessaire, devant venir ici cet hiver. Mais je ne veux point le fâcher ; après lui avoir dit ces raisons, je lui mets la bride sur le cou.

Ma tante[7] est toujours très mal. Laissez-nous le soin de partir ; nous ne souhaitons autre chose. Et même, s'il y avait quelque espérance de langueur, nous prendrions notre parti. Je lui dis mille tendresses de votre part, qu'elle reçoit très bien. M. de La Trousse lui en écrit d'excessives ; ce sont des amitiés de l'agonie, dont je ne fais pas grand cas. J'en quitte ceux qui ne commenceront que là à m'aimer. Ma bonne, il faut aimer pendant la vie, comme vous faites si bien, la rendre douce et agréable, ne point noyer d'amertume ni combler de douleur ceux qui nous aiment ; c'est trop tard de changer quand on expire. Vous savez ce que j'ai toujours dit des bons fonds ; je n'en connais que d'une sorte, et le vôtre doit contenter les plus difficiles. Je vois les choses comme elles sont ; croyez-moi, je ne suis pas folle, et pour vous le montrer, c'est qu'on ne peut être plus contente d'une personne que je le suis de vous.

J'envoie à M. de Coulanges ce qui lui appartient de ma lettre ; elle sera mise en pièces. Il m'en restera encore quelques centaines pour m'en consoler ; tout aimables qu'elles sont, ma bonne, je souhaite extrêmement de n'en plus recevoir.

Venons aux nouvelles. Le Roi part demain[8]. Il y aura cent mille hommes hors de Paris ; on a fait ce calcul à peu près dans les quartiers. Il y a quatre jours que je ne dis que des adieux. Je fus hier à l'Arsenal ; je voulus dire adieu au Grand Maître[9] qui m'était venu chercher. Je ne le trouvai pas, mais je trouvai La Troche, qui pleurait son fils, la comtesse[10], qui pleurait son mari. Elle avait un chapeau gris, qu'elle enfonça, dans l'excès de ses déplaisirs ; c'était une chose plaisante. Je crois que jamais un chapeau ne s'est trouvé à pareille fête ; j'aurais voulu ce jour-là mettre une coiffe ou une cornette. Enfin ils sont partis tous deux ce matin, l'un pour Lude, et l'autre pour la guerre.

Mais quelle guerre ! la plus cruelle, la plus périlleuse. Depuis le passage de Charles VIII en Italie, il n'y en a point eu une pareille. On l'a dit au Roi. L'Yssel [11] est défendu, et bordé de douze cents pièces de canon, de soixante mille hommes de pied, de trois grosses villes, d'une large rivière qui est encore au devant. Le comte de Guiche, qui sait le pays, nous montra l'autre jour une carte chez Mme de Verneuil ; c'est une chose étonnante. Monsieur le Prince [12] est fort occupé de cette grande affaire. Il lui vint l'autre jour une manière de fou assez plaisant, qui lui dit qu'il savait fort bien faire de la monnaie. « Mon ami, lui dit Monsieur le Prince, je te remercie ; mais si tu savais une invention de nous faire passer le Rhin sans être assommés, tu me ferais un grand plaisir, car je n'en sais point. » Il avait pour lieutenants généraux MM. les maréchaux d'Humières et de Bellefonds.

Voici un détail qu'on est bien aise de savoir. Les deux armées se doivent joindre ; alors le Roi commandera à Monsieur, Monsieur à Monsieur le Prince, Monsieur le Prince à M. de Turenne, M. de Turenne aux deux maréchaux, et même à l'armée du maréchal de Créquy. Le Roi en parla à M. de Bellefonds, et lui dit qu'il voulait qu'il obéît à M. de Turenne, sans conséquence. Le maréchal, sans demander du temps (voilà sa faute), repartit qu'il ne serait pas digne de l'honneur que Sa Majesté lui avait fait, s'il se déshonorait par une obéissance sans exemple. Le Roi le pressa fort bonnement de faire réflexion à ce qu'il lui répondait, qu'il souhaitait cette preuve de son amitié, qu'il y allait de sa disgrâce. Le maréchal répondit au Roi

qu'il voyait bien à quoi il s'exposait, qu'il perdrait les
bonnes grâces de Sa Majesté, et sa fortune ; mais qu'il
y était résolu plutôt que de perdre son estime ; et enfin
qu'il ne pouvait obéir à M. de Turenne, sans déshono-
rer la dignité où il l'avait élevé. Le Roi lui dit :
« Monsieur le maréchal, il nous faut donc séparer. »
Le maréchal fit une profonde révérence, et partit. M.
de Louvois, qui ne l'aime pas, lui eut bientôt expédié
un ordre pour aller à Tours. Il a été rayé de dessus
l'état de la maison du Roi. Il a cinquante mille écus de
dettes au delà de son bien ; il est abîmé, mais il est
content, et l'on ne doute pas qu'il n'aille à la Trappe. Il
a offert son équipage, qui était fait aux dépens du Roi,
à Sa Majesté, pour en faire ce qui lui plairait. On a pris
cela comme s'il eût voulu braver le Roi ; jamais rien
ne fut si innocent. Tous ses gens, ses parents, le petit
Villars, et tout ce qui était attaché à lui est inconsola-
ble. Mme de Villars l'est aussi ; ne manquez pas de lui
écrire et au pauvre maréchal.

Cependant le maréchal d'Humières, soutenu par M.
de Louvois, n'avait point paru, et attendait que le
maréchal de Créquy eût répondu [13]. Celui-ci est venu
de son armée en poste répondre lui-même. Il arriva
avant-hier. Il a eu une conversation d'une heure avec
le Roi. Le maréchal de Gramont fut appelé, qui
soutint le droit des maréchaux de France, et fit le Roi
juge de ceux qui faisaient le plus de cas de ses dignités,
ou ceux qui, pour en soutenir la grandeur, s'expo-
saient au malheur d'être mal avec lui, ou celui qui
était honteux d'en porter le titre, qui l'avait effacé de
tous les endroits où il était, qui tenait le nom de
maréchal pour une injure, et qui voulait commander
en qualité de prince. Enfin la conclusion fut que le
maréchal de Créquy est allé à la campagne, dans sa
maison, planter des choux, aussi bien que le maréchal
d'Humières. Voilà de quoi l'on parle uniquement.
L'un dit qu'ils ont bien fait, d'autres qu'ils ont mal

fait. La Comtesse s'égosille, le comte de Guiche prend son fausset ; il les faut séparer ; c'est une comédie. Ce qui est vrai, c'est que voilà trois hommes d'une grande importance pour la guerre, et qu'on aura bien de la peine à remplacer. Monsieur le Prince les regrette fort pour l'intérêt du Roi. M. de Schomberg ne veut pas obéir aussi à M. de Turenne, ayant commandé des armées en chef. Enfin la France, qui est pleine de grands capitaines, n'en trouvera pas assez par ce malheureux contretemps.

M. d'Aligre [14] a les sceaux ; il a quatre-vingts ans : c'est un dépôt ; c'est un pape.

Je viens de faire un tour de ville : j'ai été chez M. de La Rochefoucauld. Il est comblé de douleur d'avoir dit adieu à tous ses enfants. Au travers de tout cela, il m'a priée de vous dire mille tendresses de sa part ; nous avons fort causé. Tout le monde pleure son fils, son frère, son mari, son amant ; il faudrait être bien misérable pour ne se pas trouver intéressé au départ de la France tout entière. Dangeau et le comte de Sault me sont venus dire adieu. Ils nous ont appris que le Roi, au lieu de partir demain, comme tout le monde le croyait, afin d'éviter les larmes est parti à dix heures du matin, sans que personne l'ait su [15]. Il est parti lui douzième ; tout le reste court après. Au lieu d'aller à Villers-Cotterets, il est allé à Nanteuil, où l'on croit que d'autres gens se trouveront, qui sont disparus aussi. Demain il ira à Soissons, et tout de suite, comme il l'avait résolu. Si vous ne trouvez cela galant, vous n'avez qu'à le dire. La tristesse où tout le monde se trouve est une chose qu'on ne saurait imaginer au point qu'elle est. La Reine est demeurée régente ; toutes les compagnies souveraines l'ont été reconnaître et saluer. Voici une étrange guerre, et qui commence bien tristement.

En revenant chez moi, j'ai trouvé notre pauvre

cardinal de Retz qui me venait dire adieu. Nous avons
causé une heure ; il vous a écrit un petit adieu, et part
demain matin. Monsieur d'Uzès part aussi. Qui est-ce
qui ne part point ? Hélas ! c'est moi. Mais j'aurai mon
tour comme les autres. Il est vrai que c'est une chose
cruelle que de faire cent lieues pour se retrouver à
Aix [16]. J'approuve fort votre promenade et le voyage
de Monaco ; il s'accordera fort bien avec mon retarde-
ment. Je crois que j'arriverai à Grignan un peu après
vous. Je vous conjure, ma bonne, de m'écrire toujours
soigneusement ; je suis désolée quand je n'ai point de vos
lettres.

J'ai été chercher quatre fois le président de Galli-
fet [17], et même je l'avais prié une fois de m'attendre ;
ce n'est pas ma faute si je ne l'ai pas vu.

Je suis ravie, ma bonne, que vous ne soyez point
grosse ; j'en aime M. de Grignan de tout mon cœur.
Mandez-moi si on doit ce bonheur à sa tempérance ou
à sa véritable tendresse pour vous, ou si vous n'êtes
point ravie de pouvoir un peu trotter et vous promener dans cette Provence, à travers des allées d'oran-
gers, et de me recevoir sans crainte de tomber et
d'accoucher. Adieu, ma très aimable enfant, il me
semble que vous savez assez combien je vous aime,
sans qu'il soit besoin de vous le dire davantage. Si
Pommier vous donne la main, La Porte [18] n'est donc
plus que pour la décoration.

J'embrasse mille fois M. de Grignan.

Pour ma très belle et très chère enfant.

20. À MADAME DE GRIGNAN

À Paris, ce <lundi> 11e juillet [1672].

Ne parlons plus de mon voyage, ma pauvre bonne ; il y a si longtemps que nous ne faisons autre chose qu'enfin cela fatigue[1]. C'est comme les longues maladies qui usent la douleur ; les longues espérances usent toute la joie. Vous aurez dépensé tout le plaisir de me voir en attendant ; quand j'arriverai, vous serez tout accoutumée à moi.

J'ai été obligée de rendre les derniers devoirs à ma tante ; il a fallu encore quelques jours au delà. Enfin, voilà qui est fait. Je pars mercredi, et vais coucher à Essonnes ou à Melun. Je vais par la Bourgogne. Je ne m'arrêterai point à Dijon. Je ne pourrai pas refuser quelques jours en passant à quelque vieille tante que je n'aime guère[2]. Je vous écrirai d'où je pourrai ; je ne puis marquer aucun jour. Le temps est divin ; il a plu comme pour le Roi[3]. Notre Abbé est gai et content ; La Mousse est un peu effrayé de la grandeur du voyage, mais je lui donnerai du courage. Pour moi, je suis ravie. Et si vous en doutez, mandez-le-moi à Lyon, afin que je m'en retourne sur mes pas. Voilà, ma bonne, tout ce que je vous manderai.

Votre lettre du 3e est un peu séchette, mais je ne m'en soucie guère. Vous me dites que je vous demande pourquoi vous avez ôté La Porte. Si je l'ai fait, j'ai tort, car je le savais fort bien. Mais j'ai cru vous avoir demandé pourquoi vous ne m'en aviez point avertie, car je fus tout étonnée de le voir[4]. Je suis fort aise que vous ne l'ayez plus ; vous savez ce que je vous en avais mandé.

M. de Coulanges vous parlera de votre lit d'ange[5]. Pour moi, je veux vous louer de n'être point grosse, et

vous conjurer de ne la point devenir. Si ce malheur
vous arrivait dans l'état où vous êtes de votre maladie,
vous seriez maigre et laide pour jamais. Donnez-moi
le plaisir de vous retrouver aussi bien que je vous ai
donnée et de pouvoir un peu trotter avec moi, où la
fantaisie nous prendra d'aller. M. de Grignan vous
doit donner, et à moi, cette marque de sa complaisance. Ne croyez donc pas que vos belles actions ne
soient pas remarquées ; les beaux procédés méritent
toujours des louanges. Continuez, voilà tout.

Vous me parlez de votre dauphin. Je vous plains de
l'aimer si tendrement ; vous aurez beaucoup de douleurs et de chagrins à essuyer. Je n'aime que trop la
petite de Grignan. Contre toutes mes résolutions je l'ai
donc ôtée de Livry ; elle est cent fois mieux ici. Elle a
commencé à me faire trouver que j'avais bien fait. Elle
a eu, depuis mon retour, une très jolie petite vérole
volante, dont elle n'a point été du tout malade ; ce que
le petit Pecquet a traité en deux visites aurait fait un
grand embarras, si elle avait été à Livry. Vous me
demanderez si je l'ai toujours vue : je vous dirai que
oui ; je ne l'ai point abandonnée. Je suis pour le
mauvais air, comme vous êtes pour les précipices ; il y
a des gens avec qui je ne les crains pas. Enfin je la
laisse en parfaite santé, au milieu de toutes sortes de
secours. Mme du Puy-du-Fou et Pecquet la sèvreront à
la fin d'août [6]. Et comme la nourrice est une femme
attachée à son ménage, à son mari, à ses enfants, à ses
vendanges et à tout, Mme du Puy-du-Fou m'a promis
de me donner une femme pour en avoir soin, afin de
donner la liberté à la nourrice de pouvoir s'en aller. Et
la petite demeurera ici, avec cette femme qui aura
l'œil à tout, Marie que ma petite aime et connaît fort,
la bonne mère Jeanne, qui fera toujours leur petit
ménage, M. de Coulanges et Mme de Sanzei [7], qui en
auront un soin extrême. Et de cette sorte, nous en
aurons l'esprit en repos. J'ai été fort approuvée de

l'avoir ramenée ici ; Livry n'est pas trop bon sans moi pour ces sortes de gens-là. Voilà qui est donc réglé.

DE COULANGES

Dans quelque lit que vous soyez couchée, vous pouvez vous vanter que vous êtes couchée dans un lit d'ange ; c'est votre lit, Madame. Votre lit, c'est un lit d'ange, de quelque manière qu'il soit retroussé. Mais je ne crois pas qu'il n'y ait que votre lit qui soit un lit d'ange ; c'est un lit d'ange que celui de mon charmant Marquis[8]. Voilà un homme bien raisonnable et une pauvre femme bien contente.

Celui de M. de Coulanges n'est pas tendu par les pieds. Il y a cinq fers en cinq sur le bois de lit, d'où pendent cinq rubans qui soutiennent en l'air les trois grands rideaux et les deux cantonnières[9]. Les bonnes grâces sont retirées vers le chevet avec un ruban. Adieu, ma bonne. M. de Grignan veut-il bien que je lui rende une visite dans son beau château ?

Pour une créature que j'aime passionnément.

21. À ARNAULD D'ANDILLY[1]

À Aix, [dimanche] 11e décembre [1672].

Au lieu d'aller à Pomponne vous faire une visite, vous voulez bien que je vous écrive. Je sens la différence de l'un à l'autre, mais il faut que je me console au moins de ce qui est en mon pouvoir. Vous seriez bien étonné si j'allais devenir bonne à Aix. Je m'y sens quelquefois portée par un esprit de contra-diction ; et voyant combien Dieu y est peu aimé, je me trouve chargée d'en faire mon devoir. Sérieusement

les provinces sont peu instruites des devoirs du christianisme. Je suis plus coupable que les autres, car j'en
sais beaucoup[2]. Je suis assurée que vous ne m'oubliez
jamais dans vos prières, et je crois en sentir des effets
toutes les fois que je sens une bonne pensée.

J'espère que j'aurai l'honneur de vous revoir ce
printemps, et qu'étant mieux instruite, je serai plus en
état de vous persuader tout ce que vous m'assuriez
que je ne vous persuadais point. Tout ce que vous
saurez entre ci et là, c'est que si le prélat, qui a le don
de gouverner les provinces, avait la conscience aussi
délicate que M. de Grignan, il serait un très bon
évêque ; *ma basta*[3].

Faites-moi la grâce de me mander de vos nouvelles ;
parlez-moi de votre santé, parlez-moi de l'amitié que
vous avez pour moi. Donnez-moi la joie de voir que
vous êtes persuadé que vous êtes au premier rang de
tout ce qui m'est le plus cher au monde ; voilà ce qui
m'est nécessaire pour me consoler de votre absence,
dont je sens l'amertume au travers de tout l'amour
maternel.

                                        M. DE RABUTIN CHANTAL.

Pour Monsieur d'Andilly, à Pomponne.

22. À MADAME DE GRIGNAN

À Marseille[1], <mercredi> [25 janvier 1673].

Je vous écris après la visite de Madame l'Intendante[2] et une harangue très belle. J'attends un présent, et le présent attend ma pistole[3]. Je suis charmée
de la beauté singulière de cette ville. Hier le temps fut
divin, et l'endroit d'où je découvris la mer, les bas-
tides, les montagnes et la ville, est une chose étonnante. Mais surtout je suis ravie de Mme de Montfu-

ron : elle est aimable, et on l'aime sans balancer. La foule des chevaliers qui vinrent hier voir M. de Grignan ; des noms connus, des Saint-Hérem [4] ; des aventuriers, des épées, des chapeaux du bel air, des gens faits à peindre, une idée de guerre, de roman, d'embarquement, d'aventures, de chaînes, de fers, d'esclaves, de servitude, de captivité : moi, qui aime les romans [5], tout cela me ravit et j'en suis transportée.

Monsieur de Marseille vint hier au soir. Nous dînons chez lui ; c'est l'affaire des deux doigts de la main. Dites-le à Volonne. Il fait un temps de diantre, j'en suis triste ; nous ne verrons ni mer, ni galères, ni port. Je demande pardon à Aix, mais Marseille est bien joli, et plus peuplé que Paris : il y a cent mille âmes. De vous dire combien il y en a de belles, c'est ce que je n'ai pas le temps de compter. L'air en gros y est un peu scélérat, et parmi tout cela, je voudrais être avec vous. Je n'aime aucun lieu sans vous, et moins la Provence qu'un autre ; c'est un vol que je regretterai. Remerciez Dieu d'avoir plus de courage que moi, mais ne vous moquez pas de mes faiblesses ni de mes chaînes.

23. À MADAME DE GRIGNAN

À Moret, lundi au soir 30 <octobre> [1673].

Me voici bien près de Paris, ma très chère bonne. Je ne sais comme je me sens ; je n'ai aucune joie d'y arriver [1], que pour recevoir toutes vos lettres que je crois y trouver. Je ne sais quelle raison aura eue M. de Coulanges pour ne me les pas envoyer à Bourbilly, comme je l'en avais prié.

Je me représente l'occupation que je pourrai avoir pour vous, tout ce que j'aurai à dire à MM. de Brancas,

La Garde[2], l'abbé de Grignan, d'Hacqueville, M. de
Pomponne, M. Le Camus. Hors cela, où je vous trouve,
je ne prévois aucun plaisir. Je mériterais que mes
amies me battissent et me renvoyassent sur mes pas :
plût à Dieu ! Peut-être que cette humeur me passera,
et que mon cœur, qui est toujours pressé et qui me fait
pleurer tous les jours sans que je m'en puisse empêcher, se mettra un peu plus au large ; mais il ne peut
jamais arriver que je ne souhaite uniquement et
passionnément de vous revoir, que je ne désire avec
ardeur tout ce qui peut y contribuer et que je ne
craigne, plus que toutes choses, ce qui pourrait m'empêcher cette satisfaction. Toutes vos affaires et le
moindre de vos intérêts sont au premier rang de tout
ce qui me touche. Je penserai continuellement à vous,
sans que je puisse jamais rien oublier de ce qui vous
regarde. Parler de vous sera mon sensible plaisir. Mais
je choisirai mes gens et mes discours. Je sais un peu
vivre, et ce qui est bon aux uns et mauvais aux autres.
Je n'ai pas tout à fait oublié le monde ; je connais ses
tendresses et ses bontés pour entrer dans les sentiments des autres. Je vous demande la grâce de vous
fier à moi et de ne rien craindre de l'excès de ma
tendresse. Ma seule consolation, en attendant que je
vous voie, sera de recevoir de vos lettres, vous écrire et
vous servir, si je le puis. Voilà mon application, et
voilà comme je me trouve, sans compter mille autres
sentiments dont le récit vous serait ennuyeux. Si vous
croyez, ma bonne, que j'exagère d'un seul mot et que
je dise ceci pour remplir ma onzième lettre, vous
n'êtes pas juste, et c'est dommage que je dise si vrai.
Mais je suis persuadée que vous me connaissez assez
pour croire que c'est mon cœur qui me fait écrire ceci.
Et même si mes délicatesses et les mesures injustes
que je prends sur moi ont donné quelquefois du
désagrément à mon amitié, je vous conjure de tout
mon cœur, ma bonne, de les excuser en faveur de leur

cause. Je la conserverai toute ma vie, cette cause, très précieusement, et j'espère que, sans lui faire aucun tort, je pourrai me rendre moins imparfaite que je ne suis. Je tâche tous les jours à profiter de mes réflexions; et si je pouvais, comme je vous ai dit quelquefois, vivre seulement deux cents ans, il me semble que je serais une personne bien admirable.

Dom Courrier[3] passa il y a deux jours; le cœur me battit à l'effet que vous fera son retour dans le pays. Nous jouâmes, l'Abbé et moi, ce que nous aurions dit, si le hasard nous avait fait rencontrer, comme il était fort possible. L'Abbé fit des merveilles, et dit tout de son mieux, mais j'eus l'avantage de mille lieues loin. Toutes mes réponses étaient d'une force et d'une justesse extrêmes; je sais cette cause au delà de toute perfection. Si je ne me trompe, M. de Pomponne ne demeurera pas dans son ignorance. Mais il ne sera plus temps, et tout est inutile présentement. J'ai eu regret à mon voyage de Bourgogne; il m'a semblé que peut-être vous auriez eu besoin de moi à Paris.

Si Monsieur de Sens[4] avait été à Sens, je l'aurais vu; il me semble que je dois cette civilité à tous les sentiments qu'il a eus pour vous.

Je regarde tous ces lieux, où je passai il y a quinze mois avec un fond de joie si véritable, et je considère avec quels sentiments j'y repasse maintenant; et j'admire ce que c'est que d'aimer quelque chose comme je vous aime.

J'ai relu bien des fois, ma bonne, votre lettre que je reçus à Lyon, et celle que vous écriviez à M. d'Hacqueville; elles sont très tendres et font bien leur effet. Songez, ma bonne, que je n'en ai pas reçu une de toutes les autres que vous m'aviez écrites. Pour moi, je vous ai écrit partout. Enfin voici la onzième; ce serait un vrai miracle si elles avaient toutes été jusqu'à vous[5].

J'ai reçu des nouvelles de mon fils. C'est de la veille

du jour qu'ils croyaient donner bataille. Il me paraît aise de voir des ennemis ; il n'en croyait non plus que des sorciers. Il avait une grande envie de mettre un peu flamberge au vent, par curiosité seulement. Cette lettre m'aurait bien effrayée, si je ne savais très bien la marche des Impériaux, et le respect qu'ils ont eu pour l'*armée de votre frère*[6].

Mon Dieu ! ma bonne, j'abuse de vous ; voyez quels *fagots*[7] je vous conte. Peut-être que de Paris je vous manderai des bagatelles qui vous pourront divertir. Soyez bien persuadée que mes véritables affaires viendront du côté de Provence. Mon Dieu ! votre Assemblée et nos *pétoffes*[8], qu'est-ce que tout cela deviendra ? Mais votre santé, voilà ce qui me tue. Je crains que vous ne dormiez point, et qu'enfin vous ne tombiez malade ; vous ne me direz rien là-dessus, mais je n'en ai pas moins d'inquiétude. Je conjure M. de Grignan de contribuer à votre conservation et d'avoir un peu d'amitié pour moi. Je vous recommande aussi au Coadjuteur, si vous êtes encore à Salon. Ma bonne, je suis à vous.

Et votre petit procès, l'avez-vous gagné ? L'Abbé vous prie d'avoir soin de vos affaires. Vous me remerciiez l'autre jour de vous avoir donné plus d'une année. Hélas ! ma bonne, plaignez-moi de celles que je ne vous donne pas ; jamais je n'ai vu passer des jours avec tant de regret, et au moins je n'ai pas sur mon cœur d'avoir perdu, par ma volonté, une seule heure du temps que j'ai pu être avec vous.

24. À MADAME DE GRIGNAN

À Paris, lundi [1] 29 janvier [1674].

Ma bonne, je suis en colère contre vous. Comment!
vous avez la cruauté de me dire, connaissant mon
cœur comme vous faites, que vous m'incommoderez
chez moi [2], que vous m'ôterez mes chambres, que vous
me romprez la tête! Allez! vous devriez être honteuse
de me dire de ces sortes de verbiages. Est-ce pour moi
que ce style est fait? Prenez plutôt part à ma joie, ma
bonne; réjouissez-vous de ce que vous m'ôterez mes
chambres. Qui voulez-vous qui les remplisse mieux
que vous? Est-ce pour autre chose que je suis aise de
les avoir? Puis-je être plus agréablement occupée qu'à
faire les petits arrangements qui sont nécessaires pour
vous recevoir? Tout ce qui a rapport à vous n'est-il
point au premier rang de toutes mes actions? Ne me
connaissez-vous plus, ma bonne? Il faut me demander
pardon, et rétablir par votre confiance ce que votre
lettre a gâté. Vous ai-je assez grondée?

Il me semble que vous deviez compter sur votre
congé plus fortement que vous n'avez fait. Le billet
que je vous ai envoyé de M. de Pomponne vous en
assurait assez; un homme comme lui ne se serait pas
engagé à le vouloir demander, sans être sûr de
l'obtenir. Vous l'aurez eu le lendemain que vous
m'avez écrit, et il eût fallu que vous eussiez été toute
prête à partir. Vous me parlez de plusieurs jours; cela
me déplaît. Vous aurez reçu bien des lettres par
l'ordinaire du congé, et vous aurez bien puisé à la
source du bon sens (c'est-à-dire Monsieur l'Archevêque [3]) pour votre conduite sur toutes vos affaires.

Vous aurez vu ce que La Garde vous conseille pour
amener peu de gens [4]. Si vous amenez tout ce qui

voudra venir, votre voyage de Paris sera comme celui de Madagascar. Il faut se rendre léger et garder le decorum pour la province.

J'avais déjà parlé au bel Abbé[5] pour une calèche ; le chevalier de Buous, Janet et le chevalier de Grignan en trouveront sans doute. Pour moi, je m'en vais arrêter une petite maison que le *Bien Bon* a vue, qui est près d'ici, qui n'est point chère, qui sera pour votre équipage et même pour le Coadjuteur s'il n'avait pas mieux. Car nous comptons que vous l'amènerez ; vous aurez vu toutes les raisons qui nous le font souhaiter.

J'ai causé avec M. de Lavardin[6] de nos affaires. C'est un homme sur qui l'on peut compter ; il est assurément de mes amis, et je vous prierai de le bien recevoir. Il pâme de rire de la grande affaire qu'on fait pour votre gratification ; cela est honteux à votre infâme Évêque. Vous avez vu ce que l'on donne en Bretagne, que le Roi et M. Colbert trouvent fort bon. Lavardin a touché cent dix mille francs cette année en appointements, gardes, gratifications. Je ne puis pas vous représenter son étonnement et combien il est propre à discourir sur cette affaire. Pour moi, j'en ai par-dessus la tête. Mais il faut se calmer.

Ce que vous dites des copies que l'Évêque fait faire, et que vous seriez riche si vous lui rendiez le papier marqué[7], et qu'il ne les pût faire ailleurs, est assurément une des plus plaisantes visions du monde. Nous parlerons à M. de Pomponne pour le prévenir sur tout ce qu'on lui peut écrire de Provence. Il tiendra le parti de la justice ; voilà de quoi l'on peut répondre en général. C'est dommage qu'on ne puisse conter l'augmentation du présent qu'on fait à la *Pluie*[8] à l'Assemblée, proposée par le prélat ; il y a pourtant un tour et un ton à donner, moyennant quoi cela nous servira. M. de Pomponne ne vint point la dernière semaine. Il m'envoya déprier de dîner ; ce sera pour samedi.

Il faudra prendre conseil de votre manière d'agir avec ce Marin[9]. J'ai appris qu'il n'a pu se dédire de la première présidence, et que cela va son train. Le mariage n'est pas si assuré.

Je crois que M. de Grignan est allé à Marseille et à Toulon ; il y a un an, comme à cette heure, que nous y étions ensemble. Vous songez donc à moi en revoyant Salon et les endroits où vous m'avez vue. C'est un de mes maux que le souvenir que me donnent les lieux ; j'en suis frappée au delà de la raison. Je vous cache, et au monde, et à moi-même, la moitié de la tendresse et de la naturelle inclination que j'ai pour vous.

On va fort à l'opéra ; on trouve pourtant que l'autre était plus agréable[10]. Baptiste croyait l'avoir surpassé ; le plus juste s'abuse. Ceux qui aiment la symphonie y trouvent toujours des charmes nouveaux ; je crois que je vous attendrai pour y aller. Les bals de Saint-Germain sont d'une tristesse mortelle ; les petits enfants veulent dormir dès dix heures, et le Roi n'a cette complaisance que pour marquer le carnaval, sans aucun plaisir. Il disait à son dîner : « Quand je ne donne point de plaisirs, on se plaint ; et quand j'en donne, les dames n'y viennent pas. » Il ne dansa la dernière fois qu'avec Mme de Crussol, qu'il pria de ne lui point rendre sa courante. M. de Crussol, qui tient le premier rang pour les bons mots, disait en regardant sa femme plus rouge que les rubis dont elle était parée : « Messieurs, elle n'est pas belle, mais elle a bon visage. »

Votre retour est présentement la grande nouvelle de la cour ; vous ne sauriez croire les compliments que l'on m'en fait. Il y a aujourd'hui cinq ans, ma bonne, que vous fûtes... quoi ?... mariée[11].

J'ai vu enfin chez elle la pauvre Caderousse. Elle est verte et perd son sang et sa vie : trois semaines tous les mois, cela ne peut pas aller loin. Mais voilà M. le chevalier de Grignan, qui vous dira le reste.

DU CHEVALIER DE GRIGNAN

Je ne sais que la mort de la pauvre chirurgienne, qui s'est tuée parce qu'on lui avait ôté son amant! L'aventure est pitoyable. Elle savait mieux l'anatomie que son père; elle a choisi le milieu du cœur, et a enfoncé le poignard. Enfin elle est morte, et je la pleure.

Je suis arrivé chez Mme de Sévigné, j'ai trouvé qu'elle vous écrivait. Je vous croyais à Lyon et ne songeais qu'à me préparer à vous recevoir dans huit jours, et vous n'y serez pas dans quinze. J'ai reçu votre lettre de Salon. Je ne sais pas pourquoi vous ne recevez pas les miennes: je vous ai écrit toutes les fois que j'ai pu, depuis que je suis ici.

Adieu, Madame la Comtesse; je suis tout à vous. Je vous quitte pour entretenir votre charmante mère, que j'aime tendrement.

Il est vrai qu'il m'aime, et je vous quitterai bientôt aussi pour l'entretenir.

Ma bonne, apportez-moi votre vieux éventail et votre vieille robe de chambre des Indes. De l'un, je vous ferai faire un petit tableau, et de l'autre un petit paravent [12]. Il ne faut point rire; vous verrez! Amenez-moi *Bonne Fille*, préférablement à tout autre.

Je vous embrasse, ma bonne, avec des tendresses que vous ne sauriez connaître.

On parle fort de la paix; on dit qu'elle aurait été faite, dès cet été, mais que personne n'avait voulu s'aboucher avec M. de Chaulnes [13].

Le *Bien Bon* [14] est tout à vous, et moi aux Grignan. Mon *petit compère* n'est pas encore revenu.

Vous recevrez cette lettre à Lyon. Je vous prie d'embrasser pour moi la belle Rochebonne [15] et d'assurer Monsieur le Chamarier que je l'honore et l'estime parfaitement.

Pour ma bonne.

25. À GUITAUT

[À Paris, vendredi 27 avril 1674.]

C'est une plaisante chose que de recevoir une de vos lettres datée d'Aix, et que ma pauvre fille se trouve fâchée de n'y être pas pour vous y recevoir. Vous aurez bientôt M. de Grignan ; mais pour elle, je vous la garde [1]. Revenez la voir tout aussitôt que le service du Roi votre maître vous donnera la liberté de quitter vos îles [2]. Je ne sais si elles sont inaccessibles. Je crois que vous devriez le souhaiter, car le bruit ne court pas que vous ayez beaucoup d'autre défense, au cas que les ennemis fussent assez insolents pour vous faire une visite.

Je laisse à notre cher d'Hacqueville à vous parler de la Franche-Comté et de toutes les armées que nous avons sur pied aux quatre coins du monde. Je veux vous dire ce que les gazettes ne disent point. Monsieur le Premier [3], prenant congé du Roi, lui dit : « Sire, je souhaite à Votre Majesté une bonne santé, un bon voyage et un bon conseil. » Le Roi appela M. le maréchal de Villeroy et M. Colbert, et leur dit : « Écoutez ce que Monsieur le Premier me souhaite. » Le maréchal répondit de son fausset : « En effet, Sire, tous les trois sont bien nécessaires. » Je supprime la glose.

Je veux parler aussi de Mme la duchesse de La Vallière [4]. La pauvre personne a tiré jusqu'à la lie de tout ; elle n'a pas voulu perdre un adieu ni une larme. Elle est aux Carmélites, où, huit jours durant, elle a vu ses enfants et toute la cour, c'est-à-dire ce qui en reste. Elle a fait couper ses beaux cheveux, mais elle a gardé deux belles boucles sur le front. Elle caquète et dit merveilles ; elle assure qu'elle est ravie d'être dans une solitude. Elle croit être dans un désert, pendue à cette grille. Elle nous fait souvenir de ce que nous disait, il y a bien longtemps, Mme de La Fayette, après avoir été deux jours à Rueil, que pour elle, elle s'accommoderait parfaitement bien de la campagne.

Mandez-nous comme vous vous trouvez de la vôtre. Si j'avais l'hippogriffe[5] à mon commandement, je m'en irais causer avec vous de toutes les farces qui se sont faites ici entre les Grignan et les Forbin : les ruses de ceux-ci, les droitures des autres, et le reste ; mais il faudrait être à Époisses, pour parler cinq heures de suite. Je n'oublierai jamais cette aimable maison, ni les douces et charmantes conversations, ni les confiances de mon seigneur. Je les tiens précieuses, et je prétends, par le bon usage que j'en fais, avoir une part dans son amitié, dont je lui demande la continuation préférablement à toutes ses autres sujettes et servantes.

Mon oncle l'Abbé vous fait mille compliments. Il a reçu les ordres de madame votre femme, qu'il exécutera avec grand plaisir.

26. À MADAME DE GRIGNAN

À Paris, mercredi 29e mai [1675].

Comment voulez-vous que je ne pleure pas, ma très chère bonne, en lisant votre lettre[1] ? Il ne m'en faut pas tant pour fondre ! Au nom de Dieu, ma bonne, ne vous amusez point à retourner sur des riens[2]. Si j'en suis quelquefois pénétrée, c'est moi qui ai tort ; je dois être assurée de votre cœur, et je la suis en effet. Cette délicatesse vient de l'extrême et unique attention que j'ai à vous, dont rien ne m'est indifférent. Mais songez aussi que, par cette même sensibilité, un mot, un

retour, une amitié, me retourne le cœur et me comble
de tendresse ; vous n'avez pas loin à chercher pour
trouver cet excès. Je vous conjure donc, ma bonne, de
n'être point persuadée que vous ayez manqué à rien.
Une de vos réflexions pourrait effacer des crimes, à
plus forte raison des choses si légères qu'il n'y a quasi
que vous et moi qui soyons capables de les remarquer.
Croyez, ma bonne, que je ne puis conserver d'autres
sentiments pour vous que ceux d'une tendresse sans
égale, d'une inclination parfaite, et d'un goût naturel
qui ne finira qu'avec moi. J'ai tâché d'apprendre à
Livry ce qu'il faut faire pour détourner ces idées.
Toute ma difficulté, c'est qu'il ne s'en présente point à
moi qui ne soient sur votre sujet, et que je ne sais où en
prendre d'autres ; ainsi Corbinelli est bien empêché.
Enfin, ma bonne, il faut espérer que le temps les
rendra moins amères. Un peu de dévotion et d'amour
de Dieu mettraient ce calme dans mon âme[3] ; ce n'est
qu'à cela seul que vous devez céder.

Corbinelli[4] m'a été uniquement bon à Livry ; son
esprit me plaît, et son dévouement pour moi est si
grand que je ne me contraignais sur rien. J'en revins
hier, et descendis chez Monsieur le Cardinal[5], à qui je
trouvai tant d'amitié pour vous qu'il me convient par
cet endroit plus que les autres, sans compter tous les
anciens attachements que j'ai pour lui. Il a mille
affaires ; il passe la Pentecôte à Saint-Denis, mais il
reviendra ici pour huit ou dix jours encore. On ne
parle ici que de sa retraite ; chacun en parle selon son
humeur, quoiqu'il n'y doive avoir qu'une opinion qui
doit la faire admirer. Mmes de Lavardin, de La Troche
et Villars m'accablent de leurs billets et de leurs
soins ; je ne suis point encore en état de profiter de
leurs bontés. Mme de La Fayette est à Saint-Maur.
Mme de Langeron a la tête enflée ; on espère[6] qu'elle
mourra. La Reine et Mme de Montespan furent lundi
aux Carmélites de la rue du Bouloi plus de deux

heures en conférence. Elles en parurent également contentes ; elles étaient venues chacune de leur côté, et s'en retournèrent le soir à leurs châteaux[7].

Je vous écrivis avant-hier. Je vous adressai la lettre à Lyon chez Monsieur le Chamarier. Je serais bien fâchée que cette lettre fût perdue ; il y en avait une, dans le paquet, de notre Cardinal. Voici encore un billet de lui. Votre lettre est très bonne pour pénétrer le cœur et l'âme. Être avec lui et faire quelque chose pour vous, voilà ce qui m'est uniquement bon. Son Éminence a été ce matin chez un de vos présidents, et moi chez l'autre et chez deux autres juges[8]. Ce serait à moi à vous remercier de me donner les moyens de vous être bonne ; cela seul me peut contenter.

M. de Coulanges saura votre souvenir. Il est vrai qu'il ne faut pas perdre un jour dans les adieux ; je serais très fâchée d'avoir perdu celui de Fontaine-bleau. Le moment de la séparation est terrible, mais il est encore pis ici. Je ne perdrai jamais aucun temps de vous voir. Je ne m'en reproche point, et pour me raccommoder avec Fontainebleau, j'irai au-devant de vous, ma bonne. Dieu nous enverra des facilités pour me conserver la vie. Ne soyez point en peine de ma santé ; je la ménage, puisque vous l'aimez. Je me porte très bien ; je sais l'intérêt que vous y prenez. Ne soyez jamais en peine de ceux qui ont le don des larmes. Je prie Dieu que je ne sente jamais de ces douleurs où les yeux ne soulagent point le cœur ; il est vrai qu'il y a des pensées et des paroles qui sont étranges, mais rien n'est dangereux quand on pleure. J'ai mandé de vos nouvelles à vos amis. Je vous remercie, ma chère Comtesse, de votre aimable distinction[9].

M. le maréchal de Créquy a pris Dinant[10]. On dit qu'il y a du désordre à Strasbourg. Les uns veulent laisser passer l'Empereur, les autres veulent tenir leur parole à M. de Turenne. Je n'ai point de nouvelles des guerriers. On m'a dit que le chevalier de Grignan avait la fièvre tierce. Vous en apprendrez des nouvelles par lui-même ; il a écrit.

J'embrasse ce *triste voyageur*[11] et le supplie de se remettre à son humeur naturelle. Un souvenir à Montgobert. Mandez-moi bien de vos nouvelles, et si vous mangez, et comme vous aurez trouvé vos enfants.

DU CARDINAL DE RETZ

Je ne vous dis point, ma très chère nièce[12], que je suis touché comme je le dois des marques de bonté que j'ai vues pour moi dans la lettre de madame votre mère ; vous ne doutez assurément pas de ma considération ni de ma reconnaissance.

LE CARDINAL DE RETZ.

27. À MADAME DE GRIGNAN

À Paris, vendredi 14e juin [1675].

C'est au lieu d'aller dans votre chambre, ma bonne, que je vous entretiens[1]. Quand je suis assez malheureuse pour ne vous avoir plus, ma consolation toute naturelle, c'est de vous écrire, de recevoir de vos lettres, de parler de vous et de faire quelques pas pour vos affaires. Je passai hier l'après-dîner avec notre Cardinal ; vous ne sauriez jamais deviner de quoi nous parlons quand nous sommes ensemble. Je recommence toujours à vous dire que vous ne sauriez trop l'aimer et l'honorer. Vous êtes trop heureuse d'avoir renouvelé si solidement dans son cœur toute l'inclination et la tendresse naturelle qu'il avait déjà pour vous. Nous vous prions tous deux de ne point perdre courage dans vos affaires. Ne jetez point le manche après la cognée, comme on dit ; ayez quelque application à retrancher un bel air d'abondance, qui est chez vous, qui est fort indifférent à ceux qui le font, et fort préjudiciable à ceux qui le payent. Quand on croit que vous ne vous en souciez pas, on garde peu de mesure, et cela va loin. Au nom de Dieu, soutenez-vous, et croyez que les arrangements de la Providence sont quelquefois bien contraires à ce que nous pensons.

Mandez-moi comme vous vous portez de l'air de Grignan, s'il vous a déjà bien dévorée, si vous avez le teint gâté, si vous dormez mal, enfin comme vous êtes, et comme je me dois représenter votre jolie personne. Votre portrait est très aimable[2], mais beaucoup moins que vous, sans compter qu'il ne parle point. Pour moi, n'en soyez point en peine. Ma règle, présentement, est d'être déréglée ; je n'en suis point malade. Je dîne tristement ; je suis ici jusqu'à cinq ou six heures. Le soir je vais, quand je n'ai point d'affaires, chez quelqu'une de mes amies ; je me promène selon les quartiers. Nous voici dans les saluts[3]. Et je fais tout céder au plaisir d'être avec Monsieur le Cardinal. Je ne perds aucune des heures qu'il me peut donner ; il m'en donne beaucoup. J'en sentirai mieux son départ et son absence ; il n'importe, je ne songe jamais à m'épargner. Après vous avoir quittée, je n'ai plus rien à craindre. J'irais un peu à Livry, sans lui et vos affaires, mais je mets les choses au rang qu'elles doivent être, et ces deux choses sont bien au-dessus de mes fantaisies.

La Reine fut voir Mme de Montespan à Clagny, le jour que je vous avais dit qu'elle l'avait prise en passant. Elle monta dans sa chambre ; elle y fut une demi-heure. Elle alla dans celle de M. du Vexin[4], qui était un peu malade, et puis emmena Mme de Montespan à Trianon, comme je vous l'avais mandé. Il y a des dames qui ont été à Clagny. Elles trouvèrent la belle si occupée des ouvrages et des enchantements que l'on fait pour elle que, pour moi, je me représente Didon qui fait bâtir Carthage[5] ; la suite de l'histoire ne se ressemblera pas.

M. de La Rochefoucauld m'a fort priée de vous

assurer de son service; Mme de La Fayette vous embrasse. Nous craignons bien ici que vous n'ayez tout du long Madame la Grande Duchesse[6]. On lui prépare ici une prison à Montmartre[7], dont elle serait effrayée, si elle n'espérait point de la faire changer; c'est à quoi elle sera attrapée. Ils sont ravis en Toscane d'en être défaits.

Mme de Sully est partie; Paris devient fort désert. Je voudrais déjà en être dehors. Je dînai hier avec le Coadjuteur chez Monsieur le Cardinal; je le chargeai de vous faire l'histoire ecclésiastique. Monsieur Joly prêcha à l'ouverture, mais comme il ne se servit que d'une vieille évangile et qu'il ne dit que de vieilles vérités, son sermon parut vieux. Il y aurait de belles choses à dire sur cet article.

La Reine a dîné aujourd'hui aux Carmélites du Bouloi, avec Mme de Montespan et Mme de Fontevrault[8]; vous verrez de quelle hauteur se tournera cette amitié. On dit que M. de Turenne reconduit les ennemis quasi jusque dans leur logis; il est assez avant dans leur pays. Voilà un si gros paquet de M. d'Hacqueville que c'est se moquer que de vouloir vous apprendre quelque chose aujourd'hui.

J'ai le cœur bien pressé de M. le cardinal de Retz. Je le vois souvent et longtemps, et cela même augmente ma tristesse; il sort d'ici. Il s'en va demain. Je ferai ce soir mon paquet chez lui. Je n'ai point encore reçu vos lettres. Croyez, ma chère bonne, qu'il n'est pas possible d'aimer plus que je vous aime; je ne suis animée que de ce qui a quelque rapport à vous. Mme de Rochebonne m'a écrit très tendrement; elle me conte avec quels sentiments vous reçûtes et vous lûtes mes lettres à Lyon. Vous êtes donc quelquefois faible aussi bien que moi, ma très aimable enfant.

Embrassez M. de Grignan pour moi, et vos *pichons*[9]. J'aurais bien des baisemains à vous faire, si je voulais vous dire tous ceux qu'on me fait pour vous.

Mlle de Méri [10] a trouvé une très jolie petite maison dans ce quartier.

28. À BUSSY-RABUTIN

À Paris, ce [mardi] 6ᵉ août 1675.

Je ne vous parle plus du départ de ma fille, quoique j'y pense toujours, et que je ne puisse jamais bien m'accoutumer à vivre sans elle. Mais ce chagrin ne doit être que pour moi.

Vous me demandez où je suis, comment je me porte, et à quoi je m'amuse. Je suis à Paris, je me porte bien, et je m'amuse à des bagatelles. Mais ce style est un peu laconique ; je veux l'étendre. Je serais en Bretagne, où j'ai mille affaires, sans les mouvements qui la rendent peu sûre. Il y va quatre mille hommes commandés par M. de Forbin [1]. La question est de savoir l'effet de cette punition. Je l'attends, et si le repentir prend à ces mutins et qu'ils rentrent dans leur devoir, je reprendrai le fil de mon voyage, et j'y passerai une partie de l'hiver.

J'ai eu bien des vapeurs, et cette belle santé, que vous avez vue si triomphante, a reçu quelques attaques dont je me suis trouvée humiliée, comme si j'avais reçu un affront.

Pour ma vie, vous la connaissez aussi. On la passe avec cinq ou six amies dont la société plaît, et à mille devoirs à quoi l'on est obligé, et ce n'est pas une petite affaire. Mais ce qui me fâche, c'est qu'en ne faisant rien les jours se passent, et notre pauvre vie est composée de ces jours, et l'on vieillit, et l'on meurt. Je trouve cela bien mauvais. Je trouve la vie trop courte. À peine avons-nous passé la jeunesse que nous nous trouvons dans la vieillesse. Je voudrais qu'on eût cent ans d'assurés, et le reste dans l'incertitude. Ne le voulez-vous pas aussi ? Mais comment pourrions-nous faire ? Ma nièce sera de mon avis, selon le bonheur ou le malheur qu'elle trouvera dans son mariage[2]. Elle nous en dira des nouvelles, ou elle ne nous en dira pas. Quoi qu'il en soit, je sais bien qu'il n'y a point de douceur, de commodité, ni d'agrément que je ne lui souhaite dans ce changement de condition. J'en parle quelquefois avec ma nièce la religieuse[3] ; je la trouve très agréable et d'une sorte d'esprit qui fait fort bien souvenir de vous. Selon moi, je ne puis la louer davantage.

Au reste, vous êtes un très bon almanach. Vous avez prévu en homme du métier tout ce qui est arrivé du côté de l'Allemagne, mais vous n'avez pas vu la mort de M. de Turenne[4], ni ce coup de canon tiré au hasard, qui le prend seul entre dix ou douze. Pour moi, qui vois en tout la Providence, je vois ce canon chargé de toute éternité ; je vois que tout y conduit M. de Turenne, et je n'y trouve rien de funeste pour lui, en supposant sa conscience en bon état. Que lui faut-il ? Il meurt au milieu de sa gloire. Sa réputation ne pouvait plus augmenter. Il jouissait même en ce moment du plaisir de voir retirer les ennemis, et voyait le fruit de sa conduite depuis trois mois. Quelquefois, à force de vivre, l'étoile pâlit. Il est plus sûr de couper dans le vif, principalement pour les héros, dont toutes les actions sont si observées. Si le comte d'Harcourt fût mort après la prise des îles Sainte-Marguerite ou le secours de Casal, et le maréchal du Plessis-Praslin après la bataille de Rethel, n'auraient-ils pas été plus glorieux ? M. de Turenne n'a point senti la mort ; comptez-vous encore cela pour rien ?

Vous savez la douleur générale pour cette perte, et les huit maréchaux de France nouveaux[5]. Le comte de Gramont, qui est en possession de dire toutes choses

sans qu'on ose s'en fâcher, écrivit à Rochefort le
lendemain :

« Monseigneur,

La faveur l'a pu faire autant que le mérite[6].

« Monseigneur,
« je suis
« votre très humble serviteur,
« LE COMTE DE GRAMONT. »

Mon père est l'original de ce style. Quand on fit
maréchal de France Schomberg, celui qui fut surintendant des finances, il lui écrivit :

« Monseigneur,
« Qualité, barbe noire, familiarité.

« CHANTAL. »

Vous entendez bien qu'il voulait lui dire qu'il avait été
fait maréchal de France, parce qu'il avait de la
qualité, la barbe noire comme Louis XIIIe, et qu'il
avait de la familiarité avec lui. Il était joli[7], mon père !
Vaubrun a été tué à ce dernier combat qui comble
Lorges[8] de gloire. Il en faut voir la fin ; nous sommes
toujours transis de peur, jusqu'à ce que nous sachions
si nos troupes ont repassé le Rhin. Alors, comme
disent les soldats, nous serons pêle-mêle, la rivière
entre-deux.
La pauvre *Madelonne*[9] est dans son château de
Provence. Quelle destinée ! Providence ! Providence !
Adieu, mon cher Comte ; adieu, ma très chère nièce
Je fais mille amitiés à M. et à Mme de Toulongeon. Je
l'aime, cette petite comtesse ; je ne fus pas un quart
d'heure à Monthelon[10] que nous étions comme si nous
nous fussions connues toute notre vie ; c'est qu'elle a
de la facilité dans l'esprit, et que nous n'avions point

de temps à perdre. Mon fils est demeuré dans l'armée de Flandre ; il n'ira point en Allemagne. J'ai pensé à vous mille fois depuis tout ceci. Adieu.

29. À MADAME DE GRIGNAN

<Mardi 17 septembre> [1675].
Voici une bizarre date.

Je suis

> *Dans un petit bateau,*
> *Dans le courant de l'eau,*
> *Fort loin de mon château*[1].

Je pense même que je puis achever :

> *Ah ! quelle folie*[2] !

car les eaux sont si basses, et je suis si souvent engravée, que je regrette mon équipage, qui ne s'arrête point et qui va son train. On s'ennuie sur l'eau quand on y est seule ; il faut un petit comte des Chapelles et une Mlle de Sévigné[3]. Mais enfin c'est une folie de s'embarquer, quand on est à Orléans, et peut-être même à Paris (c'est pour dire une gentillesse), mais il est vrai qu'on se croit obligée à prendre des bateliers, comme à Chartres d'acheter des chapelets.

Je vous ai mandé, ma bonne, comme j'avais vu l'abbé d'Effiat dans sa belle maison ; je vous écrivais de Tours. Je vins à Saumur, où nous vîmes Vineuil[4]. Nous repleurâmes M. de Turenne ; il en a été vivement touché. Vous le plaindrez, quand vous saurez qu'il est dans une ville où personne n'avait jamais vu le héros. Vineuil est bien vieilli, bien toussant, bien crachant, et dévot, mais toujours de l'esprit. Il vous fait mille et mille compliments.

Il y a trente lieues de Saumur à Nantes. Nous avons

résolu de les faire en deux jours et d'arriver aujour-
d'hui, mardi 17e de septembre, à Nantes. Dans ce
dessein, nous allâmes hier deux heures de nuit ; nous
nous engravâmes, et nous demeurâmes à deux cents
pas de notre hôtellerie sans pouvoir aborder. Nous
revînmes au bruit d'un chien[5], et nous arrivâmes à
minuit dans un *tugurio*, plus pauvre, plus misérable
qu'on ne peut vous le représenter ; il n'y avait rien du
tout que de vieilles femmes qui filaient, et de la paille
fraîche, sur quoi nous avons tous couché sans nous
dépouiller. J'aurais bien ri, sans l'Abbé, que je meurs
de honte d'exposer à la fatigue d'un voyage. Nous nous
sommes rembarqués avec la pointe du jour, et nous
étions si parfaitement bien établis dans notre gravier
que nous avons été près d'une heure avant que de
reprendre le fil de notre discours. Nous voulons,
contre vent et marée, arriver à Nantes ; nous ramons
tous. J'y trouverai de vos lettres, ma bonne, mais j'ai
si bonne opinion de votre amitié que je suis persuadée
que vous serez aise de savoir des nouvelles de mon
voyage, et comme on m'a dit que la poste va passer à
Ingrande, je vais y laisser cette lettre en passant.

Je me porte très bien ; il ne me faudrait qu'un peu de
causerie. Je mange tristement des melons ; c'est selon
Bourdelot qu'il faut se gouverner sur cette route[6].
Notre bon Abbé se porte bien ; c'est toute mon application. Je vous écrirai de Nantes. Comme vous pouvez
croire, j'ai de l'impatience d'y savoir de vos nouvelles,
et de l'armée de M. de Luxembourg ; cela me tient fort
au cœur. Il y a neuf jours que j'ai ma tête dans ce sac[7].

L'*Histoire des Croisades* est très belle, surtout à ceux
qui ont lu Le Tasse et qui revoient leurs vieux amis[8]
en prose et en histoire, mais je suis servante du style
du jésuite. La *Vie d'Origène* est divine.

Adieu, ma très chère, très aimable et très parfaitement aimée ; vous êtes ma chère enfant. J'embrasse le
matou.

30. À BUSSY-RABUTIN

Aux Rochers, ce [dimanche] 1er de mars 1676.

Qu'aurez-vous cru de moi, mon cher cousin, d'avoir reçu une si bonne lettre de vous, il y a plus de six semaines, et de n'y avoir pas fait réponse ? En voici la raison ; c'est qu'il y en a aujourd'hui sept que ma grande santé, que vous connaissez, fut attaquée d'un cruel rhumatisme dont je ne suis pas encore dehors, puisque j'ai les mains enflées, et que je ne saurais écrire. J'ai eu vingt et un jours la fièvre continue. Je me fis lire votre lettre, dont le raisonnement me parut fort juste, mais il s'est tellement confondu avec les rêveries continuelles de ma fièvre qu'il me serait impossible d'y faire réponse. Ce que je sais, c'est que j'ai envoyé votre lettre à ma fille, et que j'ai pensé plusieurs fois à vous depuis que je suis malade. Ce n'est pas peu dans un temps où j'étais si occupée de moi-même. C'est un étrange noviciat pour une créature comme moi, qui avait passé sa vie dans une parfaite santé. Cette maladie a retardé mon retour à Paris, où j'irai pourtant tout aussitôt que j'aurai repris mes forces.

On m'a mandé de Paris que Monsieur le Prince avait déclaré au Roi que sa santé ne lui permettait pas de servir cette campagne. M. de Lorges a été fait maréchal de France ; voilà sur quoi nous pourrions fort bien causer, si l'on causait avec la main d'un autre. Mais il suffit pour aujourd'hui, mon cher cousin, que je vous aie conté mes douleurs. J'embrasse de tout mon cœur Mme de Coligny ; je la prie de ne pas accoucher à huit mois, comme ma fille. Elle s'en porte bien, mais on y perd un fils [1], et c'est dommage. Adieu, mon très cher.

31. À MADAME DE GRIGNAN

À Paris, vendredi 10e avril [1676].

Plus j'y pense, ma bonne, et plus je trouve que je ne veux point vous voir pour quinze jours[1]. Si vous venez a Vichy ou à Bourbon, il faut que ce soit pour venir ici avec moi. Nous y passerons le reste de l'été et l'automne ; vous me gouvernerez, vous me consolerez ; et M. de Grignan vous viendra voir cet hiver et fera de vous à son tour tout ce qu'il trouvera à propos. Voilà comme on fait une visite à sa maman que l'on aime, voilà le temps que l'on lui donne, voilà comme on la console d'avoir été bien malade, et d'avoir encore mille incommodités, et d'avoir perdu la jolie chimère de croire être immortelle comme elle le croyait effectivement ; présentement, elle commence à se douter de quelque chose, et se trouve humiliée jusqu'au point d'imaginer qu'elle pourrait bien passer un jour dans la barque comme les autres, et que Caron ne fait point de grâce[2]. Enfin, au lieu de ce voyage de Bretagne que vous aviez si envie de faire[3], je vous propose et vous demande celui-ci.

Mon fils s'en va ; j'en suis triste, et je sens cette séparation. On ne voit à Paris que des équipages qui partent. Les cris sur la nécessité[4] sont encore plus grands qu'à l'ordinaire, mais il n'en demeurera aucun, non plus que les années passées. Le Chevalier est parti sans vouloir me dire adieu ; il m'a épargné un serrement de cœur, car je l'aime sincèrement.

Vous voyez que mon écriture prend sa forme ordinaire[5]. Toute la guérison de ma main se renferme dans l'écriture ; elle sait bien que je la quitterai volontiers du reste d'ici à quelque temps. Je ne puis rien porter. Une cuillère me paraît la *machine du monde*, et je suis encore assujettie à toutes les dépendances les plus fâcheuses et les plus humiliantes que vous puissiez vous imaginer, mais je ne me plains de rien, puisque je vous écris.

La duchesse de Sault [6] me vient voir comme une de mes anciennes amies ; je lui plais. Elle vint la seconde fois avec Mme de Brissac [7]. Il faudrait des volumes pour vous conter les propos de cette dernière ; la Sault vous plairait et vous plaira.

Je garde ma chambre très fidèlement, et j'ai remis mes Pâques à dimanche, afin d'avoir dix jours entiers à me reposer. Mme de Coulanges apporte au coin de mon feu les restes de sa petite maladie ; je lui portai hier mon mal de genou et mes pantoufles. On y envoya ceux qui me cherchaient : ce fut des Schomberg, des Senneterre, des Cœuvres, et Mlle de Méri, que je n'avais pas encore vue. Elle est, à ce qu'on dit, très bien logée ; j'ai fort envie de la voir dans son *château*.

La famille de Montgobert [8] est fort en peine d'elle. Mandez-moi comme elle se porte. Ma main veut se reposer ; je lui dois bien cette complaisance pour celle qu'elle a pour moi.

DE CHARLES DE SÉVIGNÉ

> *Je vais partir de cette ville,*
> *Je m'en vais mercredi tout seul à Charleville,*
> *Malgré le chagrin qui m'attend* [9].

Je n'ai pas jugé à propos d'achever ce couplet, parce que voilà toute mon histoire dite en trois vers. Vous ne sauriez croire la joie que j'ai de voir ma mère en l'état où elle est. Je crois que vous serez aussi aise que je le suis quand vous la verrez à Bourbon où je vous ordonne toujours de l'aller voir. Il me semble qu'aucune raison ne vous en doit empêcher, pas même celle du ménage que je comprends parfaitement bien, et vous pourriez fort bien revenir ici avec elle en attendant que M. de Grignan vous rapportât votre lustre et fît reparaître comme *la gala del pueblo, la flor del abril* [10]. Si vous suivez mon avis, vous serez bien plus heureuse que moi ; vous verrez ma mère, sans avoir le chagrin d'avoir à la quitter dans deux ou trois jours, lequel chagrin est d'ordinaire accompagné de plusieurs autres qui sont aisés à deviner. Enfin, me revoilà encore guidon[11], guidon éternel, guidon à barbe grise. Ce qui me console, c'est que, quoi qu'on dise, toutes les choses de ce monde prennent fin, et qu'il n'y a pas d'apparence que celle-là seule soit exceptée de la loi générale. Adieu, ma belle petite sœur, souhaitez-moi un heureux voyage. Je crains bien que l'âme intéressée de M. de Grignan ne vous en empêche; cependant je compte comme si tous deux vous aviez quelque envie de me revoir. Bonjour, ma petite *Dague*[12].

Adieu, ma chère bonne. J'embrasse le Comte et le conjure d'entrer dans mes intérêts et dans les sentiments de ma tendresse. Je baise les *pichons* et vous, ma très belle et très chère.

32. À MADAME DE GRIGNAN

À Vichy, ce <jeudi> 4e juin [1676].

Enfin, ma bonne, j'ai achevé aujourd'hui ma douche et ma *suerie*[1]; je crois qu'en huit jours il est sorti de mon pauvre corps plus de vingt pintes d'eau. Je suis persuadée que rien ne me peut faire plus de bien; je me crois à couvert des rhumatismes pour le reste de ma vie. La douche et la sueur sont assurément des états pénibles, mais il y a une certaine demi-heure où l'on se trouve à sec et fraîchement et où l'on boit de l'eau de poulet fraîche : je ne mets point ce temps au rang des plaisirs médiocres; c'est un endroit délicieux. Mon médecin m'empêchait de mourir d'ennui[2]. Il me divertissait à lui parler de vous; il en est digne. Il s'en est allé aujourd'hui; il reviendra, car il aime la bonne compagnie, et depuis Mme de Noailles, il ne s'était pas trouvé à telle fête. Je m'en vais prendre demain une légère médecine, et puis boire huit jours, et puis c'est fait. Mes genoux sont comme guéris. Mes mains ne veulent pas encore se fermer, mais pour cette lessive que l'on voulait faire de moi une bonne fois, elle sera dans la perfection.

Nous avons ici une Mme de La Baroire qui bredouille d'une apoplexie ; elle fait pitié. Mais quand on la voit laide, point jeune, habillée du bel air, avec des petits bonnets à double carillon, et qu'on songe de plus qu'après vingt-deux ans de veuvage, elle s'est amourachée de M. de La Baroire qui en aimait une autre à la vue du public, à qui elle a donné tout son bien, et qui n'a jamais couché qu'un quart d'heure avec elle pour fixer les donations, et qui l'a chassée de chez lui outrageusement (voici une grande période), mais quand on songe à tout cela, on a extrêmement envie de lui cracher au nez. On dit que Mme de Péquigny[3] vient aussi ; c'est la *Sibylle Cumée*. Elle cherche à se guérir de soixante et seize ans, dont elle est fort incommodée ; ceci devient les Petites-Maisons[4].

Je mis hier moi-même une rose dans la fontaine bouillante. Elle y fut longtemps saucée et ressaucée ; je l'en tirai comme dessus sa tige. J'en mis une autre dans une poêlonnée d'eau chaude ; elle y fut en bouillie en un moment. Cette expérience, dont j'avais ouï parler, me fit plaisir. Il est certain que les eaux ici sont miraculeuses[5].

Je veux vous envoyer, par un petit prêtre qui s'en va à Aix, un petit livre que tout le monde a lu et qui m'a divertie ; c'est l'*Histoire des Vizirs*[6]. Vous y verrez les guerres de Hongrie et de Candie et vous y verrez, en la personne du grand vizir, que vous avez tant entendu louer et qui règne encore présentement, un homme si parfait que je ne vois aucun chrétien qui le surpasse. Dieu bénisse chrétienté ! Vous y verrez des détails de la valeur du roi de Pologne[7] qu'on ne sait point, et qui sont dignes d'admiration.

Ma chère bonne, j'attends de vos lettres présente-

ment avec impatience, et je cause en attendant. Ne
craignez jamais que j'en puisse être incommodée ; il
n'y a nul danger d'écrire le soir.

Voilà votre lettre du 31 de mai, ma très chère et très
parfaitement aimable. Il y a des endroits qui me font
rire aux larmes ; celui où vous ne pouvez pas trouver
un mot pour M. de La Fayette est admirable[8]. Je
trouve que vous avez tant de raison que je ne
comprends pas par quelle fantaisie je vous demandais
cette inutilité. Je crois que c'était dans le transport de
la reconnaissance de ce bon vin qui sent le fût ; vous
étiez toujours sur vos pieds pour lui dire *supposé*, et un
autre mot encore que je ne retrouve plus.

Pour notre *pichon*[9], ma bonne, si vous aviez vu ce
que vous m'en écrivez, vous auriez cru tout comme
moi. Je suis transportée de joie que sa taille puisse
être un jour à la Grignan. Vous me le représentez fort
joli, fort aimable ; cette timidité vous faisait peur mal
à propos. Vous vous divertissez de son éducation, et
c'est un bonheur pour toute sa vie ; vous prenez le
chemin d'en faire un honnête homme. Vous voyez
comme vous aviez bien fait de lui donner des
chausses ; ils sont filles, tant qu'ils ont une robe[10].
Dieu sait comme M. de La Garde vous donne de bons
conseils là-dessus ! Vous avez toujours retenu ce que
disait Saint-Hérem ; c'est le plus joli capitaine qu'on
puisse voir. Je suis tout affligée de son départ.

Vous ne comprenez point mes mains, ma bonne.
Présentement, j'en fais une partie de ce que je veux,
mais je ne les puis fermer qu'autant qu'il faut pour
tenir ma plume ; le dedans ne fait aucun semblant de
se vouloir désenfler. Que dites-vous des restes agréables d'un rhumatisme ? Monsieur le Cardinal me
mandait l'autre jour que les médecins avaient nommé
son mal de tête un rhumatisme de membranes. Quel

diantre de nom ! à ce nom de rhumatisme, je pensai
pleurer.

Je vous trouve fort bien pour cet été dans votre
château. M. de La Garde doit être compté pour
beaucoup ; je pense que vous en faites fort bien votre
profit.

Vous êtes bien heureuse d'avoir de bons officiers [11].
Et afin, ma bonne, que vous vous désespériez tout
juste autant qu'il le faut et point plus, je vous dirai
qu'il faut trois jours pour aller d'ici à Lyon, et cinq
cruels à venir de Grignan à Lyon ; ce sont huit par des
chaleurs extrêmes, et huit le retour, quoique moindre.
Je crois que j'ai fait sagement de vous empêcher cette
fatigue, et à moi la douleur de vous voir pour vous dire
adieu presque en même temps : *Pour vous voir un
moment, j'ai passé par Essonnes* [12] ; c'est justement ce
que vous eussiez fait. Mais quand vous voudrez me
voir tout de bon et un peu plus tranquillement, vous
passerez effectivement par Essonnes. Pour moi, je
vivrais tristement si je n'espérais une autre année
d'aller à Grignan ; c'est une de mes envies de me
trouver encore une fois en ma vie dans ce château avec
tous les *pichons* et tous les Grignan du monde ; il n'y
en a jamais trop. J'ai un souvenir tendre du séjour que
j'y ai fait, qui promet un second voyage dès que je le
pourrai [13].

J'ai ri, en vérité, ma bonne, mais c'est malgré moi,
de la nouvelle du combat naval [14] que notre bon
d'Hacqueville vous a mandée. Il faut avouer que cela
est plaisant, et le soin qu'il prenait aussi de m'apprendre des nouvelles de Rennes, mais vous chercherez qui
en rira avec vous, car vous savez bien le vœu que j'ai
fait, depuis qu'il m'envoya une lettre de Davonneau
qui me redonna la vie [15].

Que dites-vous du maréchal de Lorges que voilà
capitaine des gardes ? ces deux frères deviennent
jumeaux, et Mlle de Frémont est, en vérité, bien

mariée, et M. de Lorges aussi. Je m'en réjouis pour le Chevalier. Je crois que plus son ami s'avancera, et plus il sera en état de le servir.

Mme de Coulanges me mande qu'on lui a mandé que Mme de Brissac est guérie, et qu'elle ne rend point les eaux de Vichy ; voilà bien notre petite amie. Vous la trouverez bien au-dessus des servitudes où vous l'avez vue autrefois ; elle n'aime plus qu'autant qu'on l'aime, et cette mesure est bonne, surtout avec les dames de la cour.

Vous avez fait transir le bon Abbé de lui parler de ne pas reprendre à Paris votre petit appartement[16]. Hélas ! ma bonne, je ne l'aime et ne le conserve que dans cette vue ; au nom de Dieu, ne me parlez point d'être hors de chez moi. J'adore le bon Abbé de tout ce qu'il me mande là-dessus, et de l'envie qu'il a de me voir recevoir une si chère et si aimable compagnie ; si sa lettre n'était pleine de mille petites affaires de Bourgogne et de Bretagne, je vous l'enverrais.

Ma bonne, je vous embrasse mille fois avec une tendresse qui vous doit plaire, puisque vous m'aimez ; vous ne sauriez l'imaginer aussi grande qu'elle est. Faites bien des amitiés à M. de La Garde et à M. de Grignan, et mes compliments de noces à La Garde[17]. Baisez les *pichons* pour moi. J'aime la gaillardise de Pauline. Et ce *petit*, veut-il vivre absolument contre l'avis d'Hippocrate et de Galien[18] ? Il me semble que ce doit être un homme tout extraordinaire. L'*inhumanité* que vous donnez à vos enfants est la plus commode chose du monde ; voilà, Dieu merci, la petite qui ne songe plus ni à père, ni à mère[19]. Hélas ! ma belle, elle n'a pas pris cette heureuse qualité chez vous. Vous m'aimez trop, et je vous trouve trop occupée de moi et de ma santé ; vous n'en avez que trop souffert.

Quoi ! Rippert renonce la réponse de Gourville. Sachez qu'il m'a écrit bien honnêtement pour prier

Gourville, comme intendant des affaires du prince de Conti, de lui donner le chaperon[20] de Bagnols pour l'année 1678. Voilà ce que Gourville m'a répondu, et puis il se trouve que ce n'est plus lui. Je ne m'en soucie en vérité guère, puisqu'il le prend par là, je ne dis pas de Rippert au moins, mais de son chaperon.

Le maître des courriers de Lyon s'appelle Séjournant, à ce que m'a dit la Bagnols, il s'appelle encore Roujoux, et fait fort bien tenir nos lettres.

33. À MADAME DE GRIGNAN

À Paris, ce <vendredi> 17e juillet [1676].

Enfin c'en est fait, la Brinvilliers[1] est en l'air. Son pauvre petit corps a été jeté, après l'exécution, dans un fort grand feu, et les cendres au vent, de sorte que nous la respirerons, et par la communication des petits esprits[2], il nous prendra quelque humeur empoisonnante dont nous serons tous étonnés. Elle fut jugée dès hier. Ce matin, on lui a lu son arrêt, qui était de faire amende honorable à Notre-Dame et d'avoir la tête coupée[3], son corps brûlé, les cendres au vent. On l'a présentée à la question; elle a dit qu'il n'en était pas besoin, et qu'elle dirait tout. En effet, jusqu'à cinq heures du soir elle a conté sa vie, encore plus épouvantable qu'on ne le pensait. Elle a empoisonné dix fois de suite son père (elle ne pouvait en venir à bout), ses frères et plusieurs autres. Et toujours l'amour et les confidences mêlés partout. Elle n'a rien dit contre Pennautier[4]. Après cette confession, on n'a pas laissé de lui donner la question dès le matin, ordinaire et extraordinaire; elle n'en a pas dit davantage. Elle a demandé à parler à Monsieur le Procureur général; elle a été une heure avec lui. On ne sait point encore le sujet de cette conversation. À six heures on l'a menée, nue en chemise et la corde au cou, à Notre-Dame faire l'amende honorable. Et puis on l'a remise dans le même tombereau, où je l'ai vue, jetée à reculons sur de la paille, avec une cornette basse et sa chemise, un docteur[5] auprès d'elle, le bourreau de l'autre côté. En vérité, cela m'a fait frémir. Ceux qui ont vu l'exécution disent qu'elle a monté sur l'échafaud avec bien du courage. Pour moi, j'étais sur le pont Notre-Dame avec la bonne d'Escars ; jamais il ne s'est vu tant de monde, ni Paris si ému ni si attentif. Et demandez-moi ce qu'on a vu, car pour moi je n'ai vu qu'une cornette, mais enfin ce jour était consacré à cette tragédie. J'en saurai demain davantage, et cela vous reviendra.

On dit que le siège de Maestricht est commencé, et celui de Philisbourg continué ; cela est triste pour les spectateurs. Notre petite amie[6] m'a bien fait rire ce matin ; elle dit que Mme de Rochefort, dans le plus fort de sa douleur, a conservé une tendresse extrême pour Mme de Montespan, et m'a contrefait ses sanglots, au travers desquels elle lui disait qu'elle l'avait aimée toute sa vie d'une inclination toute particulière. Êtes-vous assez méchante pour trouver cela aussi plaisant que moi ?

Voici encore une autre sottise (mais je ne veux pas que M. de Grignan la lise). Le *Petit Bon*, qui n'a pas l'esprit d'inventer la moindre chose, a conté naïvement qu'étant couché l'autre jour familièrement avec la *Souricière*[7], elle lui avait dit, après deux ou trois heures de conversation : « *Petit Bon*, j'ai quelque chose sur le cœur contre vous. — Et quoi, madame ? — Vous n'êtes point dévot à la Vierge ; ah ! vous n'êtes point dévot à la Vierge : cela me fait une peine étrange. » Je souhaite que vous soyez plus sage que moi, et que cette sottise ne vous frappe pas comme elle m'a frappée.

On dit que Louvigny a trouvé sa chère épouse[8]

écrivant une lettre qui ne lui a pas plu ; le bruit a été grand. D'Hacqueville est occupé à tout raccommoder. Vous croyez bien que ce n'est pas de lui que je sais cette petite affaire, mais elle n'en est pas moins vraie, ma chère bonne.

J'ai bien envie de savoir comme vous aurez logé toute votre compagnie. Ces appartements dérangés et sentant la peinture me donnent du chagrin. Je vous conjure, ma très chère, de vous confirmer toujours dans le dessein de me donner, par votre voyage[9], la marque de votre amitié que j'en désire et que vous me devez un peu, et dans le temps que j'ai marqué. Ma santé est toujours de même. J'embrasse M. de Grignan.

34. À MADAME DE GRIGNAN

À Paris, mercredi 16e juin [1677].

Cette lettre vous trouvera donc à Grignan, ma très bonne et très parfaitement chère[1]. Eh, mon Dieu ! comment vous portez-vous ? M. de Grignan et Montgobert ont-ils tout l'honneur qu'ils espéraient de cette conduite ? Je vous ai suivie partout, ma bonne ; votre cœur n'a-t-il point vu le mien pendant toute la route ? J'attends encore de vos nouvelles de Chalon et de Lyon. Je viens de recevoir le petit billet du grand M. des Issarts[2]. Il vous a vue et regardée ; vous lui avez parlé, vous l'avez assuré que vous êtes mieux. Je voudrais que vous sussiez comme il me paraît heureux, et ce que je ne donnerais point déjà pour avoir cette joie.

Il faut penser, ma bonne, à se guérir l'esprit et le corps ; et que vous vous résolviez, si vous voulez ne plus mourir, dans votre pays et au milieu de nous, à ne plus voir les choses que comme elles sont, ne les point augmenter et ne les point grossir dans votre imagination, ne point trouver que je suis malade quand je me porte bien, ne point retourner sur un passé qui est passé, ni voir un avenir, qui ne sera point [3]. Si vous ne prenez cette résolution, on vous fera un régime et une nécessité de ne me jamais voir. Je ne sais si ce remède serait bon pour vos inquiétudes ; pour moi, je vous assure qu'il serait indubitable pour finir ma vie. Faites sur cela vos réflexions. Quand j'ai été en peine de vous, je n'en avais que trop de sujet ; plût à Dieu que ce n'eût été qu'une vision ! Le trouble de tous vos amis et le changement de votre visage ne confirmaient que trop mes craintes et mes frayeurs. Tâchez donc de guérir votre corps et votre esprit, ma chère enfant. C'est à vous à travailler à tout ce qui peut faire votre retour aussi agréablement que votre départ a été triste et douloureux. Car pour moi, qu'ai-je à faire ? À me bien porter ? je me porte très bien. À songer à ma santé ? j'y pense pour l'amour de vous. À ne me point inquiéter de vous ? c'est de quoi je ne vous réponds pas, ma bonne, quand vous serez en l'état où je vous ai vue. Je vous parle sincèrement : travaillez là-dessus. Et quand on me vient dire présentement : « Vous voyez comme elle se porte, et vous-même, vous êtes en repos ; vous voilà fort bien toutes deux. » Oui, fort bien, voilà un régime admirable ! Tellement que, pour nous bien porter, il faut être à deux cent mille lieues l'une de l'autre ! Et l'on me dit cela avec un air tranquille ! Voilà justement ce qui m'échauffe le sang et qui me fait sauter aux nues. Ma chère bonne, au nom de Dieu, rétablissons notre réputation par un autre voyage, où nous soyons plus raisonnables, c'est-à-dire vous [4], et où l'on ne nous dise plus : « Vous vous tuez l'une l'autre. » Je suis si rebattue de ces discours que je n'en puis plus ; il y a d'autres manières de me tuer qui seraient bien meilleures.

Je vous envoie ce que m'écrit Corbinelli de la vie de
notre Cardinal[5] et de ses dignes occupations. M. de
Grignan sera bien aise de voir cette conduite. Vous
aurez trouvé de mes lettres à Lyon, ma bonne. J'ai vu
le Coadjuteur[6] ; je ne le trouve changé en rien du tout.
Nous parlâmes fort de vous. Il me conta la folie de vos
bains, et comme vous craignez d'engraisser. La punition de Dieu est visible sur vous ; après six enfants[7],
que pouviez-vous craindre ? Il ne faut plus rire de
Mme de Bagnols après une telle vision.

J'ai été à Saint-Maur[8] avec Mme de Saint-Géran et
d'Hacqueville. Vous fûtes célébrée ; Mme de La
Fayette vous fait mille amitiés. Dites un mot à La
Troche sur ce qu'elle vous écrivit dans ma lettre.
J'espère que vous aurez écrit un mot au Cardinal, dont
le soin et l'inquiétude n'est pas médiocre.

Monsieur de Grignan, je crois que vous m'aurez
répondu. Comment notre poitrine se porte-t-elle ? Le
sang court-il toujours trop vite dans notre cœur ?
Avons-nous de la chaleur ? Sommes-nous oppressée ?
Le ton de notre voix est-il étouffé ? Dormons-nous ?
Mangeons-nous ? N'amaigrissons-nous point ? Je vous
assure qu'en vous disant tout ceci, je vous ai parlé de
mon unique affaire. J'en ai de petites, misérables, qui
m'arrêtent encore pour quelques jours. Après cela, je
baise les mains à la princesse et à la Marbeuf[9] ; je
m'en vais à Livry. J'en meurs d'envie. J'étais un peu
échauffée ; les fraises m'ont entièrement rafraîchie et
purgée. Si elles vous étaient aussi bonnes, il ne
faudrait pas y balancer.

Vous êtes bien aise de voir les petits garçons et
Pauline. Parlez-moi d'eux et de la santé de Montgobert, qui m'est très chère.

Monsieur et Madame sont à une de leurs terres, et
iront à l'autre[10] ; tout leur train est avec eux. Le Roi
ira les voir, mais je crois qu'il aura son train aussi. La

dureté ne s'est point démentie [11] ; trouvera-t-on encore des dupes sur la surface de la terre ?

On attend les nouvelles d'une bataille à sept lieues de Commercy. M. de Lorraine voudrait bien la gagner au milieu de son pays, à la vue de ses villes. M. de Créquy voudrait bien ne la pas perdre, par la raison qu'une et une sont deux [12]. Elles sont à deux lieues l'une de l'autre, non pas la rivière entre-deux, car M. de Lorraine l'a passée. Je ne hais pas l'attente de cette nouvelle ; le plus proche parent que j'y ai, c'est Boufflers [13].

Adieu, ma très chère bonne petite bonne. Profitez de vos réflexions et des miennes ; aimez-moi, et ne me cachez point un si précieux trésor. Ne craignez point que la tendresse que j'ai pour vous me fasse du mal ; c'est ma vie. Croyez aussi, ma bonne, que je suis très parfaitement contente de la vôtre. Demandez à M. d'Hacqueville, nous en parlions hier. Il trouva que j'étais persuadée de ce que je dois l'être.

Le *Bien Bon* vous salue. Le Baron [14] est toujours par voie et par chemin.

Pour ma bonne et très chère.

35. À MADAME DE GRIGNAN

À Paris, mercredi 27e octobre [1677].

Ma bonne, je ne vous ferai plus de questions. Comment ! « En trois mots, les chevaux sont maigres, ma dent branle, le précepteur [1] a les écrouelles. » Cela est épouvantable. On ferait fort bien trois *dragons* [2] de ces trois réponses, surtout de la seconde. Je ne vous demande point, après cela, si votre montre va bien ; vous me diriez qu'elle est rompue. Pauline répond bien mieux que vous [3] ; il n'y a rien de plus plaisant

que la finesse qu'entend cette petite friponne à dire
qu'elle sera friponne quelque jour. Ah ! que j'ai de
regret de ne point voir cette jolie enfant ! Il me semble
que vous m'en consolerez bientôt, et si vous suivez vos
projets, vous partez d'aujourd'hui en huit jours[4], et
vous ne recevrez plus que cette lettre à Grignan.

M. de Coulanges est parti ce matin par la diligence
pour aller à Lyon. Il y sera dans quatre jours ; vous l'y
trouverez. Il y porte votre chaufferette ; ayez soin de
lui demander. Il vous dira comme nous sommes logés
honnêtement. Il n'y avait pas à balancer à prendre le
haut pour nous deux, le bas pour M. de Grignan et ses
filles[5]. Tout sera fort bien. Je compte qu'elles ont leurs
meubles ; ainsi il ne faut qu'une très médiocre tapisserie pour une antichambre. J'en ai pour celle de M. de
Grignan ; je ne vous conseille nullement d'en apporter. Il y aura un lit aussi pour votre époux. L'embarras
du déménagement a été rude ; je suis ravie que vous
trouviez tout paisible et rangé.

Je recommande à tous vos Grignan, qui ont tant de
soin de votre santé, qui vous ôtent si bien tous les
aliments qui ne sont pas dans les règles de votre
médecin, et qui vous font un si bon et si joli sabbat
pour vous empêcher d'écrire, de vous empêcher de
tomber dans le Rhône par la cruelle hardiesse qui
vous fait trouver beau de vous exposer aux endroits les
plus périlleux ; je les prie d'être des poltrons, et de
descendre avec vous. Vous ne voulez pas ? eh bien,
Dieu vous bénisse ! Je n'aurai point de repos que vous
ne soyez à Lyon.

Je voudrais bien que vous y trouvassiez votre
justaucorps. C'est une chose fâcheuse que de le perdre,
du prix et de la beauté dont il est. J'en parlai encore
avant-hier à Monsieur le Coadjuteur ; il parle longtemps et compte qu'il l'a donné à un moine qu'il
connaît, et qu'il ne peut pas être perdu, mais cependant vous ne l'avez pas. J'en suis dans un véritable

chagrin. J'en avais écrit à Roujoux, la petite Deville au Chamarier. Écrivez-en un mot, avant que d'arriver, à M. Charrier[6]. Enfin on ne sait où s'adresser. Le dessus était : « À Mme de Rochebonne ». Plût à Dieu que mon voyage de Vichy ne m'eût pas empêchée de prendre ce petit soin ! J'aurais été peut-être plus heureuse.

Je trouve, ma très bonne, que je la serai beaucoup de vous donner ma poule bouillie. La place que vous me demandez à ma table vous est bien parfaitement assurée. Le régime que vos Grignan vous font observer est fait exprès pour mon ordinaire ; je m'entends avec Guisoni[7] pour le retranchement de tous les ragoûts. Venez donc, ma très aimable. On ne vous défend pas d'être reçue avec un cœur plein d'une véritable tendresse ; c'est de ce côté que je vous ferai de grands festins.

Je suis fort aise de vous voir disposée comme vous êtes pour Monsieur de Marseille[8] : eh, mon Dieu ! que cela est bien, et qu'il y a de noirceur et d'apparence d'aigreur à conserver longtemps ces sortes de haines ! Elles doivent passer avec les affaires qui les causaient, et point charger son cœur d'une colère nuisible en ce monde-ci et en l'autre. Vous en serez encore plus aimée de Mme de Vins[9] et de M. de Pomponne ; cela les tirera d'un grand embarras. Tout ce qui fâche M. de Grignan, c'est que votre médecin ait eu plus de pouvoir que votre confesseur, car je compte qu'il est toujours homme de bien ; il viendra, ce pauvre homme, dans une saison fâcheuse. J'ai fait des merveilles pour la pluie depuis deux jours ; si je fais aussi bien pour le beau temps, vous ne serez pas à plaindre[10]. Mais le moyen d'avoir du chagrin avec une si bonne et si aimable compagnie ? J'ai regret qu'ils aient brûlé tout ce qu'ils m'écrivaient ; je pense que c'était grand dommage. Le Chevalier est bien plaisant de vouloir empêcher la bise[11] de souffler ; elle est dans

la maison avant lui, et l'en chassera plutôt qu'elle n'en
sera chassée. Je parlerai d'un précepteur pour le
Marquis. Adieu, ma chère bonne.

N'apportez point de meubles, vous en trouverez ; ce
n'est pas la peine pour le peu qu'il reste à meubler.
Quand M. de Grignan sera venu, il vous faudra
quelque linge de table. Ma belle, n'apportez point une
si effroyable quantité de ballots. Quand je songe à
trente-deux que vous emportâtes, cela fait peur.

Monsieur le Chancelier est mort de pure vieillesse [12].
J'ai mille bagatelles à vous conter, mais ce sera quand
je vous verrai : mon Dieu, quelle joie ! Mille amitiés à
tous vos aimables Grignan. Le *Bien Bon* est tout à
vous. Je souhaite fort que l'or potable fasse du bien à
la belle Rochebonne. Mme de Sanzei prendrait tous
les remèdes les plus difficiles pour être guérie [13]. La
fièvre reprend à tous moments à notre pauvre Cardinal. Vous devriez joindre vos prières aux nôtres pour
lui faire quitter un air si maudit. Il ne peut pas aller
loin avec une fièvre continuelle ; j'en ai le cœur triste.

C'est M. Le Tellier qui est chancelier. Je trouve cela
fort bien ; il est beau de mourir dans la dignité.

36. À GUITAUT

À Paris, lundi 15ᵉ novembre [1677].

Comment vous portez-vous, Monsieur et Madame,
de votre voyage ? Vous avez eu un assez beau temps.
Pour moi, j'ai une colique néphrétique et bilieuse (rien
que cela), qui m'a duré depuis le mardi, lendemain de
votre départ, jusqu'à vendredi [1]. Ces jours sont longs à
passer, et si je voulais vous dire que depuis que vous
êtes partis, les jours m'ont duré des siècles, il y aurait
un air assez poétique dans cette exagération, et ce

serait pourtant une vérité. Je fus saignée le mercredi à dix heures du soir, et parce que je suis très difficile, on m'en tira quatre palettes, afin de n'y pas revenir une seconde fois. Enfin à force de remèdes, de ce que l'on appelle *remèdes*, dont on compterait aussi tôt le nombre que celui des sables de la mer, je me suis trouvée guérie le vendredi. Le samedi, on me purge, afin de ne manquer à rien, le dimanche, je vais à la messe, avec une pâleur honnête, qui faisait voir à mes amis que j'avais été digne de leurs soins, et aujourd'hui, je garde ma chambre et fais l'entendue dans mon hôtel de Carnavalet, que vous ne reconnaîtriez pas depuis qu'il est rangé[2].

J'y attends la belle Grignan dans cinq ou six jours. Elle prend la rivière; ainsi vous ne la prendrez point[3]. Je n'eusse pas été de cet avis si j'eusse été du conseil tenu à Lyon, car outre que les chemins de Bourgogne sont encore fort beaux, la circonstance de trouver Époisses sur mon chemin, avec le maître et la maîtresse, et tout le petit peuple, et la *Très Bonne*[4], m'aurait entièrement déterminée. Je vous manderai le second tome du voyage des Grignan, et cependant je vous supplie d'être mon correspondant avec Gauthier[5], et de vouloir bien faire comprendre à La Maison que vous prenez un grand intérêt à votre petite servante. Il fait encore des folies sur nos réparations, et à force de vouloir soutenir mon vieux château, il me fera tomber dans la misère de n'avoir pas de quoi souper cet hiver. Je laisse à M. d'Hacqueville le soin des nouvelles de l'Europe, et je prends celui de vous aimer, de vous honorer, et d'être toute ma vie dans tous vos intérêts. Bonjour, la *Beauté*[6]. Me regarderait-elle, si je lui baisais une main? Le bon Abbé vous est entièrement acquis et vous prie de compter sur lui.

M. RABUTIN CHANTAL.

37. AU COMTE DE GRIGNAN

[À Paris,] vendredi 27ᵉ mai [1678].

Je veux vous rendre compte d'une conférence de deux heures que nous avons eue avec M. Fagon, très célèbre médecin [1]. C'est M. de La Garde qui l'a amené ; nous ne l'avions jamais vu. Il a bien de l'esprit et de la science. Il parle avec une connaissance et une capacité qui surprend, et n'est point dans la routine des autres médecins qui accablent de remèdes ; il n'ordonne rien que de bons aliments. Il trouve la maigreur de ma fille et la faiblesse fort grandes. Il voudrait bien qu'elle prît du lait comme le remède le plus salutaire, mais l'aversion qu'elle y a fait qu'il n'ose seulement le proposer ; elle prend le demi-bain et des bouillons rafraîchissants. Il ne la veut contraindre sur rien. Mais quand elle lui a dit que sa maigreur n'était rien, et qu'après avoir été grasse on devient maigre, il lui a dit qu'elle se trompait, que sa maigreur venait de la sécheresse de ses poumons, qui commençaient à se flétrir, et qu'elle ne demeurerait point comme elle est, qu'il fallait ou qu'elle se remît en santé, ou que sa maigreur viendrait jusqu'à l'excès, qu'il n'y avait point de milieu, que ses langueurs, ses lassitudes, ses pertes de voix, marquaient que son mal était au poumon, qu'il lui conseillait la tranquillité, le repos, les régimes doux, et surtout de ne point écrire, qu'il espérait qu'elle pourrait se remettre, mais que si elle ne se rétablissait pas, elle irait toujours de pis en pis. M. de La Garde a été témoin de tout ce discours ; envoyez-lui ma lettre si vous voulez.

J'ai demandé à M. Fagon si l'air subtil [2] lui était contraire ; il a dit qu'il l'était beaucoup. Je lui ai dit l'envie que j'avais eue de la retenir ici pendant les chaleurs, et qu'elle ne partît que cet automne pour passer l'hiver à Aix, dont l'air est bon, que vous ne souhaitiez au monde que sa santé, et que ce n'était qu'elle que nous avions à combattre pour l'empêcher de partir tout à l'heure. Nous en sommes demeurés là. M. de La Garde a été témoin de tout. J'ai cru que je devais vous faire part de tout ce qui s'est passé, en vous protestant que l'envie de la voir plus longtemps, quoique ce soit le plus grand plaisir de ma vie, ne m'oblige point à vous reparler encore sur ce sujet, mais je croirais que vous auriez sujet de vous plaindre de moi, si je vous laissais dans la pensée que son mal ne fût pas plus considérable qu'il l'a été. Il l'est d'autant plus qu'il y a un an qu'il dure, et cette longueur est tout ce qu'il y a à craindre. Vous me direz que je la retienne ; je vous répondrai que je n'y ai aucun pouvoir, qu'il n'y a que vous ou M. de La Garde qui puissiez fixer ses incertitudes. À moins que sa tranquillité ne vienne par là, il n'en faut point espérer ; et n'en ayant point, il vaut mieux qu'elle hasarde sa vie. Elle a pour vous et pour ses devoirs un attachement très raisonnable et très juste. À moins qu'elle ne retrouve, par la pensée de vous plaire, la douceur qu'elle trouverait d'être auprès de vous, son séjour ici lui ferait plus de mal que de bien. Ainsi, Monsieur, c'est vous seul qui êtes le maître d'une santé et d'une vie qui est à vous [3] ; prenez donc vos mesures, chargez-vous de l'événement du voyage, ou donnez-lui un repos qui l'empêche d'être dévorée, et qui la fasse profiter des trois mois qu'elle sera ici. Je vous embrasse de tout mon cœur.

Je ne m'étonne pas si vous ignorez l'état où elle est ; sa fantaisie, c'est de dire toujours qu'elle se porte fort bien. Plût à Dieu que cela fût vrai et qu'elle fût avec vous ! Je ne veux pour témoins du contraire que M. l'abbé de Grignan, M. de La Garde, et tous ceux qui la voient et qui y prennent quelque intérêt.

38. À MADAME DE GRIGNAN

À Livry, jeudi au soir, [septembre-octobre 1678].

Le temps est fort triste et tout à fait tourné à la pluie ; ne venez point vous dégoûter entièrement de cette petite solitude. Il reviendra encore quelques beaux jours. Si vous venez nonobstant le temps, je les trouverai fort heureux. Pour moi, je soutiendrai ici ma petite gageure, et m'en retournerai bien vite auprès de vous. Je n'ai pas laissé de me promener ce soir ; il y avait une *sainte horreur* assez charmante, mais en vérité la solitude ressemblait trop à celle que Mlle d'Alérac[1] nous proposait l'autre jour. *L'Odyssée*[2] m'est fort nécessaire ; je suis assurée que ce livre me divertira. Bonsoir, ma chère bonne ; peut-être que le soleil me fera changer d'avis demain matin. Surtout, ma bonne, ne vous fatiguez point et conservez cette santé si délicate. J'embrasse tout ce qui est autour de vous.

39. À GUITAUT

[À Paris,] ce [jeudi] 1ᵉʳ juin [1679].

Ma fille commence à ne plus parler que d'aller à Époisses en allant à Grignan, mais comme sa santé n'est point encore en état d'envisager un si grand voyage, j'espère que M. de Grignan, n'ayant rien à faire en Provence, la cour étant ici, aimant fort tendrement madame sa femme, ne se pressera point de partir[1], et lui laissera achever paisiblement des eaux de votre bonne Sainte-Reine[2], qu'elle prend, et qui lui font beaucoup de bien, ensuite du lait, et enfin

donnera tout le loisir nécessaire pour la tirer de cette
étrange maigreur où elle est tombée. Cependant sa
poitrine se porte mieux depuis les grandes sueurs
qu'elle a eues dans sa fièvre tierce, qui l'ont persuadée
que ce qui piquait sa poitrine était des sérosités que
les sueurs ont fait sortir. Il y a quelque apparence,
mais aussi elle devrait être plus forte et moins maigre
qu'elle n'est, si elle était guérie de ce côté-là, de sorte
que nous attendons avec impatience l'effet des
remèdes qu'elle prend et qu'elle prendra. Il me semble
que votre curiosité et votre amitié ne peuvent pas
souhaiter un plus beau détail que celui que je vous
mande. Si vous m'aviez un peu plus parlé de vous et
de votre famille dans votre lettre, vous m'auriez fait
plus de plaisir, car à mon sens, autant qu'on s'ennuie
des circonstances sur les choses indifférentes, autant
on les aime sur celles qui tiennent au cœur. Adieu,
Monsieur et Madame.

Pour avoir trop à discourir sur les nouvelles, je n'en
dirai rien du tout. Plusieurs guerriers s'en vont en
Allemagne pour ne point faire la guerre, mais pour
faire peur à M. de Brandebourg.

Adieu la *Beauté*; adieu la *Très Bonne*. Notre Abbé
vous salue.

Pour Monsieur le comte de Guitaut, à Époisses.

40. À MADAME DE GRIGNAN

[À Livry,] lundi au soir, [printemps-été 1679].

Tout est gratté, tout est tondu, tout est propre, tout
est disposé à vous recevoir ; voilà votre carrosse et mes
chevaux. Disposez absolument de tout ce qui est à
moi, réglez, ordonnez, commandez, car ma fantaisie

et ma sorte d'amitié, c'est d'aimer cent fois mieux votre volonté que la mienne et de me trouver toujours toute disposée à suivre vos desseins.

Votre fils est gaillard et mange comme un petit démon dans l'air de cette forêt. Le *Bien Bon* vous embrasse.

Pour Madame de Grignan.

41. À MADAME DE GRIGNAN

[À Livry,] samedi au soir, [printemps-été 1679].

Vous qui savez, ma bonne, comme je suis frappée des illusions et des fantômes, vous deviez bien m'épargner la vilaine idée des dernières paroles que vous m'avez dites. Si je ne vous aime pas, si je ne suis point aise de vous voir, si j'aime mieux Livry que vous, je vous avoue, ma belle, que je suis la plus trompée de toutes les personnes du monde. J'ai fait mon possible pour oublier vos reproches, et je n'ai pas eu beaucoup de peine à les trouver injustes. Demeurez à Paris, et vous verrez si je n'y courrai pas avec bien plus de joie que je ne suis venue ici. Je me suis un peu remise en pensant à tout ce que vous allez faire où je ne serais point, et vous savez bien qu'il n'y a guère d'heures où vous puissiez me regretter, mais je ne suis pas de même, et j'aime à vous regarder et à n'être pas loin de vous pendant que vous êtes en ces pays où les mois vous paraissent si longs. Ils me paraîtraient tout de même, si j'étais longtemps comme je suis présentement.

Je voudrais bien que votre poumon fût rafraîchi de l'air que j'ai respiré ce soir : pendant que nous mourions à Paris, il faisait ici un orage, jeudi, qui rend encore l'air tout gracieux. Bonsoir, ma très chère.

J'attends de vos nouvelles, et vous souhaite une santé comme la mienne ; je voudrais avoir la vôtre à rétablir.

Voilà mes chevaux, dont vous ferez tout ce qui vous plaira.

Pour Madame de Grignan.

42. À MADAME DE GRIGNAN

[Printemps-été 1679].

J'ai mal dormi. Vous m'accablâtes hier au soir ; je n'ai pu supporter votre injustice. Je vois plus que les autres toutes les qualités admirables que Dieu vous a données. J'admire votre courage, votre conduite ; je suis persuadée du fonds de l'amitié que vous avez pour moi. Toutes ces vérités sont établies dans le monde et plus encore chez mes amies[1]. Je serais bien fâchée qu'on pût douter que vous aimant comme je fais, vous ne fussiez point pour moi comme vous êtes. Qu'y a-t-il donc ? C'est que c'est moi qui ai toutes les imperfections dont vous vous chargiez hier au soir, et le hasard a fait qu'avec confiance, je me plaignis hier à Monsieur le Chevalier que vous n'aviez pas assez d'indulgence pour toutes ces misères, que vous me les faisiez quelquefois trop sentir, que j'en étais quelquefois affligée et humiliée. Vous m'accusez aussi de parler à des personnes à qui je ne dis jamais rien de ce qu'il ne faut point dire[2]. Vous me faites, sur cela, une injustice trop criante ; vous donnez trop à vos préventions. Quand elles sont établies, la raison et la vérité n'entrent plus chez vous. Je disais tout cela *uniquement* à Monsieur le Chevalier. Il me parut convenir avec bonté de bien des choses, et quand je vois, après qu'il vous a parlé sans doute dans ce sens, que vous

m'accusez de trouver ma fille toute imparfaite, toute
pleine de défauts, tout ce que vous me dîtes hier au
soir, et que ce n'est point cela que je pense et que je
dis, et que c'est au contraire de vous trouver trop dure
sur mes défauts dont je me plains, je dis : « Qu'est-ce
que ce changement ? » et je sens cette injustice, et je
dors mal. Mais je me porte fort bien, et prendrai du
café [3], ma bonne, si vous le voulez bien [4].

Pour ma fille.

43. À MADAME DE GRIGNAN

[Printemps ou été 1679].

Il faut, ma chère bonne, que je me donne le plaisir
de vous écrire, une fois pour toutes, comme je suis
pour vous. Je n'ai point l'esprit de vous le dire [1] ; je ne
vous dis rien qu'avec timidité et de mauvaise grâce.
Tenez-vous donc à ceci. Je ne touche point au fonds de
la tendresse sensible et naturelle que j'ai pour vous ;
c'est un prodige. Je ne sais pas quel effet peut faire en
vous l'opposition que vous dites qui est dans nos
esprits ; il faut qu'elle ne soit pas si grande dans nos
sentiments, ou qu'il y ait quelque chose d'extraordinaire pour moi, puisqu'il est vrai que mon attachement pour vous n'en est pas moindre. Il semble que je
veuille vaincre ces obstacles, et que cela augmente
mon amitié plutôt que de la diminuer ; enfin, jamais,
ce me semble, on ne peut aimer plus parfaitement. Je
vous assure, ma bonne, que je ne suis occupée que de
vous, ou par rapport à vous, ne disant et ne faisant
rien que ce qui me paraît vous être le plus utile.

C'est dans cette pensée que j'ai eu toutes les conversations avec Son Éminence [2], qui ont toujours roulé
sur dire que vous aviez de l'aversion pour lui. Il est

très sensible à la perte de la place qu'il croit avoir eue dans votre amitié ; il ne sait pourquoi il l'a perdue. Il croit devoir être le premier de vos amis, il croit être des derniers. Voilà ce qui cause ses agitations, et sur quoi roulent toutes ses pensées. Sur cela, je crois avoir dit et ménagé tout ce que l'amitié que j'ai pour vous, et l'envie de conserver un ami si bon et si utile, pouvait m'inspirer, contestant ce qu'il fallait contester, ne lâchant jamais que vous eussiez de l'horreur pour lui, soutenant que vous aviez un fonds d'estime, d'amitié et de reconnaissance, qu'il retrouverait s'il prenait d'autres manières ; en un mot, disant toujours si précisément tout ce qu'il fallait dire, et ménageant si bien son esprit, malgré ses chagrins, que si je méritais d'être louée de faire quelque chose de bien pour vous, il me semblait que ma conduite l'eût mérité.

C'est ce qui me surprit, lorsqu'au milieu de cette exacte conduite, il me parut que vous faisiez une mine de chagrin à Corbinelli, qui la méritait justement comme moi, et encore moins, s'il se peut, car il a plus d'esprit et sait mieux frapper où il veut. C'est ce que je n'ai pas encore compris, non plus que la perte que je vois que vous voulez bien faire de cette Éminence. Jamais je n'ai vu un cœur si aisé à gouverner, pour peu que vous voulussiez en prendre la peine. Il croyait avoir retrouvé l'autre jour ce fonds d'amitié dont je lui avais toujours répondu, car j'ai cru bien faire de travailler sur ce fonds, mais je ne sais comme, tout d'un coup, cela s'est tourné d'une autre manière. Est-il juste, ma bonne, qu'une bagatelle[3] sur quoi il s'est trompé, m'assurant que vous la souffririez sans colère, m'étant moi-même appuyée sur sa parole pour la souffrir — est-il possible que cela puisse faire un si grand effet ? Le moyen de le penser ! Eh bien ! nous avons mal deviné : vous ne l'avez pas voulu. On l'a supprimé et renvoyé ; voilà qui est fait. C'est une chose non avenue. Cela ne vaut pas, en vérité, les tons que vous avez pris. Je crois que vous avez des raisons ; j'en suis persuadée par la bonne opinion que j'ai de votre raison. Sans cela ne serait-il point tout naturel de ménager un tel ami ? Quelle affaire auprès du Roi, quelle succession, quels avis, quelle économie pourraient jamais vous être si utiles ? Un cœur dont le penchant naturel est la tendresse et la libéralité, qui tient pour une faveur de souffrir qu'il l'exerce pour vous, qui n'est occupé que du plaisir de vous en faire, qui a pour confidents toute votre famille, et dont la conduite et l'absence ne peut, ce me semble, vous obliger à de grands soins ! Il ne lui faudrait que d'être persuadé que vous avez de l'amitié pour lui, comme il a cru que vous en aviez eu, et même avec moins de démonstrations, parce que ce temps est passé. Voilà ce que je vois du point de vue où je suis. Mais comme ce n'est qu'un côté et que, du vôtre, je ne sais aucune de vos raisons ni de vos sentiments, il est très possible que je raisonne mal. Je trouvais moi-même un si grand intérêt à vous conserver cette source inépuisable, et cela pouvait être bon à tant de choses, qu'il était bien naturel de travailler sur ce fonds.

Mais je quitte ce discours pour revenir un peu à moi. Vous disiez hier cruellement, ma bonne, que je serais trop heureuse quand vous seriez loin de moi, que vous me donniez mille chagrins, que vous ne faisiez que me contrarier. Je ne puis penser à ce discours sans avoir le cœur percé et fondre en larmes. Ma très chère, vous ignorez bien comme je suis pour vous si vous ne savez que tous les chagrins que me peut donner l'excès de la tendresse que j'ai pour vous sont plus agréables que tous les plaisirs du monde, où vous n'avez point de part. Il est vrai que je suis quelquefois blessée de l'entière ignorance où je suis de vos sentiments, du peu de part que j'ai à votre confiance ; j'accorde avec peine l'amitié que vous avez pour moi avec cette séparation de toute sorte de confidence. Je sais que vos amis sont traités autrement. Mais enfin, je me dis que c'est mon malheur, que vous êtes de cette humeur, qu'on ne se change point; et plus que tout cela, ma bonne, admirez la faiblesse d'une véritable tendresse, c'est qu'effectivement votre présence, un mot d'amitié, un retour, une douceur, me ramène et me fait tout oublier. Ainsi, ma belle, ayant mille fois plus de joie que de chagrin, et ce fonds étant invariable, jugez avec quelle douleur je souffre que vous pensiez que je puisse aimer votre absence. Vous ne sauriez le croire, si vous pensez à l'infinie tendresse que j'ai pour vous. Voilà comme elle est invariable et toujours sensible. Tout autre sentiment est passager et ne dure qu'un moment; le fond est comme je vous le dis. Jugez comme je m'accommoderai d'une absence qui m'ôte de légers chagrins que je ne sens plus, et qui m'ôte une créature dont la présence et la moindre amitié fait ma vie et mon unique plaisir. Joignez-y les inquiétudes de votre santé, et vous n'aurez pas la cruauté de me faire une si grande injustice. Songez-y, ma bonne, à ce départ, et ne le pressez point; vous en êtes la maîtresse. Songez que ce que vous appelez des forces[4] a toujours été par votre faute et l'incertitude de vos résolutions, car pour moi, hélas! je n'ai jamais eu qu'un but, qui est votre santé, votre présence, et de vous retenir avec moi. Mais vous ôtez tout crédit par la force des choses que vous dites pour confondre, qui sont précisément contre vous. Il faudrait quelquefois ménager ceux qui pourraient faire un bon personnage dans les occasions.

Ma pauvre bonne, voilà une abominable lettre; je me suis abandonnée au plaisir de vous parler et de vous dire comme je suis pour vous. Je parlerais d'ici à demain. Je ne veux point de réponse; Dieu vous en garde! ce n'est pas mon dessein. Embrassez-moi

seulement et me demandez pardon, mais je dis pardon
d'avoir cru que je pusse trouver du repos dans votre
absence.

44. À GUITAUT

À Paris, ce vendredi 25e août [1679].

Hélas! mon pauvre Monsieur, quelle nouvelle vous
allez apprendre, et quelle douleur j'ai à supporter!
M. le cardinal de Retz mourut hier, après sept jours de
fièvre continue [1]. Dieu n'a pas voulu qu'on lui donnât
du remède de l'Anglais [2], quoiqu'il le demandât et que
l'expérience de notre bon abbé de Coulanges fût toute
chaude, et que ce fût même cette Éminence qui nous
décidât, pour nous tirer de la cruelle Faculté, en
protestant que s'il avait un seul accès de fièvre, il
enverrait quérir ce médecin anglais. Sur cela, il tombe
malade. Il demande ce remède; il a la fièvre, il est
accablé d'humeurs qui lui causent des faiblesses, il a
un hoquet qui marque la bile dans l'estomac. Tout
cela est précisément ce qui est propre pour être guéri
et consommé par le remède chaud et vineux de cet
Anglais. Mme de La Fayette, ma fille et moi, nous
crions miséricorde, et nous présentons notre Abbé
ressuscité, et Dieu ne veut pas que personne décide. Et
chacun, en disant : « Je ne veux me charger de rien »,
se charge de tout. Et enfin M. Petit, soutenu de
M. Belay [3], l'ont premièrement fait saigner quatre fois
en trois jours, et puis deux petits verres de casse, qui
l'ont fait mourir dans l'opération, car la casse n'est
pas un remède indifférent quand la fièvre est maligne.
Quand ce pauvre Cardinal fut à l'agonie, ils consenti-
rent qu'on envoyât quérir l'Anglais; il vint, et dit qu'il
ne savait point ressusciter les morts. Ainsi est péri,

devant nos yeux, cet homme si aimable et si illustre que l'on ne pouvait connaître sans l'aimer. Je vous mande tout ceci dans la douleur de mon cœur, par cette confiance qui me fait vous dire plus qu'aux autres, car il ne faut point, s'il vous plaît, que cela retourne. Le funeste succès n'a que trop justifié nos discours, et l'on peut retourner sur cette conduite sans faire beaucoup de bruit. Voilà ce qui me tient uniquement à l'esprit.

Ma fille est touchée comme elle le doit. Je n'ose toucher à son départ ; il me semble pourtant que tout me quitte[4], et que le pis qui me puisse arriver, qui est son absence, va bientôt m'achever d'accabler. Monsieur et Madame, ne vous fais-je pas un peu de pitié ? Ces différentes tristesses m'ont empêchée de sentir assez la convalescence de notre bon Abbé, qui est revenu de la mort.

Je dirai à ma fille toutes vos offres[5]. Peut-on douter de vos bontés extrêmes ? Vous êtes tous deux si dignes d'être aimés qu'il ne faudrait pas s'en vanter si l'on avait un sentiment contraire. J'en suis bien éloignée, et l'on ne peut être à vous plus sincèrement que j'y suis. J'aurais cent choses à vous dire. Mais le moyen, quand on a le cœur pressé ?

Monsieur, Monsieur le comte de Guitaut, chevalier des ordres du Roi, à Époisses, par Semur-en-Auxois.

45. À GUITAUT

À Paris, mardi 12ᵉ septembre [1679].

Mon pauvre Monsieur, je suis dans une douleur qui me fait un mal étrange ; ma fille s'en va demain sans remise. Ils prennent l'eau jusqu'à Auxerre, où ils arriveront samedi, et font leur compte qu'ils seront lundi à dîner à Rouvray [1], et que c'est là où vous devez les venir voir, et leur pardonner de ne point aller à Époisses dans l'embarras où ils sont. Il viendra quelque autre année où ils seront plus légers.

La santé de ma fille me fait toujours trembler, et cette inquiétude, jointe à l'absence d'une créature que j'aime si parfaitement, me met dans l'état que vous pouvez vous imaginer. Vous avez offert tant de choses pour leur commodité que je suis persuadée que vous voudrez bien mener votre litière à Rouvray, et l'obliger à la prendre pour la mener jusqu'à Chalon. Ce sera une commodité pour elle, qui lui conservera la vie, et je réponds pour vous que vous en serez fort aise. Trouvez-vous donc à Rouvray lundi matin 18e de ce mois ; ayez cette litière si secourable, et donnez-leur la joie et la consolation de vous voir. Le temps sera un peu court pour causer, mais vous irez achever cette visite à Grignan. Moins on est accoutumé dans la province, et moins on s'y plaît. La pensée d'aller passer l'hiver à Aix donne plus de peine que le séjour de Grignan. D'un autre côté, l'air de Grignan est terrible pour elle. Tout cela fait trembler. Et tout autant que l'on peut faire des projets, M. de Grignan ne doit pas la mettre souvent en chemin quand une fois ils seront revenus dans cette bonne ville. Mais il est question d'aller. Voyez comme mon imagination me flatte par la pensée d'un retour sans lequel je ne puis être heureuse. Adieu, Monsieur. Mandez-moi bien comme vous l'aurez trouvée. Ne m'épargnez point les détails ; je vous en écrivis tant l'autre jour !

Mlle de Méri a la fièvre depuis hier, avec une manière de dysenterie. Je ne crois pas que, tout étant arrêté, on arrête pour cela ; cependant [2]... Enfin, je vous conseille toujours d'aller à Rouvray avec cette litière, mais je vous dis les choses comme elles sont.

À Monsieur, Monsieur le comte de Guitaut, chevalier des ordres du Roi, à Époisses, à Semur-en-Auxois.

46. À MADAME DE GRIGNAN

À Paris, ce mercredi au soir
[13 septembre 1679].

Le moyen, ma bonne, de vous faire comprendre ce que j'ai souffert? Et par quelles sortes de paroles vous pourrais-je représenter les douleurs d'une telle séparation? Je ne sais pas moi-même comme j'ai pu la soutenir. Vous m'en avez paru si touchée aussi que je crains que vous n'en ayez été plus mal qu'à votre ordinaire, qui est trop dire, car vous n'avez pas besoin d'aucune augmentation. Cette inquiétude trop bien fondée pour une santé qui m'est si chère, avec l'absence d'une personne comme vous, dont tout me va droit au cœur et dont rien ne m'est indifférent, vous pourront faire comprendre une partie de l'état où je suis. J'ai donc suivi des yeux cette barque, et je pensais à ce qu'elle m'emmenait, et comme elle s'éloignait, et combien de jours je passerais sans revoir cette personne et toute cette troupe que j'aime et que j'honore, et par elle et par rapport à vous. Enfin, toute cette séparation m'a été infiniment sensible.

Je ne vous conte point mes larmes; c'est un effet de mon tempérament, mais croyez, ma bonne, qu'elles viennent d'un cœur si parfaitement et si uniquement à vous que, par cette raison, il doit vous être cher. Je crois qu'il vous l'est aussi, et cette pensée autorise tous mes sentiments.

Après donc vous avoir perdue de vue, je suis demeurée avec la philosophie de Corbinelli, qui connaît trop le cœur humain pour n'avoir pas respecté ma douleur; il l'a laissé faire et, comme un bon ami, il n'a point essayé sottement de me faire taire. J'ai été à la messe à Notre-Dame, et puis dans cet hôtel dont la vue et les chambres, et le jardin, et tout, et L'Épine, et vos pauvres malades [1], que j'ai été voir, m'ont fait souffrir de certaines sortes de peines que vous ignorez peut-être, parce que vous êtes forte, mais qui sont dures aux faibles comme moi.

Nous avons regardé vos mémoires [2] et commencé quelques paiements ; nous vous rendrons compte de tout. Je n'ai point sorti. Mme de Lavardin et Mme de Moussy ont forcé ma porte. J'essaierai d'aller demain voir Mlle de Méri ; pour aujourd'hui il ne m'était pas possible. J'ai une envie extrême de savoir de vos nouvelles, et comme vous vous trouvez de la tranquillité et de la longueur de votre marche, si vous arrivez bien tard, quelles fatigues, quelles aventures. Mais c'est à Montgobert que je demande ce détail, car à vous, ma bonne, je ne veux point contribuer à votre épuisement ; je suis contente d'une feuille. Vous devez juger par cette discrétion si je prends sur moi et si j'aime votre santé.

J'embrasse tout ce qui est autour de vous. Il me semble que je n'ai rien dit à Mlles de Grignan et à leur père, mais le moyen ? Et n'était-ce pas parler que de ne pouvoir rien dire ? En vérité, ma bonne, je ne comprends pas comme je pourrai m'accoutumer à ne vous plus voir et à la solitude de cette maison. Je suis si pleine de vous, que je ne puis rien souffrir ni rien regarder. Il faut croire que le temps me remettra dans l'état d'une vie commune ; elle ne serait pas supportable comme elle est. Je vous embrasse, ma bonne, avec le même cœur et les mêmes larmes de ce matin.

Le pauvre petit [3] et son rhume ? Je ne cesse de penser à vous tous.

Le *Bien Bon* vous fait mille amitiés.

Jeudi, à dix heures du matin,
[14 septembre 1679].

J'ai vu sur notre carte[4] que la lettre que je vous écrivis hier au soir, à Auxerre, ne partira qu'à midi ; ainsi, ma très chère, j'y joins encore celle-ci : vous en recevrez deux à la fois.

Je veux vous parler de ma soirée d'hier. À neuf heures, j'étais dans ma chambre. Mes pauvres yeux ni mon esprit ne voulurent pas entendre parler de lire, de sorte que je sentis tout le poids de la tristesse que me donne notre séparation, et n'étant pas distraite par les objets, il me semble que j'en goûtai bien toute l'amertume. Je me couchai à onze heures, et j'ai été réveillée par une furieuse pluie. Il n'était que deux heures. J'ai compris que vous étiez dans votre hôtellerie, et que cette eau, qui est mauvaise pour les chemins depuis Auxerre, était bonne pour votre rivière. Ainsi sont mêlées les choses de ce monde. Je pense toujours que vous êtes dans le bateau, et que vous y retournez à trois heures du matin ; cela fait horreur. Vous me direz comme vous vous portez de cette sorte de vie, et vos jambes et vos inquiétudes[5]. Votre santé est un point sur lequel je ne puis jamais avoir de repos. Il me semble que tout ce qui est auprès de vous en est occupé, et que vous êtes l'objet des soins de toute votre barque, j'entends de votre cabane[6], car ce qui me parut de peuple sur le bateau représentait l'arche[7]. On m'assura que vers Fontainebleau vous n'auriez quasi plus personne. Ce matin L'Épine est entré dans ma chambre. Nous avons fort pleuré. Il est touché comme un honnête homme.

N'ayez aucune inquiétude, ni de vos meubles, ni du carrosse de M. de Grignan. Je ne puis m'occuper qu'à donner des ordres qui ont rapport à vous. Vos dernières gueuses de servantes ont perdu toute votre batterie et votre linge ; c'est pitié.

J'embrasse M. de Grignan, et ses aimables filles, et mon cher petit enfant. Ne voulez-vous pas bien que j'y mette Montgobert, et tout ce qui vous sert, et tout ce qui vous aime ? Mlle de Méri est toujours sans fièvre ; je la verrai tantôt. Je crois, ma bonne, que vous me croyez autant à vous que j'y suis.

L'Abbé vous salue très humblement.

À Madame, Madame la comtesse de Grignan, à Auxerre

47. À GUITAUT

À Livry, 26ᵉ septembre [1679].

Mme de Grignan se porte à merveille ; voilà un très beau commencement de lettre, avec tous les détails de votre entrevue contés d'une manière qui me plaît fort. Car j'aime premièrement votre style, et puis j'aime les détails de ce qui touche les gens que j'aime. Je suis donc bien contente jusque-là. Mais cette colique[1], mon pauvre Monsieur, me donne bien de l'inquiétude. Cela vient d'une âcreté de sang qui cause tous ses maux, et quand je pense combien elle se soucie peu de l'apaiser, de le rafraîchir, et qu'elle va trouver l'air de Grignan, je vous assure qu'il s'en faut bien que je ne sois en repos. Vous me remettez un peu par le compliment du père du précepteur, qui fut reçu dans une position si convenable à sa vocation.

N'admirez-vous point son opiniâtreté à ne vouloir pas se servir de votre litière ? Quelle raison pouvait-elle avoir ? Avait-elle peur de ne pas sentir tous les cruels cahots de cette route ? Puisqu'elle a tant de soin du petit minet[2], que ne le mettait-elle auprès d'elle ? Quelle façon, quelle fantaisie musquée ! Tout ce que je dis est inutile, mais je ne puis m'empêcher d'être en colère[3]. Dites le vrai, mon cher Monsieur : vous l'avez trouvée bien changée. Sa délicatesse me fait trembler. Je suis toujours persuadée que si elle voulait avoir de l'application à sa santé, elle rafraîchirait ce sang et ce poumon qui fait toutes nos frayeurs. Vous me demandez ce que je fais. Hélas ! je suis courue dans cette forêt cacher mon ennui. Vous devriez bien m'y venir voir. Nous causerions ensemble deux ou trois jours, et puis vous remonteriez sur l'hippogriffe (car je suppose que vous auriez pris cette voiture plutôt que la litière), et vous retourneriez aux sermons du P. Honoré[4].

Ma fille m'écrit de Chagny, et m'en parle, en passant légèrement sur cette colique, et me parlant presque autant de vous que vous me parlez d'elle. Elle fait mention de Mme de Leuville, de M. de Senets, et s'arrête fort sur l'endroit du cuisinier[5], qu'elle ne peut digérer. Il faut songer à la consoler sur ce point.

Que faites-vous cet hiver ? Serez-vous encore dans votre château ? On dit que vous êtes grosse, Madame ; quand on accouche aux îles[6], on accouche bien à Époisses. J'aime toujours à savoir les desseins de ceux que j'aime. Les miens sont de garder le bon Abbé au coin de son feu tout l'hiver. Vous avez su comme il s'est tiré de la fièvre ; il a présentement un gros rhume qui m'inquiète.

Adieu, Monsieur. Je vous remercie de votre grande lettre ; elle marque l'amitié que vous avez, et pour celle de qui vous parlez, et pour celle à qui vous parlez. Écrivez-moi quand vous aurez vu M. de Caumartin ; ne parlâtes-vous de rien avec ma fille[7] ?

Le bon Abbé vous fait mille et mille compliments tout pleins d'amitié.

À Monsieur, Monsieur le comte de Guitaut, chevalier des ordres du Roi, à Semur. Semur-en-Auxois.

48. À GUITAUT

À Livry, [samedi] 7ᵉ octobre [1679].

Quand elle n'a point le sang en furie et brûlé à
l'excès, elle n'a point cette colique. Ainsi, quelque
naturelle qu'elle soit, quand elle a des douleurs, il faut
tout craindre, puisque c'est de ce sang que viennent
tous ses maux. Elle est arrivée à Grignan après des
fatigues encore. Ils eurent le vent contraire sur le
Rhône ; vous n'en doutez pas. Ils couchèrent dans un
pouillier [1] où il fallut encore se remettre sur la paille.
Mais elle a pris Pauline [2] à Valence en passant. Savez-
vous le mérite de Pauline ? Pauline est une personne
admirable. Elle n'est pas si belle que la *Beauté*, mais
elle a des manières ; c'est une petite fille à manger.
Elle me mande qu'elle craint de s'y attacher, et qu'elle
me la souhaiterait sans qu'elle est assurée qu'elle lui
couperait l'herbe sous le pied. Je suis fort aise qu'elle
ait cet amusement. Elle me dit qu'elle se porte bien,
mais je n'en crois rien du tout, et personne ne m'écrit
qu'elle. Montgobert a eu le courage de s'embarquer
sur le Rhône avec la fièvre continue. J'estime bien le
courage et l'affection de cette fille. Voilà bien parlé,
Dieu merci, de ce qui me tient au cœur ; cela n'est
guère honnête, mon cher Monsieur. Je crains que
Mme de Guitaut ne se moque de moi ; elle aurait
raison. Je lui fais mille excuses de cette impolitesse, et
je l'embrasse de tout mon cœur avec sa permission.

Vous ferez très bien et très sagement et très politi-
quement de ne rien révéler de tout ce que vous savez à
M. de Caumartin [3] ; je ne m'en soucie point du tout.
J'ai voulu vous parler à cœur ouvert. Je l'ai fait ; je
suis contente. Il me semble que vous aimez assez ma
naïveté. Nous avons la bride sur le cou présentement,

car du temps de notre impénétrable ami[4], nous n'eussions jamais osé. Venez, venez dans la chambre de ma fille, nous en dirons bien d'autres.

Notre bon Abbé vous assure de ses services. Il se porte parfaitement bien ; cet Anglais lui a encore guéri un gros rhume qui lui était resté, aussi bien que sa fièvre. Son heure n'était pas marquée, et les autres l'étaient. Voilà tout ce qu'on peut dire.

A Monsieur, Monsieur le comte de Guitaut, chevalier des ordres du Roi, à Époisses, à Semur.

49. À MADAME DE GRIGNAN

À Paris, vendredi 20ᵉ octobre [1679].

Quoi ! vous pensez m'écrire de grandes lettres, sans me dire un mot de votre santé ; je pense, ma pauvre bonne, que vous vous moquez de moi. Pour vous punir, je vous avertis que j'ai fait de ce silence tout le pis que j'ai pu ; je compris que vous aviez bien plus de mal aux jambes qu'à l'ordinaire, puisque vous ne m'en disiez rien, et qu'assurément si vous vous fussiez un peu mieux portée, vous eussiez été pressée de me le dire. Voilà comme j'ai raisonné. Mon Dieu, que j'étais heureuse quand j'étais en repos sur votre santé ! et qu'avais-je à me plaindre au prix des craintes que j'ai présentement ? Ce n'est pas qu'à moi, qui suis frappée des objets et qui aime passionnément votre personne, la séparation ne me soit un grand mal, mais la circonstance de votre délicate santé est si sensible qu'elle en efface l'autre. Mandez-moi donc désormais l'état où vous êtes, mais avec sincérité. Je vous ai mandé ce que je savais pour vos jambes. Si vous ne les tenez chaudement, vous ne serez jamais soulagée. Quand je pense à vos jambes nues, le matin, deux et

trois heures pendant que vous écrivez, mon Dieu! ma
bonne, que cela est mauvais! Je verrai bien si vous
avez soin de moi. Je me purgerai jeudi pour l'amour
de vous. Il est vrai que, le mois passé, je ne pris qu'une
pilule; j'admire que vous l'ayez senti. Je vous avertis
que je n'ai aucun besoin de me purger; c'est à cause de
cette eau, et pour vous ôter de peine. Je hais bien
toutes ces fièvres qui sont autour de vous; peut-être
que votre saignée aura sauvé votre pauvre officier[1].

Le Chevalier vous mande toutes les nouvelles; il en
sait plus que moi, quoiqu'il soit un peu incommodé de
son bras, et par conséquent assez souvent dans sa
chambre. Je le fus voir hier, et le bel Abbé. Il me faut
toujours quelques Grignan; sans cela il me semble
que je suis perdue. Vous savez comme M. de La Salle[2]
a acheté la charge de Tilladet; c'est bien cher de
donner cinq cent mille francs pour être subalterne de
M. de Marsillac[3]. Il me semble que j'aime mieux les
subalternes des charges de guerre et des gendarmes[4].
Valbelle a la sous-lieutenance. On parle fort du
mariage de Bavière[5]. Si l'on faisait des chevaliers[6], ce
serait une belle affaire; je vois bien des gens qui ne le
croient pas.

J'ai parlé à Mme Lemoine[7]. Elle m'a juré Dieu et le
diable que c'est Mme Y... qui a fait vos chemises, et
qu'elle y perd la dernière façon. Elle dit que vos
manches sont de la longueur de votre mesure, que,
pour la toile, vous l'avez choisie vous-même, qu'elle
est au désespoir que vous soyez mal contente, que si
vous voulez lui renvoyer vos manches, elle vous
donnera de la toile plus fine et les fera de la longueur
dont vous les voulez présentement. Elle vous prie de
ne point garder ce chagrin si longtemps contre elle.
Elle a parlé pathétiquement et prétend n'avoir point
de tort, mais elle raccommodera tout ce qui vous
déplaît; je vous conseille, ma bonne, de la prendre au

mot. J'admire le malheur qu'il y a eu sur ces pauvres chemises ; je comprends ce chagrin.

Vous en avez de toutes les façons, ma bonne. Rien n'y manque. Votre malheur[8] rend prisonniers ceux qui vous aiment ; la mort, l'antipathie empêchent qu'on ne profite. Enfin, Dieu le veut ! J'ai reçu une lettre de bien loin, bien loin, que je vous garde ; elle est pleine de tout ce qu'il y a au monde de plus reconnaissant, et d'un tour admirable pour le pauvre Corbinelli. Hélas ! il ne lui faut rien, il ne demande rien. Il ne se plaint de rien ; c'était moi qui étais émue[9]. S'il l'a été, il s'est bien caché, et s'est consolé dans l'innocence de sa conscience. Pour moi, qui ne suis pas si sage, c'était justement cela qui m'impatientait ; ai-je pu jamais savoir ce que c'était que cette sorte d'injustice, quoique je vous l'aie demandé ? Enfin, ma très chère, n'en parlons plus présentement, voilà qui est fait et trop fait et trop passé. Peut-être qu'un jour nous reprendrons ce chapitre à fond ; c'est une des choses que je souhaite le plus. Dans ces derniers temps, hélas ! vous faisiez fort bien pour Corbinelli ; il ne lui en faut pas davantage. Il est content, et moi aussi. Il n'y a rien à raccommoder. Tout est bien. Croyez-moi, ma bonne. Je ne sais point de cœur meilleur que le sien, je le connais ; et pour son esprit, il vous plaisait autrefois. Il regarde avec respect la tendresse que j'ai pour vous ; c'est un original qui lui fait connaître jusqu'où le cœur humain peut s'étendre. Il est bien loin de me conseiller de m'opposer à cette pente ; il connaît la force des conseils sur de pareils sujets. Le changement de mon amitié pour vous n'est pas un ouvrage de la philosophie, ni des raisonnements humains ; je ne cherche point à me défaire de cette chère amitié. Ma bonne, si dans l'avenir, vous me traitez comme on traite une amie, votre commerce sera charmant ; j'en serai comblée de joie, et je marcherai dans des routes nouvelles. Si votre tempérament, peu communicatif, comme vous le dites, vous empêche encore de me donner ce plaisir, je ne vous en aimerai pas moins. N'êtes-vous pas contente de ce que j'ai pour vous ? En désirez-vous davantage ? voilà votre pis aller. Vous ne serez point moins aimée.

Nous parlions de vous l'autre jour, Mme de La Fayette et moi, et nous trouvâmes qu'il n'y avait au monde que Mme de Rohan et Mme de Soubise qui fussent ensemble aussi bien que nous y sommes [10]. Et où trouverez-vous une fille qui vive avec sa mère aussi agréablement que vous faites avec moi ? Nous les parcourûmes toutes. En vérité, nous vous fîmes bien de la justice, et vous auriez été contente d'entendre tout ce que nous disions. Il me paraît qu'elle [11] a bien envie de servir M. de Grignan ; elle voit bien clair à l'intérêt qu'elle y prend. Elle sera alerte sur les chevaliers de l'ordre et sur tout. Le mariage [12] se fera dans un mois, malgré l'*écrevisse*, qui prend l'air tant qu'il peut, mais il sera encore fort rouge en ce temps-là.

Elle prend, Mme de La Fayette, des bouillons de vipères, qui lui redonnent une âme. Elles lui donnent des forces à vue d'œil ; elle croit que cela vous serait admirable. On prend cette vipère, on lui coupe la tête, la queue, on l'ouvre, on l'écorche, et toujours elle remue. Une heure, deux heures, on la voit toujours remuer. Nous comparâmes cette quantité d'esprits, si difficiles à apaiser, à de vieilles passions [13], et surtout celles de ce quartier. Que ne leur fait-on point ? On dit des injures, des mépris, des rudesses, des cruautés, des querelles, des plaintes, des rages, et toujours elles reviennent ; on n'en saurait voir la fin. On croit que quand on leur arrache le cœur, c'en est fait, qu'on n'en entendra plus parler. Point du tout. Elles sont encore en vie, elles reviennent encore. Je ne sais pas si cette sottise vous paraîtra comme à nous, mais nous étions en train de la trouver plaisante ; on en peut faire souvent l'application.

Nous fûmes si heureux que de vous avoir fait partir
un cuisinier, le jour que vous mandez que vous pouvez
vous en passer. Cela est comme tout le reste ! Cependant c'eût été une dépense épargnée, assez considérable. Il n'y en a aucune à quoi vous ne devez penser, et
petite et grande. Au moins, ma bonne, qu'on n'oublie
pas de renvoyer celui de Lyon. J'avais pensé à
Hébert [14], aussi bien que vous. Il est d'un grand ordre,
et fort accoutumé au détail. Il écrit, il a de l'esprit et
de la fidélité. Mais il a, ce me semble, la barbe un peu
trop jeune pour commander un si gros domestique.

M. de Grignan est bien heureux d'aimer sa famille ;
sans cela, il aurait les pattes encore plus croisées,
n'ayant point de chasse. Mais voici des affaires qui
vous viennent ; je crois que vous allez à Lambesc [15].
Ma bonne, il faut tâcher de se bien porter, de rajuster
les deux bouts de l'année qui sont dérangés, et les
jours passeront. Au lieu que j'en étais avare, je les jette
à la tête présentement.

Je m'en retourne à Livry jusqu'après la Toussaint ;
j'ai encore besoin de cette solitude. Je n'y veux mener
personne ; je lirai et tâcherai de songer à ma
conscience [16]. L'hiver sera encore assez long. Je ne me
puis accoutumer à n'avoir plus ma chère bonne, à ne
la plus voir, à prendre mes heures et les siennes, à la
rencontrer, à l'embrasser. Cette occupation rendait
ma vie contente et heureuse. Je ne vis que pour
retrouver un temps pareil.

Votre *pigeon* [17] est aux Rochers comme un ermite, se
promenant dans ses bois. Il a fort bien fait dans ces
États [18]. Il avait envie d'être amoureux d'une Mlle de
La Coste ; il faisait tout ce qu'il pouvait pour la
trouver un bon parti, mais il n'a pu. Cette affaire a une
côte rompue ; cela est joli. Il s'en va à Bodégat, de là au
Buron [19], et reviendra à Noël avec M. d'Harouys et
M. de Coulanges. Ce dernier a fait des chansons
extrêmement jolies ; Mesdemoiselles, je vous les

enverrai. Il y avait une Mlle Descartes, propre nièce de votre *père*[20], qui a de l'esprit comme lui ; elle fait très bien des vers. Mon fils vous parle, vous apostrophe, vous adore, ne peut plus vivre sans son *pigeon;* il n'y a personne qui n'y fût trompé. Pour moi, je crois son amitié fort bonne, pourvu qu'on la connaisse pour être tout ce qu'il en sait ; peut-on lui en demander davantage ?

Adieu, ma très chère et très bonne et très aimable. Je ne veux pas entreprendre de vous dire combien je vous aime ; je crois qu'à la fin ce serait un ennui. Je fais mille amitiés à M. de Grignan, malgré son silence. J'étais ce matin avec M. de La Garde et le Chevalier ; toujours pied ou aile de cette famille. Mesdemoiselles, comment vous portez-vous ? et cette fièvre, qu'est-elle devenue ? Mon cher petit Marquis, il me semble que votre amitié est considérablement diminuée ; que répond-il ? Pauline, ma chère Pauline, où êtes-vous, ma pauvre petite ?

50. À GUITAUT

À Livry, [mardi] 24e octobre [1679].

Vous n'avez donc pas eu M. de Caumartin ? Quelle raison vous a-t-il donnée pour ne point faire un voyage si naturel et si bien placé ? Il me semble que l'amitié qui est entre vous les devait conduire tout droit à Époisses. Pour moi, Monsieur, je suis dans cette forêt solitaire et triste comme vous savez. J'ai quelque envie de tourner mon intention du côté d'une retraite pour me préparer à la bonne fête de la Toussaint. Jusqu'ici, j'en ai fait une caverne de larrons[1], c'est-à-dire un lieu où j'ai passé plusieurs jours dans un horrible chagrin. Je voudrais bien faire de tout cela un sacrifice à Dieu, et l'offrir comme une pénitence[2] ; avec de telles vues, on rendrait bon tout ce qui est mauvais. Cette comtesse me revient toujours au cœur et à l'esprit. Elle a de cruels maux de jambes ; c'est l'humeur de cette poitrine qui se jette là. Elle est toujours d'une maigreur qui me fait trembler. Elle me cache la moitié de ses maux, et l'éloignement fait qu'on n'a jamais de repos. Elle vous demande de l'eau de Sainte-Reine ; je crois que vous l'avez déjà envoyée. Il faut croire qu'elle en a besoin. Ils sont présentement, selon mes supputations, à leur petite Assemblée. M. de Vendôme n'y va point encore cette année ; ils enterreront la synagogue[3]. Après cela, je leur conseille bien de régler leurs affaires de si bonne manière qu'ils puissent être à Paris comme les autres, et que ma fille ne soit occupée que du soin de rétablir sa santé, s'il est possible. N'êtes-vous pas de cet avis ?

J'ai été quelques jours à Paris. Je serai ici jusqu'après la Toussaint. On ne parle que de M. et de Mme de Ventadour[4]. Vous avez de trop bons correspondants, ou correspondantes, pour se mêler de vous dire des nouvelles. Ou vous viendrez en apprendre vous-même, ou l'on vous en contera cet hiver. Que je vous admire, et que vous êtes sage d'être chez vous, pour les raisons qui vous y font demeurer ! Mais quand elles cessent, on a quelque plaisir à revoir ses amis. En vérité, vous êtes un des hommes du monde qui me convient le plus.

Madame, voulez-vous bien que je le dise, et que j'avoue, comme il le disait l'autre jour, que c'est un grand bonheur, ou un grand malheur, que nous ne nous soyons pas rencontrés plus tôt ? Le bon Abbé vous assure tous deux de ses respects. Il se porte très bien ; son heure n'était pas marquée. Il faut jouir de cet été Saint-Martin que la Providence lui donne encore. Aimez-moi, je vous en conjure, puisque vous m'avez embarquée à vous aimer très sincèrement.

M.R.C.

51. À GUITAUT

À Paris, ce mercredi 6ᵉ décembre [1679].

Il est vrai que je trouve toujours vos lettres admirables. Tout m'en plaît, et l'on peut dire qu'elles sont faites *col senno e con la mano*[1], car les plus belles choses du monde, cachées sous des pieds de mouche, ne me sont de rien ; elles se refusent à moi et je me refuse à elles. Je ne puis déchiffrer ce qui n'est pas déchiffrable. Vous voyez donc bien que votre commerce a pour moi tout ce que je puis souhaiter. Cependant, avec toutes ces perfections, je vous promets de ne point montrer cette dernière ; j'en connais les beaux endroits, et cela me suffit.

Vous avez bien fait d'adresser votre compliment pour M. de Pomponne[2] à M. de Caumartin. Le canal est tout naturel, et comme vous dites, vous ne perdez rien de tout ce que je dirai au delà de la lettre ; je n'oublierai aucun de vos sentiments. Ceux que vous avez pour Mme de Vins, sur la parole de M. d'Hacqueville et de Mme de Grignan, sont fort raisonnables. Vous avez dû vous en fier à leurs goûts et à leurs lumières ; je l'aurais fait comme vous, mais ayant été en lieu de juger par moi-même, j'ai été de leur avis avec connaissance de cause. C'est une des plus aimables personnes que vous connaissiez, l'esprit droit et bien fait, fort orné et fort aisé, un cœur très sensible, et dont tous les sentiments sont bons et nobles au delà de ce que vous pouvez imaginer. Elle m'aime un peu pour ma vade[3], et par-dessus cela, je suis la résidente de ma fille auprès d'elle ; cela fait un assez grand commerce entre elle et moi.

Le malheur ne me chassera pas de cette maison. Il y a trente ans (c'est une belle date) que je suis amie de M. de Pomponne ; je lui jure fidélité jusqu'à la fin de ma vie, plus dans la mauvaise que dans la bonne fortune. C'est un homme d'un si parfait mérite, quand on le connaît, qu'il n'est pas possible de l'aimer médiocrement. Autrefois nous disions, chez Mme du Plessis à Fresnes[4], qu'il était parfait ; nous ne trouvions pas qu'il lui manquât rien, et nous ne savions que lui ôter ni que lui souhaiter. Il s'en va reprendre le fil de toutes ces vertus morales et chrétiennes que les occupations nous avaient fait perdre de vue. Il ne sera plus ministre ; il ne sera plus que le plus honnête homme du monde. Vous souvient-il de Voiture à Monsieur le Prince[5] ?

> *Il n'avait pas un si haut rang :*
> *Il n'était que prince du sang.*

Il faudra donc se contenter de ce premier état de perfection.

M. de Caumartin et moi étions à Pomponne dans le temps que la Providence rompait ses liens. Nous le vîmes partir de cette maison, ministre et secrétaire d'État ; il revint le même soir à Paris, dénué de tout, et simple particulier. Croyez-vous que toutes ces conduites soient jetées au hasard ? Non, non, gardez-vous-en bien ; c'est Dieu qui conduit tout, et dont les desseins sont toujours adorables, quoiqu'ils nous soient amers et inconnus. Ah ! que M. de Pomponne regarde bien sa disgrâce par ce côté-là ! Et le moyen de perdre de vue cette divine Providence ? Sans cela il faudrait se pendre cinq ou six fois par jour. Je n'en suis pas moins sensible, mais j'en suis bien plus résignée[6]. Notre pauvre ami est donc à Pomponne. Cet abord a été dur ; il a trouvé cinq garçons tout d'une

vue, qui à mon sens font tout son embarras. La
solitude est meilleure pour les commencements de ces
malheurs. Je l'ai senti pour celui de la séparation de
ma fille. Si je n'avais trouvé notre petit Livry tout à
propos, j'aurais été malade. J'avalai là tout doucement mon absinthe ; M. de Pomponne et sa famille, et
Mme de Vins, font tout de même. Quand ils reviendront ici, il n'y paraîtra plus. Si les accablements de
bonheur de MM. de La Rochefoucauld ne vous consolent point de la chute de M. de Pomponne, croyez aussi
que ce dérangement dans le ministère ne console
point un autre ministre de la paix[7].

Ah ! que nous aurions grand besoin de faire un petit
voyage en litière[8], seulement jusqu'à Bourbilly ! En
attendant, nous vous apprendrons les magnificences
du mariage de Monseigneur le Dauphin, et l'habile
conduite de celui de Mlle de Vauvineux, qui fut,
comme vous savez, très bien mariée la nuit de samedi
à dimanche, à Saint-Paul, avec M. le prince de
Guéméné. Le secret a été gardé en perfection ; le Roi
était de cette confidence. Les raisons qu'il avait de
l'improuver ayant cessé, il a changé aussi, et signé le
contrat. Enfin rien n'a manqué à ce mariage que de
battre le tambour, d'être en parade sur le lit, et d'avoir
des habits rebrochés d'or et d'azur. Car pour princesse
de Guéméné, on ne peut pas l'être davantage, ni toute
la maison de Luynes[9] plus ébaubie et plus fâchée. Je
leur pardonne : ils voient leur jolie fille oubliée au
bout de trois mois. Mais l'autre dit : *Primo amor del
cor mio* ; voilà sa raison. Il ne l'avait jamais oubliée, et
sans savoir pourquoi, il était ravi qu'elle ne fût point
mariée. Il faut avoir une espèce de mérite pour conserver un goût comme celui-là. Quoi qu'il en soit, j'entre
dans la joie de la mère, et je vois avec plaisir tout ce
que la Providence a fait et défait pour en revenir là.

On me mande de Provence que notre pauvre
comtesse est assez bien. Son fils a pensé mourir de la

rougeole. Elle l'a gardé ; elle a été plus heureuse que
sage. Envoyez-lui de l'eau de Sainte-Reine quand elle
vous en demandera. Adieu, Monsieur et Madame. Je
vous dis toujours : « Aimez-moi, aimez-moi sur ma
parole. » Je sais bien ce que je vous dis, et je sens bien
comme je vous aime.

Notre bon Abbé vous honore et vous assure de ses
services. Il a été fort enrhumé ; il est mieux, Dieu
merci.

52. À MADAME DE GRIGNAN

À Paris, vendredi 8ᵉ décembre 1679.

C'est une chose rude, ma bonne, que d'être fort loin
des personnes que l'on aime beaucoup ; il est impossible, quelque résolution que l'on fasse, de n'être pas un
peu alarmée des désordres de la poste. Je n'eus point
de vos lettres avant-hier [1] ; pour dimanche, je ne m'en
étonne pas, car j'avais eu le courrier. J'envoyai chez
MM. de Grignan ; ils n'en avaient point non plus. J'y
allai le lendemain, qui était hier ; enfin il vint une
lettre du 28 novembre, de Monsieur l'Archevêque, qui
nous persuada qu'au moins vous n'étiez pas plus
malade qu'à l'ordinaire. Je passai à la poste pour
savoir des nouvelles d'Aix, car les courriers de ces
messieurs vont mieux que les nôtres, mais je sus, par
Mme Rouillé [2], que son mari, du 29, ne lui parlait
point de vous, mais bien de la disgrâce de M. de
Pomponne, que M. de Grignan lui venait d'apprendre.
J'attends donc vos lettres de dimanche ; je crois que
j'en aurai deux. Je n'ai jamais mis en doute que vous
ne m'ayez écrit, à moins que d'être bien malade. Cette
seule pensée, sans aucun fondement, fait un fort grand
mal. C'est une suite de votre délicate santé, car quand
vous vous portiez bien, je supportais sans horreur les

extravagances de la poste. Car voyez quelle folie d'apporter d'Aix le paquet de Madame l'Intendante, et laisser le vôtre !

Beaulieu a reçu une lettre de Lyon, d'*Autrement*[3], du 30ᵉ ; il y est seul et va s'embarquer. Cette pauvre Mme d'Oppède[4] est demeurée par les chemins, son fils malade à Cosne, et sa fille à Roanne. Tout est semé de son train. Quel embarras ! Je la plains. Elle donnait de l'argent à dépenser à ses gens. Ainsi les dix écus[5] que nous pensions inutiles à ce garçon lui auront été bons. Il est un peu rude sur la dépense. Il ne parlait pas de moins que d'un écu par jour par les chemins ; nous nous moquâmes de lui. Nous croyons que si vous lui donnez vingt-cinq ou trente sols, à cause de sa maladie qui le rend délicat, c'est le bout du monde. Nous vous compterons sa garde, ses bouillons ; mais depuis notre retour de Livry, qu'il était pêle-mêle avec nos gens, assurément vous n'en entendrez pas parler. Vous ne payez que trop bien vos hôtes ; je travaille à voir clair à ce que je vous dois de reste[6]. Nous ferons repartir Saint-Laurens[7] le plus tôt que nous pourrons. Nous saurons demain le jour, au retour de l'abbé de Grignan qui a fait encore un second voyage à Saint-Germain (de ces voyages qui me donnent tant de peine !). En vérité, vous êtes trop heureux de les avoir tous pour résidents à la cour de France. Ils désapprouvent bien votre affaire de Toulon ; ils disent que si on voulait se brouiller à feu et à sang avec le gouverneur, il ne faudrait pas autre chose. Nous espérons que celle des blés sera plus praticable.

Je vous écrivis mercredi une très longue lettre. Si on vous la perd, vous ne comprendrez rien à celle-ci. Par exemple, on verra la jeune princesse de Guéméné aujourd'hui en parade à l'hôtel de Guéméné ; vous ne sauriez ce que je veux dire. Mais supposant que vous savez le mariage de Mlle de Vauvineux, je vous dirai qu'afin qu'il ne manque rien à son triomphe, elle y recevra ses visites quatre jours de suite. J'irai demain avec Mme de Coulanges, car je fais toujours ce qui s'appelle visites avec elle ou sa sœur.

Nous fûmes hier, Monsieur le Comte, chez vos amies Leuville et d'Effiat ; elles reçoivent les compliments de la réconciliation et de la gouvernance[8]. Cette d'Effiat était enrhumée : on ne la voyait point, mais c'était tout de même ; la jeune Leuville faisait les honneurs. Je leur fis vos compliments par avance, et les vôtres aussi, ma très chère. On est bien étonné que Mme d'Effiat soit gouvernante de quelque chose. Tout est fort bien. La maréchale de Clérambault aura son paquet à Poitiers, où elle avait reçu l'ordre de venir au Palais-Royal. Voilà le monde. Ne vous ai-je pas mandé les prospérités de Mme de Grancey[9], et comme elle revient accablée de présents ? Elle eût embrasé l'Espagne si, comme on disait, elle y avait passé l'hiver. Elle a mandé que l'âme prenante de Mme de Fiennes avait passé heureusement dans son corps, et qu'elle prenait à toutes mains.

On attend, à la cour, le courrier de Bavière avec impatience ; on compte les moments. Cela me fait souvenir de l'autre[10], qui a comblé la mesure des mauvais offices qu'on rendait à notre pauvre ami. Sans cette dernière chose, il se fût encore remis dans les arçons, mais Dieu ne voulait pas que cela fût autrement. Je vous ai mandé comme j'avais envoyé tous les gros paquets à Pomponne avec celui de Mme de Vins. On renvoya à Saint-Germain ce qu'il fallait y envoyer[11].

J'ai quelque impatience de savoir comme se porte et comporte la pauvre petite d'Adhémar[12]. Je m'en vais lui écrire tout résolument ; depuis que je me mets à différer, il n'y a plus de fin.

Ma chère bonne, que vous dirai-je encore ? Il me semble qu'il n'y a point de nouvelles. On saura les officiers de Madame la Dauphine quand ce courrier sera revenu. J'ai bien envie de savoir comme vous aurez soutenu ce tourbillon d'Aix. Il est horrible ; je m'en souviens. C'était une de mes raisons de craindre pour votre santé. Toutes ces allées et venues sont des affaires pour vous présentement, qui n'en étaient pas autrefois. Le chevalier de Buous est ici. Il me dit tant que *vous vous portez parfaitement bien*, que vous êtes *plus belle que jamais*, que vous êtes *si gaie* — c'est trop, monsieur le chevalier. Un peu moins d'exagération, plus de vraisemblance, plus de détail, plus d'attention m'aurait fait plus de bien. Il y a des yeux qui voient tout, et ceux qui ne voient rien m'impatientent. J'ai dit mille fois que l'on se porte toujours à merveille pour ceux qui ne s'en soucient guère. Saint-Laurens me parle encore de l'excès de votre santé. Eh, mon Dieu ! une petite lettre de Montgobert, qui regarde et qui connaît, me fait plus de plaisir que toutes ces grandes perfections.

Mme de Coulanges causa l'autre jour une heure avec Fagon chez Mme de Maintenon. Ils parlèrent de vous. Il dit que votre grand régime devait être dans les aliments, que c'était un remède que la nourriture, que c'était le seul qui le soutînt, que cela adoucissait le sang, réparait les dissipations, rafraîchissait la poitrine, redonnait des forces, et que, quand on croit n'avoir pas digéré après huit ou neuf heures, on se trompait, que c'étaient des vents qui prenaient la place, et que si l'on mettait un potage ou quelque chose de chaud sur ce que l'on croit son dîner, on ne le sentirait plus, et l'on s'en porterait bien mieux, que c'était une de vos grandes erreurs. Mme de Coulanges écouta et retint tout ce discours, et voulut vous le mander ; je m'en suis chargée, et vous conjure, ma très bonne, d'y faire quelque réflexion, et d'essayer s'il dit vrai, et de mettre la conduite de votre santé devant tout ce que vous appelez des devoirs. Croyez que c'est votre seule et importante affaire. Si la pauvre Mme de

La Fayette n'en usait ainsi, elle serait morte il y a
longtemps. Et c'est par ces pensées, que Dieu lui
donne, qu'elle soutient sa triste vie, car, en vérité, elle
est accablée de mille maux différents.

Je reçois dans ce moment, ma très chère, votre
paquet du 29 par un chemin détourné; voilà tout le
commencement de ma lettre entièrement ridicule et
inutile. Voilà donc ce cher paquet, le voilà. Vous avez
très bien fait, ma bonne, de le déguiser et de le
dépayser un peu [13]. Je ne suis point du tout surprise de
votre surprise ni de votre douleur [14]; j'en ai senti, et
j'en sens encore tous les jours. Vous m'en parlerez
longtemps avant que je vous trouve trop pleine de
cette nouvelle; elle ne sera pas sitôt oubliée de
beaucoup de gens, car pour le torrent, il va comme
votre Durance quand elle est endiablée, mais elle
n'entraîne pas tout avec elle. Vos réflexions sont si
tendres, si justes, si sages et si bonnes qu'elles mérite-
raient d'être admirées de quelqu'un qui valût mieux
que moi.
Vous avez raison, la dernière faute n'a point fait
tout le mal, mais elle a fait résoudre ce qui ne l'était
pas encore. Un certain homme [15] avait donné de
grands coups depuis un an, espérant tout réunir, mais
on bat les buissons et les autres prennent les oiseaux,
de sorte que l'affliction n'a pas été médiocre et a
troublé entièrement la joie [16] intérieure de la fête.
M'entendez-vous bien? car vous n'aurez votre courrier de dix ans [17]. Il vaut autant mourir. C'est donc un
mat qui a été donné, lorsqu'on croyait avoir le plus
beau jeu du monde et rassembler toutes ses pièces
ensemble. Il est donc vrai que c'est la dernière goutte
d'eau qui a fait répandre le verre; ce qui nous fait
chasser notre portier, quand il ne nous donne pas un
billet que nous attendons avec impatience, a fait
tomber du haut de la tour, et on s'est bien servi de

l'occasion. Personne ne croit que le nom y ait eu part ; peut-être aussi qu'il y a entré pour sa vade. Un homme me disait l'autre jour : « C'est un crime que sa signature. » Et je dis : « Oui, c'est un crime pour eux de signer et de ne signer pas [18]. » Je n'ai rien entendu de cet écrit insolent dont vous me parlez. Je crois qu'on ne se défie point de la discrétion de ceux qui savent les secrets ; rien n'est égal à leur sagesse, à leur vertu, à leur résignation, à leur courage. Je crois que, dans la solitude où ils sont encore pour quelques jours, il communiquera toutes ses perfections à toute sa famille. J'y ai fait tenir votre paquet à la belle-sœur en envoyant les paquets, comme je vous l'ai mandé ; je m'en vais encore y envoyer ceux que je viens de recevoir. On me fit de là des réponses si tendres que je ne pus les soutenir sans une extrême tendresse.

Adieu, ma chère bonne. Embrassez la petite d'Adhé-mar. La pauvre enfant ! ayez-en pitié ; je ne puis encore lui écrire. Je baise et j'embrasse tout ce qui vous entoure. Vous êtes trop bonne de me rassurer sur la douleur que me donne mon inutilité pour votre service ; quelque tour que j'essaie d'y donner, j'en suis humiliée. Mais, ma bonne, vous ne laisserez pas de m'aimer ; vous m'en assurez, et je le crois. Je penserais comme vous, si j'étais à votre place ; cette manière de juger est fort sûre. Je suis tout à vous ; je ne puis vous rien dire de si vrai.

Vendredi, à 7 heures du soir, 8e décembre.

Après avoir envoyé mon paquet à la poste, j'en reçois un de Mme de Vins pour vous. Mais comme elle me prie de ne l'envoyer que par le courrier, je le ferai, et vais le mettre dans mon cabinet ; j'y joindrai encore les réponses qu'elle fera à vos lettres, que j'enverrai demain. Et quoiqu'il soit fâcheux de laisser vieillir des lettres, il le vaut mieux que de hasarder de faire du mal à ses amis. Mandez-moi des nouvelles de la santé de Monsieur le Coadjuteur. Je vous embrasse, ma très chère.

Provence, Lambesc. Madame, Madame la comtesse de Grignan. À Lambesc.

53. À POMPONNE

À Paris, ce lundi 18ᵉ décembre [1679].

Voilà, Monsieur, une lettre de ma fille. Elle ne peut apaiser son cœur ; elle pense à vous et m'en parle sans cesse. Elle a une si juste idée de ce que vous valez qu'elle me paraît plus empressée de l'honneur de votre amitié qu'elle ne l'a jamais été. Elle croit que l'attention que vous pouvez avoir présentement pour vos amis la doit rendre plus précieuse. Enfin elle démêle parfaitement M. de Pomponne d'avec le ministre.

DE MADAME DE GRIGNAN

Je n'ai pas dessein, Monsieur, de vous faire un compliment ; je ne l'aurais pas tant retardé, étant plus sensible à ce qui vous arrive que ceux qui se sont pressés. Mais, Monsieur, trouvez bon que je vous demande la continuation de l'honneur de votre amitié, que vous m'avez jusqu'à présent si utilement accordée sous le nom de protection. Comme il n'était pas nécessaire d'avoir un grand mérite pour obliger une âme comme la vôtre à faire les grâces dont la fortune vous rendait dispensateur, et qu'il faut une égalité de mérite que je n'ai pas pour être digne du commerce de votre amitié, je m'adresse encore à votre bonté pour l'obtenir.

Je vous supplie de croire, Monsieur, que de tous les biens que j'en ai reçus, celui que je demande me paraît le plus honorable et le plus précieux. Avec les sentiments que je me trouve pour vous, Monsieur, il m'est difficile de vous plaindre. Il me semble que vous auriez beaucoup perdu si vous aviez cessé d'être M. de Pomponne, quand vous avez eu d'autres dignités, mais de quelle perte ne doit-on pas se consoler quand on est assuré d'être toujours l'homme du monde dont les vertus et le singulier mérite se font le plus aimer et respecter ?

LA COMTESSE DE GRIGNAN.

M. le coadjuteur d'Arles est ici, malade depuis douze jours de la fièvre continue ; c'est ce qui l'a empêché de se donner l'honneur de vous écrire.

À Aix, ce 9e décembre.

54. À MADAME DE GRIGNAN

À Paris, ce [vendredi] 29e décembre [1679].

Ma très chère bonne, figurez-vous que je suis à genoux devant vous et qu'avec beaucoup de larmes, je vous demande, par toute l'amitié que vous avez pour moi et par toute celle que j'ai pour vous, de ne me plus écrire que comme vous avez fait la dernière fois[1]. Ma bonne, c'est tellement du cœur que je vous demande cette grâce qu'il est impossible que cette vérité ne se fasse sentir au vôtre. Hélas ! ma chère enfant, tout épuisée, tout accablée, n'en pouvant plus, une douleur et une sécheresse de poitrine épouvantables — et moi, qui vous aime chèrement, j'y puis contribuer ! Je puis me reprocher d'être cause de cet état douloureux et périlleux ! Moi qui donnerais ma vie pour sauver la vôtre, je serai cause de votre perte, et j'aurai si peu de tendresse pour vous que je mettrai en comparaison le plaisir de lire vos lettres, et les réponses très agréables que vous me faites sur des bagatelles, avec la douleur de vous tuer, de vous faire mourir ! Ma très chère bonne, cette pensée me fait frissonner. S'accommode qui voudra de cet assassinat ; pour moi, je ne puis l'envisager, et je vous jure et je vous proteste que si vous m'écrivez plus d'une feuille et que, pour les nouvelles, vous ne vous serviez de Montgobert, de Gautier, ou d'Anfossy[2], je vous jure que je ne vous écrirai plus du tout. Et le commerce rompu de mon côté me donnera autant de chagrin que j'aurai de soulagement si vous en usez comme je vous le dis. Quoi ! je pourrais me reprocher le mal que vous sentez ! Hélas ! il me fait assez de mal sans que j'y ajoute de vous tuer de ma propre main. Ma bonne, voilà qui est fait ; si vous m'aimez, ôtez-moi du nombre de ce que vous croyez vos devoirs. Je me croirai la plus aimée, la mieux traitée, la plus tendrement ménagée, quand vous prendrez sur moi et que vous ôterez du nombre de vos fatigues les volumes que vous m'écrivez. Il y a longtemps que j'en suis blessée et que je me doute de ce qui vous est arrivé, mais enfin cela est trop visible, et j'aimerai toute ma vie Montgobert de vous avoir forcée à lui quitter la plume. Voilà ce qui s'appelle de l'amitié ; je m'en vais l'en remercier. Voilà ce qui s'appelle avoir des yeux, et vous regarder. Je me moque de tout le reste ; *ils ont des yeux et ne voient point*[3], et nous avons les mêmes yeux, elle et moi. Aussi je n'écoute qu'elle. Elle n'a osé me dire un mot cette fois ; la sincérité et la crainte de m'affliger lui ont imposé silence. Mlle de Méri se gouverne bien mieux ; elle n'écrit point. Corbinelli se tue quand il veut ; il n'a qu'à écrire. Qu'il soit huit jours sans regarder son écritoire, il ressuscite. Laissez, laissez un peu la vôtre, toute jolie qu'elle est ; ne vous disais-je pas bien que c'était un poignard que je vous donnais[4] ? Vous avez si bien ménagé ce que vous avez écrit dans votre lettre qu'elle m'a paru toute de vous. J'étais fâchée de sa grosseur. Et quoique j'aie compris l'état où vous étiez avec beaucoup de peine, j'ai mieux aimé que cela soit arrivé pour vous corriger, et y mettre un bon ordre une bonne fois pour toutes, que d'être encore trompée et vous achever d'accabler.

Je vis l'autre jour Duchesne[5] chez Mme de Cou-langes, qui a gardé plus de quinze jours sa chambre pour des dégoûts et des plénitudes ; il me parla de votre santé, et me dit encore pis que pendre de cette chienne d'écriture. Il est ami de Fagon. Il me conta qu'il ne vivait que par l'éloignement des écritoires, et me dit encore que vous ne vous laissassiez point mourir d'inanition. Quand la digestion est trop lon-gue, il faut manger : cela consomme un reste qui ne fait que se pourrir et fumer si vous ne le réchauffez par des aliments ; Saint-Aubin[6] en a fait cent fois l'expé-rience. Il pria fort aussi de vous recommander l'eau de Sainte-Reine. C'est une cause de tous vos maux, à quoi vous ne pensez peut-être pas. Ma bonne, Dieu veut que je vous dise tout cela ; je le prie de donner à mes paroles toute la force nécessaire pour vous frapper et vous obliger d'en faire votre profit. Je pris hier une médecine, par l'ordre du bon Duchesne ; elle m'a fait comme celle du Bourbonnais[7]. Je prendrai demain de la petite eau de cerises. Et le tout pour vous plaire. faites aussi quelque chose pour moi.

Vous avez été à Lambesc, à Salon ; ces voyages, avec votre poitrine, ont dû vous mettre en mauvais état, et vous ne vous en souciez point et personne n'y pense. Vous seriez bien fâchée d'avoir rien dérangé ; il faut que la compagnie de bohèmes[8] soit complète, comme si vous aviez leur santé. Votre lit, votre chambre, un grand repos, un grand régime, voilà ce qu'il vous fallait, ma bonne ; au lieu de cela, du mouvement, des compliments, du dérèglement et de la fatigue. Ma bonne, il ne faut rien espérer de vous, tant que vous mettrez toutes sortes de choses devant votre santé. J'ai tellement rangé d'une autre sorte cette unique affaire qu'il me semble que tout est loin de moi, en comparai-son de cette intime attention que j'ai pour vous. Cependant je veux finir pour aujourd'hui ce chapitre.

Je vous mandai avant-hier, par un petit guenillon de billet qui suivait une grosse lettre, que Mme de Soubise était exilée[9] ; cela devient faux. Il nous paraît qu'elle a parlé, un peu murmuré de n'avoir pas été dame d'honneur, comme la Reine le voulait, peut-être méprisé la pension au prix de cette belle place ; et sur cela, la Reine lui aura conseillé de venir passer son chagrin à Paris. Elle y est, et même on dit qu'elle a la rougeole. On ne la voit point, mais on est persuadé qu'elle retournera, comme si de rien n'était. On faisait une grande affaire de rien. L'esprit charitable de souhaiter plaies et bosses à tout le monde est extrêmement répandu.

Il y a de certaines choses, au contraire, sur quoi on se trouve disposé à souffler du bonheur, comme du temps des fées. Le mariage de Mlle de Blois[10] plaît aux yeux. Le Roi lui dit d'écrire à sa mère ce qu'il faisait pour elle. Tout le monde a été lui faire compliment ; je crois que Mme de Coulanges m'y mènera demain. Je veux voir aussi la petite du Janet[11] ; je serai lundi à sa prise d'habit, et je lui fais donner tous ses habits par la Bagnols. Monsieur le Prince, Monsieur le Duc[12] sont courus chez cette sainte fille et mère[13], qui a parfaitement bien accommodé son style à son voile noir, assaisonnant parfaitement sa tendresse de mère avec celle d'épouse de Jésus-Christ. Les princes ont poussé leurs honnêtetés jusqu'à Mme de Saint-Rémy[14] et sa fille, et une vieille tante obscure qui demeure dans le faubourg ; en vérité, ils ont raison de pardonner au côté maternel en faveur de l'autre.

Le Roi marie sa fille non comme la sienne, mais comme celle de la Reine, qu'il marierait au roi d'Espagne. Il lui donne cinq cent mille écus d'or, comme on fait toujours avec ces couronnes, hormis que ceux-ci seront payés et que les autres, fort souvent, ne font qu'honorer le contrat. Cette jolie noce se fera devant le 15 de janvier. Gautier[15] ne peut plus se plaindre; il aura touché cette année en noces plus d'un million. On donne d'abord cent mille francs à la maréchale de Rochefort[16] pour commencer les habits de la Dauphine. Monsieur l'Électeur avait mandé les marchands de Paris pour habiller sa sœur; le Roi l'a prié de ne point se mettre en peine de rien, et qu'avec sa maison, qu'on lui envoyait, elle trouverait tout ce qu'elle pourrait souhaiter. Le mariage se fera avec beaucoup de dignité. On ne partira qu'en février.

J'attendrai Gordes avec impatience, et laisserai bien assurément *écumer mon pot* à qui voudra, pour lui demander : « Comment se porte-t-elle, et que fait-elle ? » S'il me répond comme le chevalier de Buous, je le laisserai là, en soupirant, car ce n'est pas sans beaucoup de douleur qu'on ne peut pas s'accommoder de ce qu'il dit de vous.

Monsieur l'Intendant est bien heureux d'être si galant, sans craindre de rendre sa femme jalouse. Je voudrais qu'il mît les échecs à la place du hère[17]; autant de fois qu'il serait mat seraient autant de marques de sa passion. La mienne continue pour ce jeu; je me fais un honneur de faire mentir M. de La Trousse, et je crains quelquefois de n'y pas réussir.

Je suis fort bien reçue quand je fais vos compliments; votre souvenir honore. J'ai fait votre devoir à l'abbé Arnauld[18] et à La Troche. Mme de Coulanges veut vous écrire, et vous remercier elle-même, mais ce sera l'année qui vient; elle est dans l'agitation des étrennes, qui est violente cette année. Il me semble que vous croyez que je mens, quand je parle de la connaissance de Fagon et de Duchesne; ç'a été, ma belle, pendant la blessure de M. de Louvois, qu'ils furent quarante jours ensemble[19]; ils se sont liés d'une estime très particulière. Oui, n'en riez point; c'est à votre montre qu'il faut regarder si vous avez faim, et quand elle vous dira qu'il y a huit ou neuf heures que vous n'avez mangé, avalez un bon potage,

sur sa parole, et vous consommerez ce que vous
appelez une indigestion. Je voudrais que la montre fût
méchante, et que le cuisinier fût bon. Je voudrais vous
avoir envoyé le mien, il est cent fois meilleur. Je suis
un peu fâchée contre La Forêt d'avoir tant répondu
d'un si vilain marmiton[20]. Nous avons été tous aveu-
glés.

Nous pouvons donc espérer de voir Monsieur le
Coadjuteur, et lui voir une princesse dans la multitude
de ses poulettes. Sa ruelle était celle de la vieille
princesse, où il y avait trois fauteuils tout de suite et
des sièges pliants ensuite, et l'on se trouvait à l'aventure sur ces chaises ; et quand il venait plus de
duchesses qu'il n'y en avait, elles avaient pour se
consoler Mme de Bracciano[21] et Mme d'Orval sur des
pliants. Cette confusion était assez bien et assez
naturelle ; personne n'a été fâché. Hélas ! que sait-on si
cette petite princesse est contente[22] ? la fantaisie
présente de son mari est de sonner du cor à la ruelle
de son lit ! Ce n'est pas l'ordre de Dieu, qu'autre chose
que lui puisse contenter pleinement notre cœur. Ah !
que j'ai une belle histoire à vous conter de l'archevêque ! mais ce ne sera pas pour aujourd'hui.

M. de Pomponne est retourné sur le bord de sa
Marne[23]. Il y avait l'autre jour plus de gens considérables, le soir chez lui, que devant sa disgrâce. C'est le
prix de n'avoir point changé pour ses amis ; vous
verrez qu'ils ne changeront point pour lui aussi. Rien
ne se peut ajouter à l'amitié et à la reconnaissance
qu'il a pour vous. Mme de Vins m'en paraît toujours
touchée jusqu'aux larmes, dont j'ai vu rougir plusieurs fois ses beaux yeux. Elle ne veut faire de visites
qu'avec moi, puisque vous et Mme de Villars lui
manquez. Elle peut disposer de ma personne tant
qu'elle me trouvera bonne ; j'ai trop de raisons pour
me trouver heureuse de ce goût. Elle n'a point été à
Saint-Germain. Elle a des affaires qui la retiennent,

malgré qu'elle en ait, car son cœur la mène et la fait demeurer à Pomponne; cet attachement est digne d'être honoré et adoucit les malheurs communs.

Adieu, ma très chère bonne. Faites-moi écrire après avoir commencé, car il me faut quatre lignes. Mademoiselle de Grignan, *Montgo*, Gautier, Anfossy, ayez tous pitié de ma fille et de moi. Et Montgobert ne peut-elle pas entrer aussi dans le pied de veau de Lambesc[24]? Enfin, ma bonne, soulagez-vous, ayez soin de vous, fermez votre écritoire; c'est le vrai temple de Janus[25]. Et songez que vous ne sauriez faire un plus solide et sensible plaisir à ceux qui vous aiment le plus que de vous conserver pour eux, et non pas vous tuer pour leur écrire. J'embrasse toute votre compagnie, et le capitaine bohème[26], c'est-à-dire Monsieur le Comte. Je suis en peine de Paulinette. Hélas! comme vous dites, il n'y a qu'un moment que vous étiez comme l'autre[27]!

55. À MADAME DE GRIGNAN

À Paris, le [mardi] 30e janvier [1680].

Vous m'écrivez trop. Je ne puis plus voir beaucoup de votre écriture sans chagrin; je sais, ma bonne, le mal que cela vous fait et, quoique vous me mandiez les choses du monde les plus aimables et les plus tendres, je regrette d'avoir ce plaisir aux dépens de votre poitrine. Je vois bien, ma très chère, qu'elle vous fait encore mal; voici une longue bouffée[1], et sans autre cause que votre mal même, car vous ne vous fatiguez point du tout et vous dites que le temps est doux; vous écrivez moins qu'à l'ordinaire. D'où vient donc cette opiniâtreté? Ma bonne, vous ne m'en dites pas un mot et Montgobert a la cruauté d'avoir une

plume à la main, d'écrire pour vous et de ne me pas
dire un mot. Bon Dieu ! qu'est-ce que tout le reste ? Et
quel intérêt puis-je prendre à toute la joie de votre
ville d'Aix quand je vois que vous n'y êtes pas et que
vous êtes couchée à huit heures ? Vous me direz :
« Vous voulez donc que je veille et que je me fatigue ? » Non, ma bonne ; Dieu me garde d'avoir une
volonté si dépravée ! Mais vous n'étiez pas, ici, hors
d'état de prendre quelque part à la société.

J'ai vu M. de Gordes[2]. Il m'a dit bien sincèrement
que, dans le bateau, vous étiez très abattue et très
languissante et qu'à Aix vous étiez bien mieux, mais
avec la même naïveté, il assure que tout l'air de
Provence est trop subtil et trop vif et trop desséchant
pour l'état où vous êtes. Quand on se porte bien, tout
est bon, mais quand on est attaquée de la poitrine.
qu'on est maigre, qu'on est délicate, on s'y met en état
de ne pouvoir plus se rétablir. Et croyez-moi, ma
bonne, si vous vous opiniâtrez à vouloir l'essayer, et
que vous fassiez et sentiez augmenter votre mal, ce
sera, en vérité, une chose bien cruelle et bien peu
convenable à l'amitié que M. de Grignan doit avoir
pour vous. C'est à lui que je m'adresse dans une chose
si importante, et où le temps que l'on perd est
irréparable ; je le conjure de vous observer. Je sais
bien, ma bonne, l'état de vos affaires. Je ne crois pas
qu'un hiver à Aix les raccommode ; j'en sais la
dépense. Mais je sais aussi que rien n'est préférable à
la vie ; tout est au-dessous de cette raison. Je vous
conjure tous deux de traiter ce chapitre sans vous
tromper ni sans vous flatter. Il m'étonna en me disant
à quel point cet air vous est contraire. Vous me
touchez vivement en me disant que votre poitrine
délicate égale nos âges. Ah ! j'espère que Dieu n'aura
point dérangé un ordre si naturel et si agréable, et
délicieux pour moi. Ma bonne, ce que je sens là-dessus
est très conforme à la tendresse et à l'attachement que

j'ai pour vous ; il n'y a rien de si aisé à comprendre.

Vous me parlez de ma santé. Pouvez-vous y penser ? elle est aussi peu digne de vos soins, en l'état où elle est, que la vôtre est digne d'être l'objet de tous les miens. Et vous trouvez l'invention de m'écrire une grosse lettre sans m'en dire un mot ! Un tel silence en dit beaucoup plus que je ne voudrais, mais beaucoup moins que je ne pense.

Il faut, ma bonne, reprendre le fil de ma lettre que je laisse toujours un peu reposer quand j'ai à traiter le chapitre de votre santé. Il faut, pour ne vous pas ennuyer, vous suivre les tristes aventures de ces pauvres gens[3].

M. de Luxembourg a été deux jours sans manger. Il avait demandé plusieurs pères jésuites ; on lui a refusé. Il a demandé la *Vie des Saints* ; on lui a donné. Il ne sait, comme vous voyez, *à quel saint se vouer*. Il fut interrogé quatre heures vendredi ou samedi, je ne m'en souviens pas ; ensuite il parut fort soulagé, et soupa. On croit qu'il aurait mieux fait de mettre son innocence en pleine campagne, et de dire qu'il reviendrait quand ses juges naturels, qui sont le Parlement, le feraient revenir. Il a fait grand tort à la duché[4] en reconnaissant cette Chambre, mais il a voulu obéir aveuglément à Sa Majesté. M. de Saissac a suivi l'exemple de Mme la comtesse. Mmes de Bouillon et de Tingry furent interrogées lundi à cette chambre de l'Arsenal ; leurs nobles familles les accompagnèrent jusqu'à la porte. Il ne pàraît pas jusqu'ici qu'il y ait rien de noir à leurs sottises ; il n'y a pas même du gris-brun. Si on ne trouve rien de plus, voilà de grands scandales qu'on aurait pu épargner à des personnes de cette qualité. Le maréchal de Villeroy dit que ces messieurs et ces dames ne croient pas en Dieu, et qu'ils croient au diable. Vraiment, on conte des sottises ridicules de tout ce qui se passait chez ces coquines de femmes. La maréchale de La Ferté, qui est si bien nommée, alla par complaisance avec Mme la comtesse, et ne monta point en haut; Monsieur de Langres[5] était avec elle. Voilà qui est bien noir. Cette affaire lui donne un plaisir qu'elle n'a pas ordinairement; c'est d'entendre dire qu'elle est innocente.

La duchesse de Bouillon[6] alla demander à la Voisin un peu de poison pour faire mourir un vieux mari qu'elle avait, qui la faisait mourir d'ennui, et une invention pour épouser un jeune homme qui la menait sans que personne le sût. Ce jeune homme était M. de Vendôme, qui la menait d'une main, et M. de Bouillon de l'autre. Et de rire. Quand une Mancini ne fait qu'une folie comme celle-là, c'est donné! Et ces sorcières vous rendent cela sérieusement et font horreur à toute l'Europe d'une bagatelle.

Mme la comtesse de Soissons demandait si elle ne pouvait point faire revenir un amant qui l'avait quittée. Cet amant était un grand prince, et on dit qu'elle dit que s'il ne revenait à elle, il s'en repentirait; cela s'entend du Roi, et tout est considérable sur un tel sujet, mais voyons la suite. Si elle a fait de plus grands crimes, elle n'en a pas parlé à ces gueuses-là. Un de nos amis dit qu'il y a une branche aînée au poison, où l'on ne remonte point, parce qu'elle n'est pas originaire de France. Tout ceci sont des petites branches de cadets qui n'ont pas de souliers.

La Tingry[7] fait imaginer quelque chose de plus important, parce qu'elle a été maîtresse des novices. Elle dit : « J'admire le monde. On croit que j'ai couché avec M. de Luxembourg, et que j'ai eu des enfants de lui. Hélas! Dieu le sait. » Enfin, le ton d'aujourd'hui, c'est l'innocence des nommées, et l'horreur du scandale; peut-être que demain ce sera le contraire. Vous connaissez ces sortes de voix générales. Je vous en instruirai fidèlement. On ne parle d'autre chose dans toutes les compagnies. En effet il n'y a guère d'exemples d'un pareil scandale dans une cour chrétienne. On dit que cette Voisin mettait dans un four tous les petits enfants dont elle faisait avorter[8], et Mme de Coulanges, comme vous pouvez penser, ne manque pas de dire, en parlant de la Tingry, que c'était pour elle que le four chauffait.

Je causai fort hier avec M. de La Rochefoucauld sur un chapitre que nous avions déjà traité[9]. Rien ne vous presse pour écrire, mais il vous conjure de croire que la chose du monde où il a le plus d'attention serait de pouvoir contribuer à vous faire changer de place, s'il arrivait le moindre mouvement dans celles qui vous conviennent. Je n'ai jamais vu un homme si obligeant ni plus aimable dans l'envie qu'il a de dire des choses agréables.

Voici ce que j'apprends de bon lieu. Mme de Bouillon entra comme une petite reine dans cette Chambre. Elle s'assit dans une chaise qu'on lui avait préparée, et au lieu de répondre à la première question, elle demanda qu'on écrivît ce qu'elle voulait dire. C'était qu'elle ne venait là que par le respect qu'elle avait pour l'ordre du Roi, et nullement pour la Chambre, qu'elle ne reconnaissait point, et qu'elle ne prétendait point déroger au privilège des ducs. Elle ne dit pas un mot que cela ne fût écrit. Et puis elle ôta son gant, et fit voir une très belle main. Elle répondit sincèrement jusqu'à son âge. « Connaissez-vous la Vigoureux[10] ? — Non. — Connaissez-vous la Voisin ? — Oui. — Pourquoi vouliez-vous vous défaire de votre mari ? — Moi, m'en défaire ! Vous n'avez qu'à lui demander s'il en est persuadé ; il m'a donné la main jusqu'à cette porte. — Mais pourquoi alliez-vous si souvent chez cette Voisin ? — C'est que je voulais voir les sibylles qu'elle m'avait promises ; cette compagnie méritait bien qu'on fît tous les pas. » Si elle n'avait pas montré à cette femme un sac d'argent. Elle dit que

non, par plus d'une raison, et tout cela d'un air fort
riant et fort dédaigneux. « Eh bien ! messieurs, est-ce
là tout ce que vous avez à me dire ? — Oui, madame. »
Elle se lève, et en sortant, elle dit tout haut : « Vraiment, je n'eusse jamais cru que des hommes sages
pussent demander tant de sottises. » Elle fut reçue de
tous ses amis, parents et amies avec adoration tant
elle était jolie, naïve, naturelle, hardie, et d'un bon air
et d'un esprit tranquille [11]. Pour la Tingry, elle n'était
pas si gaillarde.

   M. de Luxembourg est entièrement déconfit ; ce
n'est pas un homme, ni un petit homme, ce n'est pas
même une femme, c'est une petite femmelette. « Fermez cette fenêtre. Allumez du feu. Donnez-moi du
chocolat. Donnez-moi ce livre. J'ai quitté Dieu, il m'a
abandonné. » Voilà ce qu'il a montré à Besmaus [12] et à
ses commissaires, avec une pâleur mortelle. Quand on
n'a que cela à porter à la Bastille, il vaut bien mieux
gagner pays, comme le Roi, avec beaucoup de bonté,
lui en avait donné les moyens jusqu'au moment qu'il
s'est enfermé, car il y a quinze jours qu'il savait le
décret qui serait contre lui. Mais il en faut revenir
malgré soi à la Providence ; il n'était pas naturel de se
conduire comme il a fait, étant aussi faible qu'il le
paraît. Je me trompais ; Mme de Meckelbourg ne l'a
point vu. Et la Tingry, qui revint avec lui de Saint-
Germain, n'eut pas la pensée, ni lui aussi, de donner le
moindre avis à Mme de Meckelbourg [13]. Il y avait du
temps de reste, mais elle l'obsédait si entièrement
qu'il ne connaissait qu'elle, et elle éloignait tout le
monde de lui. J'ai vu cette Meckelbourg aux Filles du
saint-sacrement, où elle s'est retirée. Elle est très
affligée, et se plaint fort de la Tingry, qu'elle accuse de
tous les malheurs de son frère. Je lui dis que je lui
faisais par avance tous vos compliments, que vous
seriez fort touchée de son malheur ; elle me dit mille
douceurs pour vous.

On pourrait faire présentement tout ce qu'on voudrait dans Paris qu'on n'y penserait pas. On a oublié Mme de Soubise et l'agonie de cette pauvre Bartillat; en vérité je ne sais comme cela va.

Je veux pourtant penser à ma pauvre petite d'Adhémar. La pauvre enfant : que je la plains d'être jalouse! Hélas! ma bonne, ayez-en pitié; j'en suis touchée. C'est cette friponne de Pauline qui fait tout ce désordre. Elle est donc déjà sous la papillote avec ses sœurs et le petit garçon tout ému? Ma bonne, je vois tout cela, et M. de Grignan qui bat la mesure. La *Pythie* [14] doit faire un grand effet. M. d'Oppède vous abandonne entièrement sa chère femme. Je voudrais bien que vous lui fissiez un petit compliment pour moi. Tout ce qui me fâche, ma bonne, c'est que je vous vois dans votre lit pendant que vos enfants se réjouissent. J'ai vu que vous n'eussiez pas été fâchée de les voir danser un moment. Vous n'êtes plus en cet état, et l'on ne peut pas en être plus touchée que je le suis. Je songeai, l'autre jour, que le lait vous avait guérie. En m'éveillant, je trouvai que ce n'était qu'un songe; j'en eus le cœur affligé.

Ne m'écrivez qu'une demi-page, ma chère bonne. Laissez-moi vous conter tout ce qui me vient; Montgobert m'en dira un mot. Voilà tout ce que je désire, et que vous vous portiez mieux que vous ne faites. J'écris à plusieurs reprises, je n'écris qu'à vous, je vous dis tout ce que j'apprends; je dois écrire des volumes, et vous trois mots.

Mon fils est encore à Nantes, quoique je lui aie mandé de laisser nos affaires.

DE CORBINELLI

Sentiments de Monsieur Descartes, touchant l'essence et les propriétés du corps, opposés à la doctrine de l'Église, et conformes aux erreurs de Calvin sur le sujet de l'Eucharistie, à nos seigneurs les évêques [15]. Voilà le titre d'un livre qui vient d'être imprimé. Le style en est fort bon, l'ordre parfait, et les raisonnements équivoques ; toute la cabale est alerte ! Je vous rendrai compte, ma belle Madame, du succès ou du livre ou des réponses. En attendant, je vous proteste que ma dialectique et moi sommes dévoués à vos opinions et à votre bon esprit.

DE BUSSY-RABUTIN

Eh ! quand reviendrez-vous donc, Madame ? J'ai encore cinq mois à vous attendre ici [16]. Je vous assure que je serais bien aise de vous y revoir, mais si vous n'y revenez pas dans ce temps-là, vous voulez bien que je vous mande quelque événement prodigieux, car nous n'écrivons plus cet hiver autre chose.

Bonjour, Madame. Croyez bien, je vous supplie, que je vous honore extrêmement, et même que je vous aime. Mme de Coligny ne me désavouera pas assurément, quand je vous dirai qu'elle est votre très humble servante.

Je vous dis encore adieu et vous embrasse de tout mon cœur, ma très bonne et très chère.

À MONTGOBERT

Ma chère Montgobert, je vous conjure de faire une légère réponse à tout ce volume, et empêchez toujours bien ma fille de m'écrire. Son écriture me donne du chagrin, mais la cause de ce chagrin n'est pas médiocre. Mandez-moi, ma chère, des nouvelles de sa santé, et si elle se conserve toujours, et si elle se nourrit comme je lui ai conseillé.

Je suis très humble servante des papillotes de Mlles de Grignan.

56. À GUITAUT

à Livry, Mardi gras, [5ᵉ mars 1680].

Non, assurément, mon très cher Monsieur, je n'ai point su cette dernière maladie de madame votre femme. M. de Caumartin [1] ne me voit point, et ne m'a pas crue digne de me donner part d'une nouvelle où je prends tant d'intérêt. Bon Dieu, quelle douleur pour vous et que je l'aurais bien partagée, comme je fais le soupir que je crois vous entendre faire ! Après qu'on a eu le cœur bien serré, quand il commence à se dilater et à se trouver à son aise, cet état est bien doux après celui où vous avez été. En vérité, j'entre bien tendrement dans ces différents sentiments. Mais voilà la seconde maladie mortelle depuis très peu de mois. Le bon Dieu veut éprouver votre soumission en vous donnant toute l'horreur d'une telle perte, et puis il retient son bras. Je vous conjure de croire bien fortement que je vous aurais écrit, que j'aurais fait bien des pas pour m'instruire à point nommé des nouvelles qu'on recevait de vous. On m'a laissée dans une belle ignorance.

J'étais tout étonnée de n'avoir point de vos nouvelles, et que vous ne m'eussiez rien dit sur ces Grignan, que voilà bien placés [2]. Je voudrais bien que l'aîné eût un peu son tour. Ma fille est à Aix. Elle se porte mieux ; elle a trouvé un médecin à qui elle se fie et qui la gouverne [3]. Elle souffre toute la rigueur du carnaval ; vous savez comme elle est sur ces divertissements qu'il faut prendre par commandement. Elle y fait une horrible dépense ; elle se repose assez souvent pour son argent, pendant que l'on danse, que l'on joue et que l'on veille. Pour moi, je suis venue ici passer solitairement les jours gras avec deux ou trois per-

sonnes. Je me suis parfaitement bien trouvée de cette
fantaisie.

Le Roi nous amènera bientôt une Dauphine dont on
dit mille biens.

Adieu, Monsieur. Hélas ! vous aviez bien mauvaise
opinion de mon amitié : de me taire quand j'avais tant
à dire ! Je suis affligée qu'on m'ait laissée si négligem-
ment dans cette léthargie.

Madame, je me réjouis du fond de mon cœur de
votre résurrection. Mais qu'avez-vous à mourir si
souvent, et donner de si terribles craintes à ce pauvre
homme et à tous vos amis ? Je n'aurais pas été des
moins effrayées si j'avais connu votre terrible état ; n'y
retombez plus, je vous prie, pour notre repos.

57. À GUITAUT

[À Paris,] vendredi 5ᵉ avril [1680].

Voilà deux étranges maladies en attendant la troisième, qui est d'accoucher. Mon Dieu, que je vous
plains, mon pauvre Monsieur, et que je suis bien plus
propre qu'un autre à sentir vos peines ! Hélas ! je passe
ma vie à trembler pour la santé de ma fille. Elle avait
eu un assez long intervalle ; elle avait fait quelques
remèdes d'un médecin d'Aix, qu'elle estime fort. Elle
les a négligés ; elle est retombée dans ces incommodités qui me paraissent très considérables parce qu'elles
sont intérieures. C'est une chaleur, une douleur, un
poids dans le côté gauche, qui serait très dangereux
s'il était continuel, mais, Dieu merci, elle a des temps
qu'elle ne s'en sent pas, et cela persuade qu'avec un
peu de persévérance à faire ce qu'on lui ordonne, elle
apaiserait ce sang qu'on accuse de tous ces maux. Elle

vous a écrit. Ah! puisque vous l'aimez, priez-la de ne vous plus écrire de sa main; c'est l'écriture qui la tue, mais visiblement. Qu'elle vous fasse écrire par Montgobert. J'ai obtenu d'elle qu'elle n'écrit qu'une seule page, et le reste d'une autre main. Je reviens donc à vous assurer que je comprends vos peines mieux que tout le reste du monde.

M. de La Rochefoucauld est mort, comme vous le savez[1]; cette perte est fort regrettée. J'ai une amie qui ne peut jamais s'en consoler[2]. Vous l'aviez aimé; vous pouvez imaginer quelle douceur et quel agrément pour un commerce rempli de toute l'amitié et de toute la confiance possible entre deux personnes dont le mérite n'est pas commun. Ajoutez-y la circonstance de leur mauvaise santé, qui les rendait comme nécessaires l'un à l'autre et qui leur donnait un loisir de goûter leurs bonnes qualités qui ne se rencontre point dans les autres liaisons. Il me paraît qu'à la cour on n'a pas le loisir de s'aimer. Le tourbillon, qui est si violent pour tous, était paisible pour eux et donnait un grand espace au plaisir d'un commerce si délicieux. Je crois que nulle passion ne peut surpasser la force d'une telle liaison[3]. Il était impossible d'avoir été si souvent avec lui sans l'aimer beaucoup, de sorte que je l'ai regretté et par rapport à moi et par rapport à cette pauvre Mme de La Fayette, qui serait décriée sur l'amitié et sur la reconnaissance si elle était moins affligée qu'elle ne l'est. Il est vrai qu'il n'a pas joui longtemps de la fortune et des biens répandus depuis peu dans sa maison. Il le prévoyait bien et m'en a parlé plusieurs fois; rien n'échappait à la sagesse de ses réflexions. Il est mort avec une grande fermeté. Nous causerions longtemps sur tout cela.

Et le pauvre M. Foucquet, que dites-vous de sa mort? Je croyais que tant de miracles pour sa conservation promettaient une fin plus heureuse, mais les *Essais de Morale*[4] condamnent ce discours profane et nous apprennent que ce que nous appelons des biens n'en sont pas, et que si Dieu lui a fait miséricorde, comme il y a bien de l'apparence, c'est là le véritable bonheur et la fin la plus digne et la plus heureuse qu'on puisse espérer, qui devrait être le but de tous nos désirs, si nous étions dignes de pénétrer ces vérités ; ainsi nous corrigerions notre langage aussi bien que nos idées. Voilà encore un chapitre sur quoi nous ne finirions pas sitôt. Cette lettre devient une table des chapitres, et serait un volume si j'y disais tout ce que je pense. Si la famille de ce pauvre homme me croyait, elle ne le ferait point sortir de prison à demi. Puisque son âme est allée de Pignerol dans le ciel, j'y laisserais son corps après dix-neuf ans[5] ; il irait de là tout aussi aisément à la vallée de Josaphat[6] que d'une sépulture au milieu de ses pères. Et comme la Providence l'a conduit d'une manière extraordinaire, son tombeau le serait aussi. Je trouverais un ragoût dans cette pensée, mais Mme Foucquet ne pensera point comme moi. Les deux frères sont allés bien près l'un de l'autre[7] ; leur haine a été le faux endroit de tous les deux, mais bien plus de l'abbé, qui avait passé jusqu'à la rage.

Autre chapitre : disons un mot de Madame la Dauphine ; j'ai eu l'honneur de la voir. Il est vrai qu'elle n'a nulle beauté, mais il est vrai que son esprit lui sied si parfaitement bien qu'on ne voit que cela, et l'on n'est occupé que de la bonne grâce et de l'air naturel avec lequel elle se démêle de tous ses devoirs. Il n'y a nulle princesse née dans le Louvre qui pût s'en mieux acquitter. C'est beaucoup que d'avoir de l'esprit au-dessus des autres dans cette place où, pour l'ordinaire, on se contente de ce que la politique vous donne ; on est heureux quand on trouve du mérite. Elle est fort obligeante, mais avec dignité et sans fadeur. Elle a ses sentiments tout formés dès Munich ; elle ne prend point ceux des autres. On lui propose de

jouer : « Je n'aime point le jeu. » On la prie d'aller à la
chasse : « Je n'ai jamais aimé la chasse. — Qu'aimez-
vous donc ? — J'aime la conversation, j'aime à être
paisiblement dans ma chambre, j'aime à travailler. »
Et voilà qui est réglé et ne se contraint point. Ce
qu'elle aime parfaitement, c'est de plaire au Roi. Cette
envie est digne de son bon esprit, et elle réussit
tellement bien dans cette entreprise que le Roi lui
donne une grande partie de son temps aux dépens de
ses anciennes amies, qui souffrent cette privation avec
impatience.

Songez, je vous prie, que voilà quasi toute la Fronde
morte. Il en mourra bien d'autres... Pour moi, je ne
trouve point d'autre consolation, s'il y en a dans les
pertes sensibles, que de penser qu'à tous les moments
on les suit, et que le temps même qu'on emploie à les
pleurer ne vous arrête pas un moment ; vous avancez
toujours dans le chemin. Que ne dirait-on point là-
dessus ?

Adieu, mon cher Monsieur. Aimons-nous toujours
beaucoup. Et vous aussi, Madame, ne voulez-vous pas
bien en être ? Mandez-moi promptement quand vous
aurez augmenté le clapier[8] ; ce sera peut-être d'un
petit homme. Enfin croyez que je prends un grand
intérêt à la poule et aux poussins. Le bon Abbé est tout
à vous.

58. À GUITAUT

À Nantes, ce [samedi] 18e mai [1680].

Je me suis contentée de savoir que madame votre
femme était accouchée heureusement et de m'en
réjouir en moi-même, car pour vous faire un compliment sur la naissance d'une centième fille[1], je pense

que vous ne l'avez pas prétendu. De quoi guérira-t-elle, celle-ci ? car la septième a quelque vertu particulière, ce me semble. Tout au moins, elle doit guérir de toutes les craintes que l'on a pour quelque chose d'unique. Mon exemple, et la pitié que je vous fais, vous font trouver délicieux d'être tiré de ces sortes de peines par la résignation et la tranquillité que vous devez avoir pour la conservation de cette jeune personne. Ce n'est pas de même chez nous ; mon pauvre cœur est quasi toujours en presse, surtout depuis cette augmentation d'éloignement. Il semble qu'il y ait de la fureur à n'avoir pas été contente de cent cinquante lieues et que, par malice, j'aie voulu en ajouter encore cent : les voilà donc[2]. Et vous, Monsieur, qui savez si bien vous sacrifier pour vos affaires et satisfaire à certains devoirs d'honneur et de conscience, vous comprendrez mieux qu'un autre les raisons de ce voyage. Je veux faire payer ceux qui me doivent afin de payer ceux à qui je dois ; cette pensée me console de tous mes ennuis.

Je reçois deux jours plus tard les lettres de ma fille[3]. Elle me mande qu'elle est mieux, qu'elle n'a point de mal à la poitrine. Ce qui me persuade, c'est que Montgobert me mande les mêmes choses. Elle est sincère et je m'y fie ; ma fille a trop d'envie de me donner du repos pour espérer d'elle une vérité si exacte. Elle a quelques rougeurs au visage ; c'est cet air terrible de Grignan. Je ne vois rien de clair sur son retour ; cependant je fais ajuster son appartement dans notre Carnavalet, et nous verrons ce que la Providence a ordonné, car j'ai toujours, toujours, cette Providence dans la tête ; c'est ce qui fixe mes pensées et qui me donne du repos, autant que la sensibilité de mon cœur le peut permettre, car on ne dispose pas toujours à son gré de cette partie. Mais au moins je n'ai pas à gouverner en même temps et mes sentiments et mes pensées. Cette dernière chose est soumise à cette volonté souveraine ; c'est là ma dévotion, c'est là mon scapulaire, c'est là mon rosaire, c'est là mon esclavage de la Vierge[4]. Et si j'étais digne de croire que j'ai une voie toute marquée, je dirais que c'est là la mienne. Mais que fait-on d'un esprit éclairé et d'un cœur de glace[5] ? Voilà le malheur, et à quoi je ne sais d'autre remède que de demander à Dieu le degré de chaleur si nécessaire, mais c'est lui-même qui nous fait demander comme il faut. Je ne veux pas pousser plus loin ce chapitre, dont j'aime à parler ; nous en discourrons peut-être quelque jour.

J'ai vu M. Rouillé. Il est extrêmement content de vous, de madame votre femme, de votre château et de votre bonne chère. Il me loua fort aussi d'une lettre que vous lui avez montrée et qu'il m'a assurée qui était fort bien écrite. J'en suis toujours étonnée ; j'écris si vite que je ne le sens pas. Il me parla beaucoup de Provence. C'est un bon et honnête homme, et d'une grande probité. Je voudrais qu'il y retournât ; j'en doute fort. Quand je l'entends parler à l'infini, et répondre souvent à sa pensée, je ne puis oublier ce qu'on a dit de lui, que c'était une clé dans une serrure, qui tourne, qui fait du bruit, et qui ne saurait ouvrir ni à droit ni à gauche ; cette vision est plaisante. Franchement la serrure est brouillée fort souvent, mais cela n'est point essentiel, et il vaut mieux qu'un autre.

J'ai ici le bon Abbé, qui vous honore toujours tendrement et Mme de Guitaut, car nous sommes touchés de son mérite, et c'est une marque du nôtre. Nous sommes venus sur la belle Loire avec des commodités infinies. J'avais soin de lui faire porter une petite cave pleine du meilleur vin vieux de notre Bourgogne. Il prenait cette boisson avec beaucoup de patience, et quand il avait bu, nous disions *le pauvre homme*[6] !, car j'avais aussi trouvé l'invention de lui faire manger du potage et du bouilli chaud dans le bateau. Il mérite bien que j'aie toute cette application

pour un voyage où il vient, à son âge, avec tant de
bonté. Je l'ai remis entre les mains du vin de Grave,
dont il s'accommode fort bien.

Je reçois présentement mes lettres de Paris. On me
mande que l'intendant de M. de Luxembourg est
condamné aux galères, qu'il s'est dédit de tout ce qu'il
avait dit contre son maître ; voilà un bon ou un
mauvais valet. Pour lui, il est sorti de la Bastille plus
blanc qu'un cygne ; il est allé pour quelque temps à la
campagne. Avez-vous jamais vu des fins et des
commencements d'histoires comme celles-là ? Il faudrait faire un petit tour en litière sur tous ces événements.

Ma fille m'écrit du 8e de ce mois. Elle me mande
qu'elle se porte fort bien, que sa poitrine ne lui fait
aucun mal. Celui de la belle duchesse de Fontanges est
quasi guéri par le moyen du prieur de Cabrières[7].
Voyez un peu quelle destinée ! Cet homme que je
compare au *médecin forcé*[8], qui faisait paisiblement
des fagots, comme dans la comédie, se trouve jeté à la
cour par un tourbillon qui lui fait traiter et guérir la
beauté la plus considérable qui soit à la cour. Voilà
comme les choses de ce monde arrivent.

Adieu, Monsieur, adieu, mon très cher Monsieur ;
aimez-moi toujours. Et vous, Madame, souffrez que je
vous embrasse au milieu de toutes vos filles. Vous ne
me dites rien de la *Beauté* ni de la *Très Bonne* ; pensez-
vous que j'oublie jamais tout cela ?

LA M. DE SÉVIGNÉ.

59. À MADAME DE GRIGNAN

<Aux Rochers,> dimanche 14ᵉ juillet [1680].

Enfin, ma bonne, j'ai reçu vos deux lettres à la fois.
Ne m'accoutumerai-je jamais à ces petites manières de
peindre de la poste ? et faudra-t-il que je sois toujours
gourmandée par mon imagination ? Ma bonne, il faut
dire toutes ses sottises. La pensée du moment où je
saurai le oui ou le non d'avoir ou de n'avoir pas de vos
nouvelles me donne une émotion dont je ne suis point
du tout la maîtresse. Ma pauvre machine en est tout
ébranlée, et puis je me moque de moi. C'était la poste
de Bretagne qui s'était fourvoyée pour le paquet de
Dubut[1] uniquement, car j'avais reçu toutes celles
dont je ne me soucie point. Voilà un trop grand article.
Ce même fonds me fait craindre mon ombre toutes les
fois que votre amitié est cachée sous votre tempérament ; c'est la poste qui n'est pas arrivée. Je me
trouble, je m'inquiète, et puis j'en ris, voyant bien que
j'ai eu tort. M. de Grignan, qui est l'exemple de la
tranquillité qui vous plaît, serait fort bon à suivre si
nos esprits avaient le même cours et que nous fussions
jumeaux. Mais il me semble que je me suis déjà
corrigée de ces sottes vivacités, et je suis persuadée
que j'avancerai encore dans ce chemin où vous me
conduisez en me persuadant bien fortement que le
fonds de votre amitié pour moi est invariable. Je
souhaite de mettre en œuvre toutes les résolutions que
j'ai prises sur mes réflexions ; je deviendrai parfaite
sur la fin de ma vie. Ce qui me console du passé, ma
très chère et très bonne, c'est que vous en voyez le
fonds : un cœur trop sensible, un tempérament trop
vif et une sagesse fort médiocre. Vous me jetez tant de
louanges au travers de toutes mes imperfections que

c'est bien moi qui ne sais qu'en faire ; je voudrais qu'elles fussent vraies et prises ailleurs que dans votre amitié. Enfin, ma très chère, il faut se souffrir, et l'on peut quasi toujours dire, en comparaison de l'éternité : *Vous n'avez plus guère à souffrir*, comme dit la chanson.

Je suis effrayée comme la vie passe. Depuis lundi, j'ai trouvé les jours infinis à cause de cette folie de lettres. Je regardais ma pendule, et prenais plaisir à penser : voilà comme on est quand on souhaite que cette aiguille marche. Et cependant elle tourne sans qu'on la voie, et tout arrive. Il y eut hier neuf mois[2] que je vous menai à ce corbillard[3]. Il y a des pensées qui me font mal ; celle-là est amère, et mes larmes l'étaient aussi. Je suis bien aise présentement de cette avance ; elle m'approche un temps que je souhaite avec beaucoup de passion. Plût à Dieu que votre séjour eût été plus utile à vos affaires, ou que je pusse faire un meilleur personnage que celui de désirer simplement !

Je ne vous conseille point de toucher à l'argent de votre pension ; il est entre les mains de Rousseau[4]. Si vous aviez mille francs à envoyer, j'aimerais mieux réparer ceux que nous y avons pris, afin que les huit mille francs fussent complets et que Rousseau les mît aux gabelles pour produire de l'intérêt, en attendant que ce vilain Labaroire ait achevé ses procédures. Mais ne vous pressez point d'en envoyer d'autres ; rien ne presse. Donnez-vous quelque repos, puisqu'on vous en donne. Votre petit bâtiment est fort bien. Bruan[5] est venu voir cette cheminée, qui faisait peur à Dubut ; il a dit qu'il n'y a rien à craindre. Nous faisons mettre la croisée et le parquet de la chambre, et tourner le cabinet comme il doit être sans y faire encore autre chose ; vous nous direz vos volontés. Ne pensez point à cette dépense ; elle est insensible et ne passe point l'argent que j'ai à vous.

J'ai reçu un dernier billet de Mlle de Méri, tout plein de bonne amitié ; elle me fait une pitié étrange de sa méchante santé. Elle a bien vu qu'elle n'avait pas toute la raison, c'est assez ; je voudrais bien que vous ne lui eussiez rien dit qui la pût fâcher.

Je ne comprends pas que mes lettres puissent divertir ce Grignan, où il trouve si souvent des chapitres d'affaires, de réflexions tristes, des réflexions sur la dépense. Que fait-il de tout cela ? Il faut qu'il saute par-dessus pour trouver un endroit qui lui plaise. Cela s'appelle des landes en ce pays-ci ; il y en a beaucoup dans mes lettres avant que de trouver la prairie.

Vous avez ri de cette personne blessée dans le service[6] ; elle l'est à un point qu'on la croit *invalide*. Elle ne fait point le voyage et s'en va dans notre voisinage de Livry bien tristement. À propos, le bon Païen est mort des blessures que lui firent ses voleurs. Nous avions toujours cru que c'était une illusion. Quoi ? dans cette forêt si belle, si traitable, où nous nous promenons si familièrement avec un petit bâton et Louison ! Voilà pourtant qui doit nous la faire respecter ; nous trouvions plaisant qu'elle fût la terreur des Champenois et des Lorrains.

On me mande qu'il y a quelque chose entre le Roi et Monsieur, que Madame la Dauphine et Mme de Maintenon y sont mêlées, mais qu'on ne sait encore ce que c'est. Là-dessus je fais l'entendue dans ces bois, et je trouve plaisant que cette nouvelle me soit venue tout droit et que je vous l'aie envoyée ; ne l'avez-vous point sue d'ailleurs ? Mme de Coulanges vous écrira volontiers tout ce qu'elle saura, mais elle ne sera pas si bien instruite.

Monsieur le Prince va au voyage[7], et cette petite princesse de Conti, qui est méchante comme un petit aspic pour son mari, demeure à Chantilly auprès de Madame la Duchesse. Cette école est excellente et l'esprit de Mᵐᵉ de Langeron doit avoir l'honneur de ce changement.

Je ne crois point que Monsieur d'Apt[8] en puisse faire un au syndicat du Coadjuteur; il aura bientôt aplani toutes les difficultés. Vous aurez bientôt vos deux prélats avec le petit Coulanges, qui veut aller à Rome avec le cardinal d'Estrées. Vous êtes une si bonne compagnie à Grignan, vous avez une si bonne chère, une si bonne musique, un si bon petit cabinet que, dans cette belle saison, ce n'est pas une solitude, c'est une république fort agréable, mais je n'y puis comprendre la bise et les horreurs de l'hiver.

Vous me dites des merveilles de votre santé, vous dites que vous avez bon visage, c'est-à-dire que vous êtes belle car votre beauté et votre santé tiennent ensemble. Je suis trop loin pour entrer dans un plus grand détail, mais je ne puis manquer en vous conjurant, ma très bonne, de ne point abuser de cette santé, qui est toujours bien délicate. Ne vous donnez point la liberté d'écrire autant que vous faisiez; c'est une mort, c'est une destruction visible de votre pauvre personne. Et pour qui? pour les gens du monde qui souhaitent le plus votre conservation! Cette pensée me revient toujours. Pour moi, je vous le dis, j'aime passionnément vos lettres. Tout m'en plaît, tout m'en est agréable; votre style est parfait, mais ma tendresse me fait encore mieux aimer votre santé et votre repos; je crois que c'est un effet naturel, puisque je le sens. J'ai regret que Montgobert ne soit plus votre secrétaire; vous avez la peine de relire et de corriger les autres. Laissez-moi déchiffrer l'allemand, à tout hasard; vous me renvoyez à un bon secours[9].

Montgobert ne me mande point qu'elle soit mal avec vous. Elle me dit que vous vous portez bien et me dit des folies sur ce chapelet. Elle remercie mes femmes de chambre de m'avoir mis le derrière dans l'eau, et me conte la jolie vie que vous faites. Je lui écris sur le même ton. Mes filles ont été ravies de votre approbation. Elles tremblaient de peur, mais voyant que vous êtes fort aise qu'elles se moquent de moi, Marie dit : « Bon, bon, nous allons bien tremper Madame [10]. » Il est vrai que jamais il n'y eut une telle sottise. Vous pouvez croire, après cela, que si quelqu'un entreprenait de me mander que vous n'êtes point ma fille, il ne serait pas trop impossible de me le persuader.

Vous lisez donc saint Paul et saint Augustin ; voilà les bons ouvriers pour établir la souveraine volonté de Dieu. Ils ne marchandent point à dire que Dieu dispose de ses créatures, comme le potier [11] : il en choisit, il en rejette. Ils ne sont point en peine de faire des compliments pour sauver sa justice, car il n'y a point d'autre justice que sa volonté. C'est la justice même, c'est la règle même. Et après tout, que doit-il aux hommes ? que leur appartient-il ? rien du tout. Il leur fait donc justice quand il les laisse à cause du péché originel, qui est le fondement de tout, et il fait miséricorde au petit nombre de ceux qu'il sauve par son fils. Jésus-Christ le dit lui-même : *Je connais mes brebis ; je les mènerai paître moi-même ; je n'en perdrai aucune. Je les connais, elles me connaissent. Je vous ai choisis*, dit-il à ses apôtres, *ce n'est pas vous qui m'avez choisi.* Je trouve mille passages sur ce ton ; je les entends tous. Et quand je vois le contraire, je dis : c'est qu'ils ont voulu parler communément. C'est comme quand on dit que Dieu s'est repenti, qu'il est en furie ; c'est qu'ils parlent aux hommes. Et je me tiens à cette première et grande vérité, qui est toute divine, qui me représente Dieu comme Dieu, comme un maître, comme un souverain créateur et auteur de l'univers, et comme un être très parfait comme dit votre *père* [12]. Voilà mes petites pensées respectueuses, dont je ne tire point de conséquences ridicules et qui ne m'ôtent point l'espérance d'être du nombre choisi, après tant de grâces qui sont des préjugés et des fondements de cette confiance [13]. Je hais mortellement à vous parler de tout cela ; pourquoi m'en parlez-vous ? ma plume va comme une étourdie.

Je vous envoie la lettre du pape. Serait-il possible que vous ne l'eussiez point ? Je le voudrais. Vous verrez un étrange pape. Comment ? il parle en maître ; vous diriez qu'il est le père des chrétiens. Il ne tremble point, il ne flatte point ; il menace. Il semble qu'il veuille sous-entendre quelque blâme contre Monsieur de Paris. Voilà un homme étrange. Est-ce ainsi qu'il prétend se raccommoder avec les jésuites ? et après avoir condamné soixante-cinq propositions [14], ne devait-il pas filer plus doux ? J'ai encore dans la tête le pape Sixte. Je voudrais bien que quelque jour vous voulussiez lire cette *Vie* [15] ; je crois qu'elle vous arrête-rait.

Je lis *L'Arianisme* [16]. Je n'en aime ni l'auteur ni le style, mais l'histoire est admirable ; c'est celle de tout l'univers. Elle tient à tout ; elle a des ressorts qui font agir toutes les puissances. L'esprit d'Arius est une chose surprenante, et de voir cette hérésie s'étendre par tout le monde. Quasi tous les évêques en étaient ; le seul saint Athanase soutient la divinité de Jésus-Christ. Ces grands événements sont dignes d'admira-tion. Quand je veux nourrir mon esprit et ma pauvre âme, j'entre dans mon cabinet, et j'écoute *nos frères* [17] et leurs belles morales, qui nous fait si bien connaître notre pauvre cœur. Je me promène beaucoup. Je me sers fort souvent de mes petits cabinets [18]. Rien n'est si nécessaire en ce pays ; il y pleut continuellement. Je ne sais comme nous faisions autrefois ; les feuilles étaient plus fortes, ou la pluie plus faible. Enfin, je n'y suis plus attrapée.

Vous dites mille fois mieux que M. de La Rochefou-cauld, et vous en sentez la preuve : *Nous n'avons pas assez de raison pour employer toute notre force* [19]. Il serait honteux, ou du moins l'aurait dû être de voir qu'il n'y avait qu'à retourner sa maxime pour la faire beaucoup plus vraie. Langlade n'est pas plus avancé qu'il était dans le pays de la fortune. Il a fait la révérence au pied de la lettre, et puis c'est tout[20]. Cet article était bien malin dans la *Gazette*. Langlade est toujours fort bien avec M. de Marsillac.

Vous me demandez, ma bonne, ce qui a fait cette solution de continuité entre La Fare et Mme de La Sablière[21]. C'est la bassette; l'eussiez-vous cru? C'est sous ce nom que l'infidélité s'est déclarée; c'est pour cette prostituée de bassette qu'il a quitté cette religieuse adoration. Le moment était venu que cette passion devait cesser et passer même à un autre objet. Croirait-on que ce fût un chemin pour le salut de quelqu'un que la bassette? Ah! c'est bien dit; il y a cinq cent mille routes où il est attaché. Elle regarda d'abord cette distraction, cette désertion; elle examina les mauvaises excuses, les raisons peu sincères, les prétextes, les justifications embarrassées, les conversations peu naturelles, les impatiences de sortir de chez elle, les voyages à Saint-Germain où il jouait, les ennuis, les ne savoir plus que dire. Enfin, quand elle eut bien observé cette éclipse qui se faisait et ce corps étranger qui cachait peu à peu tout cet amour si brillant, elle prend sa résolution. Je ne sais ce qu'elle lui a coûté, mais enfin, sans querelle, sans reproche, sans éclat, sans le chasser, sans éclaircissement, sans vouloir le confondre, elle s'est éclipsée elle-même, et sans avoir quitté sa maison où elle retourne encore quelquefois, sans avoir dit qu'elle renonçait à tout, elle se trouve si bien aux Incurables qu'elle y passe quasi toute sa vie, sentant avec plaisir que son mal n'était pas comme ceux des malades qu'elle sert. Les supérieurs de cette maison sont charmés de son esprit; elle les gouverne tous. Ses amis la vont voir;

elle est toujours de très bonne compagnie. La Fare
joue à la bassette :

> *Et le combat finit faute de combattants*[22].

Voilà la fin de cette grande affaire qui attirait l'attention de tout le monde ; voilà la route que Dieu avait
marquée à cette jolie femme. Elle n'a point dit les bras
croisés : « J'attends la grâce. » Mon Dieu, que ce
discours me fatigue ! eh, mort de ma vie ! elle saura
bien vous préparer les chemins, les tours, les détours,
les bassettes, les laideurs, l'orgueil, les chagrins, les
malheurs, les grandeurs. Tout sert, et tout est mis en
œuvre par ce grand ouvrier qui fait toujours infailli-
blement tout ce qui lui plaît.

Comme j'espère que vous ne ferez pas imprimer mes
lettres, je ne me servirai point de la ruse de *nos frères*
pour les faire passer. Ma bonne, cette lettre devient
infinie ; c'est un torrent retenu que je ne puis arrêter.
Répondez-y trois mots, et conservez-vous et reposez-
vous, et que je puisse vous revoir et vous embrasser de
tout mon cœur ; c'est le but de mes désirs. Je ne
comprends pas le changement de goût pour l'amitié
solide, sage et bien fondée, mais pour l'amour, ah !
oui, c'est une fièvre trop violente pour durer.

Adieu, ma très chère bonne. Adieu, Monsieur le
Comte. Je suis à vous ; embrassez-moi tant que vous
voudrez. Que j'aime Mlles de Grignan de parler et de
se souvenir de moi ! Je baise les petits enfants. J'aime
et honore bien la solide vertu de Mlle de Grignan.

Mon fils me mande qu'après que le Roi l'aura vu à la
tête de la compagnie, il viendra ici. Cela va au milieu
du mois qui vient.

Le *Bien Bon* dit, pour votre cheminée, qu'il lui
semble qu'il ne faut qu'un chambranle autour de
l'ouverture de la cheminée, avec une gorge au-dessus,
couronnée d'une petite corniche pour porter des porcelaines, le tout ne montant qu'à six pieds pour mettre

au-dessus un tableau, et que la cheminée n'avance que de six à huit pouces au plus, et la profondeur de la cheminée prise en partie dans le mur. Vous avez plusieurs de ces dessins-là chez vous. Prenez garde que votre cheminée n'ait pas plus de cinq pieds d'ouverture et trois pieds quatre pouces de hauteur. Il baise très humblement vos mains. Nous ne mettons point *pierre sur pierre* à nos petits *vernillons*[23] ; c'est du bois, dont nous avons beaucoup.

Adieu, ma très chère et très *loyale* ; j'aime fort ce mot. Ne vous ai-je pas donné du *cordialement*[24] ? Nous épuisons tous les mots. Je vous parlerai une autre fois de votre *hérésie*. Je suis entièrement à vous, ma très aimable et très chère.

Notre bon Abbé vient de traduire fort habilement cette lettre qu'on nous avait envoyée en latin[25]. Il se moque de moi, et dit que vous l'avez et que je suis ridicule. Mandez-moi ce qui en est. Je trouve cette lettre admirable[26].

60. À MADAME DE GRIGNAN

À Saumur[1], lundi au soir 18e septembre [1684].

Toujours le vent contraire, ma chère bonne, depuis que je vous ai quittée ; c'est un mouvement si violent pour moi que tout se fait à force de rames. Cela m'a arrêtée un jour plus que je ne pensais, et je n'arriverai que demain à Angers, qui sera justement huit jours après mon départ ; je crois que j'y trouverai mon fils. Je vous écrirai de cette bonne ville. Je verrai demain, avant que de partir, ma nièce de Bussy[2], dont les tourières ont aboyé sur moi que je n'étais pas encore abordée. La beauté du pays a fait mon seul amusement. Nous sommes quatorze et quinze heures, le *Bien*

Bon et moi, dans ce carrosse, tournant même le dos à notre cabane, qui nous amuserait ; mon carrosse est tourné autrement que la dernière fois. Nous attendons notre dîner comme une chose considérable dans notre journée. Nous mangeons chaud ; nos terrines ne cèdent point à celles de M. de Coulanges. J'ai lu, mais je suis distraite, et j'ai compté les ondes plutôt que de m'appliquer encore aux histoires des autres ; cela reviendra, s'il plaît à Dieu. Songez, ma chère mignonne, que je vous écris à tout moment ; je vous ennuie avec confiance de l'ennuyeux récit de mon triste voyage et, depuis huit jours, je n'ai pu recevoir un seul mot de vous. Toutes nos journées ont été dérangées, mais j'espère d'en recevoir demain à Angers. J'en ai une extrême envie ; vous le croyez bien, ma très chère bonne, et qu'ayant été contrainte de penser sans cesse à vous, je n'ai pas manqué de repasser sur tous les sujets que j'ai de vous aimer, et d'être persuadée de votre tendresse, et qu'ainsi la mienne est toute chaude et toute renouvelée. La Providence l'a ainsi ordonné : toute société nous a manqué. Il y aurait bien des choses à dire sur le plaisir ou la contrainte qu'on en recevrait. Notre *Très Bien Bon* est content et en parfaite santé, et moi aussi ; il vous embrasse. Parlez de moi à toute votre famille. Et votre santé, ma chère, est-elle parfaite ? Je saurai demain tout cela, et votre voyage de Versailles. Nous vous embrassons tous deux.

61 À MADAME DE GRIGNAN

À Angers, mercredi 20ᵉ sep[tembre 1684].

J'arrivai hier à cinq heures aux Ponts-de-Cé, après avoir vu le matin à Saumur ma nièce de Bussy et entendu la messe à la bonne Notre-Dame. Je trouvai, sur le bord de ce pont, un carrosse à six chevaux, qui me parut être mon fils. C'était son carrosse et l'abbé Charrier, qu'il a envoyé me recevoir parce qu'il est un peu malade aux Rochers. Cet abbé me fut agréable ; il a une petite impression de Grignan, par son père et par vous avoir vue [1], qui lui donna un prix au-dessus de tout ce qui pouvait venir au-devant de moi. Il me donna votre lettre écrite de Versailles, et je ne me contraignis point devant lui de répandre quelques larmes, tellement amères que je serais étouffée s'il avait fallu me contraindre. Ah ! ma bonne et très aimable, que ce commencement a été bien rangé ! Vous affectez de paraître une véritable Dulcinée [2]. Ah ! que vous l'êtes peu ! et que j'ai vu, au travers de la peine que vous prenez à vous contraindre, cette même douleur et cette même tendresse qui nous fit répandre tant de larmes en nous séparant ! Ah ! ma bonne, que mon cœur est pénétré de votre amitié ! que j'en suis bien parfaitement persuadée et que vous me fâchez quand, même en badinant, vous dites que je devrais avoir une fille comme Mlle d'Alérac et que vous êtes imparfaite ! Cette Alérac est aimable de me regretter comme elle fait, mais ne me souhaitez jamais rien que vous. Vous êtes pour moi toutes choses, et jamais on n'a été aimée si parfaitement d'une fille bien-aimée que je le suis de vous. Ah ! quels trésors infinis m'avez-vous quelquefois cachés ! Je vous assure pourtant, ma très chère bonne, que je n'ai jamais douté du fond, mais vous me comblez présentement de toutes ces richesses [3], et je n'en suis digne que par la très parfaite tendresse que j'ai pour vous, qui passe au-delà de tout ce que je pourrais vous en dire.

Vous me paraissez assez mal contente de votre voyage et du dos de Mme de Brancas [4] ; vous avez trouvé bien des portes fermées. Vous avez, ce me semble, fort bien fait d'envoyer votre lettre. On mande ici que le voyage de la cour est retardé [5] ; peut-être pourrez-vous revoir M. de Louvois. Enfin Dieu conduira cela comme tout le reste. Vous savez bien comme je suis pour ce qui vous touche, ma chère bonne ; vous aurez soin de me mander la suite. Je viens d'ouvrir la lettre que vous écrivez à mon fils ; quelle tendresse vous y faites voir pour moi ! quels soins ! que ne vous dois-je point, ma chère bonne ! Je consens que vous lui fassiez valoir mon départ [6] dans cette saison, mais Dieu sait si l'impossibilité et la crainte d'un désordre honteux dans mes affaires n'en a pas été la seule raison. Il y a des temps dans la vie où les forces épuisées [7] demandent à ceux qui ont un peu d'honneur et de conscience de ne pas pousser les choses à l'extrémité. Voilà le fond et la pure vérité, et ce qui a fait marcher le *Bien Bon*, qui est en vérité fort fatigué d'un si grand voyage.

J'allai hier descendre chez le saint évêque [8] ; je vis l'abbé Arnauld, toujours très bon ami et content de votre billet honnête. Ils me rendirent le soir la visite, et je vis entrer, un moment après, Mmes de Vesins, de Varennes et d'Assé [9] ; la dernière vous reverra bientôt.

Adieu, ma chère bonne mignonne ; je vais dîner chez le saint évêque. J'aime la belle d'Alérac, dites-lui, et parlez de moi à ceux qui sont auprès de vous, et qui s'en souviennent, et allez à Livry, et si vous y pensez à moi, comme vous me le dites en vers et en prose, croyez qu'il n'y a point de moment où je ne pense à vous, avec une tendresse vive et sensible qui durera autant que moi.

Pour Madame la comtesse de Grignan :

À Angers, ce jeudi 21e septembre

Je pars, ma bonne, pour les Rochers. Je ne puis monter en carrosse sans vous dire encore un petit adieu. J'ai dîné, comme vous savez, avec ce saint prélat. Sa sainteté et sa vigilance pastorale est une chose qui ne se peut comprendre ; c'est un homme de quatre-vingt-sept ans qui n'est plus soutenu, dans les fatigues continuelles qu'il prend, que par l'amour de Dieu et du prochain. J'ai causé une heure en particulier avec lui. J'ai trouvé dans sa conversation toute la vivacité de l'esprit de ses frères. C'est un prodige ; je suis ravie de l'avoir vu de mes yeux. J'ai été toute l'après-dînée au Ronceray [10] et à la Visitation. Mademoiselle d'Alérac, votre demoiselle de Sennac a fait la malade et ne m'a pas voulu voir. Ces bonnes Vesins, d'Assé et Varennes ne m'ont point quittée et m'ont fait une grande collation, et les revoilà encore qui viennent me dire adieu, et le saint prélat, et l'abbé Arnauld ; nous ne faisons point comme cela les honneurs de Paris. J'aurai, ma chère bonne, de vos lettres aux Rochers et je vous écrirai. Mon Dieu ! ma chère Comtesse, aimez-moi toujours !

62. À MADAME DE GRIGNAN

Aux Rochers, dimanche 24e septembre [1684].

DE CHARLES DE SÉVIGNÉ

Je juge, ma belle petite sœur, de votre chagrin par la joie que j'ai présentement. J'ai ma mère et le *Bien Bon* ; ils sont tous deux en très bonne santé, malgré la fatigue du voyage. Je comprends l'inquiétude que vous aurez pendant leur absence ; je n'entreprends pas de vous rassurer, mais vous pouvez compter que tout ce que les soins et l'application peuvent faire sera employé pour la conservation d'une vie si précieuse. Je vous pardonne de me porter envie présentement, mais il était juste qu'elle partageât un peu entre nous deux les plaisirs qu'elle donne par sa présence. Ne m'en haïssez pas, ma belle petite sœur, et à mon exemple aimez vos rivaux ; c'est ce que Mme de Coulanges a reconnu en moi, à ce qu'elle dit, et ce que j'ai toujours senti dans mon cœur pour vous.

Mon oncle m'a donné ce matin le joli présent de ma *princesse*[1]. Nous avons été une demi-heure, l'abbé Charrier, lui et moi, à vouloir ouvrir ce petit flacon. Nous avons tant fait par nos *tournées* que nous avons fait tourner le bouchon ; il y avait un peu de peine au commencement, mais comme nous nous relayions tous trois l'un après l'autre, il tourne présentement avec beaucoup de facilité. Ma mère nous a donné une autre manière de l'ouvrir, qu'elle a trouvée bien plus aisée qu'elle n'était avant que nous y eussions apporté nos soins, et il en arrive une grande commodité ; c'est que l'eau de la reine de Hongrie en sort toute seule, sans qu'on ait la peine de l'ouvrir.

Adieu, ma très chère et très aimable petite sœur. Mille remerciements à ma divine *princesse ;* que je m'ennuie qu'elle ne soit pas encore vicomtesse, et que je serai aise quand cette métamorphose sera arrivée ! Je fais une oraison très dévote et jaculatoire à *sainte Grignan,* et vous embrasse de tout mon cœur.

Je vous ai tant écrit, ma bonne, que je ne fais ici que vous embrasser tendrement. Je meurs d'envie de savoir de vos nouvelles ; j'ai bien eu des lettres, mais pas une de vous. Votre belle-sœur me prie de vous dire mille choses, que vous imaginez aisément.

63. À MADAME DE GRIGNAN

Aux Rochers, mercredi <4ᵉ> octobre [1684].

Je m'attendais bien, ma bonne, que vous iriez bientôt à Gif[1] ; ce voyage était tout naturel. J'espère bien que vous m'en direz des nouvelles, et de l'effet de cette retraite pour le mariage et l'opiniâtreté de M. de Montausier à demander des choses inouïes[2]. Tout ce qui se passe à l'hôtel de Carnavalet est mon affaire, plus ou moins selon que vous y prenez intérêt.

Vous me parlez si tendrement de la peine que vous

fait toujours mon absence qu'encore que j'en sois fort touchée, j'aime mieux sentir cette douleur que de ne point savoir la suite de votre amitié et de votre tristesse. La mienne n'est point du tout dissipée par la diversité des objets. Je subsiste de mon propre fonds et de la petite famille. Mon fils doit à mon arrivée de lui avoir écarté beaucoup de mauvaise compagnie, dont il était accablé ; j'en suis ravie, car je ne suis point docile, comme vous savez, à de certaines impertinences, et comme je ne suis pas assez heureuse pour rêver comme vous, je m'impatiente et je dis des rudesses. Dieu merci, nous sommes en repos. Je lis ; du moins j'ai dessein de commencer un livre que Mme de Vins m'a mis dans la tête, qui est *La Réformation d'Angleterre*[3]. J'écris et je reçois des lettres. Je suis quasi tous les jours occupée de vous. Je reçois vos lettres le lundi ; jusqu'au mercredi, j'y réponds. Le vendredi j'en reçois encore ; jusqu'au dimanche, j'y réponds[4]. Cela m'empêche de tant sentir la distance d'un ordinaire à l'autre. Je me promène extrêmement, et parce qu'il fait le plus parfait temps du monde et parce que je sens par avance l'horreur des jours qui viendront. Ainsi je profite avec avarice de ceux que Dieu me donne.

N'irez-vous point à Livry, ma bonne ? Le Chevalier ne sera-t-il point bien aise d'aller s'y reposer après ses eaux ? Le Coadjuteur est guéri. Tout vous y convie. Je vous défie de n'y point penser à moi. Je me porte très bien, ma chère bonne, mais vous, ne me ferez-vous point le plaisir de me dire sincèrement comme vous êtes, et si ce côté que je crains tant ne vous fait point souffrir ? Je vous demande cette vérité. Si vous aviez besoin d'un petit deuil[5], je vous en fournirais un : M. de Montmoron mourut il y a quatre jours, chez lui, d'une violente apoplexie, en six heures. C'est une belle âme devant Dieu ; cependant il ne faut pas juger.

J'ai vu la princesse[6], qui parle de vous, qui

comprend ma douleur, qui vous aime, qui m'aime, et qui prend tous les jours douze tasses de thé. Elle le fait infuser comme nous, et remet encore dans la tasse plus de la moitié d'eau bouillante ; elle pensa me faire vomir. Cela, dit-elle, la guérit de tous ses maux. Elle m'assura que Monsieur le Landgrave[7] en prenait quarante tasses tous les matins. « Mais, madame, ce n'est peut-être que trente. — Non, c'est quarante. Il était mourant ; cela le ressuscite à vue d'œil. » Enfin, il faut avaler tout cela. Je lui dis que je me réjouissais de la santé de l'Europe, la voyant sans deuil. Elle me répondit qu'elle se portait bien, comme je pouvais le voir par son habit, mais qu'elle craignait d'être bientôt obligée de prendre le deuil pour sa sœur l'Électrice. Enfin je sais parfaitement les affaires d'Allemagne. Elle est bonne et très aimable parmi tout cela.

Voilà une lettre pour M. de Pomponne. Ma bonne, que je suis aise qu'il ait cette abbaye[8] ! Que cela est donné agréablement, lorsqu'il est en Normandie, ne songeant à rien !

Non ti l'invidio, no, ma piango il mio[9],

c'est-à-dire, ma chère bonne, n'y aura-t-il que vous qui n'obtiendrez rien ? Croyez-vous, ma bonne, que vos affaires ne tiennent pas une grande place dans mon cœur ? Je crois que j'y médite plus tristement que vous, mais, ma chère bonne, profitez de votre courage, qui vous fait tout soutenir, et continuez de m'aimer si vous voulez rendre ma vie heureuse, car les peines que me donne cette amitié sont douces, tout amères qu'elles sont. Mille baisemains à tous les Grignan qui sont auprès de vous, et à cette belle *princesse*. J'écris à mon Marquis. Mon fils est encore à Rennes ; sa femme me prie de vous assurer, etc. Envoyez la lettre à M. de Pomponne.

64. À MADAME DE GRIGNAN

Aux Rochers, dimanche 5ᵉ no[vembre].
Rép[onse] au 31 oct[obre 1684].

Non, ma chère bonne, je vous promets de ne me point effrayer de vos maux ; je vous conjure de me les dire toujours comme ils sont. Vous voilà donc obligée à vous guérir de vos remèdes. Cette troisième saignée fut bien cruelle ensuite de la seconde, qui l'était déjà, et vos médecines mal composées, car nos capucins sont ennemis du polychreste[1]. Vous avez été bien mal menée, ma pauvre bonne, de toutes les façons. Je croyais que ce fût Alliot[2], mais il y a presse à s'en vanter, car M. de Coulanges me mande de Chaulnes, où M. Séron[3] est allé en poste pour Mme de Chaulnes, qui était très mal, que c'était lui qui avait eu l'honneur de vous traiter, qu'il vous avait fait saigner trois fois, et que votre mal était fort pressant et fort violent. C'est à vous à me dire la vérité de tout cela, car je n'y connais plus rien. Vous m'avez fait passer votre mal de gorge pour une chose sans péril, et vos saignées faites après coup fort mal à propos. Enfin, ma bonne, quoi qu'il en soit, consolez-vous, et guérissez-vous avec votre bonne pervenche, bien verte, bien amère, mais bien spécifique à vos maux, et dont vous avez senti de grands effets ; rafraîchissez-en cette poitrine enflammée. Et si, dans cet état qui passera, vous êtes incommodée d'écrire comme il y a bien de l'apparence, prenez sur moi comme sur celle qui vous aime le plus, sans faire tort à personne, et sans façon et sans crainte de m'effrayer, faites-moi écrire par M. du Plessis[4] ; mettez une ligne en haut et une en bas, car il faut voir de votre écriture, et je serai ravie de penser que, toute couchée et tout à votre aise, vous causerez avec moi, et que vous ne serez point contrainte, deux heures durant, dans une posture qui tue la poitrine. Je vous serais trop obligée d'en user ainsi, et le prendrais pour une marque de votre amitié et de votre confiance.

Pour votre côté, j'ai envie de vous envoyer ce que j'ai de baume tranquille[5] par notre abbé Charrier. Il craint de le casser, c'est ce qui nous embarrasse, car pour moi, ma bonne, je ne l'ai pris que pour vous. Et si M. de Chaulnes ou M. de Caumartin ou Mme de Pomponne voulaient vous en donner, les capucins le rendraient cet été, aux États, aux deux premiers au double, et je le rendrais à Mme de Pomponne. J'en ai très peu. Ce baume est souverain, mais ce n'est pas pour un rhumatisme ; il en faudrait des quantités infinies. C'est pour en mettre huit gouttes sur une assiette chaude et le faire entrer dans l'endroit de votre côté où vous avez mal, et le frotter doucement jusqu'à ce qu'il soit pénétré à loisir, et puis un linge chaud dessus. Ils en ont vu des miracles. Ils y souffrent autant de gouttes d'essence d'urine mêlées. Voilà ce qui est pour vous, en très petit volume, comme vous voyez. Vous me manderez au plus tôt si vous voulez que j'envoie ma petite bouteille, ou si vous voulez en emprunter. C'est un baume précieux, qui me le serait infiniment s'il vous avait guérie, et que je n'ai pris que pour vous, mais, ma bonne, ne négligez point votre côté.

Vous avez écrit une parfaite lettre à ces bons capucins ; nous l'avons lue avec un grand plaisir. Je leur envoie à Rennes, où ils tirent du tombeau la pauvre *petite personne*[6]. Ils seront ravis et honorés et glorieux de la recevoir, et je vous enverrai soigneusement leur réponse. Pour nos santés, ma bonne, je vous en parlerai sincèrement. La mienne est parfaite. Je me promène quand il fait beau ; j'évite le serein et le brouillard. Mon fils le craint, et me ramène. Ma belle-fille ne sort pas; elle est dans les remèdes des capucins, c'est-à-dire des breuvages et des bains d'herbes, qui l'ont fort fatiguée sans aucun succès jusqu'ici. Ainsi nous ne sommes point en train ni en humeur de faire des promenades extravagantes. On en est tenté à Livry, et l'été, quand il fait chaud et qu'on voit une brillante lune, on aime à faire un tour, mais ici nous n'y pensons pas : nous allons entre deux soleils. Le bon Abbé est un peu incommodé de sa plénitude et de ses vents; ce sont des maux où il est accoutumé. Les capucins lui font prendre tous les matins un peu de poudre d'écrevisse, et assurent qu'il s'en trouvera fort bien. Cela est long, et en attendant il souffre un peu. Pour moi, je n'ai plus de vapeurs. Je crois qu'elles ne venaient que parce que j'en faisais cas; comme elles savent que je les méprise, elles sont allées effrayer quelques sottes. Voilà, ma bonne, la vraie vérité de l'état où nous sommes.

Celui où vous me représentez Mlle d'Alérac est trop charmant; c'est une petite pointe de vin qui réveille et réjouit toute une âme. Il ne faut pas s'étonner si elle en a une présentement ! On la sent quelquefois si peu que c'est comme si on n'en avait pas. Je suis persuadée que M. de Polignac en a deux à proportion, par la reconnaissance qui se joint à son amour. Il me paraît que les articles[7] se règlent mieux à Livry que chez M. de Montausier et à Sara; c'est là que les difficultés se doivent aplanir. Mais ce que je ne comprends pas, c'est la première apparition de M. de Polignac. Que voulait-il dire avec son sérieux, avec sa visite courte et cérémonieuse ? Devait-elle être de cette froideur ? Ne fallait-il point expliquer avec grâce et chaleur cette longue absence, ce long silence ? Et comment, après avoir si mal commencé, peut-on finir si joliment ? Vous me faites de toute cette scène une peinture charmante, dont je vous remercie, car vous savez l'intérêt que j'y prends. Est-il allé à Dunkerque ? et où est cette belle Diane ?

Le bon Abbé remercie M. du Plessis de l'honneur qu'il a fait à son canal[8]. Cela lui paraît un coup de partie pour cette pièce d'eau comme une exécution vigoureuse dans les justices qui ne sont pas bien établies ; après cela on n'en doute plus. Aussi, après cette espèce de naufrage, la sécheresse, la bourbe, les grenouilles feront tout ce qui leur plaira ; nous serons toujours un canal où M. du Plessis a pensé se noyer.

Nous avons eu ici une Saint-Hubert[9] triste et détestable, mais il ne faut pas juger ici du temps que vous avez là-bas. Vous avez chaud à Livry ; vous êtes en été. La Saint-Hubert aura peut-être été merveilleuse à Fontainebleau, et nous avons des pluies et des brouillards. Nous avons pourtant eu de beaux jours ; il faut prendre le temps comme il vient, car nous ne sommes pas les plus forts.

Il me prit hier une folie de craindre le feu à l'hôtel de Carnavalet : c'est peut-être une inspiration. Ma bonne, redoublez vos ordres : qu'on n'aille point à la cave aux fagots, comme on y va toujours, avec une chandelle sans lanterne, et qu'on prenne garde en haut au voisinage du grenier au foin. Vos gens n'y perdraient rien, et nous en serions ruinés. Voilà une jolie fin de lettre, et bien spirituelle, mais elle ne sera peut-être pas inutile. Clairotte et L'Épine sont sages. Ma bonne, je vous demande en vérité pardon de cette prévoyance, mais quand les jours ont douze heures, et qu'on n'a pas beaucoup d'affaires, on pense à tout.

Je suis très fâchée que le rhumatisme du Chevalier ouvre de si bonne heure. Vichy ne lui a pas bien réussi cette année ; je souhaite que nos capucins fassent mieux. Faites-lui mes amitiés, je vous en prie.

Je vous crois à Paris, et bien près d'être à Fontainebleau[10], mais, ma bonne, irez-vous en un jour ? Ayez pitié de vous. Songez à ne pas augmenter vos maux ;

cela est préférable à tout. Il n'y a nulle affaire et nulle raison qui vous doivent obliger à vous hasarder, ma chère bonne ; c'est bien véritablement ma santé et ma vie que je vous recommande. C'est une étrange amertume à digérer ici que la crainte de vous voir dangereusement malade. Il n'y a pas moyen de soutenir cette pensée jour et nuit. Ayez donc pitié de moi.

Hélas ! que pensez-vous que m'ait fait cette mort de Mme de Luynes[11] ? C'est une tristesse dont on ne peut se défendre. Et que faut-il donc pour ne point mourir ? Jeune, belle, reposée, toute tranquille et tout en paix, elle avait payé le tribut de l'humanité l'année passée par une grande maladie, et la voilà morte un an après ; c'est un étrange point de méditation. M. de Chaulnes en est affligé ; dites-lui quelque chose. Mme de Chaulnes a été bien mal. Ils ont tant d'amitié pour moi et pour vous ; ne les négligez pas.

Adieu, ma chère bonne. Je ne vous puis dire assez combien je vous aime. Allez-vous sitôt ne plus aimer Mme de Coulanges, après avoir tant bu ensemble à Clichy et à Livry ? La d'Escars[12] me parle d'une cordelière dans ma chaise de tapisserie. Ma bonne, vous n'avez qu'à ordonner, tout me plaira. J'en attends les deux bras ; cela me divertira. Mme de La Fayette me mande que Mme de Coulanges est charmée de vous et de votre esprit. Le *Bien Breton*[13] vous salue tendrement. Mon fils et sa femme vous font beaucoup d'amitiés et de compliments. J'écris à mon Marquis, mais il me semble que vous devez être à Fontainebleau. Je l'adresse à la Colm[14].

Pour ma bonne.

65. À MADAME DE GRIGNAN

Aux Rochers, mercredi 15ᵉ novembre [1684].

J'ai envie, ma chère bonne, de commencer à vous répondre par la lettre que m'a écrite le maréchal d'Estrades. Il me conte si bonnement et si naïvement toutes les questions que vous lui avez faites sur mon sujet, et je vois si bien tout l'intérêt que votre amitié vous fait prendre à la vie que je fais ici, que je n'ai pu lire sans pleurer la lettre de ce bonhomme. Mais, ma chère bonne, quand je suis venue à l'endroit où vous avez pleuré vous-même[1] en apprenant le sensible souvenir que j'ai toujours de votre aimable personne et de notre séparation, j'ai redoublé mes soupirs et mes sanglots. Ma chère bonne, je vous en demande pardon, cela est passé, mais je n'étais point en garde contre ce récit tout naïf que m'a fait ce bonhomme ; il m'a prise au dépourvu, et je n'ai pas eu le loisir de me préparer. Voilà, ma chère enfant, une relation toute naturelle de ce qui m'est arrivé de plus considérable depuis que je vous ai écrit, mais il s'est passé dans mon cœur un trait d'amitié si tendre et si sensible, si naturel, si vrai et si vif que je n'ai pu vous le cacher. Aussi bien, ma bonne, il me semble que vous êtes assez comme moi, et que nous mettons au premier rang les choses qui nous regardent, et le reste vient après pour arrondir la dépêche[2].

Vous dites que je ne suis point avec vous, ma bonne, et pourquoi ? Hélas ! qu'il me serait aisé de vous le dire si je voulais salir mes lettres des raisons qui m'obligent à cette séparation[3], des misères de ce pays, de ce qu'on m'y doit, de la manière dont on me paye, de ce que je dois ailleurs, et de quelle façon je me serais laissée surmonter et suffoquer par mes affaires,

si je n'avais pris, avec une peine infinie, cette résolution! Vous savez que depuis deux ans je la diffère avec
plaisir sans y balancer, mais, ma chère bonne, il y a
des extrémités où l'on romprait tout, si l'on voulait se
roidir contre la nécessité. Je ne puis plus hasarder ces
sortes de conduites hasardeuses. Le bien que je possède n'est plus à moi[4]. Il faut finir avec le même
honneur et la même probité dont on a fait profession
toute sa vie. Voilà ce qui m'a arrachée, ma bonne,
d'entre vos bras pour quelque temps, vous savez avec
quelles douleurs! Je vous en cache la suite parce que
je veux me bien porter, et que je tâche de me les
cacher à moi-même, mais cette espérance dont je vous
ai parlé me soutient, et me persuade qu'enfin je vous
reverrai, et c'est cette pensée qui me fait vivre. Je suis
ici avec mon fils, qui est ravi de m'y voir manger une
partie de ce qu'il me doit. Cela me fait un sommeil
salutaire et souffrir la perte de tout ce que ses fermiers
me doivent, et dont apparemment je n'aurai jamais
rien. Je crois, ma chère bonne, que vous entrez dans
ces vérités, qui finiront et qui me feront retrouver
comme j'ai accoutumé d'être. Je n'ai pu m'empêcher
de vous dire tout ce détail dans l'intimité et l'amertume de mon cœur, que l'on soulage en causant avec
une *bonne* dont la tendresse est sans exemple.

J'ai quasi envie de ne vous rien dire sur ma santé.
Elle est dans la perfection, et j'aime M. de Coulanges
plus que ma vie de vous avoir montré ma lettre; elle
doit vous avoir remise de vos imaginations. Le style
qu'on a en lui écrivant ressemble à la joie et à la santé.
Ce que vous mandait mon fils des capucins[5] était pour
vous mettre l'esprit en repos, en cas d'alarme, mais
cette alarme est encore dans l'avenir et entre les
mains de la Providence, car jusqu'ici toutes nos
machines n'ont rien de détraqué. La vôtre, ma bonne,
n'a pas été si bien réglée; vous avez été considérablement malade. Et si j'en avais eu autant, vous n'auriez

pas cru si simplement ce que je vous aurais mandé
que j'ai cru ce que vous m'avez écrit.

Le temps continue d'être détestable. Les postillons
se noient. Il ne faut plus penser à recevoir régulièrement les lettres ; attendez-les en repos, comme je fais.
Il n'y avait pas un grand chapitre à faire de Fouesnel ;
c'est un triste voyage tout uni[6]. J'en disais un mot au
petit Coulanges. Je trouve que votre amitié avec sa
femme continue fort joliment ; il n'en faut pas davantage. Son mari est trop joli et trop aimable ; il nous
écrit des lettres charmantes. Il vous a mise dans la
folie de la *Cuverdan*[7], mais nous ne savons si c'est une
vérité ou une vision, car il dit qu'elle est fille de *Cafut*,
lequel *Cafut* était une folie de son enfance, dont il était
grippé au point qu'on lui en donna le fouet étant petit,
parce qu'on craignait qu'il n'en devînt fou avec Mme
de Sanzei. Quoi qu'il en soit, la *Cuverdan* de ce pays[8]
sera demain ici ; il y a trois jours qu'elle est chez la
souveraine.

Souvenez-vous, ma bonne, de la règle de Corbinelli,
qu'il ne faut pas juger sans entendre les deux parties.
Il y a bien des choses à dire, mais, en un mot, il fallait
rompre à jamais avec Mme de Tisé[9], et rompre le seul
lien qu'ait mon fils avec M. de Mauron, dont il ne jette
pas encore sa part aux chiens, ou rompre impertinem-
ment avec la princesse. Il a résisté ; il a vu l'horreur de
cette grossièreté. Il en a fait dire ses extrêmes douleurs
à la princesse. Mais enfin il a fallu se résoudre et
prendre parti ; il n'y avait qu'à prendre ou à laisser, et
mon fils a préféré la douceur et le plaisir d'être bien
avec sa nouvelle famille, et par reconnaissance et par
intérêt, à la gloire d'avoir suivi toutes les préventions
de la princesse, qui sont à l'excès dans les têtes
allemandes. Vous me direz que Mme de Tisé est
ridicule d'avoir exigé cette belle déclaration de son
neveu, qu'elle ne sait point le monde, que cela est de
travers. Tout cela est vrai, mais on ne la refondra pas.

Peut-être que cette *pétoffe* ne servira qu'à confirmer la roture de celui que la princesse protège[10], car la maison à laquelle il voulait s'accrocher, et qui est fort bonne, ne veut point de lui. Ah, mon Dieu! en voilà beaucoup, ma chère Comtesse; je n'avais pas dessein d'en tant dire.

Mais parlons du bonheur de M. de La Trousse[11], qui marche à grands pas dans le chemin de la fortune. Connaissez-vous la beauté de la machine toute simple qu'on appelle un levier? il me semble que je l'ai été à son égard. Trouvez-vous que je me vante trop? Cela me fait prendre un grand intérêt à toute la suite de sa vie, où il a réuni et bien de l'honneur et bien du bonheur et bien de la faveur. Je ne manquerai pas de lui écrire; en attendant faites-en mes compliments à Mlle de Méri, mais ne l'oubliez pas. Je n'ai rien à dire de l'indifférence de Mme de Coulanges, sinon qu'elle prend le bon et unique parti. Vous jugez bien du succès qu'aura la prière de Mme de La Fayette[12]; jamais une personne, sans sortir de sa place, n'a tant fait de bonnes affaires. Elle a du mérite et de la considération. Ces deux qualités vous sont communes avec elle, mais le bonheur[13] ne l'est pas, ma chère bonne, et je doute que toute la dépense et tous les services de M. de Grignan fassent plus que vous. Ce n'est pas sans un extrême chagrin que je vois ce guignon sur vous et sur lui. Vous devriez me mander comme il aura reçu le Coadjuteur; il me semble qu'ils étaient dans une assez grande froideur.

Vous faites très bien d'aller à Versailles à l'arrivée de la cour, mais, ma bonne, je ne puis assez vous le dire, prenez garde au débordement des eaux; on ne conte en ce pays que des histoires tragiques sur ce sujet.

Vous dites une grande vérité quand vous m'assurez que l'amitié que vous avez pour moi vous incommode, et c'est une grande justice de croire que celle que j'ai pour vous m'incommode aussi[14]. Je sens cette vérité plus que je ne voudrais, car j'avoue que, quand on aime à un certain point, on craint tout, on prévoit tout, on se représente tout ce qui peut arriver et tout ce qui n'arrivera point, et quelquefois on se représente si vivement un accident, ou une maladie, que la machine en est tout émue et que l'on a peine à l'apaiser. Quelquefois je trouve une longueur infinie d'un ordinaire à l'autre, et je ne reçois vos lettres qu'en tremblant. Tout cela est fort incommode, il faut en demeurer d'accord, et je vous prie, ma chère bonne, d'avoir donc une attention particulière pour vous, pour l'amour de moi. Je vous promets la même chose.

Il y a quinze jours que nous ne songeons pas qu'il y ait ici des allées et des promenades, tant le temps est effroyable. Je ne suis plus en humeur de me promener tous les jours; j'ai renoncé à cette gageure, et je demeure fort bien dans ma chambre à travailler à la chaise de mon petit Coulanges. Ne vous représentez donc point votre *bonne* avec sa casaque et son bonnet de paille, mouillée jusqu'au fond; point du tout, je suis comme une demoiselle au coin de mon feu. Je n'y avais point appris le mariage de Mlle Courtin[15], et j'ai prié Corbinelli, qui ne m'écrit plus, de me mander s'il est vrai que le fils du président Nicolaï épouse cette grande héritière, Mlle de Rosambo, qui est à Rennes. Je ne sais rien, et je ne m'en soucie guère. Je reçois des souvenirs très aimables de M. de Lamoignon[16]. Il me regrette, et il me mande qu'il est au désespoir de ne m'avoir point montré sa harangue comme l'année passée. Je lui écris que je le prie de vous la montrer et que, par un côté, vous en êtes plus digne que moi. Suivez cela; c'est un plaisir que vous lui ferez.

Hélas! mon enfant, que n'ouvriez-vous notre lettre à M. de Grignan? Mon fils l'a commencée tout de suite après vous avoir écrit. Je vins ensuite, en fort bonne santé. Nous lui disions beaucoup d'amitiés, et nous lui en parlions encore davantage. Je suis ravie que vous aimiez mon portrait ; mettez-le donc en son jour, et regardez quelquefois une mère qui vous adore, c'est-à-dire qui vous aime infiniment et au-dessus de toutes les paroles. Je plains le Chevalier, et l'embrasse ; je lui recommande sa santé et la vôtre. Les tableaux du *Bien Bon* ne sont pas toujours à leur place ; ils parent la chambre. Il vous mande que, s'il y a de la fumée, vous ouvriez de deux doigts seulement la fenêtre près de la porte, comme il faisait ; sans cela vous serez incommodés.

Bonjour, mon Marquis. Belle d'Alérac, recevez toutes nos amitiés. Vous avez fait très sagement de ne pas empêcher Gautier d'entrer chez Bagnols [17]. On se corrige quelquefois. Mme de Marbeuf est arrivée. Elle est tout à fait bonne femme, mais, ma bonne, ne croyez pas que je ne m'en passasse fort bien. La liberté m'est plus agréable que cette sorte de compagnie. Je la mettrai à mon point ; il faut avoir des heures à soi. Elle vous fait mille et mille compliments ; en voilà beaucoup. Répondez-y en deux lignes dans ma lettre, et plus de *Cuverdan*.

Je suis fâchée de la peine que vous avez d'écrire le dessus de vos paquets ; cependant cela fait respirer d'abord.

Pour ma très aimable bonne.

66. À MADAME DE GRIGNAN

Aux Rochers, dimanche matin 4e février [1685].

Hormis la promptitude de la guérison, ma bonne, vous pouvez compter que vous m'avez guérie. Il est vrai que nous pensions au commencement que ce serait une affaire de quatre jours; nous nous sommes trompés, voilà tout, et en voilà quinze[1]. Mais enfin la cicatrice fait une fort bonne mine de vouloir s'avancer et, pour la presser encore davantage, nous ôtons l'huile, avec votre permission, car nous avons suivi vos ordres exactement, et nous mettons de l'onguent noir[2] que vous avez envoyé, et qui ne nuira pas à la poudre de sympathie, pour fermer entièrement la boutique. Ôtez-vous donc de l'esprit tout ce *grimaudage*[3] d'une femme blessée d'une grande plaie; elle est très petite, aussi bien que l'outil dont se sert votre frère. Rectifiez votre imagination sur tout cela. Ma jambe n'est ni enflammée, ni enflée. J'ai été chez la princesse, je me suis promenée; je n'ai point l'air malade. Regardez donc votre *bonne* d'une autre manière que comme une pauvre femme de l'hôpital. Je suis belle, je ne suis point pleureuse comme dans ce griffonnage. Enfin, ma bonne, ce n'est plus par là qu'il me faut plaindre, c'est d'être bien loin de vous, c'est de n'être que *métaphysiquement* de toutes vos parties, c'est de perdre un temps si cher. Comme on pense beaucoup en ce pays, on avale quelquefois des amers[4] moins agréables que les vôtres. Je reprends des forces et du courage, et j'en ai, ma bonne, quoi qu'en veuille dire le Chevalier. Voilà l'état de mon âme et de mon corps. Je vous dis les choses comme elles sont, ma chère bonne, et il faut que je sois bien persuadée de votre parfaite amitié pour vous faire cet étrange détail au milieu de Versailles, où vous êtes assurément, ma bonne. La tendresse que j'ai pour vous est toute naturelle. Elle est à sa place, elle est fondée sur mille bonnes raisons, mais celle que vous avez pour moi est toute merveilleuse, toute rare, toute singulière; il n'y en a quasi pas d'exemple, et c'est ce qui fait aussi cette grande augmentation de mon côté, qui n'est que trop juste.

Mme de La Fayette vous a vue; elle me mande que

vous fîtes de Mlle d'Alérac comme de notre chien (hélas ! notre beau chien, vous en souvient-il ?), et que vous causâtes fort ensemble, qu'elle est engouée de vous (c'est son mot), que vous êtes parfaite, hormis que vous êtes trop sensible[5]. Voilà votre défaut ; elle vous en gronda. Voilà comme mes amies reçoivent vos visites et sont contentes de vous, car Mme de Lavardin m'en écrivit encore une grande feuille. Tout cela vous fait souvenir de moi, ma très chère, et cette bonne duchesse de Chaulnes. Vous me marquez si bien les divers tons de ceux qui m'ont souhaitée dans ma chambre que je les ai tous reconnus.

Ma bonne, j'ai été triste de n'être point à ce souper pour vous faire les honneurs de cet appartement. La compagnie était bonne et gaie. M. de Coulanges ne trouva pas assez de haut goût ni de ragoût pour son goût usé et débauché ; cela était trop héroïque pour Monsieur de Troyes[6] et pour lui. Il avoue pourtant que le repas était beau et bon et fort gai. Hélas ! ma santé n'est pas digne d'être si souvent et si bien célébrée. Il me paraît que M. de Lamoignon connaît bien le mérite de la bonne femme *Carnavalet*[7] ; vous ne sauriez trop ménager un tel ami. Je suis ravie de la joie qu'ils ont de cette place du Conseil, mais je suis affligée de cette cruelle néphrétique qui accable ce pauvre homme à tout moment. Point de jours sûrs ; c'est un rabat-joie continuel.

Je trouve bien plaisant tout le petit tracas de l'hôtel de Chaulnes. Je ne crois point la duchesse jalouse ; je doute que cette belle amitié qu'elle a pour moi lui permît de m'en faire confidence. Le petit Coulanges est fort plaisant sur tout cela. J'admire comme lui *sainte Grignette*[8], et comme il y a des gens qui ont une sorte d'esprit pour venir à leurs fins où d'autres ne sauraient pas faire un pas. Je vous remercie de vos nouvelles. Je ne vois point d'où vient la disgrâce de Flamarens[9] à l'égard de Monsieur ; je ne crois pas que notre bon maréchal d'Estrades fasse de grandes intrigues dans cette cour très orageuse.

Dieu conserve votre santé comme vous me la dépeignez, ma bonne ! Je crois les bouillons de chicorée fort bons ; j'en prendrai. Ne négligez point vos amers ; c'est votre vie. Je doute que vous vous serviez de la poudre de sympathie pour votre côté ; vous n'avez point encore voulu essayer du baume [10]. Je vous ai mandé que la Marbeuf s'est ressuscitée ; voilà une succession qui vous est échappée [11]. Il faut écrire sur sa maladie et sur les poulardes. Dites-moi si elles sont bonnes ; on les trouve excellentes en ce pays-ci. Je ne puis souffrir que Rhodes ait vendu sa charge, si ancienne dans sa maison [12]. Vous aurez donc le plaisir de voir le Doge [13], et de n'avoir point cette guerre. C'est comme si la République venait, mais qui peut résister aux volontés de Sa Majesté ? Il me semble que j'aurais encore été aujourd'hui à votre dîner chez Gourville ; toute la *case* [14] de Pomponne ne m'aurait pas chassée. Jamais, ma chère Comtesse, vous n'avez passé un hiver qui me convînt tant. J'envie et je regrette tous vos plaisirs, mais bien plus celui de vous voir, ma bonne, et d'être avec vous, et de jouir de cette chère amitié qui fait toutes mes délices.

À cinq heures du soir.

Mon fils vient de voir ma jambe. En vérité, ma bonne, je la trouve fort bien. Il vous le va dire, et hors la promptitude de quatre jours, on ne peut pas dire que je ne sois guérie par la *sympathie ;* vous pouvez embrasser le Marquis. Mon fils vient de mettre cet onguent noir pour faire la cicatrice, car il n'y a plus que cela à faire, et nous gardons précieusement le reste de la poudre pour quelque chose de plus grande importance. Et croyez, ma chère bonne, que je ne m'en dédirai point : c'est vous qui m'avez guérie ; l'air du miracle n'y a pas été, voilà tout. Je viens de me promener. Ôtez-vous de l'esprit que je sois malade ni boiteuse ; je suis en parfaite santé. Je me réjouis de celle du Chevalier. C'est toujours beaucoup d'en avoir la moitié ; il n'était pas si riche l'année passée.

Votre belle-sœur [15] vous prie de mander s'il y a quelque chose de changé à la façon des manteaux et à la coiffure ; elle vous révère. Embrassez M. de Grignan tendrement. Le *Bien Bon* est tout à vous deux. Il n'écrit jamais de moi parce que ce sont des affaires et des calculs qui lui font oublier sa pauvre nièce. Je demande au Marquis et à Mlle d'Alérac s'ils savent bien quel est le mois de l'année où les Bretons boivent le moins ; ce serait curieux. Ma chère bonne, je baise vos deux bonnes joues, et vous embrasse avec une extrême tendresse. Ne soyez plus du tout en peine de moi, et n'en parlez plus du tout.

Est-ce Monsieur de Carcassonne qui sera député [16] ? quand viendront les prélats ?

DE CHARLES DE SÉVIGNÉ

À cinq heures du soir, dimanche.

Le *pieux Énée* vient de panser sa mère. La poudre de sympathie n'a point fait son miracle, mais elle nous a mis en état que l'onguent noir que vous nous avez envoyé achèvera bientôt ce qui reste à faire. Ainsi la *sympathie* et l'onguent noir auront l'honneur conjointement de cette guérison tant souhaitée. Si vous avez bien envie d'embrasser le *señor Marques* [17], vous le pouvez faire tandis qu'il a encore un nez et des oreilles ; une autre fois qu'il n'expose pas si témérairement ces membres.

Adieu, ma petite sœur. Je fais toujours mille compliments remplis de contrition à M. de Grignan, et vous supplie de sauver ma *princesse* des fureurs du *Troyen*.

Pour ma petite sœur.

67. À MADAME DE GRIGNAN

[Aux Rochers,] mercredi 14e février [1685].

Je n'ai point reçu de vos lettres cet ordinaire, ma chère bonne, et quoique je sache que vous êtes à Versailles, que je croie et que j'espère que vous vous portez bien, que je sois assurée que vous ne m'avez point oubliée, et que ce désordre vienne d'un laquais et d'une paresse, je n'ai pas laissé d'être toute triste et toute décontenancée, car le moyen, ma bonne, de se passer de cette chère consolation ? Je ne vous dis point assez à quel point vos lettres me plaisent, et à quel point elles sont aimables, naturelles et tendres ; je me retiens toujours sur cela par la crainte de vous ennuyer. Je relisais tantôt votre dernière lettre ; je songeais avec quelle amitié vous touchez cet endroit de la légère espérance de me revoir au printemps, et comme après avoir trouvé les mois si longs, cela se trouverait proche présentement, car voilà tous les préparatifs du printemps. Ma bonne, j'ai été sensiblement touchée de vos sentiments, et des miens qui ne sont pas moins tendres, et de l'impossibilité qui s'est si durement présentée à mes yeux ; ma chère Comtesse, il faut passer ces endroits, et mettre tout entre les mains de la Providence, et regarder ce qu'elle va faire dans vos affaires et dans votre famille.

Mon fils et sa femme sont à Rennes de lundi ; ils y ont quelques affaires, et je trouve cette petite femme si malade, si accablée de vapeurs, des fièvres et des frissons de vapeur à tous moments, des maux de tête enragés, que je leur ai conseillé de s'approcher des capucins [1] ; ils viendront peut-être de Vannes, où ils sont, ou bien ils écriront. Ce sont eux qui ont mis le feu à la maison par leurs remèdes violents. Mon fils

achève avec l'essence de Jacob[2] deux ou trois fois le
jour. Il faut que tout cela fasse un grand effet. Il vaut
mieux être dans une ville qu'en pleine campagne.

Je suis donc ici très seule ; j'ai pourtant pris, pour
voir une créature, cette petite jolie femme dont M. de
Grignan fut amoureux tout un soir. Elle lit quand je
travaille ; elle se promène avec moi, car vous saurez,
ma bonne, et vous devez me croire, que Dieu, qui mêle
toujours les maux et les biens, a consolé ma solitude
d'une très véritable guérison. Si on pouvait mettre le
mot d'aimable avec celui d'emplâtre, je dirais que
celui que vous m'avez envoyé mérite cet assemblage.
Il attire ce qui reste, et guérit en même temps. Ma
plaie disparaît tous les jours : *Montpezat, pezat, zat, at,
t,* voilà ma plaie. Il me semble que ce dernier, que vous
m'avez envoyé, est meilleur. Enfin cela est fait. Si je
n'en avais point fait du poison, par l'avis des sottes
gens de ce pays, il y a longtemps que celui que j'ai
depuis trois mois[3] m'aurait guérie. Dieu ne l'a pas
voulu. J'en ressemble mieux à M. de Pomponne, car
c'est après trois mois. On veut que je marche, parce
que je n'ai nulle sorte de fluxion, et que cela redonne
des esprits[4] et fait agir l'aimable onguent ; remerciez-
en Mme de Pomponne. Jusqu'ici la foi avait couru au-
devant de la vérité, et je prenais pour elle mon
espérance, mais, ma bonne, tout finit, et Dieu a voulu
que ç'ait été par vous. Mon fils s'en plaignait l'autre
jour, car ç'a été lui qui, au contraire, m'a fait tous mes
maux, mais Dieu sait avec quelle volonté ! Il partit
lundi follement, en disant adieu à cette petite plaie,
disant qu'il ne la reverrait plus, et qu'après avoir vécu
si longtemps ensemble, cette séparation ne laissait
pas d'être sensible. Je n'oublierai pas aussi à vous
remercier mille fois de toute l'émotion, de tout le soin,
de tout le chagrin que votre amitié vous a fait sentir
dans cette occasion. Quand on est accoutumée à votre
manière d'aimer, les autres font rire. Je suis fort

digne, ma bonne, de tous ces trésors par la manière aussi dont je les sais sentir, et par la parfaite tendresse que j'ai pour vous et pour tout ce qui vous touche à dix lieues à la ronde. Parlez-moi un peu de votre santé, mais bien véritablement, et de vos affaires. N'avons-nous plus d'amants[5] ? Il nous revient beaucoup de temps et de papier, puisque nous ne parlerons plus de cette pauvre jambe.

La Marbeuf est transportée d'une lettre que vous lui avez écrite ; elle m'adore si fort que j'en suis honteuse. Elle veut vous envoyer deux poulardes avec mes quatre. Je l'en gronde ; elle le veut. Vous en donnerez à M. du Plessis, et vous direz à Corbinelli d'en venir manger avec vous, comme vous avez déjà fait, car que ne faites-vous point d'obligeant et d'honnête ? Ma bonne, je finis. J'attends vendredi vos deux lettres à la fois, et je suis sûre de vous aimer de tout mon cœur.

La princesse vient de partir d'ici. Dès que mon fils, qui est encore mal avec elle, a été à Rennes, elle est courue ici d'une bonne amitié. Le *Bien Bon* vous est tout acquis, et moi à votre époux et à ce qui est avec vous.

68. À MADAME DE GRIGNAN

[Aux Rochers,] dimanche 25e février [1685].
Réponse au 21.

Ah ! ma bonne, quelle aventure que celle de la mort du roi d'Angleterre[1], la veille d'une mascarade !

À LOUIS-PROVENCE DE GRIGNAN

Mon Marquis, il faut que vous soyez bien malheureux de trouver en votre chemin un événement si extraordinaire !

Chimène, qui l'eût dit — Rodrigue, qui l'eût cru[2] ?

Lequel vous a le plus serré le cœur, ou le contretemps, ou quand votre méchante maman vous renvoya de Notre-Dame ? Vous en fûtes consolé le même jour ; il faut que le billard et l'appartement et la messe du Roi, et toutes les louanges qu'on a données à vous et à votre joli habit vous aient consolé dans cette occasion, avec l'espérance que cette mascarade n'est que différée. Mon cher enfant, je vous fais mes compliments sur tous ces grands mouvements, mais faites-m'en sur toutes mes attentions mal placées. J'avais été[3] à la mascarade, à l'opéra, au bal ; je m'étais tenue droite, je vous avais admiré, j'avais été aussi émue que votre belle maman, et j'ai été trompée.

Ma bonne, je comprends tous vos sentiments mieux que personne. Vraiment oui, on se transmet dans ses enfants, et, comme vous dites, plus vivement que pour soi-même ; j'ai tant passé par ces émotions ! C'est un plaisir quand on les a pour quelque jolie petite personne qui en vaut la peine et qui fait l'attention des autres. Votre fils plaît extrêmement ; il a quelque chose de piquant et d'agréable dans la physionomie. On ne saurait passer les yeux sur lui comme sur un autre ; on s'arrête. Mme de La Fayette me mande qu'elle avait écrit à Mme de Montespan qu'il y allait de son honneur que vous, et votre fils, fussiez contente[4] d'elle. Il n'y a personne qui soit plus aise qu'elle[5] de vous faire plaisir.

Je ne suis pas surprise que vous ayez envie d'aller à Livry ; bon Dieu, quel temps ! il est parfait. Je suis depuis le matin jusqu'à cinq heures dans ces belles allées, car je ne veux point du froid du soir. J'ai sur mon dos votre belle brandebourg[6], qui me pare. Ma jambe est guérie. Je marche tout comme un autre ; ne me plaignez plus, ma chère bonne. Il faudrait mourir si j'étais prisonnière par ce temps-là. Je mande à mon fils que je n'ai que faire de lui, que je me promène, et qu'avec cela je l'envoie promener. Ils sont dans les plaisirs de Rennes, d'où ils ne reviendront que la veille du Dimanche gras[7]. J'en suis ravie ; je n'ai que trop de monde.

La princesse vient jouir de mon soleil. Elle a donné d'une thériaque céleste au bon Abbé, qui l'a tiré d'un mal de tête et d'une faiblesse qui me faisait grand'peur. Dites à ce *Bien Bon* combien vous êtes ravie de sa santé. La princesse est le meilleur médecin du monde. Tout de bon, les capucins admiraient sa boutique ; elle guérit une infinité de gens. Elle a des compositions rares et précieuses, dont elle nous a donné trois prises qui ont fait un effet prodigieux. Ce *Bien Bon* voudrait vous faire les honneurs de Livry. Si c'est le carême, ma bonne, vous y ferez une mauvaise chère ; songerez-vous à l'entreprendre avec votre côté douloureux ? On ne me parle cependant que de votre beauté. Mme de Vins m'assure que c'est tout autre chose que quand je suis partie. Vous parlez du temps qui vous respecte pour l'amour de moi ; c'est bien à vous à parler du temps !

Mais que c'est une plaisante chose que nous n'ayons pas encore parlé de la mort du roi d'Angleterre ! Il n'était point vieux, c'est un roi ; cela fait penser qu'elle n'épargne personne. C'est un grand bonheur si, dans son cœur, il était catholique, et qu'il soit mort dans notre religion[8]. Il me semble que voilà un théâtre où il se va faire de grandes scènes : le prince d'Orange, M. de Monmouth[9], cette infinité de luthériens, cette horreur pour les catholiques. Nous verrons ce que Dieu voudra représenter après cette tragédie. Elle n'empêchera pas qu'on ne se divertisse encore à Versailles puisque vous y retournez lundi.

Vous me dites mille amitiés sur la peine que vous auriez à me quitter si j'étais à Paris. J'en suis persuadée, ma très aimable bonne, mais cela n'étant point, à mon grand regret, profitez des raisons qui vous font aller à la cour. Vous y faites fort bien votre personnage. Il semble que tout se dispose à faire réussir ce que vous souhaitez. Les souhaits que j'en fais de loin ne sont pas moins sincères ni moins ardents que si j'étais auprès de vous. Hélas! ma bonne, j'y suis toujours, et je sens, mais moins délicatement, ce que vous me disiez un jour, dont je me moquais; c'est qu'effectivement vous êtes d'une telle sorte dans mon cœur et mon imagination que je vous vois et vous suis toujours, mais j'honore infiniment davantage, ma bonne, un peu de réalité.

Vous me parlez de votre Langevin[10] : m. u. r. mûr, voilà comme je l'ai vu. Est-ce assez pour mon fils? Vous vous en plaigniez souvent. Il est peut-être devenu bon. Parlez-en à Beaulieu, et qu'il en écrive à mon fils; j'en rendrai de bons témoignages. Celui qu'il avait était bon, et s'est gâté. Il ne gagnerait que ses gages, quarante ou cinquante écus, point de vin ni de graisse, ni de levure de lard[11]. Je crois que mon fils ne plaindrait pas de plus gros gages pour avoir un vrai bon cuisinier; je craindrais que celui-là fût trop faible. Mais, ma bonne, quelle folie d'avoir quatre personnes à la cuisine? Où va-t-on avec de telles dépenses, et à quoi servent tant de gens? Est-ce une table que la vôtre pour en occuper seulement deux? L'air de Lachau[12] et sa perruque vous coûtent bien cher. Je suis fort mal contente de ce désordre. Ne sauriez-vous en être la maîtresse? Tout est cher à Paris. Et trois valets de chambre! Tout est double et triple chez vous. Je vous dirai comme l'autre jour : vous êtes en bonne ville, faites des présents, ma bonne, de tout ce qui vous est inutile. N'est-ce point l'avis de M. Anfossy? M. de Grignan peut-il vouloir cet excès? Ma chère bonne, je ne puis m'empêcher de vous parler bonnement là-dessus. Après cette gronderie toute maternelle, laissez-moi vous embrasser chèrement et tendrement, persuadée que vous n'êtes point fâchée.

Ma bonne, il faut que votre mal de côté soit de bonne composition pour souffrir tous vos voyages de Versailles ; songez au moins que le maigre [13] vous est mortel, et que le mal intérieur doit être ménagé et respecté. Bien des amitiés aux grands et petits Grignan.

Je veux vous dire ceci. Vous croyez mon fils habile, et qui se connaît en sauce, et sait se faire servir ; ma bonne, il n'y entend rien du tout, Larmechin [14] encore moins, le cuisinier encore moins ; il ne faut pas s'étonner si un cuisinier qui était assez bon s'est entièrement gâté ! Et moi, que vous méprisez tant, je suis l'aigle, et on ne juge de rien sans avoir regardé la mine que je fais. L'ambition de vous conter que je règne sur des ignorants m'a obligée de vous faire ce sot et long discours ; demandez à Beaulieu.

Pour ma très aimable bonne.

69. À MADAME DE GRIGNAN

[Aux Rochers,] mercredi 13e juin [1685].
Réponse au 9.

Per tornar dunque al nostro proposito [1], je vous dirai, ma bonne, que vous me traitez mal de croire que je puisse avoir regret au port du livre du carrousel [2]. Jamais un paquet ne fut reçu et payé plus agréablement ; nous en avons fait nos délices depuis que nous l'avons. Je suis assurée qu'à Paris je ne l'aurais lu qu'en courant et superficiellement. Je me souviens de ce pays-là ; tout y est pressé, poussé. Une pensée, une affaire, une occupation pousse ce qui est devant elle.

Ce sont des vagues; la comparaison du fleuve est
juste. Nous sommes ici dans un lac; nous nous
sommes reposés dans ce carrousel. Nous avons raisonné sur les devises. Répondez à nos questions. Celle
d'un chien qui ronge un os[3], faute de mieux, nous
trouble tout à fait. Nous serons cause que vous lirez ce
livre! Je trouve bien plaisant la petite course dont les
deux jambons de M. de Luxembourg font le prix. Le
Bien Bon s'est écrié sur cet endroit, et regrette de
n'être pas un des paladins. M. le duc de Bourbon était-
il bien joli? De bonne foi, comment paraissait-il?
Approche-t-il de la taille du Marquis? Ah! j'ai bien
peur que non. Je m'y suis affectionnée; je suis triste de
tant de grandeurs et tant de disgrâce du côté de la
taille. On dit qu'il y aura encore une belle fête à la
noce, et des chevaliers plus choisis. Je dirai à Mme de
La Fayette ce que vous me dites du sien[4]; elle en sera
ravie. Elle se plaint tendrement de ne vous voir plus,
et dit que vous êtes partout belle comme un ange, et
toujours cette *beauté*; je ne fais jamais retourner ce
que vous m'écrivez que de cette manière, et jamais
pour rien gâter.

Mme de La Troche me mande que Mme de Moreuil
entra mercredi dans le carrosse de Madame la Dauphine, et que l'on croit que c'est pour être dame
d'honneur de Madame la Duchesse[5], parce que le Roi
a dit qu'il voulait que celle qui la serait y entrât par
elle-même, et tout le monde juge que, sans cela, rien
ne pressait de lui accorder ce qu'elle demandait
depuis si longtemps. Je souhaite qu'elle ait cette
place; vous savez que je lui ai donné ma voix il y a
longtemps.

Pour des vapeurs, ma très aimable bonne, je voulus,
ce me semble, en avoir l'autre jour. Je pris huit
gouttes d'essence d'urine et, contre son ordinaire, elle
m'empêcha de dormir toute la nuit, mais j'ai été bien
aise de reprendre de l'estime pour elle. Je n'en ai pas

eu besoin depuis. En vérité, je serais ingrate si je me plaignais. Elles n'ont pas voulu m'accabler pendant que j'étais occupée à ma jambe ; c'eût été un procédé peu généreux. Pour cette jambe, voici le fait : il n'y a plus aucune plaie, il y a longtemps, mais l'endroit était demeuré si dur, et tant de sérosités y avaient été recognées par des eaux froides que nos chers pères l'ont voulu traiter à loisir, sans me contraindre, et en me jouant, avec ces herbes, que l'on retire deux fois le jour toutes mouillées. On les enterre, et à mesure qu'elles pourrissent, riez-en si vous voulez, cet endroit sue et s'amollit[6], et ainsi, par une douce et insensible transpiration, avec des lessives d'herbes fines et de la cendre, je guéris la jambe du monde la plus maltraitée par le passé, et je ne crois pas qu'il y ait rien de plus aimable pour moi qu'une sorte de traitement qui est sûr, et qui n'est ni contraignant ni dégoûtant, et qui me donne tous les jours le plaisir de me voir guérir sans onguents, sans garder un moment la chambre. C'est dommage que vous n'alliez conter cela à des chirurgiens ; ils pâmeraient de rire, mais moi, je me moque d'eux.

Vous voulez savoir où j'ai été aujourd'hui ? J'ai été à la *place Madame*[7] ; j'ai fait deux tours de mail avec les joueurs. Ah ! mon cher Comte, je songe toujours à vous, et quelle grâce vous avez à pousser cette boule. Je voudrais que vous eussiez à Grignan une aussi belle allée. J'irai tantôt au bout de la *grande allée* voir Pilois qui lui fait un beau degré de gazon pour descendre à la porte qui va dans le grand chemin. Ma bonne, vous voilà instruite de reste, vous ne direz pas que je vous cache des vérités, que je ne fais que mentir. Vous en savez autant que moi.

Oui, nos capucins sont fidèles à leurs trois vœux[8]. Leur voyage d'Égypte, où l'on voit tant de femmes comme Ève, les en ont dégoûtés pour le reste de leurs jours. Enfin leurs plus grands ennemis ne touchent pas à leurs mœurs, et c'est leur éloge, étant haïs comme ils le sont. Ils ont remis sur pied une de ces deux femmes qui étaient mortes.

Parlons de M. de Chaulnes. Il m'a écrit que les États sont à Dinan[9], et qu'il les fait commencer le premier jour d'août pour avoir le temps de m'enlever au commencement de septembre, et puis mille folies de vous, qu'il vous a réduite au point qu'il désirait, que vous êtes coquette avec lui, et que bientôt... Enfin il est d'une gaillardise qui me ravit, car en vérité, j'aime ces bons Gouverneurs. La femme me dit encore mille petits secrets. Je ne comprends point comme on peut les haïr, et les envier, et les tourmenter ; je suis fort aise que vous vous trouviez insensiblement dans leurs intérêts. Si les États eussent été à Saint-Brieuc, c'eût été un dégoût épouvantable. Il faut voir qui sera le commissaire[10] ; ils ont encore ce choix à essuyer. Si vous êtes dans leur confiance, ils ont bien des choses à vous dire, car rien n'est égal à l'agitation qu'ils ont eue depuis quelque temps.

Pour M. Bruan[11], le *Bien Bon* dit que ce n'est point un homme à recevoir une pistole pour une conférence ; d'en donner deux, ce serait trop. Il faut savoir de M. Le Cour, qui l'a souvent consulté, et de M. de La Trousse, qui ne le paiera qu'à la fin de son bâtiment[12]. A-t-il fait un devis ? On donne plus ou moins selon la peine. Il est difficile de dire précisément d'ici ce qu'il lui faut. Pour moi, je vous conseille de nous attendre ; ce n'est pas un homme qu'on paie jour à jour. Pour votre chambre, ma bonne, je comprends qu'elle est fort bien avec tout ce que vous me mandez. Si la sagesse ne faisait point fermer les yeux sur tout ce qui convient à la magnificence des autres et à la qualité, on ne se laisserait pas tomber en pauvreté. Je sais le plaisir d'orner une chambre ; j'y aurais succombé, sans le *scrupule* que j'ai toujours fait d'avoir des choses qui ne sont pas nécessaires quand on n'a pas les nécessaires.

J'ai préféré de payer des dettes, et je crois que la conscience oblige, non seulement à cette préférence, mais à la justice de n'en pas faire de nouvelles. Ainsi je blâme, maternellement et en bonne amitié, l'envie qu'a M. de Grignan de vous donner un autre miroir. Contentez-vous, ma chère bonne, de celui que vous avez. Il convient à votre chambre, qui est encore bien imparfaite. Il est à vous par bien des titres, et tout mon regret, c'est de ne vous en avoir donné que la glace. J'aurais été bien aise, il y a longtemps, de le faire ajuster comme vous avez fait. Jouissez donc, ma bonne, de votre dépense sans en faire une plus grande, qui serait superflue et contre les bonnes mœurs dont nous faisons profession.

Je voudrais que Corbinelli ne vous eût point dit un mot du Doge, que je présente à Monsieur le Chevalier.

AU CHEVALIER DE GRIGNAN

On lui demanda ce qu'il trouvait de rare et d'extraordinaire à la cour et à Paris. Il répondit que c'était lui. Monsieur, vous m'en voulez d'ailleurs, ou vous êtes malade, si vous ne trouvez cela juste et plaisant. Mais hélas ! oui, mon pauvre Monsieur, vous êtes malade. Je serais fort bien avec vous si vous saviez combien je suis touchée de la tristesse de votre état. J'en vois toutes les conséquences, et j'en suis triste à loisir, car ici toutes les pensées ont leur étendue ; elles ne sont ni détournées ni effacées. Concevez donc une bonne fois ce que je sens sur votre sujet. Vous irez à Livry. Vous y marcherez au moins ; ne me parlez point d'être porté dans une chaise [13]. Un menin est bien étonné d'être si accablé au lieu de briller au carrousel. Ô Providence !

Ma bonne, voyez un peu comme s'habillent les hommes pour l'été. Je vous prierai de m'envoyer d'une étoffe jolie pour votre frère, qui vous conjure de le mettre du bel air, sans dépense, savoir comme on porte les manches, choisir aussi une garniture, et envoyer le tout pour recevoir nos Gouverneurs[14]. Mon fils a un très bon tailleur ici. M. du Plessis vous donnera de l'argent du bon Abbé pour les rubans, car avec un petit billet que j'écrirai à Gautier[15], à qui je ne dois rien, il attendra mon retour. Je vous prie aussi de consulter Mme de Chaulnes pour l'habit d'été qu'il me faut pour l'aller voir à Rennes, car pour les États, ma chère bonne, je vous en remercie. Je reviendrai ici commencer à faire mes paquets pour me préparer à la grande fête de vous revoir et de vous embrasser mille fois. Mme de Chaulnes en sera bien d'accord. J'ai un habit de taffetas brun piqué, avec des campanes d'argent aux manches un peu relevées, et au bas de la jupe, mais je crois que ce n'est plus la mode, et il ne se faut pas jouer à être ridicule à Rennes où tout est magnifique. Je serai ravie d'être habillée dans votre goût, ayant toujours pourtant l'économie et la modestie devant les yeux. Je ne veux point de Toupris. Rien que la bonne Mme Dio[16]; elle a ma mesure. Vous saurez mieux que moi quand il faudra cet habit, car vous verrez le départ des Chaulnes, et je courrai à Rennes pour les voir. En vérité, je serais ingrate si je ne les aimais. Tous les ingrats qu'ils ont faits en ce pays me font horreur, et je ne voudrais pas leur ressembler.

On nous mande (ceci est *fuor di proposito*[17], mais ma plume le veut) que les minimes de votre Provence ont dédié une thèse au Roi où ils le comparent à Dieu, mais d'une manière où l'on voit clairement que Dieu n'est que la copie. On l'a montrée à Monsieur de Meaux, qui l'a montrée au Roi disant que Sa Majesté ne doit pas la souffrir. Il a été de cet avis. On l'a renvoyée en Sorbonne pour juger; elle a dit qu'il la fallait supprimer. Trop est trop. Je n'eusse jamais soupçonné des minimes d'en venir à cette extrémité.

J'aime à vous mander des nouvelles de Versailles et de Paris, ignorante.

Vous conservez une approbation romanesque pour les princes de Conti[18]. Pour moi, qui ne l'ai plus, je les blâme de quitter un tel beau-père, de ne pas se fier à lui pour leur faire voir assez de guerre. Eh, mon Dieu! ils n'ont qu'à prendre patience et jouir de la belle place où Dieu les a mis. Personne ne doute de leur courage. À quel propos faire les aventuriers et les chevaux échappés? Leurs cousins de Condé n'ont pas manqué d'occasions de se signaler; ils n'en manqueraient pas aussi. Et *con questo*[19] je finis, ma très aimable et très chère bonne, toute pleine de tendresse pour vous, dévorant par avance le mois de septembre où nous touchons, car vous voyez comme tout cela va. Quand M. du Plessis se sera bien promené dans notre parc, il vous le donnera[20]; il l'a reçu, et vous lui ferez comprendre et à Mlle d'Alérac nos grandes allées droites tout de travers.

Le *Bien Cher* vous aime comme il a toujours fait; il lui prend des furies d'envie de voir Pauline qui me font rire. Votre frère, votre belle-sœur, que ne vous disent-ils point? Ils vous assurent que le Tranquille[21] ne se sert que de sa boîte pour guérir efficacement. Je ne crois pas qu'il vienne ici. Ils sont trop occupés à Rennes. Ils me disent de continuer toujours, en me jouant et en marchant, leurs aimables remèdes. J'embrasse mille fois encore ma chère bonne.

Pour ma chère Comtesse.

70. À MADAME DE GRIGNAN

<Aux Rochers,> dimanche 17ᵉ juin [1685].

Que je suis aise que vous soyez à Livry, ma très chère bonne, et que vous y ayez un esprit débarrassé de toutes les pensées de Paris ! Quelle joie de pouvoir chanter ma chanson[1], quand ce ne serait que pour huit ou dix jours ! Vous nous dites mille douceurs, ma bonne, sur les souvenirs tendres et trop aimables que vous avez du bon Abbé et de votre pauvre maman. Je ne sais où vous pouvez trouver si précisément tout ce qu'il faut toujours penser et dire. C'est, en vérité, dans votre cœur ; c'est lui qui ne manque jamais, et quoi que vous ayez voulu dire autrefois[2] à la louange de l'esprit qui veut le contrefaire, il manque, il se trompe, il bronche à tout moment. Ses allures ne sont point égales, et les gens éclairés par leur cœur n'y sauraient être trompés. Vive donc ce qui vient de ce lieu, et entre tous les autres, vive ce qui vient si naturellement de chez vous !

Vous me charmez en me renouvelant les idées de Livry. Livry et vous, en vérité, c'est trop, et je ne tiendrais pas contre l'envie d'y retourner si je ne me trouvais toute disposée pour y retourner avec vous à ce bienheureux mois de septembre. Peut-être n'y retournerez-vous pas plus tôt ; vous savez ce que c'est que Paris, les affaires et les infinités de contretemps qui vous empêchent d'y aller. Enfin me revoilà dans le train d'espérer de vous y voir. Mais, bon Dieu ! que me dites-vous, ma chère bonne ? le cœur m'en a battu. Quoi ? ce n'est que depuis la résolution qu'a prise Mlle de Grignan, de ne s'expliquer qu'au mois de septembre[3], que vous êtes assurée de m'attendre ! Comment ? vous me trompiez donc, et il aurait pu être possible qu'en retournant dans deux mois, je ne vous eusse plus trouvée ! Cette pensée me fait transir et me paraît contre la bonne foi. Effacez-la-moi, je vous en conjure ; elle me blesse, tout impossible que je la vois présentement, mais ne laissez pas de m'en redire un mot. *Ô sainte Grignan*, que je vous suis obligée si c'est à vous que je dois cette certitude !

Revenons à Livry. Vous m'en paraissez entêtée. Vous avez pris toutes mes préventions,

> *Je reconnais mon sang*[4]...

Je suis ravie que cet entêtement vous dure au moins toute l'année. Que vous êtes plaisante avec ce rire du père prieur, et cette tête tournée qui veut dire une approbation ! Le *Bien Bon* souhaite que du Harlay vous serve aussi bien dans le pays qu'il vous a bien nettoyé et parfumé les jardins. Mais où prenez-vous, ma bonne, qu'on entende des rossignols le 13e de juin ? Hélas ! ils sont tous occupés du soin de leur petit ménage. Il n'est plus question ni de chanter ni de faire l'amour ; ils ont des pensées plus solides. Je n'en ai pas entendu un seul ici. Ils sont en bas vers ces étangs, vers cette petite rivière, mais je n'ai pas tant battu de pays, et je me trouve trop heureuse d'aller en toute liberté dans ces belles allées de plain-pied.

Il faut tout de suite parler de ma jambe, et puis nous reviendrons encore à Livry. Non, ma bonne, il n'y a plus nulle sorte de plaie, il y a longtemps, mais ces pères voulaient faire suer cette jambe pour la désenfler entièrement, et amollir l'endroit où étaient ces plaies, qui était dur. Ils ont mieux aimé, avec un long temps, insensiblement me faire transpirer toutes ces sérosités, par ces herbes qui attirent de l'eau, et ces lessives et ces lavages ; et à mesure que je continue ces remèdes, ma jambe redevient entièrement dans son naturel, sans douleur, sans contrainte On étale l'herbe sur un linge et on le pose sur ma jambe, et on l'enterre après une demi-heure. Je ne crois pas qu'on puisse guérir plus agréablement un mal de sept ou huit mois. La princesse, qui est habile, en est contente, et s'en servira dans les occasions. Elle vint hier ici avec une[5] grande emplâtre sur son pauvre nez, qui a pensé en vérité être cassé. Elle me dit tout bas qu'elle venait de recevoir cette petite boîte de thériaque céleste, qu'elle vous donne avec plaisir. J'irai la prendre demain dans son parc, où elle est établie ; c'est le plus précieux présent qu'on puisse faire. Parlez-en à Madame, quand vous ne saurez que lui dire. Elle croit que Madame l'Électrice[6] pourrait bien venir en France si on l'assure qu'elle pourra vivre et mourir dans sa religion, c'est-à-dire qu'on lui laisse la liberté de se damner. Elle nous a parlé du carrousel. Je me doutais bien, ma bonne, que nous étions ridicules de tant retortiller sur ce livre. Je vous l'ai mandé ; je le disais à votre frère. Il en était assez persuadé, mais nous avons cru qu'il suffisait d'avoir fait cette réflexion, et qu'en faveur des Rochers, nous pouvions nous y amuser un peu plus que de raison. Nous nous souvenons encore fort distinctement comme tout cela passe vite à Paris, mais nous n'y sommes pas, et vous aurez fait conscience de vous moquer de nous.

Parlons de Livry. Vous couchez dans votre chambre ordinaire, M. de Grignan dans la mienne, celle du *Bien Bon* est pour les survenants, Mlle d'Alérac au-dessus, le Chevalier dans la grande blanche, et le Marquis au pavillon. N'est-il pas vrai, ma bonne ? Je vais donc dans tous ces lieux embrasser tous les habitants et les assurer que, s'ils se souviennent de moi, je leur rends bien ce souvenir avec une sincère et véritable amitié. Je souhaite que vous y retrouviez tous ce que vous y cherchez, mais je vous défends de parler encore de votre jeunesse comme d'une chose perdue. Laissez-moi ce discours ; quand vous le faites, il me pousse trop loin et tire à de grandes conséquences.

Je vous prie, ma chère bonne, de ne point retourner à Paris pour les commissions dont nous vous importunons, votre frère et moi. Envoyez Anfossy chez Gautier, qu'il vous envoie des échantillons ; écrivez à la d'Escars. Enfin, ma bonne, ne vous pressez point, ne vous dérangez point. Vous avez du temps de reste ; il ne faut que deux jours pour faire mon manteau, et l'habit de mon fils se fera en ce pays. Au nom de Dieu, ne raccourcissez point votre séjour ; jouissez de cette petite abbaye pendant que vous y êtes et que vous l'avez. J'ai écrit à la d'Escars pour vous soulager, et lui envoie un échantillon d'une doublure or et noir qui ferait peut-être un joli habit sans doublure, une frangée d'or au bas ; elle me coûtait sept livres. En voilà trop sur ce sujet ; vous ne sauriez mal faire, ma chère bonne.

Nous avons ici une lune toute pareille à celle de Livry. Nous lui avons rendu nos devoirs, et c'est passer une galerie que d'aller au bout du mail. Cette *place Madame* est belle. C'est comme un grand belvédère d'où la campagne s'étend à trois lieues d'ici à une forêt de M. de La Trémouille[7]. Mais elle est encore plus belle, cette lune, sous les arbres de votre abbaye. Je la regarde, et je songe que vous la regardez. C'est un étrange rendez-vous, ma chère mignonne ; celui de Bâville[8] sera meilleur.

Si vous avez M. de La Garde, dites-lui bien des amitiés pour moi. Vous me parlez de Polignac comme d'un amant encore sous vos lois ; un an n'aura guère changé cette noce. Dites-moi donc comme le Chevalier marche et comme ce Comte se trouve de sa fièvre. Ma chère bonne, Dieu vous conserve parmi tant de peines et de fatigues ! Je vous baise des deux côtés de vos belles joues, et suis entièrement à vous, et le *Bien Bon*. Il est ravi que vous aimiez sa maison. Je baise la belle d'Alérac et mon Marquis. Comment M. du Plessis est-il avec vous ? Dites-moi un mot.

Mon fils et sa femme vous honorent et vous aiment, et je conte souvent ce que c'est que cette Mme de Grignan. Cette petite femme dit : « Mais, madame, y a-t-il des femmes faites comme cela ? »

Pour ma très chère.

71. À MADAME DE GRIGNAN

Aux Rochers, mercredi 1er août [1685].
Réponse aux 25 et 28 juillet.

Je revins de mon grand voyage hier au soir, ma chère belle. Je dis adieu à nos Gouverneurs le lundi à huit heures du matin, les suppliant de m'excuser si je les quittais *devant que de les avoir vus pendus*[1], mais qu'ayant dix lieues à faire et eux cinq, je m'ennuierais trop à Dol le reste du jour. Ils entrèrent dans mes raisons, et me dirent adieu avec des tendresses et des remerciements infinis. Je vous avoue que j'ai été ravie d'avoir fait ce petit voyage en leur honneur ; je leur devais bien cette marque d'amitié pour toutes celles que j'en reçois. Nous vous célébrâmes. Ils m'embrassèrent pour vous. Ils prirent part à la joie que j'aurais de vous revoir dans peu de temps. Enfin, ma bonne, rien ne fut oublié. M. de Fieubet[2] était arrivé la veille, de sorte que nous eûmes toute la joie qu'on a de se rencontrer dans les pays étrangers. Il me semblait que j'étais à Dol dans un palais d'Atlante[3] ; tous les noms que je connais tournaient autour de nous sans que nous les vissions : Monsieur le Premier Président, M. de La Trémouille, M. de Lavardin, M. d'Harouys, M. de Charost. Ils voltigeaient à une lieue ou une heure de nous, mais nous ne pouvions les toucher.

Je partis donc le lundi matin, mais mon cher petit

Coulanges voulut absolument venir passer huit jours avec nous ici, et mon fils n'a point perdu cette occasion de revenir avec lui, de sorte que les voilà tous deux joliment pour d'ici au 8ᵉ de ce mois. Ils iront passer les derniers quinze jours des États[4], et puis mon fils me revient embrasser, et me prie à genoux de l'attendre, et je pars dans le moment. Cela va, ma bonne, aux premiers, premiers jours de septembre, et pour être à Bâville le 9ᵉ ou le 10ᵉ sans y manquer. Voilà, ma chère bonne, ce que je compte, s'il plaît à Dieu, et je sens avec une tendresse extrême les approches de cette joie sensible. Il n'est plus question, comme vous dites, ma bonne, des supputations que notre amitié nous faisait faire ; c'est un calendrier tout commun qui nous règle présentement. Nous avons encore trouvé ici le cher abbé Charrier, qui vous a vue, qui vous a trouvée belle, comme tout le monde, et toute pleine de sensibilité pour moi.

Hélas ! ma bonne, voulez-vous toujours être pénétrée de mon misérable naufrage[5] ? Il faut l'oublier, ma chère bonne, et regarder la suite comme une volonté de Dieu toute marquée, car de songer que d'une écorchure où il ne fallait que de l'huile et du vin, ou rien, on y mette un emplâtre dont tout le monde se loue, et qui devient pour moi du poison parce qu'on ne veut pas le lever, et que de cette sottise soient venus de fil en aiguille tous mes maux, toujours dans l'espérance d'être guérie, et qu'enfin ce ne soit que présentement que je sois guérie, il y a si peu de vraisemblance à cette conduite qu'elle ne doit être regardée que comme un aveuglement répandu pour me donner des chagrins trop bien mérités, et soufferts avec trop d'impatience. Je n'ai point eu, ma bonne, les douleurs, la fièvre et les maux que vous imaginez. Vous ne me trouverez point changée, ma chère bonne. Demandez à mon petit Coulanges ; il vous dira que je suis comme j'étais. Ma jambe s'est fort bien trouvée du voyage ; je n'ai point été fatiguée, ni émue[6]. Je me gouverne comme le veut ma pauvre Charlotte[7], qui m'est venue voir ce matin. Elle est ravie de m'avoir guérie. N'est-ce pas une chose admirable que je ne l'aie connue que depuis quinze jours ? Tout cela était bien réglé. Elle me fait mettre encore des compresses de vin blanc, et bander ma jambe pour ôter toute crainte de retour, et je me promène sans aucune incommodité. Il est vrai que je vous ai mandé toutes ces mêmes choses, mais il faut bien qu'un jour vienne que je dise vrai, et vous savez bien, ma bonne, que je n'ai jamais cru vous tromper. J'ai la peau d'une délicatesse qui me doit faire craindre les moindres blessures aux jambes. Oh ! parlons d'autre chose, mon enfant.

Je suis fâchée que vous n'ayez point été à cette noce[8] puisque vous le pouviez, et pour la fête de Sceaux[9], je ne sais comme vous pouvez vous en consoler.

Nous épuisons Coulanges. Il nous conte mille choses qui nous divertissent. Nous sommes ravis de l'avoir ; il nous a fait rire aux larmes de votre Mme d'Arbouville dont vous êtes l'original[10]. Je crois que votre dîner de Sceaux aura été moins agréable par la contrebande que vous y rencontrâtes.

Je voudrais bien pouvoir comprendre la délicatesse de conscience qui empêchera la signature de M. de Montausier et de sa fille[11] ; cette opiniâtre aversion est une chose extraordinaire. Il me semble, ma bonne, que vous allez avoir bien des choses à me conter. Si vous voulez m'envoyer une copie de la lettre de M. de Grignan, vous me ferez un grand plaisir ; elle sera pour moi seule. Je suis persuadée qu'elle sera fort bien faite, et qu'elle fera son effet ; j'en conjure le Seigneur.

Voilà donc le charme rompu ; vous avez un ami riche qui vous donne des repas. Ménagez bien cette bonne fortune ! Celle de M. de Monmouth[12] n'est plainte de personne.

Vous me demandez, ma bonne, si ma plaie s'est rouverte. Non, assurément ; il y a trois mois qu'elle est entièrement fermée et guérie. J'ai voulu encore retourner sur ce triste chapitre pour ne vous pas laisser des erreurs.

N'êtes-vous point surprise de la mort de cette grande Raray ? N'était-ce pas la santé même ? Pour moi, je crois que le saisissement d'entendre toujours louer sa sœur et de n'attraper des regards et des douceurs que comme pour l'amour de Dieu l'a mise au tombeau.

Le bon Abbé est fâché que vous le croyiez si barbare. Il dit que sa malice ne va pas si loin ; il a été ravi de me revoir. J'ai repassé par Rennes pour voir un moment cette bonne Marbeuf et, en repassant par Vitré, la princesse, de sorte que je m'en vais posséder mon petit Coulanges sans distraction. Je vous ai dit comme mon habit était joli, je vous le mandai de Dol. Je vous assure, ma très chère bonne, que ce petit voyage ne m'a donné que de la joie sans nulle sorte d'incommodité. Je n'aime point que notre pauvre Grignan fonde et diminue. Ne lui faites-vous plus rien ? Est-il possible qu'en dormant et mangeant il ne se remette point ? Je suis touchée de cet état. Pour celui du pauvre Chevalier, je ne m'y accoutume pas. Quoi ? ce visage de jeunesse et de santé ! Quoi ? cet âge qui ne sort qu'à peine de la première jeunesse est compatible avec l'impossibilité de marcher ! On le porte comme Saint-Pavin [13] ! Ma bonne, je baisse la tête, et je regarde la main qui l'afflige. Il n'y a vraiment que cela à faire ; toute autre pensée n'est pas capable de nous apaiser un moment. J'ai senti cette vérité. Mon fils vous fait mille tendres amitiés. Sa perruque est à Dinan [14] ; il ne doute point qu'elle ne soit fort bien. Je voudrais que vous eussiez tout fait payer à M. du Plessis. Il n'importe d'avoir payé le vacher ou non [15] ; c'est que nous avions peur que le fonds manquât. Nous avons reçu toutes ces sommes et nous ne ferons point attendre Gautier. Voilà un de nos fermiers venu ; j'attends l'autre, et tout sera si bien rangé que je n'abuserai plus, ma bonne, ni de votre patience, ni de la mienne.

J'aime celle du duc de Bourbon, dans ce grand lit, avec sa petite épousée à dix pas de lui[16]. Il est vrai qu'avec de tels enfants, il ne fallait pas douter que le Sablonnier en passant, sur le minuit, ne leur servît de garde ; Monsieur le Prince et Mme de Langeron[17] étaient inutiles. J'ai pensé plusieurs fois à ce rang au-dessus de votre princesse[18]. Quelle noce ! quelle magnificence ! quel triomphe !

Sangaride, ce jour est un grand jour pour vous[19],

et digne de beaucoup de différentes réflexions.

Je vous remercie de tous les baisers donnés et rendus aux Grignan. Jetez-en toujours quelques-uns pour entretenir commerce. Surtout j'en veux un pour moi toute seule sur la joue de Monsieur de Carcassonne ; il me semble qu'il y a longtemps que je n'ai eu de familiarité avec elle. Adieu bonne, adieu chère, adieu très aimable. L'abbé Charrier, en me contant comme vous êtes pour moi, m'a fait vous payer comptant votre tendresse, et le moyen de n'être pas sensible à tant de vraie et solide amitié ? Celle de la princesse de Tarente était aveuglée, comme tout le reste. Ce fut un hasard plaisant qui me fit connaître Charlotte. Elle m'aurait guérie. Il ne fallait pas que je le fusse.

Nous causerons un jour de M. de Luynes. Oh ! quelle folie ! Mme de Chaulnes le dit avec nous. Si Mme de La Fayette avait voulu, elle vous aurait dit, ou montré une réponse où je lui disais des raisons solides pour demeurer comme je suis[20]. Elle et Mme de Lavardin m'en ont louée. Elle aurait pu m'en faire honneur auprès de vous, dont *j'estime* infiniment l'estime.

Ah ! que je vous approuve d'avoir vu Monsieur le Prince avec Mme de Vins ! Que je suis assurée que vous avez été bien reçue, et qu'il a trouvé votre visite trop courte ! Vous êtes quelquefois trop discrète de la moitié.

DE COULANGES

J'ai vu le temps que j'écrivais dans vos lettres un mot à madame votre mère, et présentement, c'est dans les siennes que je vous écrirai un mot, un ordinaire encore tout au moins, car je m'en vais être ici huit bons jours à me reposer auprès d'elle de toutes mes fatigues. Elle vous a conté son voyage de Dol, qui a été très heureux, hors qu'elle a versé deux fois dans un étang, et moi avec elle, mais comme je sais parfaitement bien nager, je l'ai tirée d'affaire sans nul accident, et même sans être mouillée ; ainsi de cette chute [21] ne craignez ni jambe affligée ni rhume quelconque. Il fait parfaitement beau dans les allées des Rochers. Je m'en vais bien les arpenter, mais il sera triste pourtant, après avoir bien fait de l'exercice, de ne pas trouver tout à fait l'ordinaire de M. de Seignelay auquel je suis accoutumé. Vous avez donc été à Sceaux ; vous ne pouvez jamais en être contente avec la compagnie qui y a été faufilée avec vous. Serait-il bien arrivé que vous n'y auriez pas prononcé mon nom ? Adieu, ma belle Comtesse. Permettez-moi de vous embrasser très tendrement et de faire mille compliments à toute la bonne couvée des Grignan.

72. À MADAME DE GRIGNAN

[Aux Rochers], dimanche 12e août [1685].

Ma bonne, vous m'avez fait suer les grosses gouttes en jetant ces pistoles qui étaient sur le bout de cette table [1]. Mon Dieu, que j'ai parfaitement compris votre embarras, et ce que vous deveniez en voyant de telles gens ramasser ce que vous jetiez ! Il m'a paru dans Monsieur le Duc [2] un chagrin plein de bonté, dans ce qu'il vous disait de ne pas tout renverser. Il me semble que l'intérêt qu'on aurait pris en vous aurait fait dire comme lui ; c'eût été son tour à ramasser si vous eussiez continué. Ma bonne, j'admire par quelle sorte de bagatelle vous avez été troublée dans la plus agréable fête du monde. Rien n'était plus souhaitable que la conduite qu'avait eue Mme d'Arpajon. Vous étiez écrite de la main du Roi ; vous étiez accrochée avec Mme de Louvois. Vous soupâtes en bonne compagnie ; vous vîtes cette divinité[3] dont vous fûtes charmée. Enfin, ma belle, il fallait ce petit rabat-joie, mais en vérité, passé le moment, c'est bien peu de chose, et je ne crois pas que cela puisse aller bien loin. M. de Coulanges est si empressé à voir vos lettres que je n'ai pas cru devoir lui faire un secret de ce qui s'est passé à la face des nations. Il dit qu'il vous aurait bien rapporté, s'il avait été à Versailles, comme on aurait parlé de cette aventure. Et puis il revient à dire qu'il ne croit pas qu'il ait été possible de reparler d'un rien comme celui-là, où il n'y a point de corps Quoi qu'il en soit, cela ne fera aucun tort à vos affaires, et vous n'en avez pas l'air plus maladroit ni la grâce moins bonne ; vous n'en serez pas moins belle, et je pense que présentement cette vapeur est dissipée. Vous me conterez quelque jour ce que c'est que la gaieté de ces grands repas, et quel conte Mme de Thianges destina à divertir la compagnie, car elle en sait plus d'un. Vous me représentez Mme la princesse de Conti au-dessus de l'humanité. Je ne crois personne plus capable d'en juger que vous, et je fais peut-être plus d'honneur que je ne dois à votre jugement, puisque vous faites passer mon idée au-delà de vous et de feue Madame, mais ce n'est point pour la danse : c'est en faveur de cette taille divine, qui surprend et qui emporte l'admiration,

Et fait voir à la cour
Que du maître des dieux elle a reçu le jour.

Nous apprenons encore que M. et Mme de Bouillon sont à Évreux, et qu'on a demandé au cardinal la clef de son appartement à Versailles[4]. Cela est bien mauvais ; mais il a été si pleinement heureux toute sa vie qu'il fallait bien qu'il sentît un peu le mélange des biens et des maux.

Pour moi, ma chère bonne, si je ne tremblais point toujours sous la main de la Providence, je goûterais à pleines voiles les plaisirs de l'espérance. Ce ne sont plus des mois que nous comptons, ce sont des semaines et bientôt des jours. Croyez, ma chère bonne, que si Dieu le permet, je vous embrasserai avec une joie bien parfaite. J'apprendrai plus de vos nouvelles lundi, car votre dernière est toute renfermée à celles de Versailles. Celle d'ici, c'est que mon pauvre fils a une petite lanternerie d'émotion[5], comme j'en eus cet hiver, qui l'a empêché d'aller aux États. Il prend de ma même tisane des capucins, que vous connaissez, dont je me suis si bien trouvée qu'il compte de pouvoir partir demain avec M. de Coulanges, car enfin il faut bien qu'ils soient au moins à la fin des États, et que le joli habit que vous avez si bien choisi paraisse et pare son homme. Coulanges est toujours trop aimable. Il nous manquera à Bâville, si quelque chose nous peut manquer.

Larmechin[6] est marié à une très bonne et jolie héritière de ce pays ; il devient Breton, et je ne fis jamais mieux que de faire revenir Beaulieu.

Ma santé est parfaite, et ma jambe d'une bonté, d'une complaisance dont M. de Coulanges s'aperçoit tous les jours ; nous nous promenons matin et soir. Il me conte mille choses amusantes. Je souhaite que vous n'ayez parlé qu'à moi des petites trotteuses que vous ne daignâtes regarder ; vous aviez beaucoup de raison, mais l'orgueil ne sait point se faire justice. Je suis fort aise que vous ne me disiez rien de la santé de M. de Grignan ; il me semble que c'est bon signe. Je vous baise et vous embrasse très chèrement et très tendrement, ma très aimable bonne.

DE COULANGES

Me voici encore ici. Si je suivais mon inclination, il s'en faudrait bien que je partisse demain pour m'en aller dans le sabbat des États, mais cependant je partirai, parce que je les crois sur le point de finir, et qu'il faut que je m'en retourne par la voie par laquelle je suis venu. Eh bien! vous avez bien fait des vôtres à Marly avec toutes ces pistoles jetées par terre? Je suis assuré que cette aventure me serait revenue si j'avais été à Versailles, et qu'on m'aurait bien dit que vous étiez si transportée de vous voir en si bonne compagnie que vous ne saviez ce que vous faisiez. Ma belle Madame, laissez dire les méchantes langues, et allez toujours votre chemin. Ce n'est que l'envie qui fait parler contre vous; c'est un grand crime à la cour que d'avoir plus de beauté et plus d'esprit que toutes les femmes qui y sont. Le Roi ne vous estimera pas moins, et n'en donnera pas moins à monsieur votre fils la survivance que vous lui demandez[7], pour avoir jeté deux pistoles par terre.

Adieu, ma très belle. Vous aurez incessamment votre chère *maman mignonne*, aussi belle et aussi aimable que jamais. Elle partira sans faute de demain en trois semaines pour vous aller trouver. J'ai passé ici une quinzaine délicieuse. L'on ne peut assez louer toutes les allées des Rochers. Elles auraient leur mérite à Versailles; c'est tout vous dire.

73. À MADAME DE GRIGNAN

Aux Rochers, mercredi 15e août [1685].

Vous voyez bien, ma bonne, que nous ne comptons plus présentement que par les jours; ce ne sont plus des mois, ni même des semaines. Mais hélas! ma très aimable bonne, vous dites bien vrai: pouvons-nous craindre un plus grand et un plus cruel rabat-joie que la douleur sensible de songer à se séparer[1] presque aussitôt qu'on a commencé à sentir la joie de se

revoir ? Cette pensée est violente, je ne l'ai que trop
souvent, et les jours et les nuits, et même l'autre jour,
en vous écrivant, elle était présente à mes yeux, et je
disais : « Hélas ! cette peine n'est-elle pas assez
grande pour nous mettre à couvert des autres ? » Mais
je ne voulus pas toucher à cet endroit si douloureux, et
présentement je la cherche encore, ma chère bonne,
afin d'être en état d'aller à Bâville, et de vous y
trouver.

Je ne serai point honteuse de mon équipage[2]. Mes
enfants en ont de fort beaux ; j'en ai eu comme eux.
Les temps changent ; je n'ai plus que deux chevaux, et
quatre du messager du Mans. Je ne serai point
embarrassée d'arriver en cet état. Vous trouverez ma
jambe d'une perfection à vous faire aimer Charlotte
toute votre vie. Elle vous a vue ici plus belle que le
jour[3], et cette idée lui donne une extrême envie de
vous renvoyer cette jambe digne de votre approbation
et admiration quand vous saurez d'où elle l'a tirée.

Tout cela est passé, et même le temps du séjour du
petit Coulanges. Il partit lundi matin avec mon fils.
J'allai les reconduire jusqu'à la porte qui va à Vitré[4].
Nous y étions tous, en attendant nos lettres de Paris.
Elles vinrent, et nous lûmes la vôtre, le petit Coulanges jurant qu'il y en avait la moitié pour lui. En
effet, vous ne l'aviez pas oublié, mais ils crurent,
comme moi, que c'était pour rire que vous nommez
Belébat pour la *princesse*[5]. Il fallut repasser sur ces
endroits ; et quand nous vîmes que M. Chupin[6] le
proposait sérieusement, et que les Montausier et
Mme de Béthune l'approuvaient, je ne puis vous
représenter notre surprise ; elle ne cessa que pour faire
place à l'étonnement que nous donna la tolérance de
cette proposition par Mlle d'Alérac. Nous convenons
de la douceur de la vie et du voisinage de Paris, mais
a-t-elle un nom et une éducation à se contenter de
cette médiocrité ? Est-elle bien assurée que sa bonne

maison suffise pour lui faire avoir tous les honneurs et tous les agréments qui ne seront pas contestés à Mme de Polignac ? Où a-t-elle pris une si grande modération ? C'est renoncer de bonne heure à toutes les grandeurs. Je ne dis rien contre le nom, il est bon, mais *il y a fagots et fagots*[7], et je croyais la figure et le bon sens de Belébat plus propre à être choisi pour arbitre que pour mari, par préférence à ceux qu'elle néglige. Il ne faudrait point se réveiller la nuit, comme dit Coulanges, pour se réjouir comme sa belle-mère Flexelles[8] d'être à côté d'un Hurault. Enfin, ma bonne, je ne puis vous dire comme cela nous parut, et combien notre sang en fut échauffé à l'exemple du vôtre, ma bonne. Il faut voir ce que Dieu voudra, car s'il avait bien résolu que les articles de l'autre fussent inaccommodables, je défierais tous les avocats de Paris d'y trouver des expédients.

Il faut des avocats passer à M. d'Ormesson. Comme vous ne m'avez parlé que de l'agonie de sa femme[9], je n'ai osé lui écrire ; parlez-moi de son enterrement, et j'entreprendrai de consoler son mari. Coulanges sait une chanson faite tout exprès pour lui chanter cet hiver. En l'état où était cette pauvre personne, peut-on souhaiter autre chose pour elle et pour sa famille ? Ah ! ma bonne, que la lie de l'esprit et du corps sont humiliants à soutenir, et qu'à souhaiter, il serait bien plus agréable de laisser de nous une mémoire digne d'être conservée que de la gâter et la défigurer par toutes les misères que la vieillesse et les infirmités nous apportent ! J'aimerais les pays où, par amitié, on tue ses vieux parents[10], s'ils pouvaient s'accommoder avec le christianisme.

Je ne doute point, ma bonne, que vous ne demandiez la réponse de votre lettre avec beaucoup de crainte et de tremblement ; j'en tremble d'ici et de mille autres choses qui ont rapport à cet endroit si important. Je rêve beaucoup sur toutes ces affaires, mais comme vous y pensez bien mieux que moi, je vous épargnerai l'ennui d'entendre mes réflexions. Nous sommes ici fort seules. Nos petits hommes soupèrent lundi en *gaudeamus*[11] chez la Marbeuf. Votre frère n'est pas bien net de sa petite émotion, et va paraître avec son joli habit ; c'eût été dommage qu'il eût été inutile. Et celui de Coulanges qui aurait été trop court ou trop étroit : que vous êtes plaisante quand vous voulez !

Ma chère bonne, je vous embrasse mille et cent mille fois. Dans moins d'un mois, vous serez tous embrassés aussi. Coulanges vous répondra sur Mme de Louvois, et plût à Dieu que je pusse avoir l'honneur de la guérison du Chevalier ! *cette cure m'aurait bien donné de la peine*[12]. Mais en vérité, ses maux m'en ont beaucoup donné. Je tiens M. de Grignan guéri, et je l'en remercie. Baisez les autres où vous voudrez, et recevez les amitiés du *Bien Bon* et de la petite belle-sœur. J'ai eu des conversations admirables avec Coulanges sur le sujet qu'il a tant de peine à comprendre[13] ; ce sont des scènes de Molière. Je vous embrasse encore avec une tendresse fort naturelle et fort sensible. Quand viendra *sainte Grignan* ?

74. À BUSSY-RABUTIN

À Paris, ce [mardi] 2e septembre 1687.

Je viens de recevoir vos lettres de Cressia, mon cher cousin, qui m'ont donné quelque consolation, car je suis accablée de tristesse. J'ai vu mourir depuis dix jours mon cher oncle ; vous savez ce qu'il était pour sa chère nièce[1]. Il n'y a point de bien qu'il ne m'ait fait, soit en me donnant son bien tout entier, soit en conservant et en rétablissant celui de mes enfants. Il

m'a tirée de l'abîme où j'étais à la mort de M. de
Sévigné. Il a gagné des procès, il a remis toutes mes
terres en bon état, il a payé nos dettes, il a fait la terre
où demeure mon fils la plus jolie et la plus agréable du
monde, il a marié mes enfants. En un mot, c'est à ses
soins continuels que je dois la paix et le repos de ma
vie. Vous comprenez bien que de si sensibles obligations, et une si longue habitude, fait souffrir une
cruelle peine quand il est question de se séparer pour
jamais. La perte qu'on fait des vieilles gens n'empêche
pas qu'elle ne soit sensible quand on a de grandes
raisons de les aimer et qu'on les a toujours vus. Mon
cher oncle avait quatre-vingts ans ; il était accablé de
la pesanteur de cet âge. Il était infirme, et triste de son
état ; la vie n'était plus qu'un fardeau pour lui. Qu'eût-
on donc voulu lui souhaiter ? une continuation de
souffrances ? Ce sont ces réflexions qui ont aidé à me
faire prendre patience. Sa maladie a été d'un homme
de trente ans : une fièvre continue, une fluxion sur la
poitrine. En sept jours, il a fini sa longue et honorable
vie avec des sentiments de piété, de pénitence et
d'amour de Dieu, qui nous font espérer sa miséricorde
pour lui. Voilà, mon cousin, ce qui m'a occupée et
affligée depuis quinze jours. Je suis pénétrée de
douleur et de reconnaissance. Nos cœurs ne sont pas
ingrats, car je me souviens de tout ce que la reconnaissance et l'amitié vous fit penser et écrire sur le mérite
et sur les qualités de M. de Saint-Aignan[2]. Nous
sommes bien loin d'oublier ceux à qui nous sommes
obligés.

J'ai trouvé votre rondeau fort joli. Tout ce que vous
touchez est toujours d'un agrément qui ne se peut
comparer à nul autre, quand même votre cœur n'est
pas de la partie, car je comprends que la galanterie est
demeurée dans votre esprit sans que les charmes de
l'aimable Toulongeon fassent une grande impression
sur votre cœur.

Je ne doute pas des beaux titres que vous avez trouvés dans les archives de la maison de Coligny. Il y a bien des réflexions à faire sur les restes de ces grands personnages, dont les biens sont passés en d'autres mains. L'origine de la nôtre est tout à fait belle, et dans le goût de ceux qui s'y connaissent.

Vous savez toutes les merveilles qu'on a faites sur les Turcs[3]. Notre cousin de Vienne[4] n'y était-il pas des plus avant ? Je suis quelquefois en colère de ne l'entendre jamais nommer ; n'est-il pas général de bataille ? Je voudrais que votre grand garçon eût été à cette campagne contre les Turcs où tous nos Français ont acquis tant d'honneur.

Adieu, mon cher cousin. Si vous venez ici, nous causerons à l'infini. Je me repens de tout ce que je vous ai dit pour vous détourner de faire ce voyage[5] ; j'étais de méchante humeur de votre fortune qui n'est pas heureuse. Oubliez mes sots raisonnements, je vous prie, et venez avec toute la confiance que vous doivent donner vos longs services et la grande justice de vos raisons.

J'embrasse ma nièce. Je la plains des maux qu'elle a eus et je l'exhorte, autant qu'il est en moi, à se bien porter, car après le salut, je mets la santé au premier rang, et je prie Dieu qu'il vous conserve tous deux. Il me semble que c'est souhaiter en même temps que vous m'aimiez de longues années, car je m'imagine que nous ne nous aviserons jamais de mettre à nos amitiés d'autres bornes que celles de nos vies.

DE CORBINELLI

Il est vrai, Monsieur, que je vous ai parlé de la cour comme si vous ne la connaissiez pas, mais je vous en ai parlé comme on fait aux plus vieux courtisans quand ils en ont été dehors seulement huit jours ; c'est un *Protée* qui change de face à tous moments. J'ai ouï dire à un officier de la cour des plus assidus que, quand il a été deux jours à Paris, il tâte le pavé quand il retourne à Versailles, comme s'il ne connaissait plus le maître ni ses ministres. On y change de maximes tous les huit jours pour le moins. Prenez donc tout ce que je vous ai mandé sur ce pied-là, et comptez qu'il n'y a rien de fixe en ce pays-là que la grandeur du Roi, sa magnanimité, sa bonté, et sa piété.

J'entendis un sermon aux Jésuites le jour de la Saint-Louis dont je vous conterai le détail et les plus beaux endroits, et vous en serez surpris. C'est un père de l'Oratoire, nommé La Roche, dont le cœur est de roche contre les fausses vertus.

Adieu, Monsieur. Trouvez bon que j'assure ici Madame la Marquise de mes très humbles respects et que je la fasse souvenir de mon attachement pour sa personne et pour son mérite.

Le madrigal de Monsieur le Prince nous a paru comme à vous, et la mort du vieux La Tournelle trop ferme. Comme vous dites, en ces rencontres un peu d'aide fait grand bien.

75. À MADAME DE GRIGNAN

À Bourbon, lundi 22ᵉ septembre [1687].

Nous arrivâmes hier au soir ici[1], ma bonne, de Nevers, d'où je vous avais écrit. Il est vrai que nous vînmes hier en un jour, comme on nous l'avait promis. Mais quel jour! quelles dix lieues! Nous marchâmes depuis la pointe du jour jusqu'à la nuit fermée sans arrêter que deux heures juste pour dîner. Une pluie continuelle, des chemins endiablés, toujours à pied de peur de verser dans des ornières effroyables, ce sont quatorze lieues toutes des plus longues. Et ce jour ensuite de cinq délicieux, éclairés du soleil, et d'un pays, et des chemins faits exprès. Je crois être dans un autre climat, un pays bas et couvert comme la Bretagne, enfin sombre forêt où le soleil ne luit que rarement. Nous y fûmes reçues par cette Mme Ferret de Bretagne.

Nous sommes logées où étaient Mme de Montespan, Mme d'Uzès, Mme de Louvois[2]. Nous avons bien dormi. Nous avons vu les puits bouillants. Nous avons été à la messe aux Capucins. Nous avons reçu les compliments de Mme de Fourcy, de Mme de Nangis, de Mlle d'Armentières. Mais nous avons un médecin qui me plaît ; c'est Amyot, qui connaît et estime Alliot, qui est adorateur de notre bonhomme Jacob[3]. Il a été six mois avec lui à l'hôtel de Sully pendant que M. de Sully se mourait[4]. Mme de Verneuil m'avait fort priée de le prendre, je l'avais oublié. Parlez-en, ma bonne, si vous voulez, à Mme de Sully et à M. de Coulanges ; c'est son intime : il traitait Mme de Louvois. C'est un homme ennemi, raisonnablement, de la saignée, qui approuve les capucins[5], qui m'assure que tous mes petits maux viennent de la rate, et que les eaux de Bourbon y sont spécifiques. Il aime fort Vichy, mais il est persuadé que celles-ci me feront pour le moins autant de bien. Pour la douche, il me la fera donner si délicatement qu'il ne veut point du tout me la donner. Il dit qu'il ferait convenir M. Alliot que le remède est trop violent, et plutôt capable d'alarmer les nerfs que de les guérir, qu'en purgeant les humeurs et recevant les sueurs que les eaux et les bains chauds me donneront, il prétend suffire à tout. Il parle de bon sens, et me conduira avec une attention extrême, et vous mandera ses raisons et vous rendra compte de tout. Parlez-en à Rodon. C'est un homme qui va s'établir à Paris, qui n'a pas envie d'y porter des reproches de ce pays-ci. Le mal de Mme de Chaulnes n'est pas à négliger ; ces eaux y sont bonnes. Mme de Nangis a de ces sortes de coliques jusqu'à s'en éva-nouir. Nous sommes logées commodément, et l'une près de l'autre, mais on peut dire en gros de ce lieu

Qu'il n'eut jamais du ciel un regard amoureux[6]

La Providence m'y a conduite par la main en tournant les volontés, et faisant des liaisons comme elle a fait. Je vous consulte toujours intérieurement, et il me semble que vous me dites : « Oui, ma bonne, c'est ainsi qu'il faut faire ; vous ne sauriez vous conduire autrement. »

Ah, mon Dieu ! que je suis lasse de parler de moi ! mais vous le voulez. Dieu merci, je m'en vais parler de vous. Je reçois votre lettre du jeudi 18e. Je vois, ma chère bonne, que vous allez à Versailles. Je vois le sujet qui arrête M. de Grignan, et dans quelle conjoncture. Vous croyez bien que je ne suis pas assez ridiculement occupée de moi-même pour ne pas penser quasi continuellement à vous et à tout ce qui a rapport à vous ; c'est une pensée habituelle, et vous auriez peine à me trouver un moment sans ce fonds qui est dans mon cœur, mais comme il y a beaucoup à penser, je pense beaucoup aussi, mais par malheur bien inutilement, et comme il n'est pas à propos d'écrire ce qu'on pense, je ne vous en dirai rien, ma bonne. Je voudrais bien savoir comme se portent M. de Grignan, Monsieur le Chevalier, et comme vous êtes vous-même. Je suis effrayée de la fièvre. Je crois que le quinquina ôtera bientôt celle du Roi ; nous en prions Dieu. Je vous remercie de votre sel végétal[7], je m'en servirai. Vous êtes trop bonne et trop appliquée à votre pauvre maman. Elles ne sont point accoutumées, les mamans, à ces aimables douceurs. Je doute aussi que jamais on ait aimé sa fille de la manière dont je vous aime. Quoi qu'il en soit, vous me rendez trop heureuse, et je dois bien souffrir tous les malheurs qui sont attachés à ces sortes de tendresses si sensibles.

Mme la duchesse de Chaulnes a des soins de moi dont vous seriez surprise. Elle vous fait mille amitiés et vous nomme à tout moment. La belle Comtesse se trouve naturellement dans ce qu'elle me dit, soit en promettant, en espérant, en menaçant ; enfin ce nom

est toujours avec nous. M. de Chaulnes m'écrit vos
chagrins sur les nuages qui vous paraissaient le
lendemain de notre départ ; il a besoin lui-même que
le temps s'éclaircisse[8]. S'il faisait fort beau et que
Monsieur le Chevalier, toujours trop obligeant, voulût
donner un cheval à M. du Plessis pour aller un
moment à Livry voir comme se fait une réparation qui
doit être faite, il me semble, ma bonne, que cela serait
assez bien, à moins que vous n'y alliez bientôt vous-
même.

Adieu, chère bonne. Je vous recommande toutes
mes pauvres petites affaires. Je suis inquiète des
fièvres que je crains que vous ne preniez à Versailles ;
on mande ici que tout en est plein. Dieu vous conserve,
ma chère bonne ! J'embrasse le Marquis ; un souvenir
à M. et à Mme de Coulanges. S'ils ont envie de savoir
de mes nouvelles, ils n'ignorent pas où il faut en
demander. Je sais que Mme de Coulanges va s'établir
à Brévannes[9]. Quel plaisir d'être à la campagne ! j'en
aurai grand besoin au sortir d'ici.

M. Jacques est ici tout transporté de l'amour de
Grignan ; sa fille est encore à Paris logée chez lui. Je
vous en donne avis et en lave mes mains. Envoyez, ma
bonne, ces petits billets à la poste de Bretagne.
Bonjour, cher Corbinelli. Mon petit train est à vos
pieds. N'est-il pas trop plaisant ? je vous jure que nous
sommes ravies de le tenir.

76. À MADAME DE GRIGNAN

À Bourbon, samedi 27e septembre [1687].
Réponse au 24e.

Il y a des heures où l'on peut écrire, ma chère
bonne ; celle-ci en est une[1]. J'ai reçu votre lettre avec
cette joie et cette émotion que vous connaissez, car il

est certain que vous m'aimez trop. Il y a ici une petite fille qui se veut mêler d'aimer sa maman, mais elle est cent pas derrière vous, quoiqu'elle fasse et dise fort joliment ; c'est Mme de Nangis.

À ce propos, vous m'avez dit un mot dans votre autre lettre qui me fait sentir ce que fait Mlle d'Alérac ; j'en ai compris l'horreur[2]. Nous en parlerons, ma bonne, mais en attendant, il me semble que c'est Mlle de Grignan qui doit guérir cet endroit. Nous nous réjouissons de la santé du Roi et de M. le duc de Bourgogne. Monsieur le Chevalier me fait une peine et une pitié que je ne puis pas vous représenter.

Il y a ici des gens estropiés et à demi morts qui cherchent du secours dans la chaleur bouillante de ces puits (les uns sont contents, les autres non), une infinité de restes ou de menaces d'apoplexies ; c'est ce qui tue. J'ai envoyé quérir des eaux à Vichy, comme M. Fagon fit pour sa femme, et bien d'autres tous les jours. Elles sont réchauffées d'une manière qui me plaît, et du même goût et quasi de la même force qu'à Vichy ; elles font leur effet, et je l'ai senti ce matin avec plaisir. J'en prendrai huit jours, comme le veut Alliot, et ne serai point douchée, comme le veut M. Amyot ; le voilà qui vous en dit ses raisons. Quand vous aurez lu tout ce grimoire, vous n'en verrez pas davantage ; envoyez-le, si vous voulez, à M. Alliot. Cependant j'irai mon train ; je retomberai dans les eaux de Bourbon samedi, et prendrai des bains délicieux, et un peu avant que l'heure finisse, il prétend me mettre un peu d'eau chaude, qui fera la sueur sans violence que nous voulons. Je crois qu'il est difficile de contester un homme sur son paillier[3] qui a tous les jours des expériences ; répondez seulement un mot de confiance et d'honnêteté, et ne vous mettez en peine de rien du tout. Ma très chère bonne, ôtez tout cela de votre esprit. Vous me reverrez dans peu de jours en parfaite santé. Je n'ai pas eu la moindre incommodité depuis que je suis partie. Je remercie Dieu de la vôtre ; je le prie de vous conserver, et M. de Grignan, que j'embrasse tendrement, et qu'il donne une dose de patience au-delà de l'ordinaire à ce pauvre Chevalier.

Il est bien nécessaire que vous en trouviez aussi, ma pauvre bonne, pour soutenir tout ce qui vous arrive, *sans aucun secours*[4], après tant de justes espérances. Si on osait penser ici, on serait accablé de cette pensée ; mais on les rejette, et on est comme un automate. Notre charrette mal graissée reçoit et fait des visites. Nous allons par les rues, mais nous nous gardons bien d'avoir une âme ; cela nous importunerait trop pendant nos remèdes. Nous les retrouverons à Paris. J'embrasse la chère Martillac[5]. J'ai bien soupiré de ne point aller à Vichy et de ne point voir M. Ferrand[6], mais il était impossible, et je ne sais même comme j'aurais pu faire avec mon équipage, car les chemins sont devenus étranges de Moulins à Vichy ; c'est vers Varennes. Elle saura bien ce que je veux dire. Dieu fait tout pour le mieux. Nous attendons pourtant M. de Sainte-Maure et M. Mansart. La plupart prennent la litière. Vous entretenez si bien tout le commerce de mes amies que je n'ai qu'à vous prier de continuer et d'aimer aussi le bon Corbinelli comme je l'aime. Je lui souhaite ce bonheur comme ce que j'imagine de meilleur pour lui.

Adieu, aimable et chère fille. Je vous assure que vous m'aimez trop. Voilà Mme la duchesse de Chaulnes qui entre, qui me gronde sans savoir bonnement pourquoi et qui embrasse la belle Comtesse. Tout Bourbon écrit présentement ; demain matin tout Bourbon fait autre chose. C'est un couvent[7]. Hélas ! du serein, bon Dieu ! où le pourrions-nous prendre ? Il faudrait qu'il y eût de l'air. Point de sauces, point de ragoûts. J'espère bien jeter un peu cet hiver le froc aux orties dans notre jolie auberge[8].

77. À MADAME DE GRIGNAN

À Milly, samedi au soir [18 octobre 1687].

Je reçois votre lettre, ma chère bonne. Je trouve partout des marques de votre souvenir et de votre amitié. Je vous ai écrit de la Maison-Rouge, à six lieues d'ici ; vous aurez vu que je ne vous oubliais pas aussi. Vous verrez combien nous vous conseillons sincèrement de ne vous point presser et d'achever toutes vos affaires. Je me doutais bien que vous n'auriez pas vu Monsieur le Contrôleur général[1].

Vous auriez eu peine à faire résoudre Mme de Chaulnes à passer par Fontainebleau. Outre que c'est le plus long de deux lieues, c'est qu'elle y a tant de famille, qu'elle n'aurait pu s'y cacher. Pour moi, j'y aurais vu tout ce que je souhaite[2]. Le cardinal de Bonzi n'y aurait pas été sans qu'il voulait encore prendre congé. Il est vrai que je me suis toujours trompée, mais en disant *dimanche 20*[e], cela était visible, et je ne vois pas que, quand j'aurais su calculer plus juste, vous eussiez pu faire autrement que ce que vous faites. Ainsi je ne vois pas bien pourquoi vous me voulez[3].

Je me porte si bien, et les esprits[4] sont si bien réconciliés avec la nature, que je ne vois pas pourquoi vous ne m'aimeriez point. Notre voyage n'a été qu'une vraie promenade. Nous n'avons eu aucune sorte d'incommodité. Mais vous ne me parlez point de Livry[5]. Cruelle ! me refuseriez-vous ce repos si nécessaire ? Je vous attendrai lundi, puisque vous le voulez. Je vous ferais de plus grands sacrifices. Sans cela, j'aurais vu mes deux amies[6], et serais toute prête à partir, mais je n'y penserai pas, et vous attendrai avec impatience de vous embrasser. Si vous étiez aussi diligente que nous, je n'attendrais pas longtemps. J'espère que vous me renverrez demain La Brie[7] à Essonnes.

Adieu, ma très chère bonne. Je suis ravie que vous finissiez toutes vos affaires. Si vous vouliez même y ajouter des plaisirs et faire votre cour pendant que vous y êtes, nous l'approuverions. Mme la duchesse[8] vous embrasse et triomphe du bon état où elle vous rendra votre maman. Embrassez Mme de Vins pour moi, et qu'elle ne vous enchante point[9], quoique ce fût une chose bien raisonnable : qu'elle vous fasse partir.

78. À MADAME DE GRIGNAN

Rép[onse] à l'écu de Rostain[1].
[À Paris,] mercredi 6e oc[tobre 1688].

Et comment voulez-vous que je ne pleure pas en voyant tant de soins, tant d'amitié, des billets si tendres ? Je ne suis pas à l'épreuve de toute la tendresse que me donne une conduite si charmante. Nous ne cessons point de vous aimer et de vous admirer[2]; Monsieur le Chevalier et moi nous nous cherchons si naturellement que vous ne devez pas douter, ma chère bonne, que cette petite chambre ne soit ma demeure ordinaire, mais vous nous y manquez toujours, et d'une manière fort sensible. Vos portraits, qui sont autour de nous, ne nous consolent pas. Il nous faut notre chère Comtesse, que nous ne trouvons plus, et sur cela, les yeux rougissent ; tout est perdu. L'honneur même d'être servie présentement la première, en prenant du café, m'afflige au lieu de me consoler, tant mon cœur est peu sensible aux grandeurs de ce monde. Nous mangeons ensemble ; nous sommes dans une parfaite intelligence, et il est vrai que plus on connaît Monsieur le Chevalier sur ce ton-là, plus on l'aime et on l'estime. Il me paraît que mon commerce ne lui déplaît pas. Enfin c'est ma destinée que cette petite chambre; il n'y en a point où vous puissiez être plus parfaitement aimée et estimée, pour ne pas dire honorée.

Monsieur le Chevalier a eu la goutte terrible aux deux mains. Vous verrez aujourd'hui qu'il est en état d'écrire. J'ai fait dire vos neuvaines[3]; c'est toujours votre dévotion, j'espère, et je ne doute nullement qu'elles ne vous conservent votre enfant, dont nous vous envoyons une fort jolie lettre. J'ai vu mes amies, qui sont en vérité les vôtres. Je les en aime mieux; sans cela, je ne serais point à mon aise avec elles. Mme de Lavardin est toujours entêtée de votre vrai mérite, et du peu de cas que vous faites de votre beauté, qui est l'écueil de toutes les femmes. Je me porte bien, ma très aimable. Mon sommeil n'est pas encore tout à fait bien, mais si vous nous aimez, conservez-vous, dormez, mangez, ne vous épuisez point, ne vous creusez point; c'est assez de votre absence, nous ne pouvons soutenir la crainte de votre santé. Priez toujours Monsieur le Chevalier de me dire les choses que vous ne voulez pas écrire deux fois. Mme de Coulanges est toute glorieuse du petit billet que vous lui avez écrit. Songez à M. d'Avaux[4]. J'ai fait vos compliments en attendant, et tout ce que vous désirez est ponctuellement exécuté.

Adieu, ma chère bonne. Je ne sais plus que vous dire de ma tendresse pour vous. Tout est dit, tout est senti, et tout est cru; j'en suis assurée. Parlez-moi de vous sans cesse; tout m'est cher et considérable.

J'embrasse M. de Grignan et notre prélat[5]. Aimez-vous bien tous trois. Bonjour à Martillac. J'ai fait vos adieux à Mme de Chaulnes.

Pour Madame la comtesse de Grignan.

79. À MADAME DE GRIGNAN

À Paris, ce vendredi 19 novembre 1688.

Je veux suivre, ma chère bonne, l'histoire sainte et tragique du pauvre Saint-Aubin[1]. Mercredi dernier, aussitôt que je vous eus écrit, on me vint dire qu'il était fort mal, qu'il avait reçu l'extrême-onction. J'y courus avec M. de Coulanges ; je le trouvai fort mal, mais si plein d'esprit et de raison, et si peu de fièvre extérieure, que je ne pouvais comprendre qu'il allât mourir. Il avait même une facilité à cracher qui donnait de l'espérance à ceux qui ne savent pas que c'est une marque de la corruption entière de toute la masse du sang, qui fait une génération perpétuelle[2], et qui fait enfin mourir. Je retrouvai cette amitié, cette douceur, cette reconnaissance en ce pauvre malade, et par-dessus tout ce regard continuel à Dieu, et cette unique et adorable prière à Jésus-Christ, de lui demander miséricorde par son sang précieux[3], sans autre verbiage. Je trouvai là deux hommes admirables qui ne le quittent plus. On dit le *Miserere* ; ce fut une attention marquée par ses gestes et par ses yeux. Il avait répondu à l'extrême-onction, et en avait demandé la paraphrase à Monsieur de Saint-Jacques[4]. Enfin, à neuf heures du soir, il me chassa, et me dit en propres paroles adieu. Le P. Moret y demeura, et j'ai su qu'à minuit il eut une horrible vapeur à la tête : la machine se démontait. Il vomit ensuite toujours, comme si c'eût été un soulagement. Il eut une grande sueur, comme une crise ; ensuite un doux sommeil, qui ne fut interrompu que par le P. Moret qui, le tenant embrassé (et lui, répondant toujours avec connaissance et dans l'amour de Dieu), reçut enfin son dernier soupir, et passa le reste de la nuit à le pleurer saintement et à prier Dieu pour lui, les cris de cette petite femme[5] suffoqués et aplatis par le P. Moret, afin qu'il n'y eût rien que de chrétien dans cette sainte maison.

J'y fus le lendemain, qui était hier. Il n'était point du tout changé. Il ne me fit nulle horreur, ni à tous ceux qui le virent. C'est un prédestiné ; on respecte la grâce de Dieu, dont il a été comblé. On lut son testament : rien de plus sage, rien de mieux écrit. Il fait excuse d'avoir mis son bien à fonds perdu, fondé sur le besoin de la subsistance ; il dit qu'il a succombé à la tentation de donner onze mille francs pour achever de vivre et de mourir dans la céleste société des carmélites[6]. Il dit qu'il a reçu mille écus de sa femme (que je lui avais donnés pour les services qu'elle m'avait rendus pendant vingt ans) ; il en dit du bien, de ses soins et de son assiduité. Il prie M. de Coulanges d'avoir soin d'elle, et de faire vendre ses meubles pour payer quelques petites dettes. Il me loue fort ; et par mon cœur, dont il dit des merveilles, et par notre ancienne amitié, il me prie d'en avoir soin. Il parle de lui et de sa sépulture avec une humilité véritablement chrétienne, qui plaît et qui touche infiniment.

Le matin, nous avons été à son service à Saint-Jacques, sans aucune cérémonie. Il y avait beaucoup de gens touchés de son mérite et de sa vertu : la maréchale Foucault, Mme Foucquet, M. et Mme d'Aguesseau, Mme de La Houssaye, Mme Le Bossu, Mlle de Grignan, Bréauté et plusieurs autres. De là nous avons été aux Carmélites, où il est enterré à la première chapelle du côté du chœur, en entrant à main droite. Le clergé l'a reçu du clergé de Saint-Jacques. Cette cérémonie est triste. Toutes ces saintes filles sont en haut avec des cierges, qui chantent le *Libera*, et puis enfin on le jette dans cette fosse profonde, où on l'entend descendre, et le voilà pour

jamais. Il n'y a plus de temps pour lui, il jouit de
l'éternité ; enfin il n'est plus sur terre. De vous dire
que tout cela se passe sans larmes, il n'est pas
possible, mais ce sont des larmes douces, dont la
source n'est point amère, ce sont des larmes de
consolation et d'envie. Nous avons vu la mère du
Saint-Sacrement[7]. Après avoir été la nièce du bon
Saint-Aubin, je suis devenue la mère de Mme de
Grignan ; cette dernière qualité nous a tellement porté
bonheur que Coulanges, qui nous écoutait, disait :
« Ah ! que voilà qui va bien ! Ah ! que la balle est bien
en l'air ! » Il a pensé me faire manquer. Cette personne
est d'une conversation charmante. Que n'a-t-elle point
dit sur la parfaite estime qu'elle a pour vous, sur votre
procès, sur votre capacité, sur votre cœur, sur l'amitié
que vous avez pour moi, sur le soin qu'elle croit devoir
prendre de ma santé en votre absence, sur votre
courage d'avoir quitté votre fils au milieu des périls
où il allait s'exposer, sur sa contusion[8], sur la bonne
réputation naissante de cet enfant, sur les remerciements qu'elles ont faits à Dieu de l'avoir conservé !
Comme elle m'a mêlée dans tout cela ! Enfin, que vous
dirai-je, ma chère bonne ? Je ne finirais point ; il n'y a
que les habitants du ciel qui soient au-dessus de ces
saintes personnes.

Je trouvai hier au soir Monsieur le Chevalier revenu
de Versailles en bonne santé ; j'en fus ravie. Quand il
est ici, j'en profite sur la douceur de sa société ; quand
il est là, je suis ravie encore, parce qu'il y est
parfaitement bon pour toute la famille. Il m'a dit que
la contusion du Marquis avait fait la nouvelle de
Versailles et le plus agréablement du monde. Il a reçu
les compliments de Mme de Maintenon, à qui le
maréchal[9] mandait la contusion. Toute la cour a pris
part à ce bonheur. J'en ai eu ici tous mes billets[10]
remplis, et ce qui achève tout, c'est que Monsieur le
Dauphin est en chemin[11], et le Marquis aussi. Si après

cela, ma chère bonne, vous ne dormez, je ne sais pas, en vérité, ce qu'il vous faut. Il ne m'a dit tout le soir que de bonnes nouvelles, mais il m'est défendu de vous en rien écrire, sinon que je prends part aux bontés de la Providence, qui vient précisément à votre secours [12] dans le temps que vous étiez sur le point de vous pendre, et que j'y consentais quasi.

Adieu, ma chère bonne. Mme de Brancas [13] vient de me quitter; elle vous fait toutes sortes de compliments. Monsieur le Chevalier est là, bien. Il a reçu une grande visite de Mlle de Grignan; je ne sais ce qu'elle lui voulait. Il est sorti tout le jour. Je suis ici comme à la campagne. Nous nous reverrons ce soir, mais nos lettres seront à la poste. L'abbé Bigorre [14] ne sait rien de nouveau. Il y aura bientôt une grande nouvelle d'Angleterre, mais elle n'est pas venue [15].

Parlez-moi de ce que fait Pauline à Lambesc. J'ai son ouvrage ici, le courrier le reportera. Je fais bien des amitiés à M. de Grignan. Que ne voudrais-je point savoir de vous, de votre santé, de tout votre ménage, de tout ce qui vous touche, ma très chère bonne. Il est certain que je vous aime trop. Notre société vous fait ses compliments sur l'heureuse contusion. J'embrasse les joues du Coadjuteur.

80. À MADAME DE GRIGNAN

À Paris, [lundi] 4ᵉ avril [1689].

Nous croyons toujours partir le lendemain des fêtes [1]; j'ai toujours ma petite tristesse de m'éloigner de vous. Je ne sais comme se tournera tout ce voyage. Je ne crois pas que je voie mon fils, qui est dans le désespoir de faire une dépense effroyable pour être à la tête de son arrière-ban dans la basse Bretagne [2]. Il

admire ce que lui fait le prince d'Orange, *ce d'Aiguebonne de l'Europe*[3] comme vous dites fort bien, et par
quels arrangements ou dérangements il plaît à la
Providence de le venir chercher dans ses bois pour le
faire rentrer dans le monde et dans la guerre par ce
côté-là.

Voilà vos lettres du 27. Vous êtes malade, ma chère
enfant. Vous dites quelquefois que votre estomac vous
parle, ma chère bonne ; vous voyez que votre tête vous
parle aussi. On ne peut pas vous dire plus nettement
que vous la cassez, que vous la mettez en pièces, que de
dire qu'elle vous fait une grande douleur quand vous
voulez lire et surtout écrire, et qu'elle vous laisse en
repos dès que vous l'y laissez et que vous quittez ces
exercices violents, car ils le sont. Cette pauvre tête, si
bonne, si bien faite, si capable des plus grandes
choses, vous demande quartier ; ce n'est point s'expliquer en termes ambigus. Ayez pitié d'elle, ma très
chère et très aimable bonne, ne croyez point que ce
soit chose possible que de vaquer à nos deux
commerces[4] et à tous les pays de traverse qui arrivent
tous les jours, et à Mme de Vins, et trois fois la
semaine[5] ; ce n'est pas vivre, c'est mourir pour nous.
Cela est fort obligeant, mais, en vérité, nous devons de
notre côté vous faire grâce. Pour moi, mon enfant, sur
toutes choses, je vous demande votre santé. Quand je
vous vois écrire sur de grand papier, il me semble que
je vous vois montée sur vos grands chevaux. C'est un
grand divertissement pour moi ; vous galopez sur le
bon pied, je l'avoue, mais vous allez trop loin et je ne
puis souffrir les conséquences. Ayez donc pitié de vous
et de nous. Pour moi, si, quand je vous ai écrit, il
fallait écrire encore une aussi grande lettre, je vous
l'ai déjà dit, je m'enfuirais[6]. Je fonde sur ce sentiment
la pitié que vous me faites, ma chère bonne. Je pousse
un peu loin ce chapitre ? C'est qu'il me tient au cœur.
Je vous vois tout accablée. Une fièvre de printemps,

dans cette humeur, ne me plairait pas. J'espère que votre chirurgien vous aura attrapée le lendemain matin et qu'il se sera vengé de ce que, le soir, vous le renvoyâtes sur un autre pied que le vôtre[7]; cette turlupinade pourrait servir au Coadjuteur. Il me semble que c'était sur son sujet que vous aviez quelque chose à me dire que vous ne m'avez point dit.

Je suis assez contente que vous mangiez gras. Un bon potage, un bon poulet : *la pauvre femme*[8] ! J'ai fort envie d'avoir de vos nouvelles. D'où vient que vous allez à Grignan devant M. de Grignan ? Sainte-Marie et notre fille toute sainte[9] ne vous auraient-elles point été aussi bonnes que cette tribune[10], qui vous fera tourner la tête ?

Je ne réponds rien, mon enfant, à ces comptes et à ces calculs que vous avez faits, à ces avances horribles, à cette dépense sans mesure : cent vingt mille livres ! Il n'y a plus de bornes. Deux dissipateurs ensemble[11], l'un voulant tout, l'autre l'approuvant, c'est pour abîmer le monde. Et n'était-ce pas le monde que la grandeur et la puissance de votre maison, ma bonne ? Je n'ai point de paroles pour vous dire ce que je pense ; mon cœur est trop plein. Mais qu'allez-vous faire, mon enfant ? Je ne le comprends point du tout. Sur quoi vivre ? sur quoi fonder le présent et l'avenir ? Que fait-on quand on est à un certain point ? Nous comptions l'autre jour vos revenus, ils sont grands. Il fallait vivre de la charge et laisser vos terres pour payer vos arrérages. J'ai vu que cela était ainsi ; ce temps est bien changé, quoique vous ayez reçu bien de petites sommes qui devraient vous avoir soutenue, sans compter Avignon. Il est aisé de voir que la dissipation vous a perdue du côté de Provence. Enfin, cela fait mourir, d'autant plus qu'il n'y a point de remède. Dieu sait comme les dépenses de Grignan, et de ces compagnies sans compte et sans nombre qui se faisaient un air d'y aller de toutes les provinces, et tous les enfants de la maison à la table jusqu'au menton avec tous leurs gens et leur équipage, Dieu sait combien ils ont contribué à cette consomption de toutes choses. Enfin, ma chère bonne, quand on vous aime, on ne peut pas avoir le cœur content. Je ne sais comme sont faites les autres sortes d'amitiés que l'on a pour vous. On vous étouffe, on vous opprime et on crie à la dépense, et c'est eux qui la font !

Eh ! tournez-vous, de grâce, et on vous répondra [12].

Je me veux détourner, ma chère bonne, de toutes ces pensées, car elles m'empêchent fort bien de dormir. Je viens de faire mille tours par rapport à vous ; cela me console de ma peine : Mme d'Acigné, pour lui demander la continuation de la neutralité auprès de M. Talon [13], Mme et Mlles Roussereau (cela se retrouve pour les requêtes civiles), M. et Mme de Nesmond, M. Bigot, à qui j'ai laissé un billet de vos compliments.

J'espère que le Chevalier, par M. de Cavoie, m'empêchera de payer les intérêts des intérêts en payant dix-sept mille neuf cents livres, que j'ai dans ma poche par le secours de ma belle-fille [14]. Si cela est, je vous prierai de le bien remercier ; le chemin est un peu long pour une reconnaissance vive comme la mienne, mais c'est le plus digne du bienfait. Je vous prie, ma bonne, que M. de Grignan réponde de sa propre main à votre belle-sœur ; j'en suis contente. Elle m'écrit mille douceurs et mille agaceries pour M. de Grignan, qu'elle a un penchant pour lui qu'elle combat inutilement. Enfin, il faut un peu badiner avec elle ; c'est le tour de son esprit.

Dulaurens [15] n'est point encore parti ; j'ai de l'impatience qu'il soit auprès de votre fils. Il n'est point du tout exposé présentement ; jouissez de cette paix, ma chère bonne. Il y a eu, en d'autres endroits, de petites échauffourées. Chamilly a été un peu battu, et Gandelus blessé assez considérablement, mais Toiras a fait

4 avril 1689   263

une petite équipée toute brillante, où il a battu et tué
trois ou quatre cents hommes. J'ai fait voir à l'abbé
Bigorre votre compliment, et celui du cardinal de
Bonzi et de Mme de Castries. Il les fera valoir.

Les affaires d'Angleterre vont bien ; le crédit du
prince d'Orange devient tous les jours plus petit. Un
mauvais plaisant a mis sur la porte de Wital[16] :
Maison à louer pour la Saint-Jean; cette sottise fait
plaisir. L'Écosse et l'Irlande sont entièrement contre
ce prince. Le roi d'Angleterre a été fort bien reçu en
Irlande ; il a assuré les protestants d'une entière
liberté de conscience, et même de sa protection,
pourvu qu'ils lui fussent fidèles. C'est le mari de
Mme d'Hamilton qui en est vice-roi. Il faut voir ce que
tout deviendra ; il me semble que c'était un gros nuage
épais, noir, chargé de grêle, qui commence à s'éclair-
cir. Nous en avons vu de cette manière à Livry, qui se
passaient sans orage. Dieu conduira tout, et consolera
aussi la pauvre Mme de Coulanges, qui est enfin allée
aux Madelonnettes, pour fuir le petit de Bagnols qui a
la petite vérole chez elle. Mme de Bagnols s'est
enfermée avec lui. Elle ira à Brévannes. J'ai fait, ma
chère bonne, tous vos compliments. M. de Lamoignon
est à Bâville. Je vous écrirai encore plusieurs fois
avant que je parte.

Adieu, ma chère bonne. Hélas ! conservez-vous,
reposez-vous. Faites écrire Pauline pendant que vous
vous reposerez dans votre cabinet ; évitez cette posture contraignante. J'entendrai votre style, et deux
lignes de vous pour dire : « Me voilà ! », et ma chère
enfant ne sera point épuisée.

Je vous envoie des tabliers ; c'est la grand'mode. Tout
le monde en a à Versailles. C'est un joli air de propreté,
qui empêche qu'en deux jours un habit ne soit engraissé.
Je vous prie de faire mes compliments à Monsieur le
Doyen[17] sur la mort de Monsieur l'Archevêque[18], et à
M. Prat ; ne l'oubliez pas. J'embrasse Pauline.

81. À MADAME DE GRIGNAN

À Rennes, mercredi 11ᵉ mai [1689].

Nous arrivâmes hier ici, ma chère bonne. Nous étions parties de Dol d'où je vous écrivis; il y a dix lieues; c'est justement cent bonnes lieues que nous avons faites présentement en huit jours et demi de marche[1]. La poussière fait mal aux yeux, et les trente femmes qui vinrent au-devant de Mme de Chaulnes, qu'il fallut baiser au milieu de la poussière et du soleil, et trente ou quarante messieurs, nous fatiguèrent beaucoup plus que le voyage. Mme de Kerman en tombait, car elle est délicate; pour moi, je soutiens tout sans incommodité. M. de Chaulnes était venu à la dînée, il me fit bien de sincères amitiés. Il a reçu de vos lettres, qu'il souhaitait; il but à votre santé, et vous êtes bien révérée de ce duc, et bien aimée et bien estimée de son épouse.

Je démêlai mon fils dans le tourbillon; nous nous embrassâmes de bon cœur. Sa petite femme était ravie de me voir. Je laissai ma place dans le carrosse de Mme de Chaulnes à Monsieur de Rennes[2], à M. de Pommereuil et à Revel, et j'allai avec M. de Chaulnes, Mme de Kerman et ma belle-fille, à Rennes, dans le carrosse de l'évêque; il n'y avait qu'une lieue à faire. Je vins chez mon fils[3] changer de chemise et me rafraîchir, et de là souper à l'hôtel de Chaulnes, où le souper était trop grand. J'y trouvai la bonne marquise de Marbeuf, où je revins coucher et où je fus logée, comme une vraie princesse de Tarente[4], dans une belle chambre meublée d'un beau velours rouge cramoisi, ornée comme à Paris, un bon lit où j'ai dormi admirablement, une bonne femme qui est ravie de m'avoir, une bonne amie qui a des sentiments pour

vous tous dignes de vous. Me voilà plantée pour
quelques jours, car ma belle-fille regarde les Rochers
du coin de l'œil, comme moi, mourant d'envie d'aller
s'y reposer ; elle ne peut soutenir longtemps l'agitation que donne l'arrivée de Mme de Chaulnes. Nous
prendrons notre temps. Je l'ai trouvée toujours fort
vive, fort jolie, m'aimant beaucoup, fort contente de
vous et de M. de Grignan ; elle a un goût pour lui qui
nous fait rire[5]. Mon fils est toujours aimable, et me
paraît fort aise de me voir. Il est fort joli de sa
personne ; une santé parfaite, vif et de l'esprit. Il m'a
fort parlé de vous et de votre enfant, qu'il aime ; il a
trouvé des gens qui lui en ont dit des biens dont il est
touché et surpris, car il a, comme nous, l'idée d'un
petit marmot, et tout ce qu'on en dit est solide et
sérieux.

Il est bien étonné de sa pauvre *princesse*[6], car le
cousinage ne l'empêche point de voir que nulle chose
ne devait la tenter dans cet établissement, et la
conduite et la manière est abominable. Vous ne
sauriez trop me parler sur ce sujet, pourvu que ce soit
ma chère Pauline, car je ne veux point que vous
écriviez. J'avais fort envie de vous en entendre parler.
Mme de Lavardin en écrit à Monsieur de Rennes tout
comme vous m'en écrivez. Son bon esprit ne change
point sur ce chapitre ; vous savez ce qu'elle vous en a
dit. Elle mande qu'elle fut mariée chez Mme de Guise,
dans sa chapelle (je crois qu'elle se trompe et que ce
fut à Saint-Jacques[7] ; mon Dieu, que je suis étonnée de
ce saint curé !), et qu'après, elle s'embarqua dans
quatre carrosses à six chevaux, pour aller faire la
consommation à Morfontaine chez Mme Le Coigneux[8]. Il y a des auteurs qui disent qu'elle est mariée
dès ce carême. Je n'en sais, en vérité, rien du tout ;
suffit que c'est un très sot mariage. S'il y avait de
grands biens comme autrefois, c'est une bonne raison.
S'il y avait un mérite singulier, ou du côté de la

guerre, ou une lueur de faveur, mais de nul côté vous ne voyez rien que de fade et au-dessous du médiocre. Est-il possible qu'elle ait brûlé pour ce vilain garçon ? Mais voyez avec quelle adresse elle a voulu crocheter et escroquer le consentement de monsieur son père ! Je parlerais un an sur tout cela, ma chère bonne ; vous êtes bien loin de m'ennuyer. Et que fera ce bon Monsieur d'Arles[9] ? vous avez très bien répondu, ce me semble. Pourvu, comme vous dites, qu'il n'entre point un peu trop dans les besoins de cette personne !

Un mot de votre santé, ma chère enfant. La mienne est très parfaite ; j'en suis surprise. Vous avez des étourdissements ; comment avez-vous résolu de les nommer, puisque vous ne voulez plus dire des *vapeurs* ? Votre mal aux jambes me fait de la peine ; je me souviens, ma très chère, que vous en avez été dans le désespoir[10], et à tel point que vous ne saviez où vous mettre. M. de Vardes m'en parla un jour d'une manière à me faire transir. Nous n'avons plus ici notre capucin ; il est retourné travailler avec ce cher camarade dont les yeux vous donnent de si mauvaises pensées ; ainsi je ne puis rien consulter ni pour vous ni pour Pauline.

Ma chère bonne, cette enfant ne songe qu'à vous plaire. Ménagez bien ce désir ; vous en ferez une personne toute parfaite, et avec douceur. Elle vous adore ; faut-il autre chose pour se corriger de ce qui vous déplaît ? Je vous la recommande, et d'user de la facilité qu'elle a à vous servir de petit secrétaire, avec une main toute rompue, une orthographe correcte ; aidez-vous de cette petite personne.

Vous demandez, ma bonne, si Mme de Chaulnes avait deux carrosses ? Oui, elle avait celui de M. de Chaulnes. Elle voulut lui renvoyer cet hiver, pendant une gelée ; il ne le voulut pas, disant : « Vous amènerez Mme de Sévigné. » Depuis ce conseil, elle n'a pas cessé de me prier de lui faire ce plaisir s'il était vrai que j'eusse des affaires en Bretagne, et ce plaisir que je lui faisais m'en a été un plus grand que je ne vous le puis dire.

Je suis touchée des maux de ce pauvre Chevalier; voilà ce qui m'a fait regretter d'être partie. Quelle patience! Quel courage! Je suis très sensible à ses maux. Vous me faites un grand plaisir de me dire qu'il a quelque estime pour moi; il n'y en a eu guère au monde qu'on souhaite autant. Monsieur d'Arles fait réponse à mon fils, très plaisamment. Il dit que je le fuis, que je le hais, que je suis une enragée mégère, une diablesse, et puis que je suis sa bonne, sa bien bonne. Et je ne ferais pas de cet homme-là tout ce que je voudrais? Je vous réponds que si.

Je souhaite fort que vous trouviez à vous tirer de ce paiement abominable[11]. Voilà comme on est doux en prêtant, et puis on montre des griffes; vraiment ce sont bien des griffes que celles-là.

Adieu, ma très chère, et très aimable bonne. Je vous aime et suis à vous, Dieu le sait! La poste part à quatre heures; je suis accablée de visites, comme Mme de Chaulnes. Ce duc dit que vous cherchiez un autre lieu que Cadix, à cause de la guerre d'Espagne. Je vois bien que vous serez contraints de venir à Paris pour être chevaliers.

Je vous écrirai plus exactement dimanche. Épargnez une lettre par semaine[12], ma chère bonne, et n'écrivez point de votre main. Mon fils voulait vous écrire, ma chère bonne, mais il me prie de vous faire ses excuses. Il est allé courir je ne sais où; M. de Revel ne le quitte pas. On court après cet étranger dans cette ville; je n'ai jamais vu de si braves femmes! Adieu encore une fois, ma chère enfant. Hélas, nous sommes bien loin! C'est pourtant à peu près la même chose. C'est justement comme vous dites: *La voyez-vous, madame? — Hélas! non; c'est ce qui me fait mourir. — Ni moi non plus*[13]!

82. À MADAME DE GRIGNAN

Aux Rochers, dimanche 23ᵉ avril [1690].
Rép[onse] au 13ᵉ.

Vous les recevez donc toujours, ma bonne, avec cette joie et cette tendresse qui vous fait croire que saint Augustin et M. Dubois[1] y trouveraient à retrancher. Ce sont vos *chères bonnes*, elles sont *nécessaires à votre repos.* Il ne tient qu'à vous de *croire que cet attachement est une dépravation ;* cependant vous vous tenez *dans la possession de m'aimer de tout votre cœur, et bien plus que votre prochain, que vous n'aimez que comme vous-même. Voilà bien de quoi !* Voilà, ma chère bonne, ce que vous me dites. Si vous pensez que ces paroles passent superficiellement dans mon cœur, vous vous trompez. Je les sens vivement. Elles s'y établissent. Je me les dis et les redis, et même je prends plaisir à vous les redire, comme pour renouveler vos vœux et vos engagements. Les personnes sincères comme vous donnent un grand poids à leurs paroles. Je vis donc heureuse et contente sur la foi des vôtres. En vérité, elle est trop grande et trop sensible, cette amitié ; il me semble que, par un esprit de justice, je serais obligée d'en retrancher, car la tendresse des mères n'est pas ordinairement la règle de celle des filles[2], mais vous n'êtes point aussi comme les autres. Ainsi je jouirai sans scrupule de tous les biens que vous me faites ; je solliciterai même M. Dubois pour ne point troubler une si douce possession.

Parlons de votre santé. Voilà le temps que votre sang se met en colère. Vous en étiez, il y a un an, fort incommodée. Vous vous fîtes saigner et purger ; vous vous en trouvâtes très bien. Je vous en fais souvenir, ma chère bonne, parce qu'il n'y a rien que je trouve si

considérable que la santé. Vos maux de gorge sont
effrayants. Vous me présentez le vôtre comme une
légère incommodité. Dieu le veuille! Je voudrais
toujours que jamais vous ne fussiez sans du baume
tranquille[3] : il est souverain à ces sortes de maux, et je
crains que vous n'en manquiez, quand je songe
combien vous en avez fait prendre à Martillac de tous
les côtés. Vous n'auriez qu'à prier l'abbé Bigorre de
vous en envoyer une petite bouteille. On les paye un
écu ou une demi-pistole; ce ne serait pas une affaire.
Songez-y, ma bonne; ne soyez jamais sans un tel
secours. Ne vous échauffez point le sang. Les échecs
vous font mal en vous divertissant, mais c'est une
occupation, ce n'est pas un jeu. Je gronde Pauline; je
lui dis qu'elle ne vous aime point de vous donner cette
émotion. J'ai grondé Monsieur le Chevalier. Je vous
gronde, ma bonne. D'ici je ne puis pas mieux faire.

Pour nos desseins, je vous ai dit mon projet. Si vous
n'allez point à Paris, je n'irai point; si vous y alliez,
vous feriez le miracle de forcer mes impossibilités. Si
vous êtes à Grignan, j'irai[4], et je me fais un grand
plaisir de songer que si Dieu le veut bien, je passerai
cet hiver avec vous. Le temps passe bien vite avec une
telle espérance. Mais je vous demande bien sérieusement de ne rien dire à Paris de ce dessein. Ce me serait
un embarras et un chagrin dans le commerce que j'ai
avec mes amies, qui commencent déjà de souhaiter
mon retour et de m'en parler. Laissons *mûrir* le
dessein de ce voyage de traverse, comme une *opinion
probable* dans Pascal[5]. Voilà, ma chère bonne, où nous
devons en demeurer, car pour passer à Paris avant que
de vous aller voir, c'est ce qui ne convient ni à mon
goût, ni à mes affaires. L'abbé Charrier est à Paris; il
vous écrira de Lyon.

Vraiment, vous avez retenu si follement toutes les
sottises que j'ai dites sur ces cruelles haleines, que j'ai
le malheur de sentir plus que les autres[6], que vous

m'en avez fait rire comme si je n'en avais jamais entendu parler. Il est vrai que j'ai le nez trop bon, et si par hasard quelqu'un de mes amis avait empoisonné ses paroles en me parlant, je n'aurais pas au moins à me reprocher de ne les avoir point avertis. Mais les gens qui comptent leur corps pour rien comptent pour rien aussi l'incommodité de leur prochain.

M. de Pommereuil a présentement les plus belles dents du monde. Je lui dis aussi avec plaisir que j'aurais vu Mme de Coëtlogon si son mari m'avait visitée[7]. Il m'approuva, détesta le mari, et avait donné un bon exemple, car arrivant de Paris le lendemain que je fus arrivée à Rennes, il arrêta chez moi avant que d'entrer chez lui, et m'embrassa, et fit par amitié et par ancienne considération ce que l'autre devait faire par honnêteté. Il a une envie démesurée de donner un lieutenant de roi à M. de Molac[8] pour faire sa charge, mais la presse n'est pas grande aux conditions d'obéir à l'Intendant. Il est aussi de notre confidence pour l'arrière-ban.

Ne reconnaissez-vous pas M. de Chaulnes[9], d'avoir fait écrire le pape à sa chère fille Mme de Maintenon ? Elle est si touchée de ce bref qu'elle en a remercié Mme de Chaulnes avec un air de reconnaissance qui passe la routine des compliments. Ce n'est point elle qui me le mande, et même, chacun de ceux qui m'écrivent croyant que l'autre m'eût envoyé la copie de ce bref, il se trouve que je ne l'ai point eu ; enfin j'ai prié qu'on me l'envoyât.

Cette duchesse me mande que Madame la Dauphine s'en va. Elle est enfin dans la dernière extrémité[10]. Tous ses officiers sont consternés. Le maréchal de Bellefonds y perd son bien, mais apparemment cette belle place sera bientôt remplie[11]. Mme la maréchale d'Humières était debout auprès de Mme de Chaulnes comme le Roi venait souper ; il démêla cette maréchale, et lui dit, en se mettant à table : « Madame,

vous pouvez vous asseoir[12]. » Elle fit une grande
révérence et s'assit, et l'histoire finit ainsi. On dit que
sa fille ne fera de duc que son mari, et qu'elle finira là.

J'ai écrit à notre bonne duchesse de Chaulnes que je
la priais de nous donner M. Rochon le 25e de mai pour
notre requête civile[13], qu'il y faisait un principal
personnage, et que je ne serais pas seule à lui demander cette grâce.

Je suis en vérité ravie que M. de La Garde soit payé
de sa pension.

À LA GARDE

Monsieur, trouvez bon que, sans cérémonie et d'un
cœur qui sent votre joie, je vous dise la part que j'y
prends. J'entre plus que personne dans toutes les
raisons de justice qui vous la font sentir. Ma fille en est
touchée comme vous, et vous aime, et vous estime, et
vous a tant d'obligation que vous ne devez jamais
douter de sa reconnaissance non plus que de la
mienne.

Je veux parler tout de suite[14] à M. de Grignan.

À MONSIEUR DE GRIGNAN

Mon cher Comte, on dit que vous m'aimez. Je vous
dirai ici que j'en suis ravie, car pour vous écrire, je
suis votre très humble servante ; je ne m'y joue pas. Je
sais l'effet de vos réponses, et même vous ne devez pas
souhaiter ce commerce. Il vous a déjà fait perdre ma
belle-fille, qui n'en veut plus avec vous[15]. J'avoue qu'il
est assez extraordinaire de rompre avec un homme
parce qu'il écrit trop bien, mais je vous dis le fait, elle
s'est retirée derrière le théâtre. Cette fin est digne du
commencement, mais de perdre votre belle-mère par
la même raison serait une chose risible. Ainsi je vous
parle ici tout naïvement ; ce n'est point une lettre. Je

vous dis toutes sortes de bonnes et sincères amitiés, et puis je vous demande si vous ne connaissez point M. de Bruys[16] de Montpellier, autrefois huguenot, présentement les poussant à outrance par des livres dont nous sommes charmés ; vous les aimeriez passionnément aussi. Voilà tout ; vous me répondrez dans la lettre de ma fille.

Me revoilà, ma bonne. Après avoir fait un petit tour, il faut toujours revenir à vous. Ah ! oui, vraiment, je connais le style d'où Pauline a puisé sa lettre[17]. Mon Dieu, comme je le trouve, présentement qu'on n'aime plus que ce qui est naturel ! Mais j'avoue que la beauté des sentiments et les grands coups d'épées m'avaient enchantée. L'abbé de Villarceaux était encore plus grand pécheur que moi, c'est-à-dire que des gens fort au-dessus de mon mérite avaient cette folie. Voilà comme on se console, et comme dira Pauline.

À PAULINE DE GRIGNAN

C'est donc, Mademoiselle Pauline, de cette même main, de cette même plume, que vous écrivez à Mme d'Épernon pour savoir d'elle si Dieu veut que vous soyez carmélite[18] ! Vraiment j'en suis bien aise. Si vous continuez, il ne faudra point attendre de si loin une réponse. Je l'empêche aujourd'hui de vous écrire, cet amant[19]. S'il vous fait devenir *folle par l'honneur de son amour*, comme dit madame votre mère, vous le faites devenir aussi le *berger extravagant*[20] dans ces bois.

En vérité, ma bonne, je n'ai rien vu de plus plaisant que l'inclination qu'il a pour cette jolie petite idée[21], dont vous me donnez aussi la meilleure opinion du monde. Son imagination ne s'engage à rien qu'elle ne soutienne avec toute la grâce et tous les tons nécessaires. Cela compose une personne non seulement très divertissante, mais très charmante. Votre enfant partira bientôt. Vous avez vendu votre compagnie, comme on fait toutes choses, quand on n'est pas heureux[22]. C'est un grand bonheur que le Roi ait eu pitié de ces pauvres guerriers en leur ôtant leur vaisselle et retranchant leur table. Je conseille au Marquis d'obéir ponctuellement, et vous, de l'ordonner au maître d'hôtel. M. de Grignan écrira-t-il à son ami le maréchal d'Humières, sur la duché ? Je lui conseille, pour ne le point fâcher, d'écrire à la maréchale duchesse. C'est par là qu'on évite d'offenser son ami ou de s'offenser soi-même[23].

Voilà, ma chère bonne, une réponse de M. du Plessis. Je crois qu'elle vous fera plaisir, et qu'en même temps il vous fera pitié avec son sot mariage. Ma chère bonne, ayez soin de votre sang, de votre santé, je vous en conjure ; je ménage très bien la mienne. J'ai déjà demandé à mes amies tous les secours qu'ils nous ont déjà donnés. Je crois que la pension des menins[24] n'a point été retranchée ni reculée. Mille amitiés à Monsieur le Chevalier.

83. À MADAME DE GRIGNAN

Jeudi 22 juin.   Dimanche 25ᵉ juin [1690].
Réponse au 10ᵉ.   Le paquet de Vitré tout entier
                                      n'arriva point vendredi.

Je commence aujourd'hui cette lettre, ma chère bonne, par vous dire que je viens de recevoir la vôtre du 10ᵉ, qui était allée à Rennes ; c'était sa fantaisie. Je croyais qu'elle dût venir demain de Paris, de sorte qu'elle m'a surprise très agréablement, et j'y vais répondre sans préjudice de celle que je recevrai demain, s'il plaît à Dieu.

Martillac a la langue bien longue. Que veut-elle dire avec mon mal de bras que je cachais à Livry ? Ce n'était rien du tout, et il vous eût inquiétée. Pour le détail de ma santé présentement, je suis honteuse de vous le dire, il me semble qu'il y a de l'insolence, et que je devrais cacher ces bontés de la Providence, n'en étant pas digne. Je ne sais si c'est le bon air, la vie réglée, la désoccupation ; enfin, quoique je ne sois pas *insensible* à ce qui me tient au cœur, je jouis d'une santé si parfaite que je vous ai mandé que j'en suis étonnée. Je me porte très bien de ma purge, et vous remercie d'être contente de la vôtre. Je n'ai ni vapeurs la nuit, ni ce petit mal à la bouche, ni de *grimace* à mes mains ; point de néphrétique. Nous buvons du vin blanc, que je crois très bon et meilleur que la tisane. Enfin, ma chère bonne, soyez contente, et portez-vous aussi bien que moi, si vous voulez que ce bon état continue. Je n'en ai pas moins ces pensées si salutaires que toute personne doit avoir, surtout, ma bonne, quand la vie est avancée, et qu'on commence à ne plus rien voir, à ne plus rien lire qui ne vous parle et ne vous avertisse. Quand vous en serez là, vous ne m'en direz pas des nouvelles, mais vous vous souviendrez que j'avais raison, et que ces réflexions sont des grâces de Dieu, tout au moins naturelles[1], qui vous font sentir que vous êtes sage. Ces pensées, cette pendule[2] n'ont point changé mon humeur, mais la solitude contribue à les entretenir, et nos sortes de promenades, et tout cela est bon, et si l'on n'avait point une chère bonne que l'on aime trop, on aurait peine à comprendre pourquoi on quitterait une vie si convenable et si propre à faire la chose qui, *en bonne justice*, nous devrait occuper. Vous voyez, ma bonne, que je vous rends compte de mon intérieur, après vous avoir parlé de mon corps et de ma santé.

Mme de Coulanges paraît occupée des choses solides, et ennuyée des frivoles ; si cela dure, ce sera une dignité pour elle, et son humilité attirera notre estime. L'abbé Têtu a été violemment occupé pour le mariage de M. de Chapes et de Mlle d'Humières. Cet assortiment vint tout d'un coup dans son esprit, un jour qu'il dînait chez la duchesse d'Aumont ; il le dit aux *Divines*[3], et depuis ce jour, elles et lui n'ont point eu de repos que ce mariage n'ait été achevé, contre vent et marée. Dans ce commerce, il s'est désaccoutumé de Mme de Coulanges, et tellement accoutumé à la maison de la duchesse d'Aumont, qu'il en fait sa Mme de Coulanges ; voilà ce qui me paraît. Elle a vu M. de La Trousse[4] en visite. Elle m'en parle ; elle le plaint. Je ne crois pas qu'il aille chez elle, parce que ce flux d'urine ne lui permet pas d'être dans une visite. On dit qu'il s'en va à La Trousse, mais vous devriez savoir tout cela mieux que moi.

La duchesse du Lude a été assez longtemps occupée de Versailles et de Marly. Il y a trois mois qu'elle n'y va plus, que l'autre jour à Marly où il y avait vingt-quatre femmes. Si vous demandez à Mademoiselle d'où vient ce changement, elle vous dira que la princesse d'Harcourt l'y faisait aller, parce qu'elle avait besoin de M. de Lamoignon[5], mais dans la vérité, c'est que ce sont des grâces gratuites, qu'on donne quand on veut et à quoi on ne veut pas s'assujettir. Pour Mme de Coëtquen, elle n'est plus du tout des parties de Marly ; on dit qu'elle a témoigné trop de chaleur pour M. de Schomberg[6]. Voilà, ma bonne, ce qu'on m'a mandé, que je ne garantis point.

M. Dubois ira à Brévannes. Je doute que cette journée toute remontée[7], qui ôte tout le commerce de manger et de causer les soirs, puisse plaire à Mme de Coulanges. Il y aura encore un peu du vieil homme[8] dans la solidité de cette partie ; nous verrons. Pour moi, j'ai toujours cru que, quand Mme de Coulanges comprendrait la fin de la fable de La Fontaine, que j'appliquai si follement à Paris, elle serait toute une autre personne. Voici la fin :

> *Tous les amants,*
> *Après avoir aimé vingt ans,*
> *N'ont-ils pas quitté leurs maîtresses ?*
> *— Ils l'ont tous fait. — S'il est ainsi,*
> *Et que nul de leurs cris n'ait nos têtes rompues,*
> *Si tant de belles se sont tues,*
> *Que ne vous taisez-vous aussi[9] ?*

Cette folie vous fit rire. Je la crois parfaitement en cet état ; c'est ce qui me donne bonne opinion d'elle.

Vous lisez les épîtres de saint Augustin[10], ma chère bonne ; elles sont très belles, très agréables, et vous apprendront bien des nouvelles de ces temps-là. J'en ai lu plusieurs, mais je les relirai avec plus de plaisir que jamais, après avoir lu l'histoire de l'Église des six premiers siècles[11]. Je connais très particulièrement tous ceux à qui elles s'adressent, et Paulin, évêque de Nole, est tout à fait de mes amis. Il eut de grands hauts et bas dans sa vie, et mérita et démérita l'amitié et l'estime de saint Augustin. Il vécut saintement avec sa femme, étant évêque, et vous le verrez dans ces épîtres. Il est vrai, ma bonne, que saint Augustin l'aime trop, et joue et subtilise sur l'amitié d'une manière qui pourrait ne pas plaire, si on n'était amie de M. Dubois, mais ce saint avait une si grande capacité d'aimer qu'après avoir aimé Dieu de tout son cœur, il trouvait encore des restes pour aimer Paulin et Alipe, et tous ceux que vous voyez. Je cacherai ce que vous me dites à mon fils ; il en abuserait, et s'il avait la bride sur le cou, il irait trop loin, car après tout, notre saint évêque est une des plus brillantes lumières de l'Église.

À propos, voilà quatre vers qu'on a mis au-dessous du portrait de M. Arnauld. Mon fils les a trouvés si beaux, et m'a fait tant de plaisir en me les expliquant, que je vous les envoie, croyant que vous aurez quelque joie de voir qu'on rend quelquefois hommage à la vertu. Celle de Mme d'Épernon vous est obligée du bon tour que vous donnez à la fin de sa lettre [12]. Je suis tout à fait de votre avis, et de plus, c'était la mode d'en user ainsi quand elle a quitté le monde. Il est honnête qu'elle n'ait pas suivi ce qui s'est passé depuis qu'elle n'y est plus. Ces sortes de princesses appelaient fort bien les femmes de qualité *ma cousine*, et elles répondaient *Madame*.

Notre paquet de la ville de Vitré, tout entier, n'est point venu, et par conséquent votre lettre est à Domfront en Normandie, car c'est celui de cette ville qui nous est venu, et le nôtre y est demeuré. Ce désordre arrive quelquefois. J'espère que j'en aurai demain lundi deux ensemble. Je les souhaite avec empressement ; huit jours sont bien longs sans avoir des nouvelles de ma chère Comtesse. Nous sommes aussi dans une grande ignorance de toutes les affaires publiques, et même de l'état de mon pauvre Beaulieu, dont je n'attends que la mort avec beaucoup de chagrin. Nous serons demain instruits de tous côtés, car Monsieur de Rennes [13], qui revient de Paris, vient souper et coucher ici ; je saurai de lui bien des choses que les lettres n'apprennent point. Enfin, ma très aimable bonne, adieu pour aujourd'hui. Je suis ravie que vous vous portiez bien de votre purge ; la mienne m'a fait tous les biens du monde en me laissant comme elle m'avait trouvée.

Nous fûmes hier, jour de saint Jean, à Vitré, gagner ou tâcher de gagner le jubilé [14]. Il y avait une grande procession où je ne fus pas ; le temps m'eût manqué. J'ai souvent conté la vôtre d'Aix [15], au grand étonnement des écoutants, et ces diables de père en fils et les autres folies où la sagesse du cardinal Grimaldi avait échoué. Je crains que le pape ne soit plus libéral

d'indulgences que de bulles[16]. On m'envoya, l'autre
jour, de Paris, sur le même chant, ceci :

> *Aux paroles d'Ottobon*
>   *Coulange est trop crédule ;*
> *Je connais ce Pantalon* (il est Vénitien),
> *Et nous n'aurons qu'en chanson*
>   *Des bulles*[17].

Ne me citez point. Le singulier et le pluriel font une
faute, mais elle était dans celle de notre cousin. Adieu
encore, mon enfant. Je vous aime et vous embrasse,
Dieu le sait, comme vous dites quelquefois. Nous
embrassons tout Grignan.

Je ne sais que répondre sur Balaruc, où Monsieur le
Chevalier ne veut plus aller. Si ces eaux lui avaient
fait du bien, il serait bien naturel d'y retourner encore.
Je lui souhaite une bonne santé, et je hais bien ces
rhumes. Les Rochers vous font de sincères amitiés.

Mlle de Grignan a bien pris son temps pour aller à
Reims[18]. Elle n'en sait pas tant que saint Augustin sur
l'amitié ; c'était un cœur bien aimable !

84. À MADAME DE GRIGNAN

Aux Rochers, mercredi 12e juillet [1690].
Rép[onse] au 1er juillet.

Ce fut un grand jour, ma chère bonne, pour M. de
Luxembourg. Quelle belle victoire[1], pleine, entière,
glorieuse, et qui ne pouvait être placée plus à propos !
Je suis assurée qu'encore que vous n'ayez point été en
peine de notre Marquis — qui, je crois, n'était pas du
détachement que M. de Boufflers y envoya — vous
n'aurez pas laissé d'être extraordinairement émue.
Pour moi, je l'étais, à ne savoir à qui j'en avais, car je

compris bien que notre enfant ou n y était pas ou n'était pas du nombre des malheureux, mais je ne saurais que vous dire. Une si grande chose, alors qu'on l'espère le moins! Voir tant de personnes affligées! Songer que la guerre n'est pas encore passée! Tout cela fait un composé qui fait circuler le sang plus vite qu'à l'ordinaire.

J'ai senti vivement la belle et brillante action du chevalier de Pomponne[2]; elle vous viendra de tous côtés. Après le Marquis, il n'y a personne où je prisse tant d'intérêt, à cause de M. de Pomponne, que j'aime, comme vous savez. Vraiment les larmes me vinrent bien aux yeux, en apprenant ce que le Roi lui dit sur ce sujet. Mme de Vins, qui sait mes sentiments, m'a écrit une lettre dont je lui serai toute ma vie obligée. Je lui devais une réponse, mais sachant comme je suis sur ce nom, elle m'écrit d'une manière si aimable que je ne puis assez l'en remercier. Sa lettre ne sent point du tout le *fagot d'épines*[3], je vous en assure; elle sent l'amitié, et n'a point été reçue aussi par un *fagot d'épines*. Dites-lui, ma bonne, combien j'en suis contente et reconnaissante. C'est une aimable amie, et digne de vous.

J'ai Mme de Soyecourt à la tête. La voilà sans garçons[4], avec deux gendres. Ne me faites point parler. C'est une belle chose que de ne chercher que le bien, et se défaire bien vite de ses filles[5]. Voilà des coqs d'Inde avec les plumes du paon. Demandez à Monsieur le Chevalier ce que c'est que Tilloloy : c'est une maison royale! Ah! que cela siéra bien à ces messieurs! Me voilà en colère.

On dit que Mlle de Cauvisson épousera son oncle, à cause des substitutions[6]. Je n'ai rien à dire encore sur ce sujet, sinon de ne pas comprendre que Mme de Cauvisson ne se casse pas la tête contre les murailles, en me souvenant comme elle est sur les choses les plus communes de la vie. Je ne sais, ma bonne, si vous ne vous moquerez point de moi, de vous envoyer des détails que notre Troche m'écrit et qu'elle prend en très bon lieu. Il y a des gens qui les méprisent ; pour moi, comme je les aime fort, je hasarde de vous plaire ou de vous ennuyer. Mais non, car vous n'aurez qu'à les jeter s'ils vous ennuient. La mort de Villarceaux vous fera pitié, et la consolation de Mme de Polignac à sa compagne[7] vous fera rire, et vous reconnaîtrez aisément cette vivacité qui se veut divertir *un petit brin* pendant qu'elle est jeune. Vous verrez ce qu'a dit Sa Majesté. On sait les grandes choses et l'on ignore les petites. En voilà à choisir.

Ce que vous me mandez de ces galères qui sont devenues des Sirènes, c'est-à-dire des Chimères, comme dans Virgile[8], m'a fait plaisir. Je vous envoie le *petit Bigorre*[9], pour le plaisir des heureux augures. Vous y verrez toutes ces vues qui commencent à se démêler, et il m'entraîne à espérer que *Rome, Savoie et la mer*[10] se termineront selon nos désirs. Cette Savoie me tient bien au cœur, par rapport à vous et à votre époux.

Ma très chère bonne, je crois que votre enfant a besoin de ce qu'il vous demande ; la difficulté, c'est de lui pouvoir donner. Votre état est une mer où je m'abîme, et qui me fait peur pour votre santé. Quand j'y compare mes affaires réduites au petit pied, je crois regarder par un microscope, et je me crois riche et ne songe plus à moi.

Vous me soulagez bien l'esprit en me disant vos pensées pour Pauline, en cas que vous alliez à Paris. Ce sont précisément celles que j'avais, et je n'osais vous les dire ; je voulais que les vôtres parussent les premières. Toutes vos raisons sont admirables, ma bonne. C'étaient celles qui m'étaient venues ; n'en changez point. Aimez cette petite créature ; rendez-la digne de votre tendresse. Vous en serez toujours la maîtresse ; elle ne sera point difficile à gouverner.

J'ajoute à toutes vos raisons la liberté que vous aurez
encore de me la donner de certains jours que vous n'en
aurez point affaire. Elle ne sera point en mauvaise
compagnie, et je ne vous serai peut-être pas tout à fait
inutile pour faire que jamais vous ne puissiez vous
repentir de l'avoir amenée. Je ne sais si je me brouille-
rai avec elle par ce conseil que je vous donne. Voilà
une affaire vidée ; il n'est plus question que d'aller à
Paris. Ce sera, ma bonne, selon que votre requête
civile sera jugée. Nous sommes d'accord de nos faits
sur cet article ; nous n'avons plus rien à dire. Mme de
La Fayette me mande que je n'ai qu'à songer à
graisser mes bottes, que, passé le mois de septembre,
elle ne me donne pas un moment. Sur cela je mange
des pois chauds dans ma réponse, comme disait M. de
La Rochefoucauld, et je n'en ferai pas moins tout ce
que je vous ai dit [11], ma chère bonne, mais il faut se
taire jusqu'à ce qu'il soit temps de parler.

J'approuve et j'honore les bouts-rimés des auteurs
d'Aix, mais ce sont des sonnets, c'est un opéra [12] pour
moi. Ces rimes me font peur. Je ne suis point animée
par vos ouvrages à tous, ni par Rochecourbière [13] et
M. Gaillard, que j'aime. Ainsi je pense que j'en demeu-
rerai à la simple approbation, quand ce ne serait que
pour faire voir à Pauline qu'il y a des choses où mon
esprit ne prend pas.

Vous parlez, tout comme bien des gens, des succès
de nos armées navales et des combats *navaux :* c'est
quasi toujours le vent qui les décide ; autant en
emporte le vent ! Je vous ai dit que depuis la bataille
d'Actium, jamais aucune affaire n'avait été décidée
par cette manière de combattre, mais ce fut une belle
décision que celle-là. Notre flotte est dans la Manche.
Nous attendons ce que Dieu nous garde de ce côté-là.
Toutes ces galères, qui ont fait partir M. de Grignan,
sont devenues à rien. Il fallait que M. de Janson [14]
chaussât mieux ses lunettes.

Adieu, ma chère et mon aimable bonne. Je vous aime, je vous embrasse, je vous souhaite de la force, du courage, de la santé, pour soutenir votre vie. Je pense à vous mille et mille fois, mais toujours inutilement ; c'est ce qui m'afflige. N'êtes-vous point trop bonne d'avoir écrit à Mlle de Méri ? Mon Dieu ! je lui ai écrit aussi. Que deviendra tout cela ? Elle fera de grands cris, et vous trouvera trop généreuse, comme vous l'êtes en effet, et moi bien vilaine [15], bien crasseuse, bien infâme ; enfin, ma mignonne, nous verrons sa réponse. Nous parlerons de vos quittances à la première vue. Vous êtes estimable en tout et par tout.

DE CHARLES DE SÉVIGNÉ

Vous me demandez mon avis, ma petite sœur. Le voici : il faut des autels pour ma divinité, mais il ne faut point envoyer ma divinité au service des autels [16] pendant que vous serez à Paris. Toutes vos raisons pour la mener avec vous sont décisives, et les autres ne me paraissent pas mériter que vous y fassiez seulement attention. Je suis bien assuré que vous ne me voudrez point de mal de décider comme je fais, et si je suis mal avec vous, je m'en prendrai à d'autres choses qu'à cette décision.

Vos entrailles auront été bien émues en entendant parler de tant de morts, et en apprenant que l'armée de M. de Boufflers avait joint celle de M. de Luxembourg. Cependant notre Marquis n'était point au combat, et j'en suis ravi ; il me semble qu'il était funeste aux jeunes gens de conséquence, et je serais bien fâché de vous voir figurer avec Mme de Soyecourt et Mme de Cauvisson. Je laisse ici deux dames qui sont moins affligées que celles-là, mais qui m'assurent qu'elles le sont. Je n'oserais vous en dire la raison, car, ma foi, elle n'en vaut pas la peine. Je vous dirais bien, moi, pourquoi je suis triste de mon côté, et vous le comprendriez plus aisément. Adieu, ma petite sœur. Je salue tout ce qui est autour de vous, et continue toujours d'adorer la déesse Pauline.

Il s'en va, l'infidèle ! J'ai vu, ma bonne, que j'étais comme vous : je me moquais de Copenhague [17] et des gazettes, mais la campagne, et l'intérêt qu'on prend aux affaires générales, fait changer d'avis. Je les lis toutes avec empressement, et vous aime de même. Mille amitiés sincères à vos chers consolateurs. N'écrivez-vous pas à Mme de Meckelbourg[18] et à M. de Pomponne, et M. de Grignan au Roi ?

Nous trouvons les deux sonnets fort jolis, et si beaux que nous en serions effrayés. Nous donnons à M. de Grignan le plus parfait, qui commence par : *La base veut monter au rang de la corniche*, et finit par : *Juste ciel !*

Suscription : *Pour ma chère Comtesse*[19].

85. À MADAME DE GUITAUT

[À Paris,] vendredi 7ᵉ août [1693].

Mon Dieu ! Madame, que de morts, que de blessés, que de visites de consolation à faire, et que ce combat, qui fut dit d'abord comme un avantage qui nous avait coûté trop cher, est devenu enfin une grande victoire[1] ! Nous avons tant de canons, tant de timbales, tant de drapeaux, tant d'étendards, tant de prisonniers, que jamais aucune bataille rangée ni gagnée, depuis cinquante ans, n'a fait voir tant de marques de victoire. L'armée du prince d'Orange n'est plus en corps, elle est par pelotons en divers endroits, et M. de Luxembourg *peut*, *s'il veut*, marcher vers Bruxelles sans que personne l'en empêche. Enfin, Madame, tout est en mouvement. Nous tremblons pour le marquis de Grignan, qui est en Allemagne, où l'on ne doute pas que Monseigneur ne veuille donner une grande bataille. Gardez bien vos deux petits garçons tant que vous pourrez, car quand ils seront à la chair[2], vous ne les pourrez non plus retenir que de petits lions. Vous vous souviendrez en ce temps-là pourtant que la balle a sa commission[3], qu'il n'y en a pas une qui ne soit poussée par l'ordre de la Providence, et que les plus braves et les plus exposés meurent dans leur lit *quand il plaît à Dieu*.

Parlons de votre tête. Comment se porte-t-elle? L'état où vous me la représentez me fait craindre de vous embarrasser de mes misérables affaires; cependant, ma chère Madame, il faut que vous ayez pitié de moi, et que vous ordonniez sur deux ou trois choses où vous déciderez absolument.

Je vous envoie le mémoire de ce que vaut ma terre, afin que vous voyiez ce qui me doit être payé malgré la tempête. Ces revenus doivent être payés à Noël et à la Saint-Jean, parce que, dans ce dernier terme, les blés doivent être vendus. Je fis ce mémoire avec M. Gauthier, chez vous, ma chère Madame, quand M. Gauthier apporta les comptes d'Hébert; M. Rochon y était. Sur cette connaissance, vous verrez ce que je dois avoir à Noël; quelque peu que ce puisse être, c'est toujours quelque chose. Il y a des prés et des rentes qui doivent aller leur chemin. Vous verrez, par ces mémoires, que, quand les grains ont été à bas prix, ma terre a toujours dû valoir 3 620 livres (à peu près), et quand les grains sont chers, cela passe 4 000 livres. Je ne veux point tirer de mon fermier, que je sais qui n'a point de bien *(c'est mon malheur)*, plus qu'il ne recevra, mais aussi, dans les temps à venir, il doit avoir égard à cette bonté que je veux bien avoir pour lui, et retrancher sur ce qu'il gagnera pour récompenser cette année. Cela me paraît juste. Vous ordonnerez sur tout cela sans vous faire mal à la tête, et ce que doivent porter les sous-fermiers et le meunier dans ce commun malheur[4].

Boucard me propose de faire couper les bois qui sont gâtés, et que sans cela ils ne vaudront plus rien. Comme cette petite terre est à ma fille après moi[5], je prends plus de part à l'avenir qu'au présent, quoique en vérité le présent me soit fort nécessaire. Je vous conjure de décider sur cet article. Je vous demande aussi de faire achever le compte d'Hébert, de sa dernière année, *chez vous, afin que la belle et naturelle antipathie* de M. Boucard et d'Hébert soit bridée par le respect qu'ils auront pour vous. Je vous conseille de mettre M. Tribolet dans tout cela. Il a bien de l'esprit ; il peut être, sur tout cela, le chef de votre conseil, et ce ne peut être que par vous qu'il soit prié de s'y trouver. Pour cette tierce de Mme de Tavannes, je mande à Boucard qu'il y a eu une sentence et que c'est une étrange négligence que de l'avoir perdue. Quand il sera temps, nous remettrons cette affaire en chemin.

Il faut que je vous envoie la lettre de M. Poussy. Ne le dites à personne, mais je veux bien vous faire ce secret dont vous n'abuserez pas. Il s'amuse à battre la campagne sur ce que je mandais à Boucard qu'il eût bien voulu glisser cette affaire jusqu'après ma mort, mais il m'offre de nommer quelqu'un pour examiner *ses titres et raisons.* Dites-moi, Madame, qui vous me conseillez de nommer : *ce sera dans le pays* et je le prendrai au mot, mais il me faut votre réponse pour lui répondre. Les lignes que j'ai marquées dans sa lettre vous épargneront de lire toutes les *inutilités* de sa lettre.

Mille pardons, ma chère Madame, des *inutilités* de celle-ci. Hélas ! je tombe dans le même cas. Vous êtes trop bonne, mais la charité vous fait agir pour la personne du monde qui vous estime le plus et qui vous rend le plus de justice. Oui, *justice.* Je me vante de connaître toutes les obligations que vous avez à Dieu ; vous voilà attrapée.

L'abbé Têtu ne parle de vous qu'avec transport. Je vous réponds que vous serez sa dernière amie ; j'aimerais mieux cela que la première.

86. À MADAME DE GRIGNAN

[À Paris,] lundi 29ᵉ mars [1] [1694].

Je vous écrivis vendredi, ma chère bonne ; nous adressâmes notre paquet à Briare. Je vous parlais uniquement de ma tristesse et du mal que m'avait fait, malgré moi, notre séparation ; comme cette maison [2] me faisait peur, que tout me blessait, et que, si je n'avais l'espérance de vous aller voir dans un moment (car c'est un moment), je craindrais fort pour cette belle santé que vous aimez tant. Je n'eusse pas pu vous parler d'autre chose, et, dans ce sentiment, je reçus hier au soir votre lettre de Nemours, qui me paraissait la première, et je ne trouvais point dans son style cette nuance, si naturelle, de faire d'abord un peu de mention de ce qu'on a souffert en se quittant. Monsieur le Chevalier s'en aperçut aussi, et comme nous en étions là, votre paquet du Plessis nous tomba entre les mains, et nous y trouvâmes justement ce que nous souhaitions. Vous n'oubliez rien, ma bonne, de tout ce qui peut faire plaisir ; vous faites voir tant d'amitiés qu'en vous aimant plus que toutes les choses du monde, on trouve encore qu'on ne vous aime pas assez ; je vous remercie de me faire voir des sentiments qui sont si capables de me charmer. Je suivrai votre conseil, ma chère bonne ; je suivrai ce que j'aime, et je ne suis plus occupée que de me ranger pour partir au commencement de mai. Monsieur le Chevalier voudrait que ce fût plus tôt, mais en vérité je ne le puis sans une agitation qui m'ôterait toute la douceur de mon départ. Laissez-moi donc faire. Vous savez que je ne manque pas de courage pour vous aller trouver.

Nous avons fort ri du bon sel de Bretagne déguisé en

sucre, et du soin que vous preniez tous de le bien
mêler dans le café ; le cri devait être grand, car chacun
devait faire le sien. Je vous conseille de ne vous plus
méprendre. Je voudrais bien que vous eussiez le petit
papier que je viens de recevoir pour vous.

Je dînai samedi chez l'abbé Pelletier, qui me parut
un peu fâché de n'avoir pu entrer ici un seul moment ;
je fis vos excuses. M. du Coudray y était. Le pauvre
homme est sur le côté d'avoir perdu sa dame *de haut
parage*. Je lui ferai bien voir ce que vous mandez de
cette vue de sa rivière et de son château [3] ; il en sera
fort aise.

Je dînai hier chez la duchesse du Lude ; elle me dit
bien des douceurs pour vous. M. de La Châtre lui vint
dire que sa mère et son frère faisaient des merveilles.
M. de Pontcarré n'a point quitté prise. Elle alla dans le
moment le dire à M. et à Mlle de Lavardin ; ce mariage
paraît écrit au ciel.

M. de Chaulnes est revenu, et couche chez des
baigneurs, à cause de la mort du pauvre Mahon, qui
était tout couvert de pourpre. Mme de Chaulnes et
Rochon reviendront dans huit jours. Je fus, après le
dîner, chez Mme de Verneuil, qui est enfin arrivée, et
chez l'abbé Arnauld, où étaient M. et Mme de Pomponne, Mme de Vins, Mlle Félicité et M. du Coudray.
M. de Pomponne me parut en colère contre l'abbé, qui
est parti en poste trois heures devant que son père
arrivât. Il est encore malade ; il veut rattraper les
autres abbés et vous attrapera aussi, mais sa santé est
si délicate qu'il y a tout à craindre pour lui.

Vous ne me dites point, ma bonne, ce que vous
mangez, si vous dormez, si vous lisez : ah ! oui, vous
lisez Corbinelli [4] ; il en sera bien glorieux. J'ai dîné
chez Monsieur le Chevalier, en petit volume, au très
petit couvert. J'avais pourtant M. du Plessis et deux
vives ; il baise le bas de votre robe. Vous vous plaignez
d'arriver trop tôt ; hélas ! c'est ce qui conserve vos

chevaux : en êtes-vous contente ? Vous nous manderez si vous voulez toujours un beau bureau.

Je vous plains, ma bonne, d'avoir quitté votre Marquis ; c'est cela qui est un adieu ! je croyais qu'il dût aller à Grignan. Monsieur le Chevalier fait si bien qu'il aura la somme qu'il souhaite à point nommé. Ma chère Pauline, je baise vos belles joues ; vous avez laissé ici une réputation que jamais personne n'a eue si universelle. Ne jouez-vous point avec M. de Rochebonne ? Je vous trouve trop heureuse de l'avoir. J'espère que ses soins et ceux de ce bon Sollery[5] vous empêcheront d'avoir le *plaisir* de verser. J'embrasse la chère Martillac. Je suis persuadée que vous attraperez Monsieur l'Archevêque à quelque fin du bréviaire et qu'il se lassera bientôt de payer cette vieille dette.

Ma bonne, je suis honteuse des pauvretés que je vous mande. Je ne sais point nourrir notre commerce. Je n'ai

> *Pas un seul petit morceau*
> *De mouche ou de vermisseau.*

Je n'ai point la suite de vos secrets avec ce bon Coudray. Je lui conseillerai de vous écrire tout ce qu'il sait, car il va dans de bons endroits. Je ne sais comme il se trouve du Tobose ; il avait reçu un grand échec chez Mme de Caumartin.

Je ne vous dis point la tristesse de vos amis sur votre absence : M. de Chaulnes, M. de Pomponne, M. Chamillart, tout le monde fait son devoir, et Coulanges aussi. Dites un petit mot à l'abbé Bigorre, qui est votre adorateur ; il a guéri son valet de chambre et triomphe.

DE MONSIEUR DU COUDRAY

N'attendez pas des excuses de moi, Madame, de ce que vous avez été si mal gîtée sur mes terres. Votre modestie a sauvé mon château, car je vous assure qu'il eût été brûlé, aussi sûrement que celui de ce grand d'Espagne, qui avait reçu chez lui la reine, sa maîtresse. Ainsi, contentez-vous, s'il vous plaît, d'un remerciement, vous le recevrez, là même, au premier jour, quand vous reviendrez nous revoir. En attendant je fais grand fond sur le nouvel opéra de la petite La Guerre [6]. J'en ai vu deux répétitions; il sera fort bon. Je suis pourtant toujours, Madame tout ce que je dois..

Voilà M. du Coudray qui vous dit tristement son petit mot, bien différent des aimables soirées qu'il passait avec vous. Vous êtes notre âme, ma chère bonne; nous ne saurions vivre sans vous.

J'ai été après dîner chez Mme d'Arpajon; j'y ai vu cent Beuvron, qui vous révèrent. J'ai été chez Croisilles, sur la mort de ce premier président de Grenoble, mort en cinq jours d'un petit mal de gorge, mais il avait le pourpre intérieurement. Il était jeune. Cette mort est surprenante.

M. de Lavardin vient de sortir d'ici. Il venait me prier de vous mander qu'il a vu la procuration de Mme de Vibraye [7]. Voilà la sauce; il ne faut plus que le poisson. Je lui ai parlé de son mariage [8]; sa fille était présente. Il me paraît dans de violentes convulsions; on lui accorde tout ce qu'il veut, et il en est au désespoir. Il se laisse entendre sur la médiocrité du parti. Il en envisage de plus grands, même sans la duché. Il a dit cent choses qui font voir que son état est violent, et qu'au fait et au prendre, on voudrait bien demander du temps pour se résoudre.

Ma très aimable bonne, je suis particulièrement à vous. Je vais envoyer ma lettre chez Monsieur le Chevalier.

87. À CHARLES DE SÉVIGNÉ

De Grignan, le mardi 20ᵉ septembre [1695].
Réponse au 7ᵉ.

Vous voilà donc à nos pauvres Rochers [1], mes chers enfants, et vous y trouvez une douceur et une tranquillité exempte de tous devoirs et de toute fatigue, qui fait respirer notre chère petite marquise. Mon Dieu, que vous me peignez bien son état et son extrême délicatesse ! J'en suis sensiblement touchée, et j'entre si tendrement dans toutes vos pensées que j'en ai le cœur serré et les larmes aux yeux. Il faut espérer que vous n'aurez, dans toutes vos peines, que le mérite de les souffrir avec résignation et soumission, mais si Dieu en jugeait autrement, c'est alors que toutes les choses *impromises* [2] arriveraient d'une autre façon. Mais je veux croire que cette chère personne, bien conservée, durera autant que les autres. Nous en avons mille exemples : Mlle de La Trousse [3] n'a-t-elle pas eu toute sorte de maux ? En attendant, mon cher enfant, j'entre avec une tendresse infinie dans tous vos sentiments, mais du fond de mon cœur. Vous me faites justice quand vous me dites que vous craignez de m'attendrir en me contant l'état de votre âme [4] ; n'en doutez pas, et que je n'y sois infiniment sensible. J'espère que cette réponse vous trouvera dans un état plus tranquille et plus heureux. Vous me paraissez loin de penser à Paris pour notre marquise ; vous ne voyez que Bourbon pour le printemps. Conduisez-moi toujours dans tous vos desseins, et ne me laissez rien ignorer de tout ce qui vous touche.

Rendez-moi compte d'une lettre du 23ᵉ d'août et du 30ᵉ. Il y avait aussi un billet pour Galois, que je priais M. Branjon [5] de payer ; répondez-moi sur cet article. Il est marié, le bon Branjon; il m'écrit sur ce sujet une fort jolie lettre. Mandez-moi si ce mariage est aussi bon qu'il me le dit; c'est une parente de tout le Parlement et de M. d'Harouys. Expliquez-moi cela, mon enfant. Je vous adressais aussi une lettre pour notre abbé Charrier; il sera bien fâché de ne vous plus trouver. Et Monsieur de Toulon! vous dites fort bien sur ce bœuf, c'est à lui à le dompter, et à vous à demeurer ferme comme vous êtes [6]. Renvoyez la lettre de l'abbé à Quimperlé [7].

Pour la santé de votre pauvre sœur, elle n'est point du tout bonne. Ce n'est plus de sa perte de sang; elle est passée. Mais elle ne s'en remet point. Elle est toujours changée à n'être pas reconnaissable, parce que son estomac ne se rétablit point et qu'elle ne profite d'aucune nourriture, et cela vient du mauvais état de son foie, dont vous savez qu'il y a longtemps qu'elle se plaint. Ce mal est si capital que, pour moi, j'en suis dans une véritable peine. On pourrait faire quelques remèdes à ce foie, mais ils sont contraires à la perte de sang, qu'on craint toujours qui ne revienne et qui a causé le mauvais effet de cette partie affligée. Ainsi ces deux maux, dont les remèdes sont contraires, font un état qui fait beaucoup de pitié. On espère que le temps rétablira ce désordre. Je le souhaite, et si ce bonheur arrive, nous irons promptement à Paris. Voilà le point où nous en sommes et qu'il faut démêler, et dont je vous instruirai très fidèlement.

Cette langueur fait aussi qu'on ne parle point encore du retour des guerriers. Cependant je ne doute pas que l'affaire ne se fasse [8]; elle est trop engagée. Mais ce sera sans joie et même, si nous allions à Paris, on partirait deux jours après, pour éviter l'air d'une noce et les visites dont on ne veut recevoir aucune : *chat échaudé* [9], etc.

Pour les chagrins de M. de Saint-Amans [10], dont il a fait grand bruit à Paris, ils étaient fondés sur ce que

ma fille ayant véritablement prouvé, par des
mémoires qu'elle nous a fait voir à tous, qu'elle avait
payé à son fils neuf mille francs sur dix qu'elle lui a
promis [11] et ne lui en ayant par conséquent envoyé que
mille, M. de Saint-Amans a dit qu'on le trompait,
qu'on voulait tout prendre sur lui et qu'il ne donnerait
plus rien du tout, ayant donné les quinze mille francs
du bien de sa fille (qu'il a payés à Paris en fonds, et
dont il a les terres qu'on lui a données et délaissées
ici), et que c'était à Monsieur le Marquis à chercher
son secours de ce côté-là. Vous jugez bien que quand
ce *côté-là* a payé, cela peut jeter quelques petits
chagrins, mais cela s'est passé. M. de Saint-Amans a
songé en lui-même qu'il ne lui serait pas bon d'être
brouillé avec ma fille. Ainsi il est venu ici, plus doux
qu'un mouton, ne demandant qu'à plaire et à ramener
sa fille à Paris, ce qu'il a fait, quoiqu'en bonne justice
elle dût nous attendre. Mais l'avantage d'être logée
avec son mari dans cette belle maison de M. de Saint-
Amans, d'y être bien meublée, bien nourrie pour rien,
a fait consentir sans balancer à la laisser aller jouir de
tous ces avantages, mais ce n'a pas été sans larmes
que nous l'avons vue partir, car elle est fort aimable,
et elle était si fondue en pleurs en nous disant adieu
qu'il ne semblait pas que ce fût elle qui partît pour
aller commencer une vie agréable au milieu de l'abondance. Elle avait pris beaucoup de goût à notre
société. Elle partit le premier de ce mois avec son
père. Croyez, mon fils, qu'aucun Grignan n'a dessein
de vous faire des finesses, que vous êtes aimé de tous,
et que si cette bagatelle avait été une chose sérieuse,
on aurait été persuadé que vous y auriez pris bien de
l'intérêt, comme vous avez toujours fait. M. de Grignan est encore à Marseille. Nous l'attendons bientôt,
car la mer est libre, et l'amiral Russell, qu'on ne voit
plus, lui donnera la liberté de venir ici.

Je ferai chercher les deux petits écrits dont vous me

parlez. Je me fie fort à votre goût. Pour ces lettres à M.
de la Trappe[12], ce sont des livres qu'on ne saurait
envoyer, quoique manuscrits. Je vous les ferai lire à
Paris, où j'espère toujours vous voir, car je sens mille
fois plus l'amitié que j'ai pour vous que vous ne sentez
celle que vous avez pour moi. C'est l'ordre, et je ne
m'en plains pas.

Voilà une lettre de Mme de Chaulnes, que je vous
envoie entière, par confiance en votre sagesse. Vous
vous justifierez des choses où vous savez bien ce qu'il
faut répondre, et vous ne ferez point d'attention à
celles qui vous pourraient fâcher[13]. Pour moi, j'ai dit
ce que j'avais à dire, mais en attendant que vous
répondissiez vous-même sur ce que je ne savais pas, et
j'ai ajouté que je vous manderais ce que cette
duchesse me mandait. Écrivez-lui donc tout bonnement comme ayant su de moi ce qu'elle écrit de vous.
Après tout, vous devez conserver cette liaison. Ils vous
aiment et vous ont fait plaisir ; il ne faut pas blesser la
reconnaissance. J'ai dit que vous étiez obligé à l'Intendant, mais je vous dis à vous, mon enfant : cette
amitié ne peut-elle compatir avec vos anciens
commerces et du Premier Président et du Procureur
général ? Faut-il rompre avec ses vieux amis quand on
veut ménager un intendant ? M. de Pommereuil n'exigeait point cette conduite. J'ai dit aussi qu'il vous
fallait entendre, et qu'il était impossible que vous
n'eussiez pas fait des compliments au Procureur
général sur le mariage de sa fille. Enfin, mon enfant,
défendez-vous, et me dites ce que vous aurez dit, afin
que je vous soutienne. Ceci est pour mon bon président[14].

AU PRÉSIDENT ***

J'ai reçu votre dernière lettre, mon cher Président :
elle est aimable comme tout ce que vous écrivez. Je
suis étonnée que Dupuis ne vous réponde point ; je
crains qu'il ne soit malade.

Vous voilà trop heureux d'avoir mon fils et notre
marquise. Gouvernez-la bien, divertissez-la, amusez-
la, enfin mettez-la dans du coton, et nous conservez
cette chère et précieuse personne. Ayez soin de me
faire savoir de ses nouvelles ; j'y prends un sensible
intérêt.

Mon fils me fait les compliments de Pilois et des
ouvriers qui ont fini le labyrinthe[15]. Je les reçois, et je
les aime, et les remercie. Je leur donnerais de quoi
boire, si j'étais là.

Ma fille et votre idole[16] vous aiment fort, mais moi
par-dessus tout. Adieu, mon bon Président. Mon fils
vous fera part de ma lettre. J'embrasse votre *tourte-
relle*[17].

88. À MADAME DE GRIGNAN

À Lambesc, dimanche [11 décembre 1695][1].
à 11 heures du soir.

Je pars demain à six heures du matin, ma très
aimable, pour Marseille, où la bonne présidente me
recevra. Tous mes jours sont comptés. Je n'en serai
qu'un dans cette belle ville, et deux à Aix. Je logerai
chez Mme de Soissans ; M. de Montmor[2] est en
campagne. On me regrette ici. M. de Grignan s'accommode assez bien de moi. Saint-Bonnet[3] est parti, il y a
quatre heures, pour la cour.

Il fait un temps comme je l'ai toujours vu ici. Je suis tourmentée des mouches et des puces ; j'ai horreur de mon habit de velours ; mon habit violet est trop pesant. Voilà comme l'hiver est rigoureux ! Je souhaite que cette douceur vous redonne des forces, et que vous ne vous traitiez plus de fantôme. Vous ne me parlez point assez de vous ; j'espérais un billet de Martillac.

Ne savez-vous rien, ma bonne, de cette adjudication ? elle me repasse par la tête. Je voudrais que mes lettres vous eussent divertie. Je n'ai point vu que M. de Grignan ait eu celle de la marquise d'Huxelles.

Sollery vous mandera la bonne vie que l'on fait ici. Un grand festin aujourd'hui chez l'archevêque [4], avec qui je causai hier deux heures tête à tête ; il est toujours vif et croit n'avoir pas ennuyé M. de Pontchartrain dans les conférences qu'ils ont eues ensemble. Tout vous honore ici et surtout Mme du Janet, qui vous ira voir.

Adieu, ma très chère bonne ; je retournerai auprès de vous encore plus volontairement que je n'en suis partie. Mille baisemains à Monsieur le Chevalier et à M. de La Garde.

89. À MOULCEAU

À Grignan, samedi 4ᵉ février 1696.

Je ne me suis point trompée, Monsieur, quand j'ai cru que vous seriez touché de ma peine et que vous feriez toute la diligence possible pour la soulager. Votre ordonnance de M. Barbeyrac [1] et votre lettre ont eu des ailes, comme vous le souhaitiez, et il semble que cette petite fièvre, qui paraissait si lente, en ait eu aussi pour fuir aux approches seulement du nom de

M. Barbeyrac. Tout de bon, Monsieur, il y a du miracle
à un si prompt changement, et je ne saurais douter
que vos souhaits et vos prières n'y aient contribué.
Jugez de ma reconnaissance par leur effet. Ma fille est
de moitié de tout ce que je vous dis ici ; elle vous fait
mille remerciements et vous conjure d'en faire beaucoup à M. Barbeyrac. Nous sommes trop heureuses de
n'avoir plus qu'à prendre patience, et de la rhubarbe,
dont elle se trouve tout à fait bien. Nous ne doutons
pas que dans cet état de repos, M. Barbeyrac n'approuve ce remède, avec un régime qui est quelquefois
le meilleur de tous. Remerciez Dieu, Monsieur, et pour
vous, et pour nous, car nous ne saurions douter que
vous ne soyez intéressé dans cette reconnaissance, et
puis, Monsieur, jetez les yeux sur tous les habitants de
ce château, et jugez de leurs sentiments pour vous [2].

LA M. DE SÉVIGNÉ.

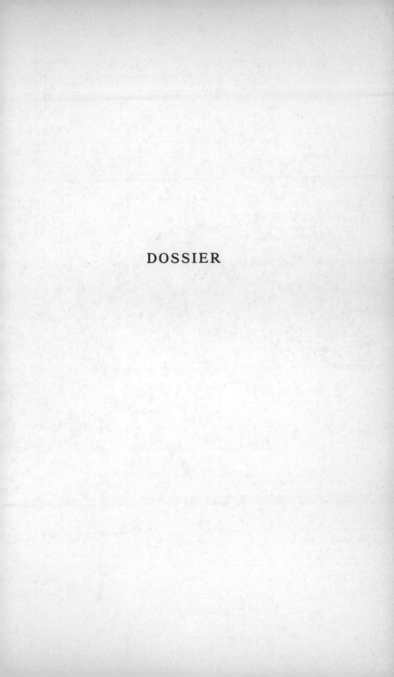

DOSSIER

CHRONOLOGIE

1596   Naissance de Celse-Bénigne de Rabutin-Chantal, père de Mme de Sévigné, lui-même fils de Jeanne de Chantal qui fonde en 1610 la congrégation de la Visitation.

1603   Naissance de Marie de Coulanges, mère de Mme de Sévigné.

1613   Naissance de Ménage.
Naissance de La Rochefoucauld.

1618   Naissance de Bussy-Rabutin.

1621   Charles de Sévigné épouse Marguerite Vassé, fille de Lancelot de Vassé et de Françoise de Gondi, tante du futur cardinal de Retz.

1623   Naissance d'Henri de Sévigné, futur époux de Marie de Rabutin-Chantal (16 mars).
Christophe de Coulanges, le frère de Marie, devient, à 16 ans, abbé de Livry, au nord-est de Paris.
Mariage à Paris, église Saint-Paul, de Celse-Bénigne de Rabutin-Chantal, avec Marie de Coulanges (14 mai).

1624   J.-L. Guez de Balzac, premier recueil de *Lettres*.

1626   Naissance de Marie de Rabutin-Chantal à Paris, place Royale (5 février).

1627   Celse-Bénigne de Rabutin, baron de Chantal, est tué dans un combat contre les Anglais à l'île de Ré.

1631   Henriette de Coulanges, sœur de Marie, baronne de Chantal, épouse François Le Hardi, seigneur de La Trousse.
Théophraste Renaudot fonde la *Gazette*.

1632   Naissance, au château de Grignan, de François Adhémar de Monteil, futur comte de Grignan (15 septembre).

1633   Mort de Marie de Coulanges (21 août).

1634   Naissance de Marie-Madeleine Pioche de La Vergne, future comtesse de La Fayette.

1637   J.-L. Guez de Balzac, recueil de *Nouvelles lettres*.

1638   Naissance de Louis XIV.

1640   Publication de l'*Augustinus*, œuvre posthume de Jansénius.

1644   Mariage, à l'église Saint-Gervais à Paris, de Marie de Rabutin-Chantal et d'Henri de Sévigné (4 août).

1646   Naissance à Paris, rue des Lions, de Françoise-Marguerite de Sévigné, future comtesse de Grignan (10 octobre). Elle sera baptisée à l'église Saint-Paul (28 octobre).

1648   Naissance, aux Rochers, de Charles de Sévigné (12 mars), baptisé le même jour à la paroisse d'Étrelles.
       Mort de Voiture.

1650   Contrat de mariage de Bussy, auquel signent M. et Mme de Sévigné (27 avril).
       Vincent Voiture, *Œuvres*.

1651   Henri de Sévigné se bat en duel contre Miossens, chevalier d'Albret, pour Mme de Gondran sa maîtresse (4 février). Il meurt le surlendemain.

1653   Foucquet surintendant des Finances.
       Condamnation des cinq propositions.

1655   Mariage de Mlle de La Vergne avec le comte de La Fayette. Mme de Sévigné signe au contrat (14 février).
       J. de Marigny, *Lettres*.

1656   Balzac, *Lettres familières à M. Chapelain*.

1657   Mlle de Scudéry publie le portrait de Mme de Sévigné sous le nom de Clarinte dans la 3e partie de *Clélie* (février).

1658   Mariage (4 mai) de François de Grignan avec Angélique-Clarisse d'Angennes, qui mourra en 1664.
       P. Costar, *Lettres*.

1659   Mort de Philippe II de Coulanges, oncle et ancien tuteur de Marie de Rabutin (11 juin).
       Paix des Pyrénées.

1661   Mort de Mazarin. Début du gouvernement personnel de Louis XIV.
       Fêtes de Vaux en l'honneur du Roi (17 août).
       Arrestation de Foucquet à Nantes (5 septembre).

1663   Mlle de Sévigné danse à la cour le ballet des Arts (*Muse historique* du 20 janvier).

1664   Dispersion des religieuses de Port-Royal (août).
       Condamnation de Foucquet (20 décembre).

1665   Publication subreptice de l'*Histoire amoureuse des Gaules* de Bussy-Rabutin.
       Emprisonnement de Bussy à la Bastille (17 avril).
       Fondation du *Journal des savants*.

1666   Bussy a permission de se rendre en exil dans ses terres (10 août).
       Mariage (17 juin) de François de Grignan avec Marie-Angélique du Puy-du-Fou, qui mourra l'année suivante.

1668   Projet de contrat de mariage et accord préliminaire entre François de Grignan et Mlle de Sévigné (6 octobre).

1669   Le contrat de mariage de Françoise-Marguerite de Sévigné et de François de Grignan est signé à l'hôtel de La Rochefoucauld, rue de Seine (27 janvier).

Mariage de Françoise-Marguerite de Sévigné et de François de Grignan, à Paris, en l'église Saint-Nicolas des Champs (29 janvier).

Fausse couche de Mme de Grignan à Livry (4 novembre).

M. de Grignan est nommé lieutenant général pour le Roi au gouvernement de Provence (29 novembre).

Lettres portugaises traduites en français.

1670   M. de Grignan quitte Paris pour la Provence (19 avril). Son entrée à Aix (19 mai). Sa réception au Parlement (21 mai).

Naissance de Marie-Blanche, première fille du comte de Grignan et de Françoise-Marguerite (15 novembre).

Première édition des *Pensées* de Pascal, dans la version de Port-Royal, préparée par Nicole.

1671   Départ de Mme de Grignan pour la Provence (4 février).

Naissance à Lambesc de Louis-Provence de Grignan (17 novembre).

1672   Départ de Mme de Sévigné pour Grignan (13 juillet); elle y arrive le 30 juillet.

1673   Départ de Mme de Sévigné pour Paris (5 octobre); elle y arrive le 1er novembre après un détour par la Bourgogne.

1674   Arrivée à Paris de Mme de Grignan (février).

Naissance de Pauline, future marquise de Simiane (9 septembre).

1675   Mme de Sévigné accompagne jusqu'à Fontainebleau sa fille qui regagne la Provence (24 mai).

1676   Premier voyage de Mme de Sévigné à Vichy (mai-juin).

Retour à Paris de Mme de Grignan (22 décembre).

Arrestation de la Brinvilliers; début de l'affaire des poisons.

1677   Mme de Grignan regagne la Provence (8 juin).

Seconde cure de Mme de Sévigné à Vichy (août-septembre-octobre).

Mme de Sévigné s'installe (fin octobre) à l'hôtel de Carnavalet où elle habitera jusqu'à sa mort.

Retour de Mme de Grignan à Paris (novembre).

1678-1679   Traités de Nimègue, avec la Hollande (10 août 1678), l'Espagne (17 septembre 1678), l'Empereur (5 février 1679).

1679   Mort du cardinal de Retz (24 août).

Départ de Mme de Grignan pour la Provence (13 septembre).

1680   Arrivée de Mme de Grignan à Paris (décembre).

Mort de La Rochefoucauld.

Mort de Foucquet.

Robert Arnauld d'Andilly : *Lettres*.

1682　Bussy est rappelé d'exil (9 avril).

Déclaration des évêques de France sur les libertés gallicanes
(« Quatre articles »).

1684　Mariage de Charles de Sévigné avec Marguerite de Mauron
(8 février).

Mme de Sévigné quitte sa fille à Paris pour aller régler ses
affaires aux Rochers (12 septembre).

1685　Mme de Sévigné rentre de Bretagne et retrouve sa fille
(12 septembre).

Mort du comte de Guitaut.

Révocation de l'édit de Nantes (18 octobre).

1686　Ligue d'Augsbourg (9 juillet).

1687　Mort de l'abbé de Coulanges (29 août).

Mme de Sévigné laisse sa fille à Paris pour aller prendre les
eaux à Bourbon (septembre-octobre).

1688　Mme de Grignan regagne la Provence (3 octobre).

Invasion de l'Angleterre par Guillaume d'Orange (15 novembre).

1690　Mme de Sévigné, depuis la Bretagne, rejoint directement sa
fille à Grignan, où elle arrive le 24 octobre.

1691　Retour à Paris de Mme de Sévigné accompagnée de sa fille et
de son gendre.

1692　Mort de Ménage.

1693　Mort de Bussy-Rabutin.

Mort de Mme de La Fayette.

1694　Mme de Grignan regagne la Provence (25 ou 26 mars) ; sa mère
l'y rejoint en mai.

Mort d'Antoine Arnauld.

1695　Mariage de Louis-Provence de Grignan avec Anne-Marguerite
de Saint-Amans (2 janvier).

Mme de Grignan est gravement malade.

Mariage de Pauline de Grignan avec Louis de Simiane
(29 novembre).

Mort de Nicole.

1696　Mort de Mme de Sévigné à Grignan (17 avril).

Mémoires de Bussy-Rabutin.

1697　Mort de Jean-Baptiste de Grignan.

Lettres de Bussy-Rabutin.

1704　Mort de Louis-Provence de Grignan (10 octobre).

1705　Mort de la comtesse de Grignan (13 août).

1713　Mort de Charles de Sévigné (26 mars).

Mort du chevalier de Grignan (novembre).

1714　Mort du comte de Grignan (31 décembre).

1715　Mort de Louis XIV.

1725 Première édition (subreptice) des *Lettres* de Mme de Sévigné.
1736 Mort d'Anne-Marguerite de Saint-Amans, veuve de Louis-Provence.
1737 Mort de Jeanne-Marguerite de Bréhant, veuve de Charles de Sévigné.
      Mort de Pauline de Simiane.

NOTICE

A. *Une jeunesse guillerette*

À sept ans Marie de Rabutin-Chantal, née d'un gentilhomme bourguignon et d'une fille de financier, Philippe de Coulanges, enrichi dans les fermes et gabelles, avait perdu père, mère et grands-parents à l'exception de sa grand-mère paternelle Mais la fondatrice de la Visitation, la sainte mère Jeanne de Chantal, eut la sagesse de laisser à la tribu des oncles, tantes et cousins Coulanges le soin d'élever l'orpheline et de l'entourer d'affection. Elle vécut une enfance heureuse et reçut une bonne éducation, toute moderne, à base de conversation et de lectures. Elle apprit l'italien et elle lut des romans. Elle a eu, dit-elle, de bons maîtres.

Ce ne furent pas Ménage et Chapelain, comme on le dit sans preuves. Ils étaient trop grands personnages pour jouer ce rôle auprès d'une petite fille. Mais ils la fréquentèrent quand elle devint grande. Ils contribuèrent jusqu'à plus de trente ans à orner et à former son esprit. De son mariage à dix-huit ans avec Henri de Sévigné, jeune orphelin joli garçon, elle eut deux enfants et des terres à gérer en Bretagne après sa mort en duel, au bout de sept ans de mariage, pour les beaux yeux d'une autre. Il la trompa, mais ils menèrent aussi joyeuse vie ensemble. La marquise aimait, semble-t-il, plus les plaisirs de la galanterie que ceux de l'amour.

Le veuvage lui donna une liberté dont elle profita. Elle « veut être à tous les plaisirs », dira son cousin Bussy-Rabutin. Elle aime être admirée et aimée. « Tout lui est bon depuis le manteau royal jusqu'à la soutane. » Elle règne à la cour de Foucquet. Bientôt elle s'enorgueillit de la beauté de Françoise-Marguerite, « la plus jolie fille de France », dont elle voudrait faire une autre elle-même. Mais la demoiselle, qui aime la discrétion, s'offusque des manières dégingandées de sa mère. Elle se renferme, sourde à son admiration expansive. Mme de Sévigné se passionne pour ce seul être qui lui a résisté. Amour de fuite.

B. *Une vocation tardive*

Le 27 janvier 1669, elle donna sa fille, qui avait vingt-trois ans, à un bon gentilhomme, d'une grande famille provençale, François de Grignan. Il était installé à Paris. On loua une maison en commun. Le bonheur paraissait assuré. En novembre suivant, ce fut la catastrophe. Louis XIV nomme Grignan son lieutenant général en Provence. Charge magnifique, mais qui l'oblige à résider. Il part seul. Au grand regret de Mme de Sévigné, sa femme est décidée à le rejoindre dès que possible. Aux charmes de Paris et de la cour, elle préférera toujours le plaisir de vivre près de son mari. D'où ses longs séjours loin de sa mère, et les lettres qui en sont l'amer et insuffisant remède.

Le 6 février 1671, quand la marquise écrit à sa fille, partie deux jours plus tôt rejoindre son mari en Provence, elle a eu quarante-cinq ans la veille. Elle sait que sa lettre est la première d'une série qui durera autant que l'absence, mais elle ignore la durée de cette absence et qu'il y en aura plusieurs autres, quasi jusqu'à sa mort : la valeur de huit années étalées sur vingt-cinq ans. Elle sait qu'elle est une mère malheureuse. Elle ignore qu'elle est en train de naître à la littérature et que ses lettres vont à son insu la transformer en grand écrivain.

Elle n'a jamais pris la plume par caprice, par inspiration ou par métier. Elle la prend régulièrement parce que la poste de Provence va partir et que sa fille et elle ont promis de s'écrire à chaque courrier, donc deux puis trois fois par semaine. Les lettres qu'elle reçoit ont pour elle beaucoup plus d'importance que celles qu'elle envoie. « *Vos* lettres sont ma vie », dit-elle à sa correspondante, non *mes* lettres. Elle a besoin affectivement d'avoir des lettres de sa fille chaque jour de poste. Elle en a besoin aussi pour lui écrire. Elle répond beaucoup plus longuement qu'elle n'écrit, comme elle dit, « sur la pointe d'une aiguille ». Parce que Mme de Simiane a exigé la destruction des lettres de sa mère, on n'entend plus qu'une voix. Mais on comprend mal le monologue d'aujourd'hui si l'on oublie qu'il a d'abord été dialogue.

II. PRINCIPES DES CHOIX

A. *Des lettres complètes*

Toute correspondance est constituée d'une succession de textes produits dans l'ordre chronologique, dont chacun a été envoyé (et est parvenu à destination) comme une unité distincte de la lettre (déjà écrite) qui la précède et de celle (virtuelle seulement) qui la suivra. On a donc décidé de conserver cette unité de base.

Pour permettre au lecteur de situer les quatre-vingt-neuf lettres retenues ici dans l'ensemble de celles qui ont été conservées, on a classé leurs destinataires (A) selon l'ordre décroissant (B), en indiquant aussi, pour mémoire, le nombre des réponses conservées (C). On y a ajouté, pour les lettres de Mme de Sévigné seulement, le total des lignes adressées à chaque correspondant (D), et la longueur moyenne des lettres (E). Tous les calculs sont faits à partir de notre édition à la Bibliothèque de la Pléiade.

TABLEAU 1

A	B	C	D	E
Mme de Grignan	764	0	81 962	107
Bussy	136	171	6 129	45
Guitaut (M. ou Mme)	68	0	3 556	52
Moulceau	32	0	1 584	49
Coulanges (M. ou Mme)	28	52	1 552	55
Pomponne	19	0	1 151	60
Ménage	18	0	346	52
M. de Grignan	12	0	527	44
D'Hérigoyen	10	0	499	50
Du Plessis	10	0	431	43
Lenet	3	0	44	14
Mlle de Scudéry	2	0	41	20
Charles de Sévigné	2	1	231	115
Angebaut	1	0	22	22
Arnauld d'Andilly	1	0	26	26
Berbisey	1	0	26	26
Mme de Bussy	1	0	32	32
Chaulnes	1	0	47	47
D'Hacqueville	1	0	41	41
Mme d'Huxelles	1	0	14	14
Gaignières	1	0	8	8
Mme de La Fayette	1	15	29	29
La Garde	1	0	7	7
Lamoignon	1	0	33	33
Le Tellier	1	0	25	25
Mauron	1	0	35	35
Montreuil	1	2	1	1
Mlle de Montpensier	1	0	74	74
Revel	1	0	32	32
	1 120	241	98 505	88

Mme de Sévigné a souvent affirmé que seules lui importaient les lettres à sa fille. « Ce plaisir d'écrire est uniquement pour vous, car à tout le reste on voudrait avoir écrit, et c'est parce qu'on le doit. » Ou encore : « J'aime à vous écrire ; je parle à vous. Il me serait impossible de m'en passer. Mais je ne multiplie point ce goût. Le reste va parce qu'il le faut. » Les chiffres confirment cette opposition entre « le reste » et l'essentiel. Par leur nombre (68 % du total), par leur quantité (83 % du texte évalué en lignes), par leur longueur moyenne (107 contre 46), les lettres à la comtesse forment un ensemble à part, d'autant plus structuré qu'elles ne commencent qu'en 1671, avec le départ en Provence, alors que la première lettre connue (adressée à Bussy) date de 1648.

Cette série privilégiée s'organise autour de neuf périodes de séparation, dont on a indiqué les dates (A) et la durée (B), entrecoupées de retrouvailles (C) (cf. tableau 2, page 308).

Le tableau 3 (page 309) donne, selon les périodes distinguées dans le tableau 2, la répartition des lettres à Mme de Grignan conservées, avec les lieux d'où elles ont été écrites, ainsi qu'une évaluation des lettres perdues.

Le hasard est au cœur de l'œuvre de Mme de Sévigné. Hasard du départ de sa fille, mais aussi hasard des lieux où elle se trouve et des rythmes auxquels y passent les courriers. Hasard surtout de la conservation des lettres. La poste n'en a perdu que quelques-unes. S'il en manque tant pendant la sixième séparation, c'est que la comtesse les a reçues à Paris. Elles n'ont pas, comme les autres, été recueillies dans les coffres de Grignan. Éditeurs et copistes se fatiguent : ils ont laissé de côté plus de textes à la fin qu'au début de leur travail (huitième séparation).

B. Des lettres authentiques

Cette édition est la première à ne donner que des textes authentiques. Puisqu'il fallait choisir, on a décidé de ne retenir que des lettres provenant de sources sûres, autographes et copies anciennes, à l'exclusion de ce qui n'était conservé que par des éditions tronquées.

Tous les textes donnés comme du Mme de Sévigné ne se valent pas. Sur 1 120 lettres actuellement connues, seules 170, soit 15 %, le sont d'après les autographes, et la proportion diminue encore pour les lettres à Mme de Grignan : 35 (dont plusieurs seulement en partie) sur 764, soit seulement 4,6 %. Elles n'avaient pas été écrites pour être publiées. Leur auteur est mort depuis vingt-neuf ans quand il en paraît subrepticement un premier choix (28 lettres ou extraits de lettres), suivi de deux autres, plus copieux mais toujours « pirates », l'année suivante (1726) : 138, puis 177 lettres. Établies sur des copies faites à la hâte, ces éditions sont pleines de fautes.

Fâchée de ces indiscrétions, la fille de Mme de Grignan, Pauline de Simiane, décide de confier à un Aixois, Denis-Marius Perrin, le soin d'établir une édition convenable des lettres de sa grand-mère. Il y

TABLEAU 2

A	B	C
1. 4 février 1671-30 juillet 1672	1 an six mois	1 an 3 mois
2. 5 octobre 1673-mi-février 1674	4 mois	1 an 3 mois
3. 24 mai 1675-22 décembre 1676	1 an 7 mois	5 mois et demi
4. 8 juin 1677-21 novembre 1677	5 mois et demi	1 an 9 mois et demi
5. 13 septembre 1679-début décembre 1680	1 an 2 mois et demi	3 ans 9 mois
6. 12 septembre 1684-12 septembre 1685	1 an	2 ans
7. 16 septembre 1687-20 octobre 1687	1 mois	1 an
8. 3 octobre 1688-24 octobre 1690	2 ans 1 mois	3 ans 5 mois
9. 16 mars 1694-mai 1694	2 mois	1 an 11 mois
	8 ans 5 mois	16 ans 10 mois

TABLEAU 3

Dates	Paris	Livry	Rochers	Visites et cures	Voyages	Total	Lettres perdues
Avant 1671		1				1	?
1re séparation	87	3	48	6	4	148	
1res retrouvailles					4	4	2
2e séparation	28				10	38	3
3e séparation.	65	23	50	8	13	159	5
4e séparation	21	7		5	9	42	?
4es retrouvailles	4	6				10	
5e séparation	57	10	39	3	8	117	6
6e séparation			33	1	3	37	65
7e séparation				5	2	7	5
8e séparation	79		85	12	17	193	36
9e séparation	6					6	14
9es retrouvailles					2	2	?
	347	50	255	40	72	764	136

mettra du temps. En 1734-1737, il publie 614 lettres, puis 772 en 1754.
Les autographes ayant été presque tous détruits après usage, les
lettres de Mme de Sévigné à sa fille ne nous sont majoritairement
parvenues que par ces éditions : 435 lettres contre 312, correspondant
à 38 304 lignes seulement contre 43 658, parce que le texte de Perrin
est tronqué.

Ses éditions sont en effet terriblement remaniées. Jugée trop
longue, une même lettre y a été souvent partagée en deux ou trois[1].
Conformément aux instructions de Pauline, l'éditeur a retranché des
autographes tout ce qui était trop plein des affaires de famille, et pour
ne pas choquer le goût de ses contemporains, tout ce qui lui paraissait
littérairement insuffisant. Alors que la longueur moyenne des lettres
provenant des autographes et d'une copie ancienne atteint 134 lignes,
celle des lettres connues seulement par Perrin n'est que de 87 lignes.
Avec les suppressions qu'il a opérées, plus d'un tiers du texte, il y
aurait de quoi faire un volume supplémentaire de la Pléiade ! Pis
encore, il a corrigé ligne à ligne les textes conservés pour les porter à
ce qu'il considérait comme leur point de perfection. Pour la rendre
présentable, il a entièrement récrit Mme de Sévigné !

Si l'on est, dans les éditions complètes, obligé de conserver son
texte faute de mieux, on peut et on doit s'en passer dans des morceaux
choisis. À défaut des autographes, on possède en effet maintenant,
pour près de la moitié des lettres à Mme de Grignan, une copie
manuscrite des autographes assez fidèle, retrouvée par hasard, en
1873 seulement, à la devanture d'un antiquaire par Charles Capmas,
professeur de droit à la Faculté de Dijon. Toutes les lettres à Mme de
Grignan retenues ici proviennent des autographes ou de ce manuscrit.

Pour les autres correspondants aussi, on a pris le parti de ne donner
que des textes sûrs. Ceux des autographes, sauf dans deux cas. La
lettre à Pomponne provient d'une copie ancienne, les lettres à Bussy
des copies autographes faites par Bussy lui-même. Il recopiait dans
des registres les lettres qu'il écrivait et les réponses qu'il voulait
conserver. Il en envisageait la publication, qui fut faite par sa fille
après sa mort en 1697. En les recopiant, il ne se privait pas de
remanier les textes, ceux de ses correspondants comme les siens. Les
lettres de Mme de Sévigné à son cousin ne sont donc authentiques que
du point de vue de Bussy, qui les a voulues telles pour la postérité. On
les a retenues dans cette version faute d'autres sources. C'est en la
découvrant en 1697, plus ou moins remaniée par Mme de Coligny, que
l'on a commencé à penser que la cousine valait bien le cousin et que
Mme de Sévigné aussi était un grand écrivain.

---

1. Dans ces deux paragraphes, nous donnons le nombre des lettres
selon le découpage des premiers éditeurs. D'où les 772 lettres de
l'édition 1754, alors qu'il n'y a que 764 lettres conservées si l'on
appelle lettre, comme nous l'avons fait, chaque ensemble de textes
parvenu à Mme de Grignan par une même poste.

BIBLIOGRAPHIE

Éditions

M. Monmerqué, P. Mesnard et A. Régnier, *Lettres de Mme de Sévigné,*
14 vol. et un album, Hachette, 1862-1866. A compléter par Charles
Capmas, *Lettres inédites,* 2 vol., Hachette, 1876.
Roger Duchêne, *Correspondance* de Mme de Sévigné, 3 vol., Galli-
mard, « Bibliothèque de la Pléiade », 1973-1978.

Études

Jean Cordelier, *Mme de Sévigné par elle-même,* Le Seuil, « Écrivains de
toujours », 1967.
Bernard Bray, « Le système épistolaire de Mme de Sévigné », *Revue
d'Histoire littéraire de la France,* 1969.
Bernard Beugnot, « Débats autour du genre épistolaire : réalité et
écriture », *Revue d'Histoire littéraire de la France,* 1974.
Jacqueline Duchêne, *Françoise de Grignan ou le Mal d'amour,* Fayard,
1985.
Roger Duchêne, *Mme de Sévigné et la lettre d'amour,* Bordas, 1970.
— *Mme de Sévigné ou la chance d'être femme,* Fayard, 1982.
— *Écrire au temps de Mme de Sévigné, lettres et texte littéraire,* Vrin,
1982.
Catherine Howard, *Les Fortunes de Mme de Sévigné au XVIIᵉ et au
XVIIIᵉ siècle,* Gunter Narr, 1982.
Fritz Nies, *Gattungspoetik und publikumsstruktur,* Munich, 1972

Colloques consacrés en tout ou en partie à Mme de Sévigné et au
genre épistolaire :

Marseille, 1973, nº 95, « Mme de Sévigné, Molière et la médecine de
son temps ».
Revue d'Histoire littéraire de la France, novembre-décembre 1978, « La

lettre au xviie siècle » (contributions de M. Fumaroli, M. Gérard, F. Nies, etc.).

Papers on French seventeenth Century Literature, 1981, volume 8, p. 1-162 (contributions de G. Verdier, D. Stanton, F. Nies, S. Guénoun, C. Howard).

NOTES

LETTRE 1

Page 25.

1. Le *lambel* est une brisure dans les armoiries des cadets. Roger de Bussy-Rabutin et Celse-Bénigne de Rabutin, père de Mme de Sévigné, étaient tous deux arrière-petits-fils de Christophe de Rabutin, mais Celse-Bénigne descendait de son fils aîné, Roger d'un fils cadet. Né en 1618, il avait épousé Gabrielle de Toulongeon, fille de Françoise de Rabutin (la sœur de Celse-Bénigne) et cousine germaine de Mme de Sévigné, morte en 1646 après lui avoir donné trois filles et pas de garçon.

2. Charles de Sévigné, deuxième enfant de la marquise, né au château des Rochers, près de Vitré, le 12 mars 1648.

3. Henri de Sévigné, marié en 1644 à Marie de Rabutin, gentilhomme breton, possédait plusieurs terres en Bretagne, dont celle des Rochers, près de Vitré, où sa femme résida souvent.

LETTRE 2

Page 26.

1. Gilles Ménage, né en 1613, était un érudit, auteur de savants ouvrages de philologie ou de droit. Redoutable pamphlétaire, c'était aussi un abbé mondain, qui aimait la compagnie de belles dames surdouées comme Mme de Sévigné et Mme de La Fayette, un temps rivales. Il ne participa pas à leur formation initiale, mais orna leur esprit, surtout après leur mariage, par ses conversations, ses lettres, ses conseils et aussi par des vers galants qu'il écrivit en plusieurs langues pour elles et pour d'autres.

2. L'hôpital des Petites-Maisons avait été établi en 1557 dans le quartier du Luxembourg « pour des personnes insensées, faibles d'esprit ou même caduques ».

LETTRE 3

Page 27.

1. On a conservé quatorze lettres de Mme de Sévigné sur le procès de Foucquet à Simon Arnauld de Pomponne, fils cadet d'Arnauld d'Andilly, exilé près de Verdun, puis dans sa terre de Pomponne, après l'arrestation en 1661 du surintendant des Finances, dont il était l'ami.

2. Élisabeth de Choiseul-Praslin, épouse d'Henri du Plessis-Guénégaud, secrétaire d'État, dont le logis était le rendez-vous de tous les gens d'esprit et aussi de la cabale janséniste. On y lança plusieurs des *Provinciales*.

Page 28.

3. Président au parlement de Paris et l'un des juges de Foucquet, Nesmond mourut le 29 novembre d'un érysipèle. Il regretta de ne pas avoir récusé Pussort et Voisin, ennemis notoires de l'accusé.

4. Robert Arnauld d'Andilly, père de Pomponne, un des solitaires de Port-Royal des Champs (depuis 1646), dont le pouvoir royal l'avait chassé en septembre 1664. Il était frère d'Antoine Arnauld, un des grands théoriciens du jansénisme, et des mères Angélique et Agnès restauratrices de la règle à Port-Royal.

5. *Pierre* Séguier, le chancelier, qui présidait les débats et dont Mme de Sévigné a rapporté dans une lettre antérieure l'hypocrite piete.

Page 29.

6. Colbert, qui voulait alléger la dette publique, avait supprimé un quartier des rentes de l'hôtel de ville; comme si aujourd'hui on diminuait d'un quart le revenu (et le capital) des emprunts d'État.

7. « Et il est mort comme il a vécu. » Adaptation d'un vers de la *Jérusalem délivrée* du Tasse (XXVI, xxvi).

Page 30.

8. Quand il y était procureur général, de 1650 à 1661

LETTRE 4

1. Embastillé en avril 1665 à la suite de la divulgation de son *Histoire amoureuse des Gaules*, roman satirique sur des amours qui mettaient en cause de grands personnages, Bussy fut autorisé à regagner ses terres en août 1666. Il y restera exilé jusqu'en 1682.

2. Bussy avait écrit à sa cousine dès novembre 1666. Elle avait répondu tardivement. Leur commerce épistolaire traînait. Le 9 juin

1668, il lui envoya une longue lettre pour justifier sa conduite passée. Il lui écrira encore le 29 juillet sur le même sujet ; elle répondra le 28 août.

3. Rappel de sa fidélité au cardinal de Retz et à Foucquet.

Page 31.

4. Jacques de Neuchèze, évêque de Chalon, frère du Neuchèze cité dans la lettre, oncle de la première femme de Bussy, était mort en mai 1658 (il était en même temps le fils d'une sœur de la grand-mère paternelle de Mme de Sévigné). Bussy, qui avait besoin d'argent, demanda à Mme de Sévigné de lui prêter sur cet héritage. Mais elle avait plus de dettes que d'argent, et son crédit dépendait de son oncle, l'abbé de Coulanges, qui gérait ses affaires depuis son veuvage en 1651. Elle manqua donc à sa parole.

5. *L'Histoire amoureuse des Gaules*. Bussy y introduisit en 1658-1659 un portrait satirique de Mme de Sévigné sous le nom de Mme de Cheneville.

6. Mme de Montglas, maîtresse affichée de Bussy. C'est pour la divertir qu'il aurait, prétend-il, écrit les récits de son roman, communiqués ensuite à quelques initiés seulement.

7. Le bruit avait couru qu'on avait trouvé dans les cassettes du surintendant des lettres compromettantes pour la vertu de Mme de Sévigné. Bussy avait fait taire les rumeurs en prenant le parti de sa cousine.

8. Amie de Mme de Montglas qui prit copie du roman et le divulgua. Mme de Sévigné revint de Bourgogne à la mi-octobre 1664.

Page 32.

9. Expression qui résume ce que Bussy avait écrit : « Mme de Cheneville est inégale jusqu'aux prunelles des yeux, et jusqu'aux paupières ; elle a les yeux de différentes couleurs. »

Page 33.

10. Les *compliments* au XVIIe siècle désignent les condoléances comme les félicitations.

11. Mère de la première femme de Guitaut, dont le château d'Époisses est en Bourgogne, non loin de Bussy. Elle avait écrit à Mme de Sévigné qu'une corniche était tombée sur la tête de son cousin.

12. Comme dans un duel.

Page 34.

13. Communauté de race, mais aussi d'esprit.

14. L'exil de Bussy a mis fin à ses espoirs d'atteindre aux plus hautes fonctions militaires auxquelles il semblait promis. Sous

couleur de le plaindre, Mme de Sévigné enfonce souvent le couteau dans la plaie.

15. Françoise de Sévigné, née le 10 octobre 1646, future comtesse de Grignan.

LETTRE 5

1. Né en 1632, François Adhémar de Monteil, comte de Grignan, avait épousé en 1658 une des filles de Mme de Rambouillet, morte en décembre 1664, puis en 1666 une nièce du premier président Pomponne de Bellièvre, morte en mai 1667. Il avait perdu son père le 4 août 1668 ; son fils, né de son second mariage, le 1er.

2. Aîné de sa maison, il héritait de l'essentiel des biens de son père. Il venait aussi d'hériter des biens de sa grand-mère maternelle, morte le 1er mai 1668. Son patrimoine s'élevait à plus d'un million cinq cent mille livres, somme énorme. Mais le passif aussi était considérable. Le riche parti de 1669 ne parviendra jamais à équilibrer ses finances et finira ses jours perdu de dettes en décembre 1714.

Page 35.

3. Le contrat ne fut signé que le 27 janvier de l'année suivante, et le mariage célébré le 29. Un accord préliminaire avait été secrètement conclu le 6 octobre.

4. Bussy constituait dans son château des galeries de portraits. L'une d'elles était consacrée aux femmes qu'il avait connues.

5. Mme de Sévigné avait dû produire les preuves de la noblesse des Sévigné conformément aux récentes ordonnances royales. La maintenue en fut prononcée le 7 novembre 1670.

LETTRE 6

Page 36.

1. Deux jours avant le départ de sa fille, Mme de Sévigné lui donne un anneau, gage traditionnel de fidélité et signe de son « excessive tendresse ». Ce doit être le brillant estimé 1 200 livres dans l'inventaire après décès de la comtesse.

LETTRE 7

Page 37.

1. Mme de Sévigné écrit à sa fille deux fois par semaine, à chacun des courriers pour la Provence qui partaient alors les mercredi et vendredi. Parce qu'elles sont des preuves de sa tendresse, les lettres

qu'elle en reçoit, également deux fois par semaine, au retour des mêmes courriers, cinq à sept jours après leur départ de Provence selon le temps et la saison, sont pour elle plus importantes que les siennes.

2. L'écrit délivre la comtesse de l'inhibition qui l'empêche de manifester sa tendresse quand elle est près de sa mère, qui croyait sa réserve de l'indifférence pure.

3. Mme de Grignan n'ignore pas qu'elle est la fille d'une mère trop brillante, dont l'éclat la tient dans l'ombre.

Page 38.

4. Les Guitaut étaient à Paris les plus proches voisins de Mme de Sévigné, qui habitait alors rue de Thorigny. Leur château d'Époisses, en Bourgogne, était aussi très proche de celui de la marquise à Bourbilly. Elle leur y enverra des lettres, qui y sont quasi toutes conservées.

5. Joseph, frère cadet du comte. Les autres Grignan sont deux oncles, évêques d'Arles et d'Uzès.

6. Pour aller en Bretagne s'occuper de ses terres. Une lieue vaut environ 4 km.

7. Un des frères du comte de Grignan, coadjuteur d'Arles, accompagnait la comtesse dans son voyage. Elle avait pressé leur départ sans lui laisser le temps d'officier pour le mariage d'une de ses cousines. Il en avait été fâché.

Page 39.

8. Toussaint de Forbin-Janson d'une influente famille provençale, alors évêque de Marseille.

9. Exemple rare d'une lettre envoyée autrement que par la poste

Page 40.

10. Fils des propriétaires et voisins de Mme de Sévigné, qui avaient des attaches lyonnaises

11. Domestiques qui accompagnaient Mme de Grignan.

12. Marie-Blanche de Grignan, fille de la comtesse née le 15 novembre 1670. Elle l'avait laissée à sa mère pour rejoindre son mari le plus tôt possible.

LETTRE 8

Page 41.

1. « Une querelle faite sans sujet et de gaieté de cœur » (Dictionnaire de Furetière, 1690).

Page 42.

1. Anatomiste célèbre, Jean Pecquet avait été le médecin de Foucquet et s'était pour cela laissé enfermer avec lui dans sa prison. Il avait accouché Mme de Grignan.

2. Parmi beaucoup d'autres poèmes de circonstance, Benserade a notamment écrit les vers de maints ballets de cour, par exemple de ceux auxquels Françoise de Sévigné a participé en 1663-1665.

3. La jolie demoiselle d'Houdancourt venait d'épouser le vilain Ventadour. Mais elle devenait duchesse.

1. *Une terrible causerie* parce que Mme de Sévigné aurait voulu avoir la force de ne pas écrire à sa fille pendant la semaine sainte pour offrir ce sacrifice en pénitence à Dieu.

2. L'abbé de Coulanges, un domestique, une femme de chambre et sa petite chienne, dont le nom vient d'un personnage de l'Arioste.

Page 43.

3. Dans la solitude de Livry, dont son oncle est abbé, Mme de Sévigné découvre les limites de son intention de retraite, contrebalancée par ses souvenirs, et le conflit entre l'amour du Créateur, qui devrait l'occuper tout entière, et celui de la créature dont elle retrouve partout la pensée.

Page 44.

4. Les *pâques :* la communion pascale. Le *jubilé :* des indulgences. « Pour gagner le jubilé, la bulle oblige à des jeûnes, aumônes, prières et à visiter les églises où sont des stations du jubilé » (Furetière).

5. Deux des prédicateurs à la mode, qui prêchaient la passion du Christ sur la croix pour en commémorer l'anniversaire le vendredi saint. Mme de Sévigné, dont on sait le goût pour les romans, joue ensuite sur le double sens du mot.

Page 45.

6. Mme de Grignan avait failli s'y noyer, emportée dans une barque par la violence du Rhône.

7. Une *relation* est un récit, un reportage écrit. Bandol est un seigneur provençal tout dévoué aux intérêts des Grignan.

8. Le bruit courait que cet ancien favori de Louis XIV, exilé en 1665 pour avoir tenté de faire connaître à la Reine les amours de son mari avec La Vallière, allait rentrer en grâce. Mais les prophéties étaient fausses ; il resta en exil jusqu'en 1688.

Page 46.

9. Le comte de Grignan voulait obtenir de l'assemblée des communautés de Provence, qui votait les impôts de la province, une subvention de 5 000 livres pour l'entretien de ses gardes. Mme de Sévigné souhaite que son gendre ait l'appui de Forbin-Maynier, président du parlement d'Aix contre Forbin-Janson, son parent, l'évêque de Marseille.

10. Avant d'avoir été évêque de Marseille, Forbin-Janson avait été évêque de Digne, d'où le jeu de mots (la *pointe*).

11. Pour garder les places de leurs maîtres.

Page 47.

12. Vers d'un madrigal de Montreuil, poète de salon ami de Mme de Sévigné.

13. Contrevérité. Mme de Sévigné a écrit tellement tard qu'elle risque de ne pas être à l'heure pour l'office des Ténèbres, qui se disait dans la nuit du jeudi et du vendredi saint.

Page 48.

14. Pour régler de petites sommes dues par les Grignan.

LETTRE 11

Page 49.

1. D'Hacqueville, l'ami de Mme de Sévigné et le confident de son amour maternel, lui a fait comprendre que la grossesse de Mme de Grignan, qu'elle vient d'apprendre, ne doit pas la faire renoncer à son projet d'aller en Bretagne régler ses affaires, dont la bonne marche importe aussi à sa fille.

2. Sage-femme à la mode qui avait accouché Mme de Grignan en 1670.

Page 50.

3. À la fin de la lettre 9. Mme de Sévigné est souvent revenue sur la différence des sentiments consécutifs aux décalages dans le temps et dans l'espace entre la lettre écrite et la lettre reçue.

4. Une amie de Mme de Sévigné, Mme de La Guette, songeait à obtenir de l'évêque d'Aix la fondation dans cette ville d'un couvent de Filles de la Croix.

Page 51.

5. Mme de Verneuil était la fille du chancelier *Pierre* Séguier, le *Pierrot métamorphosé en Tartuffe* de la lettre 3.

6. Souvenir de l'Évangile. Mme de Sévigné est sur le point de partir pour les Rochers.

7. Elles étaient sœurs, filles de la maréchale de La Mothe-Houdan-court.

8. Le 15 avril Mme de Sévigné a parlé d'une lettre de Mme de Grignan apportée de Provence par Gacé, en même temps que des gants.

Page 52.

9. Pour rendre les honneurs au comte de Grignan, lieutenant général de la province.

10. Sur un ordre du Roi de 1665, on venait d'agrandir l'arsenal des galères de Marseille. Achevés en 1669, les travaux reprirent ensuite jusqu'en 1680.

11. Fils naturel de Philippe de Coulanges, l'oncle qui avait élevé Marie de Rabutin, très vite orpheline de père et de mère, l'abbé de La Mousse avait été le précepteur de Françoise de Sévigné.

Page 53.

12. Allusion à la chance de Gourville, qui administrait l'immense fortune des Condé après avoir commencé comme valet de chambre de La Rochefoucauld.

13. Mme de Sévigné refuse les formules de politesse toutes faites et qui ne veulent rien dire.

14. La Fontaine venait de publier la troisième partie de ses *Contes et nouvelles en vers* (achevé d'imprimer du 27 janvier 1671) et des *Fables nouvelles et autres poésies* (achevé d'imprimer du 12 mars). Tous les titres cités viennent des *Contes*. Les réserves de Mme de Sévigné portent sur les « autres poésies » (dont font partie les quatre *Élégies*), non sur les fables.

15. Modèle du distrait de La Bruyère, mais aussi ami du comte de Grignan dont il avait négocié le mariage avec Françoise de Sévigné.

Page 54.

16. Mme de Sévigné est plusieurs fois revenue sur la nouvelle coiffure à la mode, dite à « la hurlubrelu ».

17. Adaptation d'un vers de Benserade dans le *Ballet des Arts*, où Françoise de Sévigné avait dansé en 1663. Il y est question de l'Amour.

18. Trésorier des États de Bretagne et veuf d'une nièce de la mère de Mme de Sévigné, il avait avancé une partie de la dot de sa fille. Les Grignan lui avaient depuis fait un emprunt qu'ils ne purent rembourser à la date prévue.

LETTRE 12

Page 55.

1. Mme de Sévigné est arrivée aux Rochers le 27 mai, après avoir quitté Paris le 18. Comme à Livry, elle y a retrouvé le souvenir de sa

fille. Leur dernier séjour en Bretagne remontait à 1666. Sa grande peur était que son voyage ne causât interruption ou diminution dans l'échange épistolaire. Le 7 juin, elle se réjouit d'avoir reçu (le 5 juin) deux lettres de sa fille (des 23 et 26 mai) « deux jours seulement après leur arrivée à Paris », d'où il fallait les réexpédier. Puis c'est le silence aux courriers suivants (les *ordinaires*), le lundi 8 (que Mme de Sévigné ne compte pas), le vendredi 12 et le lundi 15. D'où l'affolement exprimé ici au confident d'Hacqueville. Il transmit la lettre à la comtesse, qui l'a conservée parmi celles qui lui étaient directement. adressées.

2. Un commis de la poste à Paris, qui a promis à Mme de Sévigné de veiller à la bonne retransmission des lettres de sa fille.

Page 56.

3. L'écriture de d'Hacqueville est en effet presque illisible.

4. L'abbé de Pontcarré, un ami commun, dont il a été question à la lettre 11.

LETTRE 13

1. Mme de Grignan a donc continué d'écrire par chacun des deux courriers quittant Aix les samedi et mardi. Mme de Sévigné lui répond les dimanche et mercredi.

2. M. de La Souche est le nom qu'Arnolphe veut qu'on lui donne dans *L'École des femmes* de Molière. Quand Agnès lui a précisé ce qu'on lui a pris en son absence (« le ruban »), il réplique, soulagé, « en reprenant haleine ».

Page 57.

3. Les jeux de la Fête-Dieu d'Aix (le jeudi 28 mai en 1671) montraient la victoire du christianisme sur le paganisme dont les vices étaient largement représentés (d'où le scandale). Les comtes de Provence avaient eu de nombreuses possessions en Italie, notamment à Naples et en Sicile, d'où Mme de Sévigné pense que ces jeux ont été importés. L'archevêque d'Aix était alors un Grimaldi.

4. Personnage de roman. Il y a une Olympie dans l'Arioste, une aussi « aux yeux abattus et languissants » dans la *Cléopâtre* de La Calprenède.

Page 58.

5. Plaisanteries forgées à partir de noms réels : Kerquoison et Keramborgne.

6. Mlle du Plessis-d'Argentré, une voisine des Rochers, à peu près de l'âge de Françoise de Sévigné, « biglesse » et souvent ridiculisée dans les lettres.

Page 59.

7. Le 18 avril 1671, Mme de Sévigné avait vendu 40 000 livres la terre de La Baudière, près des Rochers, pour rembourser une part des emprunts contractés pour payer la dot de sa fille (300 000 livres). L'intérêt de l'argent (5 %) était plus cher que le revenu des terres (3,33 %).

8. Jacques Pilois, « conducteur et chef des ouvriers ordinaires », payé 10 sous par jour l'été et 9 l'hiver selon le livre de comptes de l'abbé Rahuel, intendant des Rochers.

9. Les États de Bretagne, réunis tous les deux ans pour voter les impôts de la province.

Page 60.

10. La Mousse, érudit formé à la culture classique, ignore l'italien, que Mme de Sévigné lui apprend.

11. Le premier volume des *Essais de Morale* du janséniste Pierre Nicole, l'éditeur des *Pensées* de Pascal, venait de paraître.

Page 61.

12. Accolée au pied du roc sur lequel est bâti le château, l'église Saint-Sauveur de Grignan a un toit dallé formant une terrasse qui lui est accessible de plain-pied en raison de la dénivellation.

13. Les anciens historiens de Provence, tel Honoré Bouche, font remonter les Adhémar (nom patronymique, Grignan n'étant que le nom de leur principale seigneurie au XVIIe siècle) à un Lambert, duc de Gênes, vicomte de Marseille, baron de Monteil, vivant en 685.

14. Le voyage de la comtesse d'Aix à Grignan, qui perturbe l'échange épistolaire, mais sans le détruire.

15. Henriette de La Trousse, née Coulanges, sœur de la mère de Mme de Sévigné, qui gardait Marie-Blanche à Paris.

16. Elle n'a pas un gros nez comme son père, mais celui de sa grand-mère, le nez des Rabutin.

17. L'abbé vient de donner son bien disponible à sa nièce préférée, mais il en conserve l'usufruit.

Page 62.

18. Le château magique construit par l'enchanteur Apollidon au livre II de l'*Amadis des Gaules*.

LETTRE 14

1. Le duc de Guise venait de mourir le 30 juillet, à moins de vingt et un ans, au grand chagrin de sa tante. Il laissait un fils de onze mois qui mourut en 1688 sans avoir été marié.

2. On attribuait le *transport au cerveau* (la perte de conscience) à la surabondance du sang.

3. De race, par son père. Françoise était née à Paris.

4. Le duc de Chaulnes, nouveau gouverneur de Bretagne, fit son entrée solennelle à Vitré le 2 août. Cela faisait seize ans que les États n'avaient pas eu lieu à Vitré. Il les y ouvrit le 4. Ils durèrent jusqu'au 22.

Page 63.

5. Souvenir des participations de Mlle de Sévigné aux ballets de la cour.

6. Louis Boucherat, plus tard chancelier de France, était commissaire du Roi aux États.

Page 64.

7. Le duc de Rohan présidait la noblesse, qui comprenait cent soixante-quatorze députés.

8. Fils d'une amie intime de Mme de Sévigné, Lavardin était lieutenant général en Bretagne, donc suppléant du gouverneur et d'ordinaire présent sur les lieux en son absence seulement.

9. La Tour Sévigné était un logement des Sévigné à Vitré, dans une des anciennes tours de la ville ; Chésières un oncle de Mme de Sévigné, frère de l'abbé de Coulanges. Sur Harouys, voir n. 18 de la lettre 11.

LETTRE 15

Page 65.

1. La garde de Mme de Grignan à la naissance de Marie-Blanche.

2. *L'honnêteté :* le respect des bienséances qui détournent de certains sujets. *La préciosité :* le fait de se tenir, comme les précieuses, à l'écart des réalités du mariage et des grossesses.

3. Cousin germain préféré de Mme de Sévigné, qui l'a vu naître quand elle avait sept ans chez l'oncle qui l'a élevée.

4. Les Grignan avaient quitté leur château pour se rendre non loin d'Aix, à Lambesc, où se tenait l'assemblée générale des communautés de Provence (l'équivalent des États de Bretagne).

5. Veuf d'Henriette d'Angleterre depuis juin 1670, Monsieur, frère du Roi, se remaria à Metz le 16 novembre 1671, par procuration selon l'usage pour les mariages princiers. Villers-Cotterets était un des châteaux de son apanage.

Page 66.

6. Fermier de Mme de Sévigné pour sa terre de Bourbilly, en Bourgogne.

7. Valet de chambre de l'abbé de Coulanges, puis maître d'hôtel de

Mme de Sévigné dont il avait épousé Hélène, la femme de chambre, mort à son service en 1690.

8. La destruction des lettres de Mme de Grignan entraîne bien des obscurités dans les passages comme celui-ci où sa mère lui répond allusivement.

9. Théophraste Renaudot avait fondé la *Gazette de France*. Mais Mme de Sévigné se moque ici des *Renaudots* d'occasion qui lui envoient tous les mêmes nouvelles.

Page 61.

10. Surnom du comte d'Avaux, Jean-Antoine de Mesmes, ami de la comtesse avec qui il était en froid.

LETTRE 16

1. Le 29 novembre, Mme de Sévigné avait dit sa joie à la réception le 27 de la lettre du 18, jour du baptême, lui apprenant la naissance à Lambesc, la veille, de son petit-fils Louis-Provence.

Page 68.

2. Charles de Sévigné, comte de Montmoron, conseiller au parlement de Rennes, dont le père, cousin du mari de Mme de Sévigné, avait été le subrogé tuteur des orphelins.

3. « De l'ardeur naît le fait d'oser » ; c'était la devise du maréchal de Bassompierre.

4. « Qu'elle périsse pourvu qu'elle s'élève. » Cette devise, que Mme de Sévigné conçoit accompagnée d'une « fusée poussée fort haut », deviendra celle du régiment que le Roi venait de donner à un des frères cadets du comte de Grignan. Des devises toutes semblables sont données en exemples par Bouhours dans le sixième *Entretien d'Ariste et d'Eugène*. On y voit que le jeu des devises était à la mode.

5. Il avait failli épouser Mademoiselle, cousine germaine du Roi dont il avait été le favori. Louis XIV venait de le faire arrêter sur les instances de Mme de Montespan. Il sera conduit avec Foucquet à Pignerol, où il restera dix ans.

6. Célèbres paroles de l'*Ecclésiaste* que Bossuet avait mises en exergue de l'oraison funèbre de la première femme du frère du Roi, remplacée depuis peu par une *nouvelle Madame*.

7. « Laissons-la aller, elle fera bon voyage. »

Page 69.

8. De s'abstenir de rapports sexuels avec sa femme. Mais Grignan n'avait rien promis.

9. Fausse couche en 1669, Marie-Blanche en 1670, Louis-Provence en 1671. Le prochain sera un enfant mort-né en mars 1673.

1. Mme de Sévigné est arrivée à Paris le 18 décembre, ayant quitté les Rochers le 9.

2. Datée du départ du courrier, mais commencée au moins dès le lundi, cette lettre-journal a été faite en plusieurs fois puisque Mme de Sévigné y note l'arrivée successive de deux lettres de Mme de Grignan.

Page 70.

3. Le fameux d'Artagnan de Courtilz de Sandras et d'Alexandre Dumas, capitaine des mousquetaires, qui avait déjà conduit Foucquet à Pignerol.

4. Fils du duc de La Rochefoucauld qui a écrit les *Maximes*, ennemi de Lauzun et favori de Louis XIV.

Page 71.

5. Qui venait de voir la comtesse en Provence. Mme de Sévigné allait quitter son logement de la rue de Thorigny pour un autre, plus petit, rue des Trois-Pavillons. En attendant, elle logeait chez Coulanges, rue du Parc-Royal, toujours au quartier du Marais.

6. Il avait été la plus grande passion de Ninon de Lanclos. On le soupçonnait d'avoir été aussi l'amant de Mme Scarron, la future Mme de Maintenon.

7. Villarceaux était le frère de la maréchale de Grancey, dont les deux filles, Mlle de Grancey et sa sœur aînée, veuve du comte de Marey (les *Anges*) avaient respectivement dix-huit et vingt-trois ans.

Page 72.

8. Les Mesmes étaient des voisins de Livry.

9. Comme le café, c'était alors une médecine. On ne le consommait qu'en boisson.

Page 73.

10. Des premières lignes des lettres relues.

11. Unique allusion à une éventuelle favorite de Mme de Grignan qui aurait eu accès aux lettres reçues de sa mère ; il n'y avait pas en Provence de femmes dignes de cette distinction. Mme de Sévigné aimait au contraire montrer les tendresses de sa fille à ses amies parisiennes.

12. Le Roi demandait à la Provence 600 000 livres d'impôt pour l'année au lieu de 400 000 l'année précédente. L'affaire traîna du 7 octobre au 6 janvier par suite des résistances de l'Assemblée qui, sous la menace de lettres de cachet exilant quelques meneurs, vota finalement 500 000 livres.

Page 74.

13. Jacques de Grignan, évêque d'Uzès. Il soutenait son neveu à la cour.

14. Application d'un vers du *Tartuffe*. Mme de Sévigné a enfin eu le courage de parler de sa fille avec Coulanges sans trop pleurer.

15. Domestique de la comtesse qu'elle avait renvoyée à Paris.

Page 75.

16. Mme de Richelieu résidait à la cour où elle avait été nommée dame d'honneur de la Reine à la suite de Mme de Montausier, décédée.

17. D'Irval et d'Avaux sont les deux fils du président de Mesmes. Mme de Grignan doit leur écrire des lettres de condoléances sur la mort de leur mère.

18. Charles-Philippe, un des cadets du comte de Grignan.

19. Rippert, capitaine des gardes du comte, avait été envoyé comme courrier à la cour pour y faire connaître d'urgence les résistances de l'Assemblée.

20. Vers célèbres d'un sixain de Mlle de Scudéry sur l'invasion de la Franche-Comté en 1668.

21. Ce gentilhomme breton, ami de Mme de Sévigné, était un original, qui avait la réputation de faire de la fausse monnaie.

22. Femme de chambre de la comtesse et maître d'hôtel du comte. Ils ne se plaisaient pas en Provence et songeaient à quitter leur service.

Page 76.

23. De Mme de La Troche, amie de Mme de Sévigné.

24. Surnom du coadjuteur d'Arles, dû à la noirceur de son teint.

25. « Et là-dessus, je me recommande », formule finale des conteurs.

LETTRE 18

1. Au couvent des Filles de Sainte-Marie du faubourg Saint-Jacques. L'ordre des Visitandines avait été fondé, avec l'aide de François de Sales, par Jeanne de Chantal, grand-mère de Mme de Sévigné.

2. En 1669 à l'église Saint-Nicolas des Champs.

3. Mme de Sévigné, qui s'y était réfugiée le jour de la séparation, y retrouve le souvenir de sa fille, pensionnaire dans le couvent vers dix ans.

Page 77.

4. Charles-Philippe de Grignan prit effectivement son frère aîné pour héritier, mais il avait fait tant de legs pieux qu'ils dépassaient son avoir. Il mourut à trente ans, le 6 février.

5. Cette fille d'apothicaire avait épousé Élie du Fresnoy, premier commis au bureau de la guerre. Elle devint la maîtresse du ministre, Louvois. Elle conserva sa beauté « jusque dans sa dernière vieillesse ».

Page 78.

6. Séguier mourut à Saint-Germain le 28 janvier.

7. Mme de Guerchi, fille de la comtesse de Fiesque, était, selon Mme de Sévigné, « morte à la campagne pour avoir eu peur du feu » pendant sa grossesse.

LETTRE 19

1. Du vendredi au mercredi, Mme de Sévigné reçoit successivement les deux lettres de sa fille, auxquelles elle répond. Le vendredi, elle écrit sur ce qui se passe autour d'elle.

2. Il était maintenant ministre des Affaires étrangères. La Provence, tardivement rattachée à la France (1481), était dans son département.

Page 79.

3. Forbin-Janson, l'évêque de Marseille qui contrecarrait les Grignan en Provence.

4. Forbin-Maynier, qui occupait cette fonction, était mort pendant la session de l'Assemblée.

5. Sainte Marie-Madeleine, selon la tradition, avait apporté avec elle en Provence un vase plein du sang du Christ recueilli sur le Calvaire ; on le montrait au couvent de Saint-Maximin où elle s'était retirée pour faire pénitence. En principe, le vendredi saint, après lecture de la Passion, il se liquéfiait et bouillonnait.

6. Pour Marie-Blanche. La marquise l'avait choisie elle-même en remplacement d'une autre qui n'avait point de lait.

Page 80.

7. Henriette de La Trousse, sœur de la mère de Mme de Sévigné, avait vingt ans de plus que sa nièce. Elle partagea plusieurs de ses exils bretons. Après le veuvage de la marquise, les deux femmes louèrent une maison à Paris à frais communs.

8. C'était le début de la guerre de Hollande.

9. Le grand maître de l'artillerie, le comte du Lude. Il aurait eu des

sentiments tendres pour Mme de Sévigné, puis elle pour lui, mais à contretemps.

10. La comtesse du Lude était une sorte d'amazone.

Page 81.

11. Ce sera bientôt le fameux passage du Rhin.
12. Le grand Condé.

Page 82.

13. Bellefonds, Créquy et Humières étaient trois maréchaux de la même promotion de 1668. L'usage était que les maréchaux s'obéissent selon leur ancienneté. L'ordre du Roi était une sorte de révolution. Elle les chagrinait d'autant plus que Turenne voulait commander en qualité de prince de la maison de Bouillon, à laquelle les nobles français refusaient la qualité de maison souveraine.

Page 83.

14. Né en 1592, Étienne d'Aligre fut d'abord garde des sceaux, puis chancelier par la protection de son cousin germain, Le Tellier, père de Louvois, qui lui succédera en 1677.
15. Mais il vit en chemin Mme de Montespan.

Page 84.

16. Plutôt qu'à son propre voyage en Provence, Mme de Sévigné pense à la longue promenade que vient d'y faire sa fille.
17. Président au parlement d'Aix.
18. Gentilshommes au service de Mme de Grignan. Sa mère trouve qu'il y en a un de trop.

LETTRE 20

Page 85

1. La mort de la tante La Trousse, survenue le 30 juin, rendait enfin possible le départ pour la Provence constamment retardé par sa maladie. Mme de Sévigné partit le 13 juillet. Elle arriva à Grignan le 30.
2. Françoise de Rabutin, marquise de Toulongeon, sœur de son père.
3. Mme de Sévigné avait cru remarquer qu'il pleuvait la veille des départs du Roi et qu'il faisait beau pendant ses voyages.
4. Il avait donc été définitivement remplacé par Pommier.
5. Un *lit d'ange*, ou à la duchesse, était un lit sans piliers, et dont on retroussait les rideaux.

Page 86.

6. À vingt et un mois, selon un usage général en ce temps-là. Mme du Puy-du-Fou était la belle-mère de Grignan par son second mariage, Pecquet le médecin qui avait accouché la comtesse.

7. Sœur cadette de Philippe de Coulanges et cousine germaine de Mme de Sévigné.

Page 87.

8. Louis-Provence, l'héritier du nom.

9. Les *cantonnières* sont « des petits rideaux qu'on tend des deux côtés des quenouilles d'un lit vers les pieds ». Elles garantissent « du vent qui pourrait venir par l'ouverture que laissent les grands rideaux » (Furetière). Les *bonnes grâces* sont les demi-rideaux placés au chevet du lit.

LETTRE 21

1. Le « cher solitaire » de la lettre 3 à son fils Pomponne. Le 23 avril 1671, il a traité Mme de Sévigné de « jolie païenne ». Janséniste, il l'a invitée à se « convertir ». Il l'a aidée à prendre conscience que Mme de Grignan était « une idole dans (son) cœur ».

Page 88.

2. Mme de Sévigné a « l'esprit éclairé » : elle connaît les devoirs de sa religion. Elle en est d'autant plus coupable de ne pas aimer Dieu comme elle le devrait et de préférer sa fille au Créateur. Elle a « le cœur de glace ».

3. « Mais suffit. » L'attaque vise l'évêque de Marseille.

LETTRE 22

1. Mme de Sévigné a laissé à Aix sa fille, qui est enceinte, pour accompagner son gendre dans une visite officielle de quelques jours à Marseille et à Toulon.

2. La femme de l'intendant des galères, Nicolas Arnoul.

3. Une aumône pour les pauvres de la ville. Mme de Sévigné reçut en échange douze boîtes de confiture, des flambeaux, de l'angélique et du rossolis, pour une valeur de cinq pistoles.

Page 89.

4. Des hommes ressemblant à Saint-Hérem, qui était très beau.

5. Mme de Sévigné aime en Marseille une ville hors du commun, quasi imaginaire.

1. Mme de Sévigné a quitté Grignan le 5 octobre. Elle est revenue par la Bourgogne, où elle a vu ses amis Guitaut. Elle est fort triste de ne pas avoir ramené sa fille avec elle comme elle en avait l'intention dès le temps de son séjour en Bretagne. Elle le lui a dit et répété dans toutes les lettres envoyées des chemins.

Page 90.

2. Un cousin des Grignan.

Page 91.

3. L'évêque de Marseille, qui doit ce surnom à ses incessants voyages entre Paris et Provence, et aussi à l'opposition qu'il avait faite au paiement par l'Assemblée d'un courrier spécial envoyé par Grignan à la cour lors du dernier vote des impôts.
4. Gondrin, évêque de Sens, mondain et galant, avec pourtant de fortes sympathies jansénistes.
5. Parce que Mme de Sévigné n'était pas sur le grand chemin de la poste. La lettre de Moret est seulement la dixième conservée.

Page 92.

6. L'armée de Turenne, qui luttait dans la vallée du Mein contre les Impériaux.
7. Expression familière à Mme de Sévigné pour désigner ses lettres irrégulières, mal fagotées.
8. Mot forgé sur le provençal *petofias*, qui signifie bagatelles, pour désigner les tracasseries faites à Grignan par l'évêque de Marseille.

Page 93.

1. En ce temps-là, les courriers de Provence partent les lundi et mercredi.
2. Première discussion sur la cohabitation. Mme de Sévigné est d'autant plus déçue qu'elle avait loué depuis presque deux ans la « petite maison » de la rue des Trois-Pavillons pour y recevoir sa fille. Il y aura d'autres discussions sur le même sujet en 1676 et en 1677, année où on loua Carnavalet, où les deux femmes se fixèrent.
3. La comtesse n'avait voulu revenir à Paris qu'en compagnie de son mari (d'où la nécessité d'un congé accordé par le Roi), dans l'intérêt des affaires de leur famille (avec la garantie de l'archevêque d'Arles, oncle du comte et unique patriarche de la famille depuis la mort de son frère, l'évêque d'Uzès).
4. Peu de domestiques.

Page 94.

5. L'abbé de Grignan, le plus jeune frère du comte. Buous est un cousin, Janet un Provençal dévoué à la cause des Grignan. Depuis la mort de Charles-Philippe (lettre 18), c'est Joseph, précédemment appelé Adhémar (lettre 7, note 5), qu'on appelle le Chevalier.

6. Lieutenant général en Bretagne comme Grignan l'est en Provence. Mais Grignan fait effectivement la charge du gouverneur, Vendôme, qui est encore enfant et qui d'ailleurs ne l'exercera jamais vraiment (lettre 50 et note 3).

7. Le papier timbré.

8. Pomponne lui-même.

Page 95.

9. Le nouveau premier président du parlement d'Aix, choisi en dehors de la province.

10. L'autre, *Cadmus et Hermione*, premier opéra de Pierre Quinault et Jean-Baptiste Lully, dit Baptiste, créé en avril 1673 et jugé plus agréable que le nouveau, *Alceste*.

11. Le même anniversaire est rappelé en tête de la lettre 18.

Page 96.

12. Humour involontaire. Mme de Sévigné a l'esprit d'économie des Coulanges.

13. Le gouverneur de Bretagne, alors en ambassade à Cologne.

14. Surnom habituel de l'abbé de Coulanges. Le *petit compère :* Charles de Sévigné.

15. Une sœur du comte de Grignan. Le chamarier de Rochebonne était un frère de son mari (le chamarier était un chanoine chargé d'administrer les revenus du chapitre).

LETTRE 25

Page 97.

1. Mme de Grignan était arrivée à Paris en février. Enceinte de Pauline, qui naîtra le 9 septembre 1674, elle ne rentra pas en Provence quand son mari dut y retourner.

2. Guitaut était gouverneur des îles Sainte-Marguerite et Saint-Honorat, au large de Cannes, d'où sa présence en Provence.

3. Béringhen, premier écuyer.

4. Elle venait de se retirer aux Carmélites. Contrairement à ce qu'on pensait, cette retraite fut définitive.

Page 98.

5. Animal fabuleux, moitié cheval et moitié griffon, qui apparaît dans l'Arioste. Selon Mme de Sévigné, il ne mettait que « deux jours » pour « parcourir la terre ».

LETTRE 26

1. Seconde lettre de Mme de Sévigné à sa fille depuis leur séparation, à Fontainebleau, le 24 mai. Les jours de courriers sont de nouveau les mercredi et vendredi.

2. À l'ordinaire, la cohabitation des deux femmes n'avait pas été sans difficultés.

Page 99.

3. On est à quatre jours de la Pentecôte. Mais le confesseur janséniste de Mme de Sévigné lui refusera l'absolution, la trouvant trop occupée de l'amour de sa fille et pas assez de l'amour de Dieu.

4. Ami fidèle qu'elle a connu par Bussy dès avant leur brouille.

5. Le cardinal de Retz, qui avait décidé de renoncer au cardinalat et de se retirer à Commercy, était sur le départ. Mais le pape refusa sa démission et il revint bientôt dans le monde.

6. On prévoit.

Page 100.

7. Sous la pression des dévots, le Roi et Mme de Montespan cessèrent leurs relations adultères pour communier à la Pentecôte. La maîtresse s'était retirée à Clagny.

8. Les Grignan avaient deux petits procès en cours.

9. *Distinction* due à l'affection hors du commun de Mme de Grignan pour sa mère.

10. Le Roi avait quitté Paris le 11 mai pour assiéger les villes de Flandre, dont Dinant. Turenne obligea les habitants de Strasbourg, alors en république, à rester neutres et à ne pas ouvrir leur pont sur le Rhin aux ennemis.

Page 101.

11. Vraisemblablement le comte de Grignan.

12. Nièce à la mode de Bretagne. Charles de Sévigné, pere du mar de la marquise, était le gendre de Françoise de Gondi, tante du cardinal de Retz.

LETTRE 27

1. La lettre est une conversation en absence, qui exige la participation de l'autre. D'où l'importance des lettres reçues.

Page 102.

2. Pendant son séjour à Paris, Mme de Grignan s'était fait peindre par Mignard.

3. La mode était aux *saluts*, office religieux où l'on chante des cantiques devant l'hostie exposée.

4. Fils qu'elle avait eu du Roi en 1672.

5. Souvenir de l'*Énéide*. Mais Didon se suicidera. abandonnée par Énée.

Page 103

6. Une fille de Gaston, frère de Louis XIII, avait épousé à son grand regret le duc de Toscane en 1661. Après lui avoir donné trois enfants, elle obtint de le quitter pour revenir en France. Débarquée à Marseille le 14 juin, elle n'arriva à Versailles que le 21 juillet.

7. L'abbaye de Montmartre, dont une de ses parentes était abbesse.

8. L'abbesse de Fontevrault, sœur de Mme de Montespan.

9. Mot provençal francisé. *Pitchoun* signifie le petit, l'enfant.

Page 104.

10. Cousine germaine (fille de la tante La Trousse, morte en 1672) et amie de Mme de Grignan, avec laquelle elle avait été élevée.

LETTRE 28

1. Commencée à Rennes le 3 avril et à Nantes le 20, fiscale d'abord, puis due en grande partie à la misère, la révolte se développa surtout en Basse-Bretagne de juillet à septembre. Pour la réprimer, on envoya des troupes venues de Provence, commandées par Louis de Forbin-La Barben.

Page 105.

2. Louise de Rabutin épousa en novembre 1675 le marquis de Coligny, qui mourut en juillet suivant en lui laissant un fils posthume. Mme de Sévigné l'appelle alors *l'heureuse veuve*.

3. Diane-Jacqueline de Rabutin, religieuse à la Visitation de la rue Saint-Antoine à Paris, sœur aînée de Louise.

4. Turenne était mort sur le coup, frappé par un boulet de canon, le 27 juillet à 9 heures du matin. La nouvelle en parvint au Roi le 29 à 9 heures du soir.

5. Le Roi venait de faire une promotion extraordinaire de huit maréchaux, dont Rochefort. On les appela « la monnaie de Turenne ».

Page 106.

6. Célèbre vers du *Cid*.

7. Il avait de l'esprit et de l'enjouement. Mme de Sévigné n'a pas connu son père, mort au combat quand elle avait un an. Henri de Schomberg avait été le parrain de son mari.

8. Lorges avait pris le commandement de l'armée à la mort de Turenne, organisant la retraite. Il avait battu les ennemis à Althenheim le 1er août.

9. Surnom donné à Mme de Grignan dans les lettres à Bussy, conjointement à celui de *Maguelonne*, sans doute à cause du roman de Maguelonne et de Pierre de Provence.

10. Monthelon, près d'Autun, autrefois résidence de Jeanne de Chantal, grand-mère commune de Mme de Sévigné et de François de Toulongeon, fils de la tante qu'elle alla v voir en 1672 en avouant qu'elle ne l'aimait guère (lettre 20).

LETTRE 29

Page 107.

1. Mme de Sévigné a quitté Paris le 9 septembre pour aller aux Rochers par Nantes en descendant la Loire à partir d'Orléans.

2. Souvenir d'une chanson du cousin Coulanges sur Mme de Grignan qui avait osé se fier au Rhône. Mais la Loire est sage.

3. Souvenir du dernier voyage en Bretagne fait par Mme de Sévigné avec sa fille, en 1666, en compagnie du jeune des Chapelles, mort en 1673.

4. Il avait fait partie de la libre société qui entourait Condé. Comme l'abbé d'Effiat à Veretz, il était exilé dans ses terres. Il y devenait dévot.

Page 108

5. On est revenu en arrière, à pied, guidé par les aboiements d'un chien. Un *tugurio* est un abri misérable.

6. Souvenir probable d'un précédent voyage. Le médecin Bourdelot purgeait avec des melons

7. « J'emporte du chagrin de mon fils. On ne quitte qu'avec peine les nouvelles de l'armée. Je lui mandais l'autre jour qu'il me semblait que j'allais mettre ma tête dans un sac, où je ne verrais ni n'entendrais rien de tout ce qui va se passer sur la terre » (11 septembre).

8. Dans ce livre du père Maimbourg, qui venait de paraître, on trouvait des Adhémar et des Castellane, ancêtres du comte de Grignan, le *matou.*

LETTRE 30

Page 109.

1. Mme de Grignan avait prématurément accouché en février d'un garçon mal formé. Il vécut cependant seize mois (lettre 34 et note 7)

Page 110.

1. Après le rhumatisme qui l'a frappée à la mi-janvier et tenue plusieurs semaines alitée, Mme de Sévigné va mieux. Elle peut enfin rentrer à Paris le 3 avril. On l'envoie se soigner aux eaux. Elle hésite entre Bourbon et Vichy, qui est finalement choisi. Mme de Grignan lui propose d'y aller la voir depuis Grignan, qui n'est pas très loin. Elle n'accepte qu'à condition de la ramener ensuite avec elle dans la capitale. La comtesse refuse. Elle n'ira donc pas à Vichy. Ce conflit, joint à leurs inquiétudes mutuelles sur leur santé, va déboucher sur une grave crise entre la mère et la fille.

2. Mme de Sévigné se représente Caron, le nocher des Enfers dans la mythologie grecque, à travers le personnage de l'*Alceste*, opéra récent de Quinault et Lully. Elle a découvert l'égalité devant la mort, qu'il symbolise, en ayant à cinquante ans, sa première grave maladie.

3. Charles était aux Rochers et avait soigné sa mère. Sa sœur avait proposé de s'y rendre depuis Grignan.

4. La pauvreté des courtisans, épuisés par la durée de la guerre.

5. Le rhumatisme avait frappé dans le vif Mme de Sévigné en l'obligeant à recourir à autrui pour continuer d'écrire à sa fille à chaque courrier. Grâce notamment à Charles, il n'y avait pas eu d'interruption.

Page 111.

6. C'était une Gondi, nièce et héritière de Retz. Elle venait de se marier avec le comte de Sault, plus tard duc de Lesdiguières.

7. Demi-sœur de Saint-Simon, Mme de Brissac était l'épouse d'un fils de Marguerite de Gondi, sœur de la mère de Mme de Sault.

8. Dame de compagnie de Mme de Grignan.

9. Parodie de *Cadmus et Hermione*, le premier opéra de Quinault et Lully.

10 « L'ornement de la cité, la fleur du printemps. »

Page 112.

11. Le guidon ou porte-enseigne était le moins gradé des officiers. On avait acheté cette charge à Charles en 1670 dans l'espoir qu'il avancerait. Il y était resté bloqué. Il avait vingt-huit ans

12. Surnom de Montgobert, sans doute par plaisanterie avec Dagobert.

1. Mme de Sévigné est arrivée à Vichy le 18 mai, après avoir quitté Paris le 11. Elle commence à prendre les eaux le 20, abondamment douze verres. Puis à partir du 28, c'est la douche.

2. Ce médecin, « fort honnête garçon, point charlatan » et qui connaissait le monde, lui parlait, caché derrière un rideau, pendant qu'elle était « au supplice » (28 mai).

Page 113.

3. Mère de la duchesse de Chaulnes. La Sibylle de Cumes est décrite dans l'*Énéide* de Virgile.

4. L'hôpital des fous. Beaucoup accusaient déjà les stations thermales d'être surtout le rendez-vous des gens riches et oisifs. On venait tout juste de remettre Vichy en activité. Bourbon était plus à la mode

5. On a conclu de cette expérience que Mme de Sévigné devait boire à la Grande Grille. Mais le *miracle* n'a plus lieu aujourd'hui.

6. Un livre de G. Guillet, publié sous le pseudonyme de Chassepol, *Histoire des Grands Vizirs Mahomet Coprogli Pacha et Achmet Coprogli Pacha*, vizirs du sultan Mahomet IV, achevé d'imprimer le 24 mars 1676. Le premier, mort en 1663, eut pour successeur le second, qui allait mourir en décembre.

7. Jean Sobieski, roi de Pologne en mai 1674 après y avoir été grand maréchal.

Page 114.

8. Le mari de la célèbre romancière, que Mme de Grignan voulait remercier d'avoir accueilli sa mère à son arrivée en Auvergne. Il y vivait, retiré sur ses terres.

9. Son petit-fils Louis-Provence, dont on cherchait à redresser la taille, un peu gâtée.

10. Mme de Sévigné pense que l'audace des garçons et la timidité des filles ne sont pas une question de sexe, mais d'éducation.

Page 115.

11. « On appelle officiers dans les maisons particulières les domestiques qui ont soin de la table comme maître d'hôtel, cuisinier, sommelier » (Furetière).

12. Souvenir d'une chanson qui avait été célèbre et que l'on trouve dans des *Airs et Vaudevilles de cour*, dédiés à Mademoiselle (1665).

13. Mme de Sévigné ne retournera à Grignan qu'en 1690 (lettre 84 et note 19). L'abbé de Coulanges, son oncle, refusait d'y retourner et elle ne voulait pas le laisser.

14. D'Hacqueville, ami dévoué dont la marquise s'était promis de ne pas se moquer, envoyait régulièrement des lettres de nouvelles à sa fille. Son ridicule est d'y mentionner le combat d'Agosta, qui avait eu lieu en Méditerranée.

15. Davonneau fut un temps secrétaire du comte de Grignan. La lettre renvoyée par d'Hacqueville avait rassuré Mme de Sévigné un jour de février 1676 qu'elle n'avait pas reçu celle de sa fille.

Page 116.

16. Rue des Trois-Pavillons. Pour la première fois, Mme de Grignan va trouver l'abbé, qui venait de perdre un frère avec lequel il logeait, installé définitivement chez sa mère. Cela posait des problèmes de place et aussi de mauvaise humeur. Un déménagement rue Courteau-Villain ne suffit pas à les résoudre.

17. Ce vieux garçon, cousin des Grignan, allait se marier. Au dernier moment, les habits de noces déjà achetés, il y renonça.

18. Donc de la médecine officielle. Mais il y avait aussi les calculs de bonnes femmes : « Nous avons supputé les lunes jusqu'au 9 février ; il est de deux jours dans la neuvième, c'est assez » (28 mars). Le prématuré mourut en juin 1677.

19. On venait de mettre l'aîné des enfants, la petite Marie-Blanche, née en novembre 1670, en pension au couvent de la Visitation d'Aix. Elle y demeura religieuse.

Page 117.

20. Le chaperon du consul de la ville de Bagnols, en Languedoc, dans le gouvernement de Conti, cadet de Condé. Gourville était l'intendant de ces princes. Rippert était le capitaine des gardes du comte de Grignan.

LETTRE 33

1. La marquise de Brinvilliers, condamnée pour avoir empoisonné son père en 1666 et ses deux frères en 1670. En 1672, on avait trouvé une cassette et des lettres compromettantes chez Sainte-Croix, son complice, qui venait de mourir. Elle s'enfuit. Elle fut prise à Liège en mars 1676. Jugée du 29 avril au 16 juillet, elle fut exécutée le 17. C'était le prologue de l'affaire des poisons.

2. Application plaisante de la théorie cartésienne des esprits animaux ou *petits esprits*.

3. En raison de son privilège de noblesse.

4. Trésorier du clergé de Languedoc, qu'elle avait d'abord mis en cause et que l'on présumait son complice.

Page 118.

5. Un docteur en théologie, Edme Pirot, son confesseur. Il a laissé un récit des dernières vingt-quatre heures de la vie de la criminelle.

6. Mme de Coulanges. Mme de Rochefort venait de perdre son mari.

7. *Le Petit Bon :* le comte de Fiesque. *La Souricière :* Mme de Lyonne, de mœurs faciles. Un jour qu'elle avait des diamants aux oreilles, quelqu'un dit : « Il me semble que ces gros diamants sont du lard dans la souricière » (17 avril 1676).

8. Mme de Sévigné est plusieurs fois revenue sur les galanteries de Mme de Louvigny, qui passait pour avoir d'abord fort aimé son mari, fils du duc de Gramont, chez lequel régnait d'Hacqueville, la discrétion personnifiée.

Page 119.

9. À défaut de la visite à Vichy avec retour ensemble à Paris, Mme de Sévigné avait entrepris que sa fille rentrât à Paris avant son mari en venant directement de Grignan sans l'accompagner à l'assemblée de Lambesc. Nouveau conflit larvé entre les deux femmes.

LETTRE 34

1. Pour faire plaisir à sa mère, Mme de Grignan avait laissé son mari à Lambesc dès la fin de l'assemblée. Elle arriva à Paris, lasse et enrhumée, le 22 décembre 1676. La marquise s'en inquiéta, et de la maladie de poitrine qui s'ensuivit. La fille s'inquiétait aussi de l'état de la mère. Nouvelles querelles, chacune prétendant les craintes de l'autre sans fondement. Ce drame de la tendresse entraîna une séparation précipitée, décidée par son mari, qui l'avait rejointe. Mme de Grignan partit avec lui au début de juin.

2. Par antiphrase. D'une famille alliée aux Grignan, ce gentil-homme d'Avignon était très petit.

Page 120.

3. Le *passé :* la maladie de Mme de Sévigné ; l'*avenir :* une rechute mortelle.

4. Mme de Sévigné renvoie à sa fille tout le soin d'être raisonnable, alors que les témoins, de son propre aveu, avaient constaté la réciprocité des torts.

Page 121.

5. Le cardinal de Retz.

6. Le coadjuteur de l'évêque d'Arles, frère du comte de Grignan.

7. Un garçon et deux filles en bonne santé, une fausse couche, un mort-né et le prématuré qui va mourir peu après le retour de sa mère à Grignan.

8. Mme de La Fayette s'y était installée dans un logement cédé à Gourville par les Condé.

9. Deux amies.

10. Ils allèrent à Saint-Cloud le 16 juin, puis à Villers-Cotterets le 8 juillet.

Page 122.

11. La dureté du Roi et surtout de Mme de Montespan envers une maîtresse qui l'avait un temps détrônée, Mme de Ludres.

12. Il venait d'être battu à Consarbrück.

13. Plaisanterie : Mme de Sévigné n'avait aucune parenté avec Boufflers.

14. Charles, baron de Sévigné. C'est son vrai titre. Mme de Sévigné n'est marquise que par façon de dire.

LETTRE 35

1. Le précepteur de Louis-Provence de Grignan.

2. Façon usuelle entre la mère et la fille de dire des soucis dévorants.

3. Elle n'avait pourtant que trois ans.

Page 123.

4. Mme de Grignan allait reprendre le chemin de Paris tandis que son mari partirait pour l'assemblée annuelle de Lambesc. Cette fois sa mère avait gagné... Dans l'intervalle, elle avait fait une nouvelle cure à Vichy, et on avait déménagé. Grignan et Sévigné ont désormais loué le bel hôtel Carnavalet, où ils logent en famille.

5. Les filles du premier lit du comte de Grignan, qui allaient quitter le couvent d'une tante maternelle, où elles avaient été élevées jusque-là à Reims, pour loger avec leur père et leur belle-mère.

Page 124.

6. Frère établi à Lyon d'un abbé Charrier qui avait été l'agent dévoué de Retz et qui s'occupera des affaires de Mme de Sévigné après la mort de son oncle Coulanges.

7. Le médecin de Mme de Grignan.

8. Forbin, l'évêque de Marseille, un temps rival de Grignan. Il va être nommé à Beauvais. Le Roi l'avait retiré de Provence en l'envoyant en ambassade. Il y réussissait fort bien.

9. Amie de Mme de Grignan, Mme de Vins était la nièce de Pomponne, le ministre dont dépendait la Provence.

10. Voir la note 3 de la lettre 20.

11. Mme de Sévigné ne dit jamais le mistral, mais toujours la bise.

Page 125.

12. D'Aligre mourut le 25 octobre à quatre-vingt-cinq ans. Le Tellier lui succéda.

13. Malgré son jeune âge, elle devenait sourde.

LETTRE 36

1. Mme de Grignan arriva à Paris le 20 ou le 21 novembre, juste après cette maladie. Mauvais début pour un séjour qui durera jusqu'à la mi-septembre 1679 et qui marque le paroxysme de la crise entre les deux femmes.

Page 126.

2. Installé et meublé pour recevoir la comtesse.

3. On attendrait : vous ne la verrez point, sur la route de Bourgogne.

4. Surnom de la mère de Guitaut.

5. Jean Gauthier est receveur et procureur fiscal au marquisat d'Époisses. Mme de Sévigné souhaite qu'il supervise la gestion de La Maison, son fermier de Bourbilly.

6. Une des nombreuses filles des Guitaut. Elle finira comme les autres au couvent.

LETTRE 37

Page 127.

1. Docteur en médecine depuis 1664, Guy Fagon fut professeur de botanique au Jardin royal, puis successivement médecin de la Dauphine, de la Reine, des petits-fils du Roi et du Roi lui-même.

2. C'est-à-dire l'air du château de Grignan, sur une hauteur.

Page 128.

3. Le 20 mai, dans une lettre à son mari, Mme de Grignan lui affirmait fermement son désir et son projet de le rejoindre au plus tôt, sans aucune réserve sur sa santé. Mais le comte se laissa prendre aux arguments de sa belle-mère et la comtesse resta à Paris.

LETTRE 38

Page 129.

1. La cadette des deux filles du premier lit du comte. Elle portait le nom d'une des terres de la comté de Grignan.

2. Mme de Sévigné lisait une traduction française de l'épopée d'Homère, dont le titre est orthographié *laudicee* dans l'autographe.

LETTRE 39

1. La paix conclue (traités de Nimègue), Grignan pouvait plus facilement s'éloigner de son gouvernement. Il rentra à Paris aussitôt après l'assemblée générale des communautés, close à Lambesc le 20 décembre 1678. Il ne regagna la Provence qu'à l'automne, pour la session de l'année suivante, emmenant avec lui toute sa famille, fils, belles-filles et femme.

2. Non loin d'Époisses et de Bussy. On allait y prendre les eaux. On en expédiait aussi des bouteilles cachetées.

LETTRE 42

Page 132.

1. Mme de Grignan déteste cet aspect ostentatoire de l'amour de sa mère.

2. Sans doute Retz, revenu de sa retraite et que la comtesse n'aime pas.

Page 133.

3. Le café est alors considéré comme un remède.

4. La crise dont témoignent ces lettres, écrites alors que les deux femmes ne sont pas séparées par la distance géographique, ne vient pas de ce que Mme de Grignan n'aime pas sa mère ou de ce qu'elle refuse son affection, mais de ce qu'elle s'en croit mal aimée et peu estimée. C'est la conséquence d'un manque de confiance entre les deux femmes et de la comtesse envers elle-même.

LETTRE 43

1. Entre la mère et la fille, la lettre est un moyen de communication privilégié parce qu'elle permet de mieux mesurer ses paroles, de dépassionner les débats, de surmonter les inhibitions.

2. Le cardinal de Retz. Mme de Grignan était jalouse de l'admiration et de l'affection que sa mère lui portait.

Page 134.

3. La comtesse refusait tous les cadeaux de Retz. Mme de Sévigné aurait voulu qu'elle en fasse assez pour qu'il lui laissât une part de son héritage. Autre conflit.

Page 136.

4. Des raisons contraignantes. Mme de Grignan n'est pas forcée de partir, sauf par elle-même.

LETTRE 44

Page 137.

1. Retz mourut d'une infection pulmonaire, chez sa nièce, à l'hôtel de Lesdiguières.

2. Un médecin anglais, nommé Talbot, avait inventé un remède miracle à base de quinquina. Il en tenait la composition secrète. Louis XIV le lui acheta pour le donner au public.

3. Médecins attachés à la médecine la plus traditionnelle. La casse était un purgatif, mais certains objectaient qu'elle échauffait au lieu de rafraîchir.

Page 138.

4. Pendant la nouvelle séparation, qui va s'ouvrir quinze jours plus tard, Mme de Sévigné verra mourir La Rochefoucauld, et Foucquet toujours à Pignerol. L'épreuve la tournera vers Dieu pour une définitive conversion janséniste et un apaisement résigné.

5. Pour faciliter son voyage quand elle passera en Bourgogne.

LETTRE 45

Page 139.

1. À une dizaine de kilomètres d'Époisses. La comtesse est allée en bateau jusqu'à Auxerre par la Seine et l'Yonne, puis elle prend la route de Bourgogne jusqu'à Chalon, où elle emprunte à nouveau la voie fluviale par la Saône, puis le Rhône.

2. Mme de Sévigné espère un miracle qui empêcherait le départ de sa fille. Pourquoi pas la maladie de sa cousine germaine et amie ?

LETTRE 46

Page 141.

1. Plusieurs domestiques des Grignan sont restés à Paris, malades.

2. Les *mémoires* des dépenses et des créanciers.

3. Louis-Provence, qui était du voyage. Il va avoir huit ans.

Page 142.

4. Une carte des postes, qui donne à la fois itinéraires et jours des courriers. Mme de Sévigné recommence à écrire à chaque courrier. Ceux de Provence partent toujours les mercredi et vendredi. Il y en a un le lundi jusqu'à Lyon.

5. Au sens physique d'incapacité à rester immobiles. C'était la conséquence d'une mauvaise circulation du sang dans les jambes.

6. Nous dirions cabine.

7. L'arche de Noé, avec tous ses animaux

LETTRE 47

Page 143.

1. Les maux de ventre de la comtesse, habituels pendant ses règles.

2. Le fils de Grignan, le *matou.*

3. Rien n'en paraît dans la lettre écrite à la comtesse le lendemain.

Page 144.

4. Bussy va aussi, au même moment, entendre à Semur-en-Auxois les sermons du « père Honoré de Cannes ». Il prêchait des missions qui eurent un grand succès.

5. Le cuisinier emmené de Paris avait refusé de poursuivre le voyage.

6. Les îles au large de Cannes, dont Guitaut était gouverneur (lettre 25 et note 2). Jeanne-Judith naîtra en avril 1680.

7. Sur la mort du cardinal de Retz, dont Caumartin, beau-frère de Mme de Guitaut, était l'ami dévoué.

LETTRE 48

Page 145.

1. « Terme de mépris qui se dit d'une méchante hôtellerie » (*Dictionnaire de l'Académie*, 1694). Voir lettre 29 une mésaventure analogue, arrivée à Mme de Sévigné sur la Loire.

2. La seconde fille de la comtesse, en pension à Aubenas dans un couvent dont une sœur de son père était abbesse. Elle a cinq ans.

3. Des détails sur la mort de Retz.

Page 146.

4. D'Hacqueville, la discrétion même, mort en juillet 1678.

LETTRE 49

Page 147.

1. Domestique dirigeant l'office (lettre 32, note 11).

2. Le marquis de La Salle venait d'acheter la charge de maître de la garde-robe à Tilladet, devenu capitaine des Cent-Suisses à la place de Vardes.

3. Le fils de La Rochefoucauld, grand maître de la garde-robe.

4. Allusion au rang subalterne de Charles de Sévigné, guidon puis enseigne aux gendarmes-Dauphin.

5. Le mariage du Dauphin avec une princesse de Bavière. Le contrat fut signé à Munich en décembre 1680. La princesse arriva en France en mars.

6. Le Roi attendit 1688 pour faire de nouveaux chevaliers de ses ordres.

7. Une couturière.

Page 148.

8. *Ceux qui vous aiment* sont *prisonniers* de votre malchance. Ainsi Corbinelli et la comtesse *(on)* n'ont pu *profiter* des avantages que Retz voulait leur faire, l'un à cause de la *mort* du cardinal, l'autre à cause de son *antipathie* pour lui.

9. Des injustices de la comtesse à son égard, qui l'englobait dans son antipathie pour Retz.

Page 149.

10. Mme de Sévigné a déjà évoqué les bons rapports de Mme de Soubise et de sa mère : « Cette fille n'écrit pas comme vous, elle n'a pas de l'esprit comme vous, mais elle a de la tendresse et de l'amitié comme vous » (2 septembre 1671).

11. Mme de La Fayette voudrait rapprocher Grignan de la cour. Mais le comte se plaisait en Provence, où il était le représentant du Roi et donc partout le premier.

12. Le mariage de la fille aînée de Louvois avec La Roche-Guyon, petit-fils de La Rochefoucauld, entravé par l'*écrevisse*, qui le fait aller à reculons, peut-être Gourville, qu'on avait écarté des négociations.

13. La vieille passion et les agitations de La Trousse pour Mme de Coulanges, femme de son cousin, au quartier du Marais.

Page 150.

14. Il avait dû quitter l'hôtel de Condé (voir lettre 11).

15. Pour l'assemblée annuelle des communautés, où l'on vote les impôts.

16. Pour se préparer à la communion de la Toussaint.

17. Charles de Sévigné, sans doute par une application plaisante de la fable de La Fontaine « Les deux Pigeons ».

18. Les États de Bretagne, auxquels il a assisté pour la première fois parmi la noblesse. Au grand désespoir de sa mère, il va bientôt décider d'abandonner l'armée et la cour pour se retirer dans ses terres.

19. Bodégat, près de La Trinité, et le Buron, près de Nantes, sont deux terres appartenant aux Sévigné.

Page 151.

20. Père spirituel de la comtesse, adepte de sa philosophie.

LETTRE 50

1 Mme de Sévigné a déjà employé cette expression pour parler de désordres, ici celui de sa pensée.

Page 152.

2. Voir le début de la lettre 10.

3. « Terminer une affaire, sortir d'un engagement avec honneur et d'une manière irréprochable » (*Dictionnaire* de Richelet, 1680). Mme de Sévigné est persuadée que Vendôme, gouverneur en titre, a maintenant l'âge d'exercer sa charge et que sa fille et son gendre vont pouvoir revenir à Paris. Mais Vendôme n'ira que deux fois en Provence, pour la forme, et Grignan continuera à remplir ses fonctions.

4. Les mal mariés de 1671 (lettre 9). Le mari réclamait sa femme, qui vivait joyeusement loin de lui.

LETTRE 51

Page 153.

1. « Avec l'esprit et avec la main », vers de la *Jérusalem délivrée*.

2. Des condoléances à Pomponne, brusquement disgracié pour négligence. Le Roi avait su de Colbert la conclusion du mariage du Dauphin, Pomponne ayant tardé à lui en faire parvenir la nouvelle.

3. Pour ma mise, pour ma part.

Page 154.

4. Fresnes était le château de Mme du Plessis à la campagne, l'hôtel de Nevers sa maison de ville (lettre 3).

5. Condé. Vers tirés d'une *Réponse à l'épître écrite à Mme la marquise de Montausier sur son nouvel accouchement*.

6. En donnant une explication des épreuves, la volonté de Dieu n'enlève pas la souffrance, mais elle lui donne un sens, détournant de la révolte et du désespoir. C'est ainsi que Mme de Sévigné se résigne à la séparation d'avec sa fille.

Page 155.

7. Louvois, qui se faisait valoir par la guerre.

8. Pour causer sans témoins en tête à tête.

9. Famille de la précédente femme du prince de Guéméné, morte le 21 août après un peu plus d'un an de mariage. Il eut treize enfants de sa nouvelle épouse.

LETTRE 52

Page 156.

1. Mme de Grignan continue donc d'écrire elle aussi deux fois par semaine, ses lettres arrivant en général le mercredi et le dimanche.

2. La femme de l'intendant de Provence.

Page 157.

3. Surnom d'Otterman, précepteur du marquis de Grignan, l'un des domestiques dont le départ pour Grignan avait été retardé par la maladie.

4. Fille du premier président au parlement d'Aix et femme du fils de son prédécesseur.

5. Somme que Mme de Sévigné avait avancée au précepteur par précaution. Un écu valait trois livres de vingt sols chacune.

6. Mme de Grignan payait une pension à sa mère pour son entretien et celui de ses domestiques. L'abbé de Coulanges avait tendance à la surévaluer, ce qui causa un conflit assez grave entre Mme de Sévigné et lui.

7. Domestique des Grignan et courrier envoyé par le comte à l'occasion du vote des impôts par l'assemblée des communautés.

Page 158.

8. Mme d'Effiat venait d'être nommée gouvernante des enfants de Monsieur, frère du Roi, en remplacement de Mme de Clérembault. Mme de Leuville était une demoiselle d'Effiat.

9. Attachée aux intérêts de la maison de Monsieur, elle sera gouvernante de ses enfants après Mme d'Effiat. Elle revenait d'accompagner en Espagne celle de ses filles qui y avait épousé le roi.

10. Le courrier dont le retard a entraîné la disgrâce de Pomponne (lettre 51).

11. Au sujet des affaires de Provence.

12. Nom porté désormais par Marie-Blanche, fille aînée de la comtesse

Page 160.

13. En modifiant la rédaction de l'adresse ?

14. À l'annonce de la disgrâce de Pomponne, annoncée le 22 novembre par Mme de Sévigné et que Mme de Grignan venait d'apprendre en rédigeant sa lettre du 29.

15. Louvois. Ce fut un Colbert qui eut la succession de Pomponne.

16. La joie du mariage de sa fille avec le petit-fils de La Rochefoucauld.

17. Saint-Laurens, le courrier officiel, qui doit attendre les réponses de la cour.

Page 161.

18. Allusion au formulaire sur les cinq propositions de Jansénius que les religieuses de Port-Royal, et particulièrement les Arnauld (tantes ou sœurs d'Arnauld de Pomponne), avaient refusé de signer.

LETTRE 54

Page 163.

1. C'est-à-dire très brièvement, pour ménager sa santé. Mais Mme de Grignan ne doit pas prendre sa mère au mot : elle s'inquiéterait.

Page 164.

2. Le secrétaire du comte ; il avait remplacé Davonneau.
3. Souvenir de l'Évangile. Voir les reproches de Mme de Sévigné à Buous et à Saint-Laurens (lettre 52).
4. Au dernier départ de sa fille, Mme de Sévigné lui avait fait cadeau d'une écritoire. L'abbé de Coulanges l'avait mis sur le mémoire des dépenses. La marquise avait tenu bon pour l'offrir.

Page 165.

5. Un médecin.
6. Un oncle de Mme de Sévigné, frère de sa mère et de l'abbé.
7. L'eau de Vichy, en Bourbonnais.
8. De bohémiens, ou plutôt de personnages déguisés en bohémiens pour une mascarade.

Page 166.

9. Elle quitta volontairement la cour pendant quelques semaines pour montrer sa mauvaise humeur.
10. Le Roi venait de marier cette fille, qu'il avait eue de Mlle de La Vallière, avec le jeune prince de Conti, neveu de Condé.
11. Fille d'une dame de Lambesc, amie provençale de sa fille
12. Le duc d'Enghien, fils du prince de Condé.
13. Au couvent des Carmélites, où elle faisait pénitence. Voir lettre 25.
14. La veuve du père de Mlle de La Vallière, remariée à Saint Rémy.
15. Gautier, spécialisé dans la vente des étoffes de soie, d'or et d'argent, a *touché* pour les *noces* de la fille de Louvois, de la nouvelle princesse de Conti, de la Dauphine.

Page 167.

16. Mme de Rochefort était dame d'atour de la Dauphine.
17. Jeu de cartes extrêmement facile.
18. Frère de Pomponne.
19. Le 3 août, Louvois s'était cassé la jambe en tombant de cheval.

Page 168.

20. Le cuisinier que Mme de Sévigné avait envoyé à sa fille en Provence sur la recommandation de La Forêt, cuisinier réputé.
21. La future princesse des Ursins.
22. La nouvelle princesse de Guéméné (lettre 51 et note 9).
23. Dans sa propriété de Pomponne.

Page 169.

24. « Faire le pied de veau : faire la révérence à quelqu'un d'une manière basse et servile » (*Dictionnaire de l'Académie*).
25. On le fermait en temps de paix. Mme de Grignan est en paix quand son écritoire est fermée.
26. Grignan était le capitaine des bohémiens dans la mascarade.
27. Marie-Blanche, qui vient d'avoir huit ans.

LETTRE 55

1. Une bouffée de fièvre.

Page 170.

2. Gordes arrivait de Provence.

Page 171.

3. « M. de Luxembourg s'est mis volontairement à la Bastille, et se croit assez innocent pour prendre ce ton » (24 janvier). La comtesse de Soissons avait préféré s'enfuir. D'autres grands seront compromis par les accusations de la Voisin. L'affaire des poisons commençait.
4. En acceptant de comparaître devant la chambre ardente, juridiction d'exception mise en place par Louis XIV, il dérogeait aux privilèges des ducs et pairs, justiciables du seul Parlement.

Page 172.

5. Louis de Simiane de Gordes, évêque de Langres.
6. Marie-Anne Mancini, nièce de Mazarin, duchesse de Bouillon. Elle avait trente-quatre ans et son mari quarante. Vendôme, gouverneur de Provence en titre, était fils d'une autre nièce de Mazarin
7. Demi-sœur de la femme de Luxembourg. On l'accusait d'avoir introduit les autres clientes chez la Voisin.

Page 173

8. Elle avoua avoir brûlé dans le four ou enterré les corps de plus de deux mille cinq cents enfants avortés.

9. La possibilité d'obtenir pour Grignan une charge à la cour (lettre 49 et note 11).

10. L'une des toutes premières inculpées dans l'affaire des poisons, arrêtée en janvier 1679, condamnée à être brûlée vive et exécutée.

Page 174.

11. Malgré sa belle assurance, la duchesse de Bouillon préféra l'exil à une confrontation avec la Voisin.

12. Le gouverneur de la Bastille.

13. Née Montmorency-Boutteville, comme le duc de Luxembourg dont elle est la sœur.

Page 175.

14. Surnom d'une des domestiques de la comtesse.

15. Ce livre de polémique était l'œuvre d'un jésuite, qui le publia en 1680 sous le pseudonyme de Louis de La Ville.

Page 176.

16. Le Roi lui avait permis de venir temporairement à Paris pour ses affaires.

LETTRE 56

Page 177.

1. Sa femme était sœur de Mme de Guitaut.

2. Le Chevalier avait été choisi comme l'un des six gentilshommes destinés à suivre le Dauphin, les « menins »; le bel abbé nommé évêque d'Évreux.

3. Pierre La Rouvière. Mais il mourra bientôt.

LETTRE 57

Page 179.

1. « Quoique ma lettre ne parte que mercredi, je ne puis m'empêcher de la commencer aujourd'hui pour vous dire que M. de La Rochefoucauld est mort cette nuit » (dimanche 17 mars). Il fut emporté en quelques jours par une « goutte remontée ».

2. Mme de La Fayette.

3. « Amitié, union des cœurs. Sorte d'intelligence et d'union qu'on a avec des personnes » (Richelet). Le mot n'a pas encore le sens qu'il a acquis depuis, de liaison amoureuse.

4. Le quatrième volume des *Essais de Morale* de Pierre Nicole

venait de paraître Il reprenait l'idée que tout ne doit être jugé que selon les lumières de la foi.

Page 180

5. Foucquet n'était à Pignerol que depuis la fin de son procès, en 1665. Mais il était en prison depuis son arrestation à Nantes en 1661.

6. La vallée du jugement dernier, à la fin du monde.

7. Basile Foucquet était mort le 30 janvier, l'ancien surintendant, le 23 mars. Leur rupture avait été publique dès 1657.

Page 181

8. Image hardie, familièrement reprise plusieurs fois, due au grand nombre des enfants de Guitaut.

LETTRE 58

1. Jeanne-Judith, née le 26 avril.

Page 182.

2. « Je sens les nouvelles douleurs d'une séparation, et un éloignement par-dessus un éloignement » (3 mai). Mme de Sévigné a quitté Paris le 6 ou le 7 mai pour aller aux Rochers en passant par Nantes comme en 1675. À chacune des séparations (sauf celle, trop brève, de 1677), elle profite de l'absence de sa fille pour aller en Bretagne régler ses affaires.

3. Après leur réexpédition de Paris (voir note 1 de la lettre 12)

Page 183.

4. À l'heure où se développait la piété populaire envers Marie, Mme de Sévigné se tourne vers une piété plus dépouillée. C'est de ce séjour aux Rochers et des lectures qu'elle y a faites que l'on peut dater sa conversion en profondeur au jansénisme qu'elle considérait favorablement dès 1671.

5. Voir lettre 21 et note 2

6. Souvenir de *Tartuffe.*

Page 184.

7. Un guérisseur venu de Provence pour traiter cette maîtresse passagère du Roi. Mais le mieux ne dura guère.

8. Molière a joué *Le Fagotier* (1661), puis *Le Médecin par force* (1664) avant de donner *Le Médecin malgré lui*, que nous connaissons (1666).

LETTRE 59

Page 185.

1. Le paquet renvoyé de Paris par Dubut, maître d'hôtel de Mme de Sévigné. Les courriers sont les mêmes depuis 1671.

Page 186.

2. En fait trois.

3 Au coche d'eau. Il devait ce nom au service régulier établi d'abord par cette voie entre Paris et Corbeil.

4. Jean Rousseau, avocat à Paris et homme d'affaires des Grignan.

5. Libéral Bruan, architecte célèbre, qui dirigeait les aménagements entrepris à Carnavalet.

Page 187.

6. Mme de Fontanges, qui souffrait de pertes de sang.

7. À un voyage dans les Flandres et à Lille entrepris pour intimider les ennemis.

Page 188.

8. L'évêque d'Apt ne s'opposera pas au désir du frère de Grignan, coadjuteur d'Arles, de devenir non syndic, mais procureur du pays pour le clergé à l'assemblée des communautés de Provence. Les Grignan renforçaient leur position dans la province.

9. Plaisanterie. Mme de Grignan lui ferait écrire par l'Allemand qui est précepteur de Louis-Provence, et elle ferait lire les lettres par sa voisine des Rochers, la princesse de Tarente, allemande elle aussi.

Page 189.

10. Plaisanterie sur *tremper* et *tromper*. Les femmes de chambre de la marquise lui avaient envoyé par jeu une fausse lettre. Elle s'y était laissé prendre.

11. Passage de saint Augustin citant saint Paul. Tout le développement montre le progrès de Mme de Sévigné vers le jansénisme, dû notamment à la lecture d'une traduction du traité d'Augustin *De la Prédestination et de la Grâce*.

12. Descartes, dans la IV\ :sup:`e` partie du *Discours de la Méthode*.

Page 190.

13. Les mérites viennent de la grâce. Ils ne donnent aucune certitude du salut, mais ils permettent de l'espérer.

14. En 1679, Innocent XI avait condamné soixante-cinq propositions tirées des nouveaux casuistes. Il venait d'envoyer un troisième bref à Louis XIV. C'est celui qui est mentionné aussi en fin de lettre.

15. La *Vie* du pape Sixte Quint par Gregorio Leti (1669).

16. L'*Histoire de l'Arianisme*, en deux volumes, par le père Maimbourg (1672).

17. Les jansénistes, que Mme de Sévigné lit comme moralistes plutôt que comme théologiens de la grâce.

18. Des abris qu'elle avait fait construire dans son parc.

19. La Rochefoucauld avait écrit au contraire : « Nous n'avons pas assez de force pour suivre toute notre raison. »

Page 191.

20. Louvois l'avait présenté lui-même au Roi pour le récompenser de son aide dans la négociation du mariage de sa fille avec le fils de Marsillac.

21. Leur longue liaison était notoire. La bassette était un jeu de cartes importé d'Italie, très à la mode à partir de 1678.

Page 192.

22. Vers célèbre du *Cid*.

Page 193.

23. Les abris de jardin du parc dont il a déjà été question.

24. Mme de Sévigné précise un jour que ce mot est de sa grand-mère, Jeanne de Chantal.

25. Le bref du pape.

26. Mme de Sévigné rentre le 29 octobre à Paris, où Mme de Grignan la rejoint bientôt. Retenue par des affaires de famille et un procès important, elle y restera jusqu'en octobre 1688.

LETTRE 60

1. Charles s'est marié en Bretagne le 8 février 1684. Sa mère, qui n'est pas allée au mariage et qui doit régler ses affaires considérablement modifiées par cet événement, se rend une fois de plus aux Rochers, mais en laissant sa fille dans la capitale. C'est de là que la comtesse lui écrit deux fois par semaine, et là qu'elle lui répond le mercredi et le dimanche comme d'habitude. Elle est partie de Paris le 12 septembre et s'est embarquée sur la Loire à Orléans. Comme elle ne veut pas passer par Nantes, elle débarquera aux Ponts-de-Cé, près d'Angers, d'où elle gagnera les Rochers par la route.

2. Diane-Jacqueline (lettre 28, note 3), supérieure de la Visitation d'Angers en 1683.

LETTRE 61

Page 195.

1. À Lyon, où habitait le père de l'abbé (lettre 35 et note 6).

2. Trop grossière, comme la paysanne aimée de Don Quichotte, pour comprendre les sentiments qu'on lui porte.

3. Après le temps des trésors cachés, c'est maintenant celui des trésors découverts et des certitudes de l'amour partagé. La résignation janséniste de la marquise a beaucoup contribué à son apaisement.

4. Lors d'un voyage de Mme de Grignan à la cour, la femme ou la

fille du Brancas qui avait fait son mariage lui a tourné le dos au physique et au moral : elle n'a donc pu profiter de l'appui escompté de cette famille.

5. Le Roi quitta Versailles le 21 septembre, arriva le 24 à Chambord, en repartit le 12 octobre pour Fontainebleau, ne regagnant Versailles que le 15 novembre.

Page 196.

6. Mme de Sévigné laisse sa fille dire qu'elle est venue aux Rochers pour voir son fils Charles, mais elle ne veut pas qu'elle le croie.

7. L'absence de ressources financières oblige Mme de Sévigné à aller faire des économies en Bretagne : Charles déduit de ce qu'il doit à sa mère les frais de son entretien aux Rochers. Voir la lettre 65.

8. Henri Arnauld, le dernier évêque janséniste. Frère de Pomponne, l'abbé Arnauld est son neveu.

9. De la même famille que Mme de La Troche, amie de Mme de Sévigné.

Page 197.

10. Notre-Dame de Ronceray, une abbaye de bénédictines.

LETTRE 62

Page 198.

1. Surnom que Charles aime donner à Mlle d'Alérac, l'une des deux filles du premier lit du comte de Grignan. On négociait alors son mariage avec le vicomte de Polignac. L'affaire échoua de peu. Sainte Grignan est sa sœur aînée, qui voulait se faire carmélite. Elle ne put faire profession, pour raison de santé, mais vécut religieusement loin du monde.

LETTRE 63

1. Lasse du monde, Mlle de Grignan venait de s'enfuir chez les bénédictines de Gif.

2. Montausier était le mari de Julie d'Angennes, sœur de la première femme du comte et donc l'oncle par alliance de Mlle d'Alérac. Il fera échouer le mariage par ses prétentions.

Page 199.

3. Ouvrage de Gilbert Burnet, traduit en français par Rosemond en deux volumes parus en 1683 et 1685.

4. La présence de Mme de Grignan à Paris assure à l'échange épistolaire non une plus grande régularité dans l'écriture des deux femmes mais dans la réception de leurs lettres

5. Un petit deuil qui la dispenserait d'aller faire sa cour. Sur Montmoron, lettre 16 et note 2.

6. La princesse de Tarente était, elle aussi, séparée de sa fille, qui habitait Copenhague. Comme le café et le chocolat, le thé était considéré surtout comme un médicament.

Page 200.

7. Le landgrave de Hesse-Cassel, neveu de la princesse de Tarente. Il mourut en 1730 à soixante-quinze ans.

8. La très belle abbaye de Saint-Maixent, donnée en fait à son frère, l'abbé Arnauld. C'était un signe de retour en grâce.

9. « Je ne suis pas jaloux de ton sort, mais je déplore le mien », adaptation d'un vers du *Pastor Fido* de Guarini.

LETTRE 64

Page 201.

1. Un sulfate de potassium ou un tartre de potassium et de sodium qui servait alors de purgatif. « J'aime l'émotion du polychreste », écrivait Mme de Sévigné le 16 octobre 1680. Mme de Grignan avait été malade au retour de son voyage à Gif.

2. Pierre Alliot, un Lorrain venu à la cour en 1665 pour soigner Anne d'Autriche, médecin ordinaire du Roi.

3. Séron, « médecin suivant la cour », était le médecin de Louvois.

4. Il avait été de l'Oratoire. On venait de le charger de l'éducation de Louis-Provence, près de qui il joua le rôle de gouverneur.

Page 202.

5. Ce baume, qui existe toujours en pharmacie, venait d'être inventé par un capucin, François Aignan, en religion frère Tranquille. C'était un des capucins du Louvre, alors en Bretagne.

6. Mlle de Murinais, ancienne amie de Mme de Sévigné par les Chaulnes.

Page 203.

7. Les articles de son contrat de mariage.

Page 204.

8. Un ruisselet de Livry, pompeusement appelé *canal* par du Plessis.

9. La Saint-Hubert, fête des chasseurs, était fêtée le 3 novembre.

10. Où se trouvait la cour (lettre 61, note 5).

Page 205.

11. Anne de Rohan, épouse d'un neveu du duc de Chaulnes, morte le 29 octobre à quarante-quatre ans.

12. Une amie, souvent sa conseillère pour ses achats.
13. Variante plaisante pour le Bien Bon, l'abbé de Coulanges.
14. Domestique de l'abbé de Coulanges demeurée à Carnavalet.

LETTRE 65

Page 206.

1. À la différence de sa mère, qui avait la larme facile, pleurer était *une affaire* pour Mme de Grignan.
2. Phrase capitale sur la hiérarchie des sujets des lettres. Privilégiés par la critique, la gazette et les développements brillants n'y ont pour Mme de Sévigné qu'un rôle accessoire.
3. Voir lettre 60 et note 1, lettre 61 et note 7.

Page 207.

4. En concluant le mariage de son fils, Mme de Sévigné a promis de lui laisser à sa mort son bien libre de dettes et hypothèques.
5. Qu'ils étaient en Bretagne et qu'ils pourraient éventuellement soigner sa mère. Ce sera le cas (lettre 67).

Page 208.

6. Les Fouesnel étaient des cousins provinciaux dont on saluait avec joie le départ quand ils venaient aux Rochers. Cette fois, c'était Mme de Sévigné qui était allée les voir.
7. La femme à la mauvaise haleine (cul-vers-dents). Il y a sans doute un jeu de mots derrière *Cafut*. Coulanges et Mme de Sanzei étaient frère et sœur. Mme de Sévigné a été élevée avec eux comme une grande sœur.
8. Mme de Marbeuf. La *souveraine :* la princesse de Tarente.
9. Sœur du comte de Mauron, beau-père de Charles de Sévigné et sa tante par alliance.

Page 209.

10. Un certain Saint-Rémi de Rosnevinen.
11. Ce neveu de Mme de Sévigné venait d'être nommé gouverneur d'Ypres. Elle avait favorisé son mariage, intervenant pour lui auprès de Foucquet. Mlle de Méri était sa sœur. Il avait aimé Mme de Coulanges, femme de son cousin germain (lettre 49 et note 13).
12. La Trousse revenait de commander les troupes françaises en Savoie. Mme de La Fayette était l'amie de la grande-duchesse, Jeanne-Baptiste de Savoie-Nemours, qui y régnait depuis 1675 en qualité de régente.
13. La chance.

Page 210.

14. L'incommodité de l'amour (« la grande amitié n'est jamais tranquille », dit encore Mme de Sévigné) doit pourtant être préférée à la *léthargie* de l'absence de sentiments.

15. Elle venait d'épouser un Breton, fils de M. de La Vitré.

16. Son plus proche voisin à Paris, rue Pavée.

Page 211.

17. Comme domestique.

LETTRE 66

Page 212.

1. Sur le développement du mal, causé par un accident de carrosse, voir la lettre 71. Elle ne guérira qu'en octobre, après son retour à Paris.

2. L'onguent noir, qui avait une consistance plus ferme que les onguents ordinaires, comportait notamment de l'huile, de la cire blanche et jaune, du suif de bouc, de la résine, du mastic et de la poix noire.

3. Néologisme. Un grimaud est un écolier débutant, qui comprend mal, comme Mme de Grignan qui a cru sa mère gravement blessée.

4. Les *amers* sont des médicaments au goût amer, comme les bouillons de chicorée. Mme de Sévigné joue sur l'ambiguïté du sens propre et du figuré.

Page 213.

5. On a donc tort d'accuser Mme de Grignan d'être trop raisonnable et de manquer de sensibilité, comme on le fait habituellement.

6. L'évêque de Troyes, autrefois l'abbé de Chavigny.

7. Mme de Sévigné, principale locataire de l'hôtel Carnavalet, qu'elle partage avec sa fille.

8. L'aînée des filles du comte, la sainte Grignan de la lettre 62.

9. Premier maître d'hôtel de Monsieur, brusquement remplacé par le chevalier de Nantouillet.

Page 214.

10. Le baume tranquille. La poudre de sympathie était un remède magique. On ne l'appliquait pas sur le mal, mais sur un linge trempé du sang de la plaie, et il agissait même à distance.

11. Plaisanterie. Mme de Marbeuf n'était qu'une amie et elle avait des héritiers naturels.

12. La charge de grand maître des cérémonies de France avait été créée en 1585 pour un de ses aïeux. Il était le cinquième à l'exercer.

13. Le doge de Gênes vint en mai faire sa soumission à Louis XIV.

14. La maison, la famille.

Page 215.

15. Marguerite de Bréhant, la femme de Charles.

16. Délégué à l'assemblée du clergé de mai à juillet 1685. L'évêque de Carcassonne est un frère de Grignan, l'ancien *bel abbé*, puis évêque d'Évreux.

17. « Le seigneur marquis » de Grignan. La *princesse* : Mlle d'Alérac. Le *Troyen*, non pas Énée, mais l'évêque de Troyes.

LETTRE 67

Page 216.

1. Les fameux capucins médecins, recueillis par le duc de Chaulnes.

Page 217.

2. Eau spécifique contre les vapeurs qui portait le nom de son inventeur.

3. Mme de Sévigné n est pas malade depuis trois mois, mais elle a depuis trois mois du baume tranquille (lettre 64 et note 5), qui aurait dû la guérir si on l'avait correctement employé.

4. Des esprits animaux, conformément à la doctrine cartésienne.

Page 218.

5 De prétendants à la main de Mlle d'Alérac

LETTRE 68

¹. La nouvelle de la mort du roi d'Angleterre Charles II, survenue le 16, arriva à la cour le 19. Louis XIV y interrompit les fêtes jusqu'au 26

Page 219.

2. Célèbres vers du *Cid*.

3. En imagination.

4. *Contente* (orthographe de l'autographe) de Mme de Montespan.

5. Mme de La Fayette.

6. « Une grosse casaque », mise à la mode quand l'électeur de Brandebourg entra en Alsace. Ses gens en étaient revêtus.

Page 220.

7. Le 5 mars en 1685.

8. Les sympathies catholiques de son successeur Jacques II seront la cause majeure de la défection de ses sujets et de leur ralliement au mari de sa fille, le prince d'Orange

9 Fils naturel de Charles II

Page 221.

10. Langevin est un domestique de la comtesse. Sur Beaulieu, lettre 15 et note 7.

11. Point de ristournes. Les gages sont fixes.

12. Officier des Grignan.

Page 222.

13. Manger maigre pendant le carême.

14. Principal domestique de Charles (lettre 72 et note 6).

LETTRE 69

1. « Pour en revenir à notre sujet. »

2. Les frais de port étaient payés par le destinataire, proportionnellement au poids et à la distance. Mme de Sévigné ne regrette pas ce qu'elle a payé en recevant le livret du carrousel qui avait eu lieu à Versailles les 4 et 5 juin précédents. Il n'y en avait plus eu depuis 1664.

Page 223.

3. Les participants du carrousel prenaient chacun une devise et étaient, dans le livret, présentés par des madrigaux qui la commentaient. La devise du duc de La Ferté était *Falta de meior* avec « un chien blanc qui ronge un os ». Cet os pouvait « blesser les yeux » ; le duc le rongeait « faute de mieux ».

4. Du fils de Mme de La Fayette, qui avait participé au carrousel, avec pour devise un éclair et ce mot : « *Peresca como lusca* » : Qu'il disparaisse, mais qu'il brille.

5. La duchesse d'Enghien.

Page 224.

6. Nouveau remède quasi magique. On emporte le mal au loin et on le rend à la terre.

7. La *place Madame* était située au nord-ouest du château, là où se rencontraient à la perpendiculaire l'extrémité du mail la plus éloignée et la *grande allée*, qui traversait le parc jusqu'à la porte qui donnait dans le *grand chemin* ou route de Vitré.

8. Notamment à celui de chasteté. Ils étaient allés en Égypte, d'où ils avaient ramené leurs médications, avant d'être accueillis au Louvre, puis de se retirer en Bretagne.

Page 225.

9. Les États n'avaient pas toujours lieu dans la même ville. Ceux de Dinan commencèrent le 1er août. Mme de Sévigné n'y assista point. Elle alla rendre ses devoirs aux Chaulnes à Dol, avant l'ouverture.

10. Caumartin, ami de Chaulnes, allait être remplacé par Fieubet dévoué à Pontchartrain, premier président du parlement de Bretagne, que le gouverneur n'aimait guère.

11. Pour des travaux à Carnavalet. Voir lettre 59 et note 5.

12. Il rebâtissait pour lui le château de La Trousse.

Page 226.

13. À cause de ses rhumatismes. Il était menin du Dauphin (lettre 56 et note 2).

Page 227.

14. Les Chaulnes.

15 Sur Gautier, lettre 54 et note 15

16 Une couturière moins chère.

17 Hors du sujet.

Page 228.

18. Partis guerroyer en Pologne avec la permission du Roi (le beau-père), puis en Hongrie malgré les défenses de Condé, leur oncle.

19. « Et là-dessus. » Voir la phrase finale de la lettre 17.

20. Le plan du parc des Rochers. Il s'y est promené au figuré, en le lisant. Le parc formait une sorte de trapèze, dont la base n'était pas perpendiculaire au château. D'où le *travers* des allées, *droites* pourtant.

21. Le capucin auteur du baume (lettre 64, note 5).

LETTRE 70

Page 229.

1. Métaphoriquement. Mme de Grignan peut éprouver et chanter les mérites de Livry comme sa mère aime à le faire

2. Au temps des mésententes.

3. Louise-Catherine avait pris dès 1680 la décision de principe d'entrer en religion, mais c'est seulement au début de 1686, après s'être *expliquée* à ce sujet, qu'elle prit l'habit aux Carmélites, où elle ne put demeurer. Sans ce retard, Mme de Grignan serait partie pour la Provence sans attendre le retour de sa mère.

Page 230.

4. Souvenir du *Cid*.

Page 231.

5. Orthographe de l'autographe. Le genre du mot a été longtemps indécis.

6. La veuve du frère de Madame, prince palatin et électeur de Bavière

Page 232.

7. La forêt du Pertre, en surplomb, à l'est des Rochers.

8. Maison de campagne de Lamoignon, où les deux femmes avaient fait le projet de se retrouver et où elles se retrouvèrent effectivement en septembre.

LETTRE 71

Page 233.

1. Avant d'avoir vu de ses yeux les Chaulnes partir de Dol, à l'inverse de la Martine du *Médecin malgré lui*, qui ne veut pas quitter son mari avant de l'avoir *vu pendu*.

2. Nouveau commissaire du Roi pour les États.

3. Palais magique du *Roland furieux* de l'Arioste. Il rendait invisibles ceux qu'on y cherchait.

Page 234.

4. Les États eurent lieu à Dinan du 1er au 23 août.

5. L'accident où Mme de Sévigné a été blessée à la jambe.

Page 235.

6. Fiévreuse.

7. Une guérisseuse, qui venait de diagnostiquer un érysipèle.

8. Le mariage du duc de Bourbon, petit-fils du grand Condé (seize ans) et de Mlle de Nantes, fille du Roi et de Mme de Montespan (douze ans), à Versailles, le 24 juillet

9. La comtesse est allée à Sceaux, chez Seignelay, mais après la fête donnée au Roi.

10. Autrement dit, cette dame copiait ridiculement Mme de Grignan.

11. Ils refusaient de signer au contrat de mariage de Polignac et de leur nièce et cousine d'Alérac. Ce refus entraîna la rupture définitive du projet de mariage.

12. Révolté contre le roi d'Angleterre, Jacques II, il fut pris et exécuté.

Page 236

13. Ce poète, voisin de Livry, était déformé par la goutte

14. Où il la trouvera pour les États de Bretagne.

15. « Quand il n'y a plus que le vacher à payer, la dette n'est pas bien grande » (proverbe).

Page 237.

16. Vu leur âge, on ne les coucha ensemble que pour la cérémonie

17. Mme de Langeron était dame d'honneur de la petite duchesse.

18. Mme de Vaudémont, mariée à un batard de Lorraine
19. Vers d'*Atys,* opéra de Quinault et Lully (1676)
20. Veuve non remariée. Deux fois veuf, le duc de Luynes, à soixante-cinq ans, avait souhaité épouser Mme de Sévigné qui en avait alors cinquante-neuf.

Page 238.

21. Chute imaginaire, dont les circonstances rappellent la vraie chute, cause de la blessure de Mme de Sévigné.

LETTRE 72

1. « Au jeu du Roi à Marly », note de Perrin, premier éditeur de la lettre en 1754. Être invité par le Roi à Marly était une faveur très recherchée.
2. Le duc d'Enghien, fils du grand Condé, et donc l'un des plus proches du rang royal.

Page 239.

3. La princesse de Conti, « au-dessus de l'humanité ». La Fontaine célébrera pareillement dans *Le Songe* la taille et la grâce de la princesse, qui dansait admirablement. Cela rappelle à Mme de Sévigné le temps où sa fille dansait avec Henriette de France, mais c'était dans les années soixante, à la génération précédente.

Page 240.

4. Comté appartenant au duc de Bouillon. Cette famille était disgraciée à cause d'un de ses membres, le prince de Turenne, jugé responsable de la désobéissance de Conti, qui était allé combattre en Hongrie (lettre 69 et note 18).
5. Un petit reste de fièvre.
6. François Larmechin, le valet de chambre de Charles, s'était marié le 7 août. Sur Beaulieu, voir lettre 15 et note 7.

Page 241.

7. On voulait obtenir, pour Louis-Provence, qui allait avoir quatorze ans, la transmission automatique et sans frais de la charge de son père au cas où celui-ci décéderait. La pratique était courante, mais le Roi la freinait le plus possible. Même plus tard, il n'accéda pas à la demande des Grignan. Louis-Provence mourut en 1703 et son père en 1714.

LETTRE 73

1 Mme de Grignan comptait repartir pour la Provence. Un important procès suscité par Guichard d'Aiguebonne, qui se prétendait le légitime propriétaire de leur terre de Grignan en vertu d'un legs fait à un de ses aïeux cinq générations avant le gendre de Mme de Sévigné, la retint à Paris jusqu'en 1688. Les Grignan remportèrent une victoire décisive en août. Mais il y eut encore des batailles de procédure en 1689.

Page 242.

2. Depuis le mariage de son fils, Mme de Sévigné était pauvre (relativement à son statut social). Bientôt, elle n'aura plus du tout d'équipage.

3. Le dernier voyage de Mme de Grignan remonte à 1666. Mais Charlotte la guérisseuse a peut-être vu un portrait de Mme de Grignan

4. Au bout de la *grande allée* (lettre 69 et note 20).

5. Un nouveau parti pour Mlle d'Alérac de la maison de Hurault de L'Hospital. Il mourut sans avoir été marié. Elle épousa un Hurault de Vibraye.

6. Tuteur onéraire des demoiselles de Grignan, qui s'occupait de leurs intérêts matériels, Montausier étant leur tuteur en titre.

Page 243.

7. Souvenir du *Médecin malgré lui.*

8. Celle qui, par ce mariage, deviendrait la belle-mère de la cadette des filles du comte.

9. Elle mourut d'apoplexie à Paris le 14 août 1685.

10. « Là, c'est office de piété de tuer son père en un certain âge » (Montaigne, « De la coutume »).

Page 244.

11. « Réjouissons-nous. » Cela se dit « en burlesque des réjouissances des débauchés et surtout de celles de la table » (Furetière).

12. Nouveau souvenir du *Médecin malgré lui.*

13. La colère contre lui de son amie, Mme de Louvois. Elle ne dura pas.

LETTRE 74

1. L'abbé de Coulanges, frère de l'oncle qui avait élevé Mme de Sévigné, s'est surtout occupé d'elle et de ses affaires après son veuvage en 1651. Il mourut le 29 août 1687.

Page 245.

2. Favori du Roi près duquel il avait plaidé de son mieux la cause de son ami Bussy, qui en a fait à sa cousine un bel éloge après sa mort dans sa lettre du 20 juin 1687.

Page 246.

3. Le duc de Lorraine avait battu le 12 août une armée turque de quatre-vingt mille hommes.

4. Un Bussy établi à la cour d'Autriche.

5. Dans une lettre du 28 juillet, Mme de Sévigné avait dissuadé Bussy de quitter ses terres et de retourner à la cour, maintenant que le Roi avait mis fin à son exil. Il fit le voyage, mais rentra vite chez lui, déçu de l'accueil du Roi.

LETTRE 75

Page 247.

1. Mme de Sévigné voyage avec Mme de Chaulnes. Elle a quitté sa fille, toujours à Paris, pour aller se soigner aux eaux, selon un projet formé dès juin 1686, mais retardé parce qu'elle hésitait à quitter son vieil oncle. En principe, elle retournait à Vichy. Elle changea d'avis en cours de route et se rendit à Bourbon pour rester avec son amie. « L'eau de Bourbon ressemble tout à fait, quoi que l'on dise, à celle de Vichy » (20 septembre).

Page 248.

2. La station de Bourbon était beaucoup plus mondaine que celle de Vichy.

3. L'inventeur de l'essence de Jacob (lettre 67 et note 2).

4. Fils de Mme de Verneuil, amie de Mme de Sévigné. Il ne mourut qu'en 1694.

5. Les capucins du Louvre, puis de Bretagne.

6. Vers tiré du début du *Temple de la mort* de Philippe Habert.

Page 249.

7. Utilisé comme laxatif.

Page 250.

8. Des nuages à propos de son gouvernement de Bretagne. Le temps était à rogner les prérogatives des gouverneurs.

9. Les Coulanges louaient alors cette terre, qui avait appartenu aux Chaulnes.

1. En principe, quand on était aux eaux, on ne devait pas se fatiguer à écrire.

Page 251.

2. Elle venait de se retirer chez la duchesse d'Uzès, fille de Montausier, sa cousine germaine. Elle s'était persuadée, à tort, que les Grignan faisaient échouer exprès les projets de mariage la concernant. Déçue aussi de la famille de sa mère, elle la quitta en 1689 pour se réfugier aux Feuillantines où était sa sœur aînée. Puis elle se maria avec Hurault de Vibraye malgré le désaccord des Grignan et des Montausier, majeure et riche du bien de sa mère.

3. Un homme qui est chez soi, qui connaît les lieux

Page 252.

4. Ce *secours* du Roi allait venir : une gratification de 12 000 livres au comte le 3 octobre.

5. Martillac avait succédé à Montgobert comme dame de compagnie de Mme de Grignan.

6. Cité dans une lettre du 20 octobre 1677, ce médecin avait soigné Mme de Sévigné à Vichy.

7. A cause de la régularité de la vie qu'on y fait.

8. Métaphoriquement   à Carnavalet.

Page 253.

1. Le Pelletier, successeur de Colbert. Il ne suffit pas d'avoir pensions ou gratifications, il faut encore les faire payer.

2. Mme de Grignan.

3. *Vous me voulez* gronder de m'être trompée dans les dates.

4. Les esprits animaux qui commandent les mouvements, un temps entravés par les rhumatismes.

5. Il fallait se presser de profiter de cette abbaye avant qu'elle ne passe à un autre maintenant que l'abbé de Coulanges était mort.

6. Mme de La Fayette et Mme de Lavardin.

Page 254.

7. Le domestique par lequel elle faisait porter cette lettre.

8. La duchesse de Chaulnes.

9. Qu'elle ne retienne pas Mme de Grignan près d'elle comme par magie.

1. Enseigne de l'auberge où les deux femmes s'étaient quittées à Charenton, le 3 octobre, pour leur avant-dernière et plus longue séparation.

2. La célébration de l'aimée devient concélébration, Mme de Sévigné y associant constamment le Chevalier, beau-frère de la comtesse, qui loge désormais avec elle à Carnavalet.

Page 255.

3. Série de neuf messes dites dans une intention particulière, ici la conservation du marquis de Grignan, qui faisait à seize ans sa première campagne en qualité de volontaire. La guerre contre la ligue d'Augsbourg commençait.

4. Son frère Jean-Jacques de Mesmes venait de perdre sa femme

5. Le coadjuteur d'Arles, son frère.

Page 256.

1. Né en 1616, Charles de Coulanges, sieur de Saint-Aubin, frère de sa mère et de l'abbé, était un oncle de Mme de Sévigné. Dernier survivant de cette génération, il n'avait que dix ans de plus qu'elle. Coulanges est aussi son neveu.

2. Une production continuelle de matière évacuée par les crachats

3. Formule destinée à rappeler que seule la Rédemption peut, par la grâce, racheter le péché.

4. L. Marcel, curé de Saint-Jacques du Haut-Pas, paroisse du faubourg Saint-Jacques fortement teintée de jansénisme.

Page 257.

5. La veuve de Saint-Aubin, une ancienne dame de compagnie de la marquise, qu'il avait épousée malgré la désapprobation de sa famille.

6. Les carmélites recevaient des pensionnaires.

Page 258.

7. Claire du Saint-Sacrement, fille du baron de Jarnac née en 1620 et que Mme de Sévigné avait connue dans sa jeunesse.

8. Le marquis de Grignan venait d'être légèrement blessé d'un éclat de bombe au siège de Mannheim.

9. Le maréchal de Duras qui commandait, sous le Dauphin, l'armée où se trouvait Louis-Provence.

10. On inscrivait à la porte ses compliments sur des billets comme aujourd'hui ses condoléances sur un registre.

11. Pour revenir à la cour.

Page 259.

12. Dans le domaine financier. Le Roi venait d'envahir Avignon, ville pontificale. Il en avait donné à Grignan le gouvernement, qui valait 20 000 livres par an. Cette bonne affaire ne dura pas. Le pape mourut et on rendit Avignon à son successeur.

13. Marie de Brancas, fille du Distrait, mariée à un cousin de même nom qu'elle.

14. Sous-locataire à Carnavalet, il remplaçait d'Hacqueville pour les lettres de nouvelles.

15. On espérait que la flotte anglaise s'opposerait au débarquement du prince d'Orange, venu prendre possession du royaume d'Angleterre contre son beau-père, suspect de catholicisme. Mais les Anglais se rallieront à lui et Jacques II devra s'enfuir et s'exiler en France.

LETTRE 80

1. Mme de Sévigné partira le 14, quatre jours après Pâques, dans le carrosse de Mme de Chaulnes qui lui fera faire un détour par ses terres. Cette fois encore, la marquise profite de l'absence de sa fille pour aller faire aux Rochers faire des économies. Ce sera son dernier séjour en Bretagne.

2. La nouvelle guerre avait conduit le Roi à convoquer l'arrière-ban. Tous ceux qui avaient exercé des commandements devaient participer à la formation de ces troupes destinées à servir sur place.

Page 260.

3. Le prince d'Orange trouble la paix de l'Europe par ses prétentions sur l'Angleterre, comme d'Aiguebonne a troublé celle des Grignan par ses prétentions sur leurs terres.

4. Les deux échanges épistolaires réguliers qu'elle entretient avec sa mère et son beau-frère, et les commerces irréguliers et occasionnels avec des amis.

5. Depuis 1683, il y avait trois courriers au lieu de deux entre Paris et la Provence, les lundi, mercredi et vendredi au départ de la capitale.

6. Mme de Sévigné n'aime pas écrire : elle aime écrire *à* sa fille.

Page 261.

7. Pour la saignée.

8. Souvenir du *Tartuffe* (le pauvre homme !).

9. Marie-Blanche, la fille aînée de la comtesse, désormais religieuse professe au couvent de la Visitation d'Aix-en-Provence.

10. La tribune de la collégiale de Grignan, à laquelle on allait directement du château en descendant quelques marches. Elle sur-

plombait la nef, accrochée au mur de gauche à quinze mètres de haut.

11. Non Grignan et sa femme (celle-ci s'efforçait au contraire de mettre un peu d'ordre dans des finances délabrées), mais le comte et son frère, le coadjuteur d'Arles.

Page 262.

12. Vers d'une fable de La Fontaine, « Le Renard ayant la queue coupée ».

13. Pour les suites du procès d'Aiguebonne.

14. La jeune marquise de Sévigné avait cautionné sa belle-mère pour un emprunt destiné à rembourser des intérêts impayés à d'Harouys, trésorier des États de Bretagne. Celui-ci ayant fait faillite, son successeur exigeait non seulement les intérêts de la dette à la date du remboursement, mais les intérêts de ces intérêts non encore payés. Sur l'origine de cette dette, voir la note 18 de la lettre 11.

15. Il signait « écuyer de M. le marquis de Grignan ».

Page 263.

16. Whitehall, le palais que Jacques II avait dû quitter pour Hampton Court. Ces rassurantes nouvelles étaient fausses.

17. Joseph de Rippert, doyen de la collégiale de Grignan. Prat en était le sacristain.

18. L'archevêque d'Arles, oncle du comte, venait de mourir le 9 mars à Arles, à plus de quatre-vingt-six ans. Son neveu, le coadjuteur, lui succède.

LETTRE 81

Page 264.

1. Mme de Sévigné ne parle que de la dernière partie de son voyage. Il y a environ quatre cent cinquante kilomètres de Picquigny, quitté le 30 avril, à Rennes où elle arrive le 9 mai.

2. L'évêque de Rennes. Pommereuil joue le rôle d'intendant en Bretagne sans en avoir le titre. Revel y était lieutenant général des armées.

3. En fait chez les beaux-parents de son fils.

4. Dans la chambre où Mme de Marbeuf logeait la princesse de Tarente. Protestante, elle avait quitté la France à la révocation de l'édit de Nantes.

Page 265.

5. D'autant plus qu'elle ne l'a jamais vu.

6. Du mariage de Mlle d'Alérac, sa princesse de 1684, avec Vibraye, le 6 mai.

7. L'acte est signé de L. Marcel, curé de Saint-Jacques. Mais tout le

monde savait que c'était Mme de Guise, protectrice de Polyxène Le
Coigneux, marquise de Vibraye, sa dame d'honneur, qui avait fait le
mariage.

8. Belle-sœur de la mère du marié, Henri-Éléonor Hurault, marquis de Vibraye, colonel depuis 1684.

Page 266.

9. Jean-Baptiste de Grignan, l'ancien coadjuteur devenu archevêque après la mort de son oncle.

10. Notamment en 1679.

Page 267.

11. Il s'agissait de rembourser une dette de 42 000 livres qui
remontait à 1664, au temps du premier mariage du comte.

12. Il y a maintenant trois courriers de Provence à Paris, mais
toujours deux seulement de Paris en Bretagne. Mme de Grignan peut
donc n'écrire que deux fois par semaine.

13. Dialogue repris d'une chanson parodique que Coulanges avait
faite d'un conte provençal.

LETTRE 82

Page 268.

1. Goibaud-Dubois, traducteur de saint Augustin. C'est toujours le
conflit, dramatisé par les jansénistes, entre l'amour de la créature et
du Créateur, cette fois chez Mme de Grignan.

2. Des reproches de 1671 à ces paroles en passant par la crise de
1676-1680, on mesure toute l'évolution de la correspondance.

Page 269.

3. Voir lettre 64 et note 5.

4. C'est ce qui aura lieu. Voir note 19 de la lettre 84. Mme de
Sévigné réalise enfin à soixante-quatre ans un projet qu'elle n'avait
pu réaliser dix-neuf ans plus tôt.

5. Souvenir d'une citation de Diana sur les opinions probables
dans la sixième *Provinciale* de Pascal : « J'avance cette opinion mais
je la laisse mûrir au temps. »

6. Voir la plaisanterie sur la Cuverdan, Mme de Marbeuf, chez
laquelle Mme de Sévigné est descendue à Rennes (lettre 65 et note 7).

Page 270.

7. Question de protocole : elle n'avait pas voulu aller visiter la
première l'épouse d'un simple lieutenant de roi.

8. Molac était lieutenant général pour le comté de Nantes. Mme de
Sévigné ne sait pas que c'est son fils Charles qui achètera la

lieutenance subalterne dont elle parle ici. Il prêtera serment en septembre 1693.

9. Chaulnes était resté ambassadeur à Rome après l'élection du nouveau pape, qui envoya à Mme de Maintenon un bref daté du 18 avril 1690, reproduit, en français et en latin, dans le *Mercure* d'avril.

10. Elle mourut le 20 avril.

11. Bellefonds perdait sa *belle place* de premier écuyer de la Dauphine. Favori du Roi, il en aura sûrement une autre.

Page 271.

12. Cela revenait à la faire duchesse et récompensait une longue patience : « La maréchale d'Humières s'ennuiera bien d'être toujours debout près de celles qui sont assises », écrit Mme de Sévigné le 8 janvier 1674 à sa nomination de dame du palais.

13. Procédure destinée par d'Aiguebonne à relancer le procès qu'il avait perdu. Rochon était l'homme de confiance des Chaulnes.

14. Sans transition. Cousin des Grignan, La Garde a en Provence son château tout près du leur.

15. De peur de céder à son charme. Plaisanterie (lettre 81 et note 5)

Page 272.

16. Né à Aix, Bruys se convertit après une controverse avec Bossuet. Il entra dans les ordres et écrivit des ouvrages de controverses, publiés en 1685, 1686 et 1687. En collaboration avec Palaprat, il avait également donné plusieurs pièces de théâtre.

17. Le style des romans. Mme de Sévigné les avait autrefois beaucoup aimés, malgré leur style. « Le style de La Calprenède est maudit en mille endroits... La beauté des sentiments, la violence des passions, la grandeur des événements et le succès miraculeux de leurs redoutables épées, tout cela m'entraîne comme une petite fille » (12 juillet 1671).

18. « Je pâme de rire de la hardiesse de Pauline... Il n'y a point d'imagination, pour vive, pour téméraire qu'elle puisse être, qui puisse envisager d'écrire à Mme d'Épernon aux Carmélites, toute sainte, toute grave pour lui demander ce que Dieu veut faire d'elle » (19 avril).

19. L'*amant* par plaisanterie, Charles de Sévigné.

20. « Maigre, un air de fou, sec, pâle », tel est Béthune, le berger extravagant de la lettre du 25 mars 1689, auquel Mme de Sévigné renvoie ici plus encore qu'au personnage de Sorel.

21. La façon dont Charles se représente Pauline.

Page 273.

22. Quand on n'a pas de chance. Devenu colonel à la place de son oncle, le Chevalier, que ses rhumatismes empêchaient de servir,

Louis-Provence a vendu, mais à bas prix et à crédit, le régiment dont il était capitaine.

23. À cause d'un monseigneur à mettre dans l'en-tête des lettres aux maréchaux sur lequel il y avait alors conflit de protocole.

24. Le Chevalier en touchait une en cette qualité depuis 1680.

LETTRE 83

Page 274.

1. Souvenir de Nicole. On n'est jamais sûr d'avoir la grâce, mais on peut, par nature, se conduire comme si on l'avait, ce qui est une présomption de salut.

2. Cette régularité de vie, semblable à celle de la pendule.

Page 275.

3. Mme de Frontenac et Mlle d'Outrelaise.

4. La Trousse et l'abbé Têtu avaient longtemps été rivaux auprès de la coquette Mme de Coulanges.

5. Lamoignon jouait un rôle important dans un procès qui opposait Mademoiselle aux membres de la maison de Lorraine à laquelle la princesse d'Harcourt appartenait par son mariage.

6. Ce maréchal de France avait quitté la France après la révocation de l'édit de Nantes. Il commandait les troupes de Guillaume d'Orange contre Jacques II, soutenu par Louis XIV

7. Commencée tôt le matin et finissant tôt le soir.

8. Il faut chasser le *vieil homme*, c'est-à-dire les mauvaises habitudes d'avant la grâce.

Page 276.

9. Parodie de la fable *La Lionne et l'Ours.*

10. Les *Lettres de saint Augustin*, traduites par Goibaud-Dubois, avaient paru en juillet 1684.

11. Sans doute l'*Histoire de l'Église* de Godeau, parue en cinq volumes de 1653 à 1678

Page 277.

12. De sa réponse à Pauline.

13. L'évêque de Rennes, un Lavardin ami.

14. Élu le 12 juillet 1691 après cinq mois de conclave, Innocent XII avait institué un jubilé à l'occasion de son accession au pontificat.

15. Voir lettre 13 et note 3.

Page 278.

16. Depuis la déclaration des quatre articles sur les libertés de l'Église gallicane par l'assemblée du clergé de 1682, Innocent XI avait

refusé les bulles aux membres de cette assemblée nommés évêques ou transférés à un autre évêché. On n'avait pu régler l'affaire pendant le court pontificat d'Alexandre VIII. On la régla avec son successeur, mais au prix de beaucoup de concessions.

17. C'était une chanson de Coulanges, qui avait accompagné Chaulnes à Rome. Ottobon était le nom de famille d'Alexandre VIII.

18. Au couvent dont sa tante était abbesse et où elle avait été élevée enfant (lettre 35 et note 5). Mme de Sévigné craint que ce voyage ne contrarie les tentatives d'accommodement avec sa sœur; elles échouèrent.

LETTRE 84

1. La victoire de Fleurus, le 1er juillet, contre l'armée des États généraux, forte de 40 000 hommes selon la *Gazette*.

Page 279.

2. Antoine-Joseph Arnauld, colonel du régiment de Pomponne, fils de l'ami et ancien ministre.

3. Expression usuelle à son sujet pour dire qu'elle ne montre pas à tout le monde ses excellentes qualités.

4. Son fils aîné fut tué à la bataille; le cadet mourut de ses blessures.

5. Mésalliées pour avoir été vite mariées à... des dindons. Mme de Sévigné pense à La Fontaine : « Le Geai paré des plumes du Paon ».

6. Legs de terres et seigneuries faits à charge qu'elles ne sortent jamais de la famille selon la règle de primogéniture masculine, puis féminine, etc.

Page 280.

7. Mlle de Cauvisson, amie de Mme de Polignac.

8. Comme dans Virgile (*Énéide*, X, 215-235), les galères étaient arrivées après la bataille gagnée par Tourville.

9. La dernière lettre de nouvelles de l'abbé Bigorre.

10. Les bulles espérées du nouveau pape, la Savoie, aux frontières de la Provence, qui venait de se rallier aux ennemis, la bataille navale.

Page 281.

11. Elle ira directement en Provence si sa fille ne vient pas à Paris.

12. Un ouvrage trop difficile.

13. Grotte près du château de Grignan où on allait pique-niquer et se divertir l'été.

14. Il était gouverneur d'Antibes et avait appelé Grignan à son secours pour des galères ennemies imaginaires. On craignait d'autant plus une attaque que la flotte de la Méditerranée était passée dans la Manche.

Page 282.

15. Avare, parce qu'elle lui fait payer un loyer pour son logement à Carnavalet.

16. Il ne faut pas croire à sa prétendue vocation religieuse.

17. Des nouvelles que lui apprenait la princesse de Tarente dont la fille était à Copenhague.

Page 283.

18. Une lettre de compliment sur le succès de Luxembourg, son frère.

19. « Quand vous verrez la date de cette lettre, mon cousin, vous me prendrez pour un oiseau. Je suis passée courageusement de Bretagne en Provence... J'ai été trois semaines à faire ce trajet, en litière et sur le Rhône » (à Bussy, 13 novembre). Mme de Sévigné a quitté les Rochers le 3 octobre et est arrivée à Grignan le 24. Elle ne rentrera à Paris qu'en décembre 1691, avec sa fille.

LETTRE 85

1. La bataille de Neerwinden en Brabant, gagnée par Luxembourg le 29 juillet.

2. Terme de fauconnerie. Un oiseau est *à la chair* quand il est apte à bien chasser.

Page 284.

3. Sa destination. Comme le boulet de canon, *chargé de toute éternité*, qui a tué Turenne (lettre 28).

4. Mme de Sévigné utilise volontiers Mme de Guitaut, désormais veuve, pour s'occuper sur place de ses intérêts à Bourbilly. Rochon est l'homme d'affaires des Chaulnes, Gauthier, le receveur de Mme de Guitaut et Boucard son intendant, Hébert, le receveur de Mme de Sévigné à Bourbilly, Tribolet, le curé d'Époisses, Poussy, le chapelain de Bourbilly, que Mme de Sévigné voulait renvoyer pour incurie.

5. Selon les accords passés lors de leurs mariages, Bourbilly revenait à Mme de Grignan et toutes les terres bretonnes à Charles

LETTRE 86

Page 286.

1. Mme de Grignan s'est en allée en Provence le 22 ou 23 mars. C'est la dernière séparation. Elle sera brève. Mme de Sévigné part la rejoindre dès la mi-mai.

2 Carnavalet où Mme de Sévigné habitait toujours.

Page 287.

3. Le château de Coudray-Montceaux, au-delà de Corbeil, aperçu au passage par les Grignan sur la rive gauche de la Seine.

4. Corbinelli venait de faire paraître *Les Anciens Historiens latins réduits en maximes.*

Page 288.

5. Lieutenant, puis capitaine des gardes du comte de Grignan.

Page 289.

6. *Céphale et Procris*, opéra d'Élisabeth Jacquet, femme de Marin de La Guerre, sur un livret de Duché de Vancy, créé à l'Académie royale de musique en 1694.

7. Un accommodement avec Mme de Vibraye (ancienne Mlle d'Alérac) avait été conclu dès 1692, mais il faut lui payer ce qu'on lui doit de la fortune de sa mère. Elle a donné sa procuration (*la sauce*) pour autoriser un transfert de ses hypothèques à qui fournira l'argent (*le poisson*). Elle sera bientôt payée sur la dot de la femme de Louis-Provence, marié en 1695 à la fille d'un riche fermier général.

8. Le mariage de la fille de Lavardin, qui aurait voulu pour elle un meilleur parti.

LETTRE 87

Page 290.

1. « Enfin, ma fille, nous voici dans ces pauvres Rochers », avait écrit Mme de Sévigné le 31 mai 1671 en y arrivant avec Charles. L'expression disait son regret de ne plus y avoir sa fille. Elle exprime cette fois sa tristesse à la pensée d'avoir elle aussi quitté les Rochers pour toujours.

2. Voir l'*Épître aux Hébreux*, XI, 39-40.

3. Cousine germaine de Charles et de Françoise, appelée jusqu'alors Mlle de Méri.

4. Son inquiétude pour sa femme, la fragile marquise. Elle survivra plus de vingt ans à son mari.

5. Le fermier de la terre du Buron, dont les revenus appartenaient à Mme de Sévigné.

Page 291.

6. On compte sur l'évêque de Toulon, un Breton, pour faire entendre raison à son frère qui tracassait Charles dans l'exercice de sa charge de lieutenant de roi au comté nantais (note 8 de la lettre 82).

7. L'abbé Charrier.

8. Le mariage de Pauline avec un Simiane. Il aura lieu à Grignan le 29 novembre 1695.

9. Souvenir des visites excessives qui avaient suivi le mariage de Louis-Provence, également au château de Grignan, le 2 janvier 1695.

10. Beau-père de Louis-Provence.

Page 292.

11. Anne-Marguerite de Saint-Amans avait apporté une dot de 400 000 livres, mais les parents de Louis-Provence avaient garanti à leur fils une rente annuelle de 10 000 livres. Le difficile était de trouver l'argent pour la payer.

Page 293.

12. La première édition des Lettres de Rancé n'eut lieu qu'en 1705, mais il en circulait des copies manuscrites.

13. Mme de Chaulnes se plaignait de ce que Charles se mît « toujours à la suite » de l'intendant de Bretagne. Nointel avait succédé à Pommereuil en 1691.

14. Non pas le président Mauron, beau-père de Charles, mort en 1688, mais le président de La Faluère, désormais allié aux Sévigné par le mariage de sa fille avec le frère de la femme de Charles.

Page 294.

15. À l'extrémité du parc des Rochers, à l'ouest. Charles l'avait réaménagé, non créé.

16. Pauline de Simiane.

17. Sa fille, belle-sœur de Charles.

LETTRE 88

1. Mme de Sévigné a laissé à Grignan sa fille malade, accompagnant son gendre à Lambesc pour l'assemblée annuelle des communautés, qui s'y tint du 9 au 20 décembre.

2. L'intendant des galères était en mer. Mme de Soissans était la fille de l'ancien intendant des galères.

3. Henri Pommier de Saint-Bonnet, envoyé à la cour annoncer le vote des impôts (700 000 livres).

Page 295.

4. Daniel de Cosnac, l'archevêque d'Aix, président de l'assemblée.

LETTRE 89

1. Charles Barbeyrac était un médecin de Montpellier qui dut à sa renommée de ne pas quitter la France, quoique protestant, à la révocation de l'édit de Nantes.

Page 296.

2. Mme de Sévigné s'inquiétait beaucoup de la santé de sa fille. Ce fut elle qui mourut peu après. « Elle ne pouvait craindre six mois durant, pour les jours de sa fille sans que cela prît beaucoup sur sa santé comme elle fit, dit Perrin, le premier éditeur officiel de ses lettres. Elle se relevait les nuits pour aller voir si sa fille dormait et s'oubliait ainsi elle-même pour ne songer qu'à l'état de Mme de Grignan. Excédée enfin de soins et de fatigues, elle tomba malade le 6 avril 1696 d'une fièvre continue », qui l'emporta le 17.

Table 379

DOSSIER

*Impression Bussière Camedan Imprimeries
à Saint-Amand (Cher),
le 4 octobre 2002.
Dépôt légal : octobre 2002.
1ᵉʳ dépôt légal dans la collection : septembre 1988.
Numéro d'imprimeur : 024669/1.*
ISBN 2-07-037935-3./Imprimé en France.